千寻 与世界相遇

千 Neverend 寻

选题策划　千寻 Neverend
项目编辑　云海燕
装帧设计　木
内文排版　史　明
责任印制　盛　杰
营销编辑　王雪雪

与世界对话

与风对话

傅阳 编著

晨光出版社

序

与世界对话，与美对话

傅国涌

在古希腊人心目中，世界就是“美”的意思。美国作家爱默生说，世界是为了美而得以创造。与世界对话，可以说就是与美对话。从2017年秋天以来，我和孩子们一起与世界对话，就是希望他们睁开心灵的眼睛，看见美，不仅在形式中。

“与世界对话”的支点是母语。不久前，我读了一篇文章《乡学》，其中有这样一句话：“课堂上响起来一片玻璃般的童音。”这玻璃般的童音源自小说家汪曾祺的《徙》，小孩子用玻璃一样脆亮的童音唱校歌。一句“玻璃般的童音”，平平常常，却很美，让人身临其境，久久难忘。诗人顾城说：“语言重要的不是它的形状……重要的是敲一敲变成了玻璃，再敲敲变成了铜，再敲变成了水——这样的语言质地的变化。”我少年时初读李贺的诗，总是忘不

了那一句“羲和敲日玻璃声”。这玻璃声只能用心灵才能听见，这个世界中无比丰富的色彩、线条、姿态和光影，也唯有心灵才能捕捉到。

国语书塾的“与世界对话”课堂用古今中外浸透着美和想象的文本滋养孩子的心灵，使他们的心灵力量不断壮大。他们在母语的江河上，不是随波逐流，而是可以从流漂荡、任意东西。

课堂的生命在于呼应：人与世界的呼应，人与人的呼应；不仅是老师与孩子的呼应，更重要的是老师、孩子和古今中外的作者之间的遥相呼应。这种呼应打破了一切空间的界限、时间的界限，在无边无际、无始无终的宇宙中，只有美是永恒的，抓住美，就抓住了整个宇宙。在这里，“羲和敲日玻璃声”和孩子们玻璃般脆亮的童音相互呼应、相互激荡。课堂就是在一个开放的审美空间里打开一种无限的可能性，每个孩子慢慢地在这个审美空间中成为自己的主人，不仅拥有审美力，而且还能获得想象力。

想象力，正是流水线教育中最为稀缺的。法国诗人波德莱尔说：“是想象力告诉人颜色、轮廓、声音、香味所具有的精神上的含义。它在世界之初创造了比喻和隐喻。它分解了这种创造，然后用积累和整理的材料，按照人只有在自己灵魂深处才能找到的规律，创造一个新世界，产生对于新鲜事物的感觉。……想象力是真实的王后，可能

的事也属于真实的领域。想象力确实和无限有关。”

“与世界对话”的课堂以启发孩子们的想象力为最高目标。每一堂课都是由低处入手，却是从高处着眼，这高处即如何使孩子们通过接触到的文本打开自己的心灵，在寻常所见事物之中思接千载、神游万里，同时又能找到准确而有声、有色、有味、有光的语言来表达自己的所见、所闻、所思、所想。老师，只能是一个引导者，而绝不可能代替孩子获得自身的领受、体悟和想象。许多时候，孩子们对课堂的回应，偶尔的神来之笔，也常常出乎老师的意料，这才是教育最具魅力的一面。

“与世界对话”系列第一辑《与墙对话》《与门对话》《与窗对话》和第二辑《与枣对话》《与橘对话》《与苹果对话》《与叫卖声对话》出版之后，我又整理出了第三辑《与风对话》《与云对话》《与雾对话》《与雨对话》《与雷电对话》。照着这个节奏，“与世界对话”系列的一百课差不多要二十年才能全部完成。想想很是遥远，但“得寸进寸”，进得一寸就有一寸的欢喜。

在国语书塾这个被我叫作“三百千万”的磨坊里，我看着孩子们看云看雾、听风听雨，在精神上一天天地成长起来，有的人最终将点燃闪电。所谓“三百千万”，就是三年、百课、千人、万里，在三年的时间上一百堂“与世界对话”课，认识一千个以上古今中外的作者，而且还要一起行万里路。“三百千万”强调的是生命的投入，是日

复一日的积累和体悟，是塑造一颗与世界对话的心灵。

我也曾是一个喜欢看云的少年，现在依然喜欢看云。“云在青天水在瓶”，有人说精神法则就是云在青天，生存法则就是水在瓶；而我的“与世界对话”课堂，就是想把云装在瓶子里的一种努力。在我的辞典里，精神法则和生存法则是合一的。为看云而看云和为生存而生存，也不过是一个巴掌的两面——

云最像空中的语言，今天有一句一句的白，昨天有一句一句的闲。（应镕伊）

我登云而小天下，用童年的脚印写下云谱。我这个登云者，与云相看两不厌，与云一起思考。（陈奕名）

或许一切和云相关的事物都不为意义而存在，它们存在的唯一目的就是“漫无目的”。……在一切的有形和无形之间，云处在一个没有意义的虚空里，自由自在。（袁子煊）

从务实派到浪漫派，从多瑙河到《马赛曲》，从流浪者到畅想家，世界深陷于云之中。云深不知处。（陈天悦）

当世界尚未着色时，天与云与山与水，上下一白，如一张白纸。……千万年来，云日复一日地做着同一道填空题，要回答自己的颜色

和形状——谁知道呢？（叶悠然）

孩子心中的云与天上的云相呼应，看得见颜色，听得见声音，那是有思想的云遇到了有思想的人，云被装进他们各自的瓶子里了吗？我不知道。每个聪明的读者自然都可以来回答这个问题。

感谢施美英老师整理了最初的课堂录音，感谢濮影瑛、黄支珑、赖建平、汪琼、许蓉蓉、陈小燕、马碧瑶、曹永健等参与校对的全体老师、家长。“与世界对话”还有更远的路要走。

2023 年 5 月 2 日于杭州国语书塾

Contents

目录

A Talk with Wind

/

说

风难画，但也不是不能画。波兰作家布鲁诺·舒尔茨说："风在银白色的辽阔天空画出有力的线条，每一条线都紧绷得快要断裂。"风在天空画的是紧绷的线条。风也是会说话的，风有风的语言。我国作家鲍尔吉·原野说：

> 风是大自然千万种语言中的一种，可以叫风语，还可以叫其他语，随便你，风并不在意这个。

风的语言可以被称为风言风语。诗人鲁西西写过一首诗《风的界面》，我们一起来读：

> 世界上我最羡慕的就是风，
> 它是我见过说话最多的。

我羡慕它一开口，树就听懂了，
上面的叶子，摇头的摇头，点头的点头。
当它和墙说话，和森严壁垒的围墙，
没有一块砖能理解它，
它并不来回责备，等待，
它只随着自己的意思往上吹。

风一开口，树就听懂了。

谁能抓住风呢？画家楚戈画了一双捧住风的手，他也是诗人，为此写了一首小诗《关于风》：

轻轻捉住横空的声音
那只手死命捏紧着，他不能确定是否抓到了风
——难道不能做梦吗
且用欺蒙滋补德性
用微笑洗漱伤口
用喧哗保持冷静

轻轻捉住横空而来的声音
那只在坟墓中才松开的手不知道他曾经捏着的实际

就是所谓风

人能捉住风吗？

又有谁见过风吗？我们来读英国诗人克里斯蒂娜·罗塞蒂的《谁见过风》：

谁也没有见过风，
无论是你，无论是我。
当树叶沙沙作响，
那是风在吹拂。

谁也没有见过风，
无论是你，无论是我。
当树向你频频点头，
那是风在吹过。

作家、教育家叶圣陶编的《开明国语读本》中有一首诗《风》：

谁也没有看见过风
不用说我和你了
但是树叶颤动的时候

风吹叶落

我们知道风在那儿了
谁也没有看见过风
不用说我和你了
但是树梢点头的时候
我们知道风正走过了

谁也没有看见过风
不用说我和你了
但是河水起波纹的时候
我们知道风来游戏了

有没有发现这两首诗很相似？克里斯蒂娜·罗塞蒂（1830—1894）和叶圣陶（1894—1988）是两个不同时代、使用不同语言的人，1894 年叶圣陶出生的那年，克里斯蒂娜·罗塞蒂正好去世，叶圣陶的这首诗显然是将克里斯蒂娜·罗塞蒂的英文诗翻译过来又进行了改编，但是因为没有说明，便有人指责他抄袭。谁见过风？是树叶、树梢、河水吗？就像鲁西西说的，风一开口，树就听懂了。

唐代诗人李峤有一首诗《风》：

解落三秋叶，能开二月花。

过江千尺浪，入竹万竿斜。

这首诗，如果去掉题目，就是一个谜语。

美国作家爱默生说过一句充满想象力的话：

云雀是去年孵出来的，风却是千千万万年前孵出来的。

这个“孵”字回答了风从哪里来。我们再来读读叙利亚诗人阿多尼斯的诗：

如果天空会哭泣，
如同乌云所言，
那么风便是泪的历史。

音乐传来，
来自风弹奏的树上。

雨是风的拄杖，
风是雨的秋千。

风是雨的秋千、泪的历史。诗人化无形为有形，写出了风的形象。他还写过另外一首诗叫《风的君王》，风总是和雨在一起，风要做自己的君王。

什么是风？战国时期哲学家庄子在《齐物论》中这样说：

> 夫大块噫气，其名为风。是唯无作，作则万窍怒号。

庄子说风是“大块噫气”，它要么不动，要动的话就会“万窍怒号”。

墨西哥诗人奥克塔维奥·帕斯写过一首《风》，其中说：

> 我什么都不是
> 漂浮的形体，光芒，波浪
> 一切皆属于风
> 而风乃永远在旅行中的空气

风是永远在旅行中的空气，一旦停下就不是风了。最后两句，另一个译本是这样翻译的：

> 一切皆是风

而风从来就是空气在游动

风是空气，却是一直在游动的。所以，中国诗人芒克的《风》这样写：

我很想和你说：
让我们并排走吧。

诗人邵燕祥说：

我是风，走遍世界
寻找我的歌声
…………
我停住脚步时
就失去了自己
离开森林、草原、河流、雷阵雨
再也找不到我的歌声

关于风，每个人都有自己的定义，庄子有庄子的定义，李峤有李峤的定义，克里斯蒂娜·罗塞蒂有克里斯蒂娜·罗塞蒂的定义，帕斯又有帕斯的定义。

战国时期楚国的诗人宋玉写过一篇《风赋》。楚襄王在兰台宫，风吹过来了，楚襄王说了一句话："快哉此风！寡人所与庶人共者邪？"宋玉回答："此独大王之风耳，庶人安得而共之！"这样，风就分出了两种——"大王之雄风，庶人之雌风"。

风分雌、雄，一种风是雌的，一种风是雄的，老百姓是雌风，大王是雄风。这也叫"马屁风"，哪里有什么雄风、雌风呢？明明是宋玉对楚襄王拍了一个大马屁。

汉朝第一个皇帝刘邦写过一首《大风歌》：

大风起兮云飞扬。
威加海内兮归故乡。
安得猛士兮守四方！

南宋词人辛弃疾的词中那句"回首叫、云飞风起"，就让我想起《大风歌》。一个没有风的世界是无法想象的，空穴来风、风吹草动、风声鹤唳、弱不禁风、无风不起浪……从古到今，风与人类"并排走"。

我们来读大家熟悉的那首北朝民歌《敕勒歌》：

敕勒川，阴山下。
天似穹庐，笼盖四野。
天苍苍，野茫茫。

风吹草低见牛羊。

当代诗人流沙河说：

最妙的是结尾的画面："风吹草低见牛羊。"前面画的是大自然，茂草无边，不见人影，一片寂寞荒凉。天助诗人，忽然吹来一阵猎猎长风，低偃的草丛间显现出点点斑斑的生命来，那是牛羊！这些点点斑斑的活物，或啃或眠或戏，给观众带来了多少温暖！

另一位当代诗人海子写过一首《风》，其中说：

风　吹遍草原
马的骨头　绿了

风过处，连马的骨头都绿了，这比"风吹草低见牛羊"更为生动。

我喜欢顾城的一首诗《风偷去了我们的桨》：

就是这样，
一阵风，温和地

草原上的羊群

偷走了我们的桨
墨绿色的湖水，玩笑地闪光
“走吧，别再找了
再找出发的地方”

…………

不要再想
再想那出发的地方
风偷去了我们的桨
…………

“风偷去了我们的桨”，这是多美的一句诗。顾城把自己的诗也当作风——

我的诗只是风
一阵清澈的风
它从归雁的翅羽下
升起

另一位诗人章德益想为风画出肖像，他在《风的肖像》中说：

无形的风，
却有着有形的肖像，
要不，我们怎能在大自然的编年史册中，
为它存一份档案。

从浓黄浊重的飞沙中，临摹它的肤色；
从纷乱披垂的枝条中，描绘它的乱发；
从轰然飞逝的沙雾中，勾勒它的背影；
从狰狞怪谲的乱云中，想象它的脸相。
…………
呵，无形的风，
却有着有形的肖像，
但我们怎能用这样的画像，
在地球的编年史中存档。

我们不仅给风存档，还要给风进行分类。王鼎钧在《昨天的云》里回忆起上小学时，老师在课堂上拿“吹面不寒杨柳风”与“秋风秋雨愁煞人”做例子，而王鼎钧对此提出了不同意见。大家一起来读：

苏老师讲文章作法，他说，同样一件东西，同样一片风景，张三看见了产生一种感情，李四看见了产生另一种感情。他举的例子是，同样是风，“吹面不寒杨柳风”是一种感情，“秋风秋雨愁煞人”是另一种感情。

我对这两个例证起了疑虑。我说，春风和秋风不是一样的风，是两种不同的风，人对春风的感觉和对秋风当然不同。苏老师一听，微笑点头，他说：“我们另外找例子。我们不要一句春风一句秋风，要两句都是春风，或者两句都是秋风。”

课后，老师告诉王鼎钧，这个例子来自夏丏尊、叶圣陶合编的《文心》一书，不是自己想出来的，并把这书借给了他。

我们来读一些古诗中的风，给风分类：

〔宋〕释志南：“沾衣欲湿杏花雨，吹面不寒杨柳风。”

〔唐〕杜牧：“千里莺啼绿映红，水村山郭酒旗风。”

〔宋〕林升：“暖风熏得游人醉，直把杭州作汴州。”

〔宋〕王安石：“晴日暖风生麦气，绿阴幽草胜花时。”

〔唐〕孟浩然：“荷风送香气，竹露滴清响。”

〔东晋〕谢灵运：“明月照积雪，朔风劲且哀。”

这里有释志南的杨柳风，杜牧的酒旗风，林升、王安石的暖风，孟浩然的荷风，谢灵运的朔风，如果

迎风飞舞的旗帜

我们现在给风分类，这些风有几种？有春风，有夏风，还有冬风。“风乍起，吹皱一池春水”，而这里的风自然就是春风。

我们再来读下面这些诗句：

〔唐〕贺知章：“二月春风似剪刀。”

〔唐〕岑参：“忽如一夜春风来。”

〔宋〕王安石：“春风又绿江南岸。”

〔三国〕曹丕：“秋风萧瑟天气凉。”

〔唐〕杜甫：“八月秋高风怒号。”

〔清〕陶澹人：“秋风秋雨愁煞人。”

〔唐〕元稹：“夏风多暖暖，树木有繁阴。”

〔唐〕齐己：“青泉碧树夏风凉。”

这里有春风、秋风，也有夏风。写春风的名句多，写冬风的名句却不多，人们喜欢春风，就像海子说的，春风可以吹绿草原上的马骨头。但也不是所有的春风都讨人喜欢。我们来看看小说家老舍是怎样来写风的，他写过一篇《春风》：

所谓春风，似乎应当温柔，轻吻着柳枝，微微吹皱了水面，偷偷地传送花香，同情地轻轻掀起禽鸟的羽毛。

冬风中的柳树

可是，济南和青岛的春风都很“粗猛”，老舍说自己倒不是一个弱不禁风的人，但这风将两地的春天都给吹毁了：

> 它自由地刮，我死受着苦。我不能和风去讲理或吵架。单单在春天刮这样的风！可是跟谁讲理去呢？苏杭的春天应当没有这不得人心的风吧？……

老舍认为济南和青岛的春风不得人心，向往着苏杭温柔的、得人心的春风。

苏杭的春风，永远都那么温柔、那么得人心吗？我们来读一段作家柯灵的《西湖的风》：

> 聪明的先生，我真佩服你们的机智。可是人的思想是奇怪的，你看，我的思路这一下子被引得多么辽远？湖山如梦……说真的，一切到过杭州的人，他记忆里的湖山比你们创造的世界更阔更美。而现在西湖的风里是夹着血腥气的，我们闻得出。湖畔的一根草一朵花，我们也应当看得出那含愁的颜色。

《西湖的风》是柯灵在1938年10月18日写的，西湖的风是夹着血腥气的，那是抗战期间，日本军队占领了人间天堂，此时，就是苏杭的春风也未必那样得人心了。

一位叫周梦蝶的诗人来了，他写过一首诗《集句六帖》，将春风的形象告诉了我们：

据说：洞庭湖的层冰
六百里外的昨夜
已被小鱼儿咬破，咬碎

打一个鱼肚白的呵欠
早春的风袅袅猫背一般弓起

在诗人的想象中，早春的风“猫背一般弓起”，就像我们在《与雾对话》中读到的雾“踮着猫的细步”走来一样，多么生动，多么具体。

我们已见过各种各样的春风，现在来看看诗人洛夫心中的秋风是什么样子，读一读他的诗《一夜秋风你便瘦得如一句箫声》：

一滴

夜色在镜面上渐次晕开
秋叶再也数不清自己额上的皱纹
风，吹乱了一树的心事

你散发，解衣
便有窸窣之声隔室传来
瘦了，瘦
得露出了年轮
如是我见我闻，我全身战栗于
一阵青铜的激响。你说你是一
句走失了的
箫
声，七窍中发出七种不同音阶的哀怨

“一夜秋风你便瘦得如一句箫声”，多美的诗句，不仅仅是藏头诗的形式，箫声中还有七种不同音阶的哀怨。如果说春风“瘦得”如一句箫声，就不恰当，秋风是箫声，春风如猫背，秋风和春风有不同的形象。诗人马启代写过一首诗《风到了》：

风有不同的姓氏
也有不一样的性格

它们是造物主的信使
或者
就是造物主本身

妖风、歪风、黑风、清风、
暖风、寒风、狂风、春风、秋风
……
这庞大的家族
让我们幸福，也让我们不安

在这里，不同的风有不同的姓氏，也有不同的性格。春风与秋风不同，暖风与寒风不同，清风徐来与狂风大作不同。风的家族是庞大的。我们来看看波兰作家布鲁诺·舒尔茨笔下的狂风：

在两侧乒乒乓乓的敲击声中，水桶、提桶、水瓶叠加在一起往上直蹿，陶罐四处飘荡，圆顶礼帽和男式礼帽攀叠在一起，像柱子般向天空伸去，最后又轰然倒塌。

…………

在各种器具的吱吱声，在令人极度烦躁的咔嗒声的召唤下，强劲的狂风旅队光临了，而且彻夜不息。城市上空形成一团不断移动的类似巨大的黑色竞技场般的东西，接着它开始剧烈旋转着缓缓下降。这团黑暗在一阵巨大的狂风中炸开，肆虐了整整三天三夜……

…………

人们是看不见这股大风的。你可以从它对房屋以及它狂暴地扎进去的屋顶的影响辨认出它的作用力。那些阁楼似乎依次显得一个比一个大，被这股狂风的手指触摸到后随时可能在疯狂中爆炸。

…………

夜来临了。风力更加强劲和凶猛，并且持续壮大，弥漫了整个这片地区。现在，它已停止走街串巷，开始在城市上方筑起层层叠叠不同高度的旋涡，形成一片黑色的迷宫，无情地向上空扩张。风从这片迷宫中沿着间间展室发散出来，在雷电的霹雳声中逃窜，越过长长的走廊，足以让所有那些想象中的建筑物轰然倒塌，然后继续横扫而来，旋即朝着无形无迹的大气层腾空而上。

风并不都是讨人喜欢的。日本作家德富芦花说："真

大风吹过

正给人哀愁的，不是雨，而是风。”在他看来——

风是已逝人生的声音。“人”不知风从哪里来，又向哪里去，闻此声而伤悲。

德富芦花说不知风从哪里来，又向哪里去。诗人徐志摩说《我不知道风是在哪一个方向吹》，我们一起来读这首诗的前半部分：

我不知道风
是在哪一个方向吹——
我是在梦中，
在梦的轻波里依洄。

我不知道风
是在哪一个方向吹——
我是在梦中，
她的温存，我的迷醉。

我不知道风
是在哪一个方向吹——
我是在梦中，

甜美是梦里的光辉。

“我不知道风 / 是在哪一个方向吹——”这一句不断重复，风的方向决定了风的内容，请看古代的诗人们是怎么写的：

〔唐〕李商隐：“东风无力百花残。”

〔宋〕朱熹：“等闲识得东风面。”

〔五代·南唐〕李煜：“小楼昨夜又东风。”

〔宋〕陆游：“东风恶，欢情薄。”

〔唐〕李白：“西风残照，汉家陵阙。”

〔元〕马致远：“古道西风瘦马。”

〔唐〕岑参：“北风卷地白草折。”

〔唐〕高适：“北风吹雁雪纷纷。”

〔唐〕李贺：“南风吹山作平地。”

〔唐〕白居易：“夜来南风起，小麦覆陇黄。”

〔南北朝〕佚名：“南风知我意，吹梦到西洲。”

这里有东风，有西风，有北风，也有南风。罗贯中的《三国演义》中诸葛亮借的就是东风。《红楼梦》中林黛玉说了一句：“不是东风压了西风，就是西风压了东风。”这是非常有名的一句话。早在宋代就有人写过东风和西风：“东风才有又西风，群木山中叶叶空。”

讲到西风，我们马上就会想起李白的名句：“西风残照，汉家陵阙。”王国维在《人间词话》中对此句推崇备至，说：“寥寥八字，遂关千古登临之口。”当代历史学家许倬云在《中国文化的精神》里分析这“寥寥八字”为何写得好——

只有八个字，可是却具备了广阔的时间空间：“残照”是一天的时序，“西风”是季节的转换，“汉家”是朝代的兴亡，“陵阙”是生死的差异。寥寥八个字，隐括了不同时段的变化：从一日到生死的关口，既是循环，又是不能回头。

再看北宋词人晏殊的名句：

昨夜西风凋碧树，独上高楼，望尽天涯路。

元代作家马致远的《天净沙·秋思》中的“枯藤老树昏鸦，小桥流水人家，古道西风瘦马”也是千古名句。

英国诗人雪莱写过一首很长的《西风颂》，其中也有广为传诵的名句：

让预言的号角奏鸣！哦，风啊，
如果冬天来了，春天还会远吗？

讲了东风、西风，我们来看北风。《水浒传》里《林教头风雪山神庙》这一回，写到林冲被逼上梁山前的那场大雪，朔风、北风交替使用，朔风就是北风。我们来读当代诗人叶维廉的这首《愁渡》中的第四曲：

怎得一夜朔风来
千树万树的霜花多好看
千树万树的霜花有谁看
…………
千树的
万树的
霜花
千树的
万树的
霜花
风落后
春草萋萋：
棠儿啊我的棠儿呢？

风雪中前行

这里的“朔风”就是岑参“北风卷地白草折”中的“北风”。“千树万树梨花开”，在他笔下成了千树万树的霜花。

我们来读学者李泽厚的散文《晚风》，他写北风中滚动的一个塑料橘子：

> 散步在晚风中，这风是北风。
>
> 街上已空无一人。风刮得很凶很冷，不断地卷起各种白天扔掉的废纸：大的、小的、白色的、杂色的、完整的、破碎的、塑料纸、报纸……但并没有刮得多高，不过离地数寸在卷起，移动，又落下而已。
>
> 突然听到一种清脆的咔嗒咔嗒的声音，非常奇怪的声音，响在这相当静寂只有风声的街道上。仔细一看，原来是一个塑料做成的橘子在空荡的人行道上滚着。原来是它发出的声响。
>
> 我停步，看着它时快时慢地独自滚动着。一会儿东南，一会儿西南。明明是随着风的劲头和方向，却依然很像是它在自主、自动和自由地滚。

此时的北风不是那么可怕。再看小说家老舍在《老张的哲学》里描述的北风，那就完全不一样了。大家一起来读：

> 那冬天每日必来的北风已经由细而粗地刮起来。先是空中一阵阵的哨子响，好似从天上射来的千万响箭。跟着由野外吹来的黄沙和路上的黑土卷成一片灰潮，从一切有孔的东西打过穿堂。兜着顺着风走的人，兽的脚踵，压着逆着风走的脚面，把前者催成不自主的速进，把后者压成钉在地上的石桩。一阵风过，四外天空罩上一圈沙雾，阳光透过，好像飘浮着一层黄雪。跟着由远而近的响声又作，远处的高树先轻轻地点头，近处的一切可动的东西也渐次摇动。继而后面的怒潮又排山倒海而来，远近上下的东西就在吼叫中连成一片不可分析的波动与激荡。……

“由细而粗”的北风，从破空而来的一阵阵“哨子响”到“千万响箭”，从席卷而来的黄沙、黑土到“兽的脚踵”，到排山倒海而来的怒潮，只有亲身体验过的人才能写出来。我们继续往下读：

那城门洞的风更与众不同，好似千万只野牛，被怒火烧着，争着从城洞往外挤；它们的利角，刺到人的面上，比利刃多一点冷气，不单是疼。那一个城门洞分秒不停地涨着一条无形有声的瀑布，狂浪打得人们连连转身，如逆浪而行的小鱼。……

篱墙被风吹得“咯吱，咯吱”地响，那座破磨盘，在她的眼里，一起一落的好像要被风刮走。

这北风有多厉害？从城门洞吹过，像千万只野牛争着往外挤，连磨盘都好像要被刮走。

再来看当代作家岳建一、黎早在《荒魂》中写的北风：

起风了。一种悲凉肃杀的气氛，渐渐充斥在大自然里。这是荒原永恒的音响。它时而凝定，时而喧噪……你忽然听到，空气中，仿佛夹杂了一种奇怪的声音，凄厉、哀怨，时断时续。你再侧耳细听，声音又沉寂了……突然，你又听见一声尖锐的、哭泣般的长嚎，震撼了荒寂的世界。接着，一声又一声哀号回应般响起，远远近近，此伏彼起，嗥声低沉、苍凉、动情。

这是荒原上的北风在哀号，还是狼在长嗥，已经分不清了。但也有人赞美北风，记者杨刚的散文《北风》借题发挥，明写北风，暗指人事：

北风，伟大的北风，你是永不许冬日死亡的大神，是生命的红旗先使！……

没有你，没有北风的狂吼，没有北风的军号，谁知道这宇宙还存在着？谁知道这宇宙还有无疆的雄厚，无穷的力，刚猛万变的美！啊，谁又料到临到了生命的尽头跃出了生命的本身！……

这就与《老张的哲学》和《荒魂》中的北风不是同一类风了。大家在阅读时要学会区分。

德国哲学家尼采有首诗叫《献给西北风》：

西北风啊，你，云的猎户，
忧伤的扼杀者，天空的清道夫，
呼呼怒吼者，我对你多么喜爱！

我们俩不是同一个娘胎的
头生的婴孩，不是永远地
注定受同一个命运的安排？

在这光滑的山岩的路上，
我手舞足蹈，欢迎你光降，
我舞蹈，而你却呼啸歌唱！
没有船只、没有船桨的你，
当个自由的最自由的兄弟，
飞越过狂暴的大海之上。
…………
我们要驱除使天空阴暗者，
使世界黑暗者，推动乌云者，
我们要让天国光明晴朗！
我们要怒吼……哦，一切自由的
精灵之精灵，我的幸福要跟你
一起怒吼，像风暴一样。——

——请接收这种幸福的遗产，
让我们能够永远怀念，
请共同举起这个花冠！
把它抛向更高更远之处，

向登天的梯子爬了上去，
把花冠高悬在星辰上面！

在尼采的心中，西北风是云的猎户，是忧伤的扼杀者，是天空的清道夫。

中国诗人蔡其矫也写过一首《西北风》，大家一起来读：

在夜间
它无休止地
发出野兽般的凄厉叫喊
这冬天的前奏
让醒来者心潮汹涌。

白天在湖上
它掀起一层层浊浪
让系缆的船互相撞击
落叶列成纵队满街跑
柳树的长条狂怒地向天舞动。

它刮掉灰色墙上的纸片
也许还刮掉许多颗心的热望

却无法扼杀
那普遍的生机
那尚在大地下面深藏的生机

即使众鸟离去后
花园荒凉
但人并不失望
人为什么要失望，只是弯着身
冲入无物之阵的风！

也有人将诗献给了西南风，当代诗人傅天琳写过一首《暖暖的西南风》，我们来读一段：

暖暖的西南风
摇响塔尖的风铃
穿过亮节的竹林
一片岚气与旷达冉冉升起
西南风走访过古今逸事
西南风纵横过天下大事
断然肯定
这里是春天

美国诗人罗伯特·弗洛斯特的《给解冻之风》写的也是西南风，我们一起来读：

哦，喧哗的西南风，
和雨水一起降临吧！
带来歌唱者，带来筑巢者；
给埋没的落花以梦想；
让沉寂的雪岸蒸腾；
请在洁白之下找到土褐；
无论你今夜做了什么，
请冲洗我的窗户，让它飘动，
让它融化像你融化积雪；
融化玻璃但请留下窗棂
像隐士的十字架；
闯入我狭小的房间吧；
吹动墙上的纸画；
翻开喋喋不休的书页；
把诗歌吹落到地板；
再把诗人赶出门外。

有西北风、西南风，还有东南风，风向可以有不同的组合。我们来读美国作家埃尔文·怀特的散文《大海和吹拂着的风》，其中就写到了温和的东南风：

当温和的东南风在港湾窸窣作响时——那是轻柔、稳定的清晨的凉风，捎来了远方湿漉漉的世界的色泽，也带来了使人返回起点的气息，将他与既往的一切联系起来——我又会像过去那样跃跃欲试，又会茫然不知所措。……

傅天琳的西南风是暖暖的，埃尔文·怀特的东南风是温和的。

我们还可以用不同的方式继续给风分类：

〔宋〕柳永："杨柳岸，晓风残月。"

〔唐〕杜牧："一树梨花落晚风。"

〔宋〕程颢："云淡风轻近午天。"

〔宋〕刘学箕："午风轻，飘动一天晴雪。"

〔元〕元怀："月黑杀人夜，风高放火天。"

这里出现了晓风、晚风、夜风、午风。我们可以根据风向给风分类，或根据季节给风分类，还可以根据一天的不同时间给风分类，顾城的诗《早晨的花》中反复出现一个句子："风一点点走进篱笆"——

所有的花都在睡去
风一点点走进篱笆
所有花都在睡去
风一点点走近篱笆
所有花都逐渐在草坡上
睡去，风一点点走近篱笆
…………
花在睡去，早晨在哪
风正一点点侧过身
穿越篱笆

这风是什么风？晨风或晓风。

顾城的这首诗中，“风一点点走进篱笆”“风正一点点侧过身 / 穿越篱笆”，这只有“一点点”的风，也是微风、轻风。杜甫的诗中也有微风：“细雨鱼儿出，微风燕子斜。”诗人木心说：“微风可爱，微风是神的话语。”

大家熟悉的张志和的《渔歌子》中有一句“斜风细雨不须归”，说的是斜风。杜甫的“风急天高猿啸哀”里说的是急风，李世民的诗“疾风知劲草”里说的是疾风，“大风起兮云飞扬”说的是大风。

微风、斜风、急风、疾风、大风，是不是可以按照风的力量来给风分类呢?

“长风破浪会有时”“九万里风鹏正举”，这里说的是长风。有长风，是不是就有短风?就如有清风，是不是就有浊风?关于清风的名句有很多：

〔三国〕曹丕：“清风夜起，悲笳微吟，乐往哀来，怆然伤怀。”

〔唐〕李白：“清风朗月不用一钱买。”

〔宋〕黄庭坚：“清风明月无人管，并作南楼一味凉。”

〔宋〕苏轼：“清风徐来，水波不兴。”

〔宋〕苏轼：“有客无酒，有酒无肴，月白风清，如此良夜何！”

清代翰林徐骏写了一句“清风不识字，何故乱翻书”，就被杀头了。风识字吗?诗人周梦蝶这样说：

“风不识字，摧折花木。”
春色是关不住的——
听！万岭上有松
松上是惊涛；看！是处是草
草上有远古哭过也笑过的雨痕

风真是太多了，有长风、斜风、疾风、急风、暴风、微风、清风、轻风，还有酒旗风、杨柳风，有杀人的风、血腥气的风，还有凄风、悲风、哀风，比如《诗经》里就有“凄其以风”，《古诗十九首》里有“白杨多悲风，萧萧愁杀人”，曹植有“高台多悲风”，陶渊明有“萧萧哀风逝”，也有“悲风爱静夜”。

佛教还用风来比喻人间种种，称为“八风”：利、衰、毁、誉、称、讥、苦、乐。所以有一个成语叫“八风不动”。在这之外，还有第九种风叫什么呢？慈悲。我们来读读诗人周梦蝶的《第九种风》：

有风从海上来。
将自己举起。好高的浪头！
风于风和不风于风的
这同一只手。温柔里的温柔
君知否？终有一日。喔！这种不同面目的风
都将婵娟为交光的皓月。虽然

那人在海的漩涡里坐着——

还有人要跟风抢风头呢，就是中国俗话说的“出风头”“抢风头”。当代小说家林斤澜写过一篇《风》，里面有个小名叫山桃的妇女：

> 她的全身都是风，她踩着风，驾着风，乘着风，爽爽利利走上月牙洼。那背篓怎么卸下来呢？……
>
> 这位妇女走下梁来时，人们问她：
>
> “山桃，不怕风把你刮跑了。”
>
> ……她那叫风吹得红艳艳的脸上，爽爽利利地笑着，说：
>
> “尽想着抢到风的前头去，就一步步抢上去了。”

“抢到风的前头去”，说的是像风一样的人，在这里并无贬义。

我最喜欢的是自由的风。我们一起来读俄国诗人巴尔蒙特的诗《我是自由的风……》：

> 永远吹拂，我是自由的风，
> 我激起波涛，我亲近柳丛，
> 在树枝间呼吸，默默叹息，
> 爱抚着青草，爱抚着田垄。

趁春光明媚，做五月信使，
我亲吻铃兰，陶醉于憧憬，
蓝天谛听风声，悄然不语——
我懒散地吹拂，飘入幻梦。

这是自由的风，永远吹拂。我们继续来读他的另一首诗《风》：

风啊，变化莫测的风，
什么事都不记在心中。
风，让我像你一样健忘，
让我也具备你的个性。
风，风，风，风啊风，
你最健美，你最为浑雄！

英国剧作家莎士比亚的《李尔王》中有一段著名的独白，开篇就是：

吹吧，风啊！胀破了你的脸颊，猛烈地吹吧！……

诗人周梦蝶的诗《集句六帖》之三说：

风吹麦浪

风有风的威势
花有花的能耐

风能战而不能不战
花不能战而能不战——

不能不的鼓声比能不的
二者谁更雄浑而富于说服力？

不可一世的风，信否？至少有一次
至少有一次，你为花所败！

不可一世的风，什么时候才会被花所败？我们来读诗人安贫的《当你接纳了风》：

1

当你接纳了风，风便停了。
接下来，花就开了。

2

认真欢乐吧。
当你拥有了纯净，

就拥有了一切。

3

沉重、苦难、忍辱之事没了。
当你是轻的。

4

认真欢乐吧。
孩子的手能把石头揉成纸团。

5

当你接纳了风，风便停了。
接下来，花就开了。

法国诗人阿兰·博斯凯说："成为风是一种光荣，成为石头是一种幸福。"

今天，我们就成为风。成为风是一种光荣，也是一种幸福。还记得尼采的诗《献给西北风》吗？他说："我的幸福要跟你 / 一起怒吼……"

A Talk with Wind

/

读

风的君王

〔叙利亚〕阿多尼斯　薛庆国 / 译

我的旗帜列成一队，相互没有纠缠，
我的歌声列成一队。
我正集合鲜花，动员松柏，
把天空铺展为华盖。
我爱，我生活，
我在词语里诞生，
在早晨的旌旗下召集蝴蝶，
培育果实；
我和雨滴
在云朵和它的摇铃里、在海洋过夜。
我向星辰下令，我停泊瞩望，
我让自己登基，
做风的君王。

风

〔墨西哥〕奥克塔维奥·帕斯　赵振江 / 译

叶子在歌唱
梨在树上摇荡
玫瑰在转动
不是因为茎，而是因为风

云连着云
天空的水藻，漂浮在梦乡；
整个空间和它们
一起转动，这是谁的力量？

满目皆空旷
虞美人的枝条在摇荡
一种赤裸
在波浪之风的脊背上飞翔

我本虚无，
漂浮的身体，如光似浪；
一切皆是风
而风从来就是空气在游动。

风偷去了我们的桨

顾城

就是这样
一阵风，温和地
偷走了我们的桨
墨绿色的湖水，玩笑地闪光
“走吧，别再找了
再找出发的地方”

也许，夏雨的快乐
使水闸塌方
在隐没的柳梢上
青蛙正指挥着一家
练习合唱
也许，秋风吹干了云朵
大胆的蚂蚁
正爬在干荷叶的
帐篷上眺望
也许，一排年老的木桩
还站在水里
和小孩一起，等着小鱼

把干净的玻璃瓶
在青草中安放
也许，像哲学术语一样的
湿知了
还在爬来爬去
遗落的分币
在泥地上冥想

不要再想
再想那出发的地方
风偷去了我们的桨
我们
将在另一个春天靠岸
堤岸又细又长
杨花带走星星，只留下月亮
只留下月亮
在我们的嘴唇边
把陌生的小路照亮

风的梦

顾城

在冬天
那个巨大的白瓷瓶里
风呜呜地哭了很久
后来，他很疲倦
他相信了，没有人听见
没有道路通向南方
通向有白色鸟群栖息的城市
那里的花岗石喜爱露水
他睡觉了
弯弯曲曲地睡着
像那些永远在祈求谅解的怪柳树
像那些树下
冬眠的蛇

他开始做梦
梦见自己的愿望
像星星一样，在燧石中闪烁
梦见自己在撞击的瞬间

挣扎出来，变成火焰
他希望那些苍白的手
能够展开
变得柔和亲切
再不会被月亮的碎片
割破

后来，他又梦见
一个村庄
像大木船一样任性地摇动
在北方的夜里
无数深颜色的波纹
正在扩展
在接近黎明的地方
变成一片浅蓝的泡沫

由于陌生的光明
狗惊慌地叫着
为了主人
为了那些无关的惧怕和需要
汪汪地叫着
在土墙那边

是什么落进了草堆

最后，他梦见
他不断地醒了
一条条小海鱼钻进泥里
沾着沙粒的孩子聚在一起
像一堆怪诞的黄色石块
不远的地方
波浪喘息一下
终于沿着那些可爱的小脊背
涌上天空

在湿淋淋的阳光中
没有尘土
贝壳们继续眯着眼睛
春天，春天已经来了
很近
在别人不注意的时候
换上淡紫色的长裙

是的，他醒了
醒在一个明亮的梦里

凝望着梳洗完毕的天空
他在长大
按照自己的愿望年轻地生长着
他的腿那么细长
微微错开
在远处，摇晃着这片土地

绝句

〔宋〕释志南

古木阴中系短篷，杖藜扶我过桥东。
沾衣欲湿杏花雨，吹面不寒杨柳风。

茅屋为秋风所破歌

〔唐〕杜甫

八月秋高风怒号，卷我屋上三重茅。茅飞渡江洒江郊，高者挂罥（juàn）长林梢，下者飘转沉塘坳。

南村群童欺我老无力，忍能对面为盗贼。公然抱茅入竹去，唇焦口燥呼不得，归来倚杖自叹息。

俄顷风定云墨色，秋天漠漠向昏黑。布衾多年冷似铁，娇儿恶卧踏里裂。床头屋漏无干处，雨脚如麻未断绝。自经丧乱少睡眠，长夜沾湿何由彻！

安得广厦千万间，大庇天下寒士俱欢颜，风雨不动安如山。呜呼！何时眼前突兀见此屋，吾庐独破受冻死亦足！

春风（节选）

老舍

所谓春风，似乎应当温柔，轻吻着柳枝，微微吹皱了水面，偷偷地传送花香，同情地轻轻掀起禽鸟的羽毛。可是，济南与青岛的春风都太粗猛，把两地的春都给吹毁了。济南的风每每在丁香海棠开花的时候把天刮黄，什么也看不见，连花都埋在黄暗中；青岛的风少一些沙土，可是狡猾，在已很暖的时节忽然来一阵或一天的冷风，把一切都送回冬天去，棉衣不敢脱，花儿不敢开，海边翻着愁浪。

两地的风都有时候整天整夜地刮。春夜的微风送来雁叫，使人似乎多些希望。整夜的大风，门响窗户动，使人不英雄地把头埋在被子里；即使无害，也似乎不应该如此。对于我，特别觉得难堪。我生在北方，听惯了风，可也最怕风。听是听惯了，因为听惯才知道那个难受劲儿。它老使我坐卧不安，心中游游摸摸的，干什么不好，不干什么也不好。它常常打断我的希望：听见风响，我懒得出门，觉得寒冷，心中渺茫。春天仿佛应当有生气，应当有花草，这样的野风几乎是不可原谅的！我倒不是个弱不禁风的人，虽然身体不很足壮。我能受苦，只是受不住风。别种的苦处，多少是在一个地方，多少有个原因，多少可以设法减除；对风是干没办法。总不在一个地方，到处随时使我的脑子晃动，像怒海上的船。它使我说不出为什么苦痛，而且没法子避免。它自由地刮，我死受着苦。我不能和风去讲理或吵架。单单在春天刮这样的风！可是跟谁讲理去呢？苏杭的春天应当没有这不得人心的风吧？我不准知道，而希望如此。好有个地方去“避风”呀！

暴风骤雨

〔波〕布鲁诺·舒尔茨　杨向荣 / 译

在那个漫长而空虚的冬季，在我们的城市，黑暗收割着丰硕的庄稼。阁楼和储藏室凌乱不堪，搁置了很长时间的陈旧的坛坛罐罐和大锅小盘重重叠叠地摞在一起，里面还有大量被扔弃的空电池瓶。

在那些被燎得发焦的椽柱密布如同森林般的阁楼中，黑暗开始缓缓进行破坏，继而疯狂地骚动起来。铁锅开始举行阴沉的会议，会议冗长啰唆、争吵不休，瓶罐汩汩作响，酒壶吞吞吐吐。终于，某天晚上，铁锅和瓶罐大军在空空荡荡的屋檐下冒出来，浩浩荡荡地涌流而出与城市作战。

从凌乱不堪中解放出来的阁楼，空间变得豁然开朗，横梁的大军与支在松木膝盖上的三角木凳的编队穿过回声四起的漆黑的过道跑出来。现在阁楼终于解脱，不必再让夜晚充满木椽的咔嗒声、檩条和横梁的碰撞声。

接着，浴盆和水瓶构成的条条黑色河流倾泻而出，横扫整个夜晚。漆黑、闪亮、喧嚣的汇流开始围攻城市。在黑暗中，各种容器的乌合之众蜂拥而至，像一队吵吵闹闹的鱼类的大军那样拥挤着向前推进。喋喋不休的提桶和饶舌的水桶漫无边际地袭涌过来。

在两侧乒乒乓乓的敲击声中，水桶、提桶、水瓶叠加在一起往上直蹿，陶罐四处飘荡，圆顶礼帽和男式礼帽攀叠在一起，像柱子般向天空伸去，最后又轰然倒塌。

这些东西的木舌自始至终发出难听的咔嗒声，同时木嘴还在机械而吃力地诅咒着什么。那天晚上整个这片地区弥漫着泥淖亵渎神明的辱骂声，直到遂了心愿后方才消停。

在各种器具的吱吱声，在令人极度烦躁的咔嗒声的召唤下，强劲的狂风旅队光临了，而且彻夜不息。城市上空形成一团不断移动的类似巨大的黑色竞技场般的东西，接着它开始剧烈旋转着缓缓下降。这团黑暗在一阵巨大的狂风中炸开，肆虐了整整三天三夜……

早晨，母亲说："你别去上学了，今天要刮大风。"

一股散发着树脂味的薄纱般的烟雾弥漫在室内。火炉在狂啸和呼号着，仿佛把一群坏蛋和恶魔俘虏在一块给扔到里面了。那张绘在炉子突起的腹部上的大脸做出色彩斑斓的怪表情，腮帮子极度夸张地鼓着。

我光着脚丫子奔到窗前。阵阵大风向天空纵扫而上。辽阔的天空银光闪闪，紧绷得快要到爆裂的临界点的各种能量的线条，被切割成像层层锡和铅一样的壕沟。被分割成一块块磁场，在电荷的释放中颤抖不已的天空，到处是深藏不露的电流。狂风的图示就印在天空。现在，连天空本身都已模糊不清、捉摸不定，用尽力气承载着这片风景。

人们是看不见这股大风的。你可以从它对房屋以及它狂暴地扎进去的屋顶的影响辨认出它的作用力。那些阁楼似乎依次显得一个比一个大，被这股狂风的手指触摸到后随时可能在疯狂中爆炸。

狂风把各处的广场清扫得干干净净，所过之处大街全变成空茫茫的一片。整个市场区被大风剥得赤裸裸的。这里或者那里偶尔会出现一个孤零零的人，在风力的压迫下弯着腰，被堵在某个房屋的角落。在阵阵烈风中，整个集市广场像一颗秃头般闪闪发亮。

阵风把各种寒冷死寂的颜色吹上天空——道道黄、绿、紫色的条纹漫天飞舞——那些遥远的螺旋形穹隆和拱廊。屋檐变得阴沉、弯曲，令人担忧和牵挂。那些风从下面钻入的屋檐激动地升了起来，越过相邻的屋顶，预示着凌乱的天空下即将出现毁灭之劫。这些屋顶又降落下来，然后就断了气，再也支撑不住更强劲的喘息。这股喘息已经探到更深处，让整个天地间充满了喧嚣和恐怖。但是，更多的房屋在一声尖厉的呼叫中，在一阵预示性的痉挛中升起，发出灾难性的咆哮。

教堂附近那片茂密的山毛榉竖起条条手臂站在那里，仿佛是这些恐怖景象的见证者，一声接一声凄厉地尖叫着。

更远处，越过集市广场的屋顶，我看到了山形墙的末端和郊区房屋裸露的墙壁。这些房屋相互攀缘重叠而上，并且不断变大，恐惧得瘫在那里。远方冷飕飕的红光用秋天的颜色涂抹着这些建筑物。

那天我们没有吃中午饭，因为炉火冒出的烟圈又回流到厨房里。所有的房间都冷冰冰的，充斥着风的味道。下午两点左右，郊区一带忽然起火了，接着迅速蔓延开来。母亲和阿德拉开始包装被褥、毛皮大衣和贵重物品。

夜来临了。风力更加强劲和凶猛，并且持续壮大，弥漫了整个这片地区。现在，它已停止走街串巷，开始在城市上方筑起层层叠叠不同高度的旋涡，形成一片黑色的迷宫，无情地向上空扩张。风从这片迷宫中沿着间间展室发散出来，在雷电的霹雳声中逃窜，越过长长的走廊，足以让所有那些想象中的建筑物轰然倒塌，然后继续横扫而来，旋即朝着无形无迹的大气层腾空而上。

我们家的房屋轻轻地颤抖着，照片在墙上咔嗒作响，窗玻璃上闪耀着灯盏油腻的反光。窗帘在那个暴雨之夜的喘息中鼓胀得满满的。我们忽然想起，从早上就没有看到过父亲了。他一定大清早就上店铺去了，在那里，狂风可能让他惊恐万状，把他与家隔绝开来。

“他肯定一天什么都没有吃。”母亲悲伤地说。管事的店伙计西奥多主动冒险走进狂风肆虐的夜晚，去给父亲送点吃的东西。我哥哥决定陪他一起去。

他们裹着宽敞的熊皮大衣，衣袋里塞满熨斗、铜杵和金属镇物，以防被狂风刮跑。通向夜色的那扇门被小心谨慎地打开了。西奥多和哥哥刚向黑暗迈出一步，就被糊住整个房屋的夜色吞没了。狂风顷刻间把他们出发的一切痕迹涤荡而光。透过窗户根本看不见他们提的那盏灯笼的光亮。

风把他们吞没后，安静了稍许。阿德拉和母亲试着想把厨房炉子的火生起来。家里所有的火柴都不翼而飞，灰尘和炉渣透过敞开的炉口散出，被刮得在房间里四处飞扬。我们站在大门后面聆听着动静。在狂风悲伤的呜呜中，我们仿佛听到各种各样的声音，有的在质问，有的在喊叫，有的在哭泣。我们似乎听到了父亲的声音，但随即消失在狂风中。他在呼唤着求助。也许那是哥哥和西奥多的声音，在大门外无动于衷地闲聊着。那些声音太富有欺骗性了，阿德拉甚至在某个时刻打开了门，正好看见西奥多和哥哥吃力地从漫过胳膊的狂风中露出身影。

他们大口喘着气走进来，艰难地关上大门。他们不得不把身体在门上靠一会儿，因为门口的狂风实在太剧烈了。他们好不容易把门闩上，狂风继续在其他地方追逐肆虐着。

他们描述这可怕的黑暗和狂风时声音几乎断断续续。他们的皮大衣完全被狂风浸透，散发着旷野的气味。他们在灯光下眨巴着眼睛，眸子里还饱含着夜色，每眨下眼皮就把一批黑暗倾泻出来。他们说都没能到达店铺，迷了路后差点不知道怎么回来。城市变得面目全非，所有的大街似乎都错了位。

母亲怀疑他们没有讲实话，其实，我们都有这样一种印象，他们也许在我们家的窗户下站了几分钟，并没有打算去任何地方。或许这个城市和集市早已不存在，这番狂风和黑夜用黑色的舞台道具和某些模仿呼号、呻吟与号叫的机械把我们一家包围住了？也许狂风所暗示的这些巨大、忧伤的空间并不存在，也许根本不存在这些宏大的迷宫。没有旋风，没有窗户洞开的走廊形成的一条长长的黑色长笛，风在这支长笛上演奏着自己的曲子？我们越来越倾向于认为这番狂风不过是黑夜的一场虚构，不过是在悲惨无限的狭窄舞台上的某种拙劣表演，是这场大风喜剧性的无家可归和孤独。

现在，我们的大门一次又一次地打开，接纳紧裹斗篷和围巾的客人。上气不接下气的邻居或者朋友慢慢褪掉裹在外面的衣物，胡乱地说些不知所云、前言不搭后语的话，全都极度夸张着今晚会出现的种种危险。

大家一起坐在灯火通明的厨房里。在厨房火炉和烟囱宽阔的黑色檐口背后，走过几个台阶就可以到达阁楼门口。西奥多就坐在这段台阶上听着阁楼在风中摇晃。在阵风的间歇中，他听到被折成无数褶子的椽梁的风箱在咆哮，屋顶有气无力地悬垂着，像一副巨大的肺。风从那里逃窜出去，听着它又吸了一次气，把椽子都舒张开来，逐渐膨胀得像哥特式建筑的拱顶，像巨大的双簧管的风箱般发出响亮的回音。

后来，我们彻底忘了这场狂风。阿德拉开始在研钵里捣肉桂。佩拉西娅姨妈来了。她身材娇小，活泼好动，头顶的黑色围巾上缀着花边。她开始在厨房里忙上忙下帮阿德拉干活，阿德拉正给一只小公鸡拔毛。佩拉西娅姨妈把一小卷纸放在炉子里点燃。阿德拉攥住小公鸡的脖子，架在火焰上燎烧剩下的羽毛。这只家禽在火中忽然展开翅膀，啼叫了一声，然后就被烤焦了。佩拉西娅姨妈开始大喊大叫，嘴里诅咒起来。她气愤得浑身乱颤，朝阿德拉和母亲挥舞着拳头。我不明白那到底是什么意思，但她仍然怒气未消，变成一个用各种姿势挥舞和诅咒、叫骂的小团块。在愤怒的尖叫声中，她整个人似乎马上会解散成一个一个独立的姿势，似乎要变成一百只蜘蛛，似乎要用一张漆黑闪亮的用来罩蟑螂疯狂乱窜的大网把地板罩住。然而，她却忽然收缩起来，慢慢变得越来越渺小，但仍然浑身战栗、唾沫飞溅地咒骂着。后来，她开始小跑，弯曲的身体骤然缩小，跨步来到厨房堆放柴火的角落。她一边咒骂一边咳嗽，在清脆的柴火中狂热地搜寻着什么，最后终于找到两块薄薄的黄色木片。她用颤抖的双手抓住木片，贴住双腿测量一下，接着拿木片支撑起身子，那木片就像高跷。她开始到处转悠，把地板轧得嘎嘎作响，跳到这儿又跳到那儿，沿着歪歪扭扭的路线跳行，速度越来越快，然后爬上一把松木长椅，再爬到放着陶器的架子上，这个细木架占据了厨房整整一面墙。她支着高跷沿木架跑过去，逐渐隐没在一个角落。她变得越来越小，越来越苍茫，最后像一张枯萎、烤焦的纸片般折叠起来，氧化成一撮灰烬，渐渐化为尘土和虚无。

面对这场自我毁灭式的愤怒演出，我们站在那里无可奈何。看到这出令人忧伤的痉挛舞蹈和痛心举动自行结束时，大家感到很遗憾，带着一丝释然各干其事了。

阿德拉又开始鼓捣研钵，不停地砸着肉桂。母亲又捡起她刚才中断的谈话，一直在倾听阁楼里各种征兆的西奥多，做出滑稽的表情，扬起眉毛，独自咯咯地轻声暗笑着。

无题

〔唐〕李商隐

相见时难别亦难，东风无力百花残。
春蚕到死丝方尽，蜡炬成灰泪始干。
晓镜但愁云鬓改，夜吟应觉月光寒。
蓬山此去无多路，青鸟殷勤为探看。

春日

〔宋〕朱熹

胜日寻芳泗水滨，无边光景一时新。
等闲识得东风面，万紫千红总是春。

虞美人

〔五代·南唐〕李煜

春花秋月何时了？往事知多少。小楼昨夜又东风，故国不堪回首月明中。

雕栏玉砌应犹在，只是朱颜改。问君能有几多愁？恰似一江春水向东流。

忆秦娥·箫声咽

〔唐〕李白

箫声咽，秦娥梦断秦楼月。秦楼月，年年柳色，灞陵伤别。

乐游原上清秋节，咸阳古道音尘绝。音尘绝，西风残照，汉家陵阙。

白雪歌送武判官归京

〔唐〕岑参

北风卷地白草折，胡天八月即飞雪。
忽如一夜春风来，千树万树梨花开。
散入珠帘湿罗幕，狐裘不暖锦衾薄。
将军角弓不得控，都护铁衣冷难着。
瀚海阑干百丈冰，愁云惨淡万里凝。
中军置酒饮归客，胡琴琵琶与羌笛。
纷纷暮雪下辕门，风掣红旗冻不翻。
轮台东门送君去，去时雪满天山路。
山回路转不见君，雪上空留马行处。

西风颂

〔英〕雪莱　江枫 / 译

一

哦，犷野的西风哦，你哦，秋的气息，
由于你无形无影地出现，万木萧疏，
似鬼魅逃避驱魔巫师，蔫黄，魆黑，

苍白，潮红，疫疠摧残的落叶无数，
四散飘舞；哦，你又把有翅的种子
凌空运送到他们黑暗的越冬床圃；

仿佛是一具具僵卧在坟墓里的尸体，
他们将分别蛰伏，冷落而又凄凉，
直到阳春你蔚蓝的姐妹向梦中的大地

吹响她嘹亮的号角（如同牧放群羊，
驱送香甜的花蕾到空气中觅食就饮）
给高山平原注满生命的色彩和芬芳。

不羁的精灵，你啊，你到处运行；

你破坏，你也保存，听，哦，听！

二

在你的川流上，在骚动的高空，
纷乱的乌云，那雨和电的信使，
正像大地凋零枯败的落叶无穷，

挣脱天空和海洋交错缠接的柯枝，
飘流奔泻；在你清虚的波涛表面，
似酒神女祭司头上扬起的蓬勃青丝，

从那茫茫地平线阴暗的边缘
直到苍穹的绝顶，到处散布着
迫近的暴风雨飘摇翻腾的发卷。

你啊，垂死残年的挽歌，四合的夜幕
在你聚集的全部水汽威力的支撑下，
将构成他那庞大墓穴的拱形顶部。

从你那雄浑磅礴的氛围，将迸发
黑色的雨、火、冰雹；哦，听啊！

三

你，哦，是你把蓝色的地中海
从梦中唤醒，他在一整个夏天
都酣睡在贝伊湾一座浮石岛外，

被澄澈水流的喧哗声催送入眠，
梦见了古代的楼台、塔堡和宫闱，
在海上更强烈的日光中不住地抖颤，

全都长满了蔚蓝色苔藓和花卉，
馨香馥郁，如醉的知觉难以描摹。
哦，为了给你让路，大西洋水

豁然开裂，而在浩淼波澜深处，
海底的花藻和枝叶无汁的丛林，
哦，由于把你的呼啸声辨认出，

一时间全都惨然变色，胆怵心惊，
战栗着自行凋落；听，哦，听！

四

我若是一朵轻捷的浮云能和你同飞，

我若是一片落叶，你所能提携，
我若是一头波浪能喘息于你的神威，

分享你雄强的脉搏，自由不羁，
仅次于，哦，仅次于不可控制的你；
我若能像在少年时，作为伴侣，

随你同游天际，因为在那时节，
似乎超越你天界的神速也不为奇迹；
我也就不至于像现在这样急切，

向你苦苦祈求。哦，快把我扬起，
就像你扬起波浪、浮云、落叶！
我倾覆于人生的荆棘！我在流血！

岁月的重负压制着的这一个太像你，
像你一样，骄傲，不驯，而且敏捷。

五

像你以森林演奏，请也以我为琴，
哪怕我的叶片也像森林的一样凋谢！
你那非凡和谐的慷慨激越之情，

定能从森林和我同奏出深沉的秋乐，
悲怆却又甘冽。但愿你勇猛的精灵
竟是我的魂魄，我能成为剽悍的你！

请把我枯萎的思绪向着宇宙播送，
就像你驱遣落叶催促新的生命！
请凭借我这咒语般的单调韵文，

就像从未灭的炉膛吹出炉灰和火星，
把我的话语传遍天地间万户千家！
通过我的嘴唇，向着犹未唤醒的人境，

让预言的号角奏鸣！哦，风啊，
如果冬天来了，春天还会远吗？

林教头风雪山神庙（节选）

〔明〕施耐庵

林冲自来天王堂，取了包裹，带了尖刀，拿了条花枪，与差拨一同辞了管营，两个取路投草料场来。正是严冬天气，彤云密布，朔风渐起，却早纷纷扬扬卷下一天大雪来。那雪早下得密了。怎见得好雪？……

大雪下得正紧，林冲和差拨两个在路上又没买酒吃处，早来到草料场外。……

只说林冲就床上放了包裹被卧，就坐下生些焰火起来。屋边有一堆柴炭，拿几块来生在地炉里。仰面看那草屋时，四下里崩坏了，又被朔风吹撼，摇振得动。林冲道："这屋如何过得一冬？待雪晴了，去城中唤个泥水匠来修理。"向了一回火，觉得身上寒冷，寻思："却才老军所说五里路外有那市井，何不去沽些酒来吃？"便去包里取些碎银子，把花枪挑了酒葫芦，将火炭盖了，取毡笠子戴上，拿了钥匙，出来把草厅门拽上。出到大门首，把两扇草场门反拽上锁了，带了钥匙，信步投东。雪地里踏着碎琼乱玉，迤逦背着北风而行。那雪正下得紧。

……又自买了些牛肉，又吃了数杯，就又买了一葫芦酒，包了那两块牛肉，留下碎银子，把花枪挑了酒葫芦，怀内揣了牛肉，叫声相扰，便出篱笆门，依旧迎着朔风回来。看那雪，到晚越下得紧了。……

再说林冲踏着那瑞雪，迎着北风，飞也似奔到草场门口……

愁渡

叶维廉

第四曲

怎得一夜朔风来
千树万树的霜花多好看
千树万树的霜花有谁看
当玄关消失在垂天的身影里
我不去想钓鱼郎此起彼落
啄完又啄、淋漓欲滴的春色
因为依稀曾有你，王啊
依稀是你：溅银河
踏歌声
折树墙
那时两岸的山花似云开
钟鼓齐鸣
而你说
旭日腾腾而来
林断山绝
我们浇酒为零
在雾里找一只手

穿一扇门
在无风的室里倾耳听泉
听涌复不尽的跫（qióng）音
王啊，我只听见霜花摧折
和你踏着脆裂的神经而去
渡头上，依稀你曾说：
赐你我的血液，赐你棠儿

城墙陷入晨光里
千树的
万树的
霜花
千树的
万树的
霜花
风落后
春草萋萋：
棠儿啊我的棠儿呢？

大海和吹拂着的风

〔美〕埃尔文·怀特　王志章 / 译

无论是在睡梦中或是醒着，我总要想到船——通常总是想到那些被帆微微牵曳着的相当小的船。当我想到我生命中有多么大的一部分时间是在睡梦中消逝，当我想到在我的全部梦的世界中竟有那么多的境界都是与这小小的船只有关时，我不禁要替自己的健康状况担忧起来，因为有人告诉我，经常随着臆想中的微风航行至虚幻的彼岸可不是个好的征兆。

当我发觉大部分人在跨入理发室后总得等待，于是便在椅子上安然坐下，拣起一本杂志浏览。而我则是坐下来，继续我那在大海中航行的遐想。这种遐想是在五十余年前开始的，迄今尚未续完。在东部地区，不管是等候上火车还是就诊牙医，没有一个候车室或候诊室不是被我当作舵舱的。每当列车启动，或者牙钻开始嗡嗡地旋转时，我总是仍在调整我的风帆的方位。

倘若一个人非得对某件东西着迷不可，我以为一条小船同样能使你迷恋，也许比大多数物件更令人缱绻。一条小巧玲珑的航船不仅美观，而且实有魅力，既充满奇特的期望，又隐示未来的困扰。假如碰巧这是一条机动游艇，那当然是由人的忙碌不停的大脑设计的最为紧凑、最为精巧的供人生活的设施——一个平稳但并非静止的家，它的形状与其说像一只鸟，倒不如说更像一条鱼或一位姑娘。全速行驶也好，任意漂泊也罢，如同他有心在岸上操劳日常事务那样，主人在船上尽可以将岸上的日常琐事远远地抛诸脑后——有客厅、卧室，外加浴室，全部漂浮着，充满了盎然生机。

那些对生活中的齐整和紧凑颇感头痛的人，在一艘停泊在一个背风的港湾里的三十英尺[1]长的帆船的舱室里常常能得到安抚他们的艰辛的慰藉。在这里，家的有条不紊的缩样就展现在眼前，它匍匐在浪花泡沫之上，悬浮在海底和天穹之间，时刻准备于翌晨在帆布的奇迹和绳索的魔力的驱使下继续航行。人们从摇篮到走向坟墓，几乎总是在他们的心灵的隐处藏匿着这种船，这是无须大惊小怪的。

我曾经有过许多船，在海上排起来足有一长列，其中许多是冒牌货和替代品。随同我的船梦的消逝，我对这些船的所有权也消失了。自孩提时代起，我就试图拥有某种可供航行的玩意儿，以便颤颤嗦嗦地张

[1] 1 英尺等于 30.48 厘米。

帆行驶。如今我已七十有余，我仍有一艘船，依然哆嗦着扬起我的帆，响应无情的大海的召唤。为什么大海对我有如此大的诱惑力？无论是在现实之中或是在梦的幻境，这种扬帆的动力究竟来自何处？我初次见到大海时，大海可憎可恨。记得四岁那年，我被带到罗谢尔滨浴场。我经历的一切都让我惊醒，令人反感：海水留在嘴里的咸涩味，木制浴盆讨厌的寒意，遍地皆是的沙粒，海涂的恶臭。我怀着既恨又怕的心情离开了大海。后来，我发觉曾经使我畏意丛生和憎恶不已的大海，如今我对它既害怕又钟爱了。

我返回了必不可少的大海，因为它能漂浮小船，虽然我对船只的知识只是凤毛麟角，可是我就是无法将它们从我的思绪中移开。我成了一个漂游的孩童。大海心照不宣地向我提出了挑战：风、潮、雾、礁石、船钟、大声呼救的海鸥、天气的无休止的恐吓和讹诈。一旦让风鼓满了我的帆肚，我就难以松开我的舵柄了；仿佛我抓住了一根高压电线，欲想挣脱已不能了。

我喜爱独身出航。大海在我的眼里如同一位姑娘——我不喜欢还有别的什么人伴同。因为缺乏航行知识，我想出了不少处理问题的方法，结果常常把事情弄得一团糟，因而未能学会正确的航行方法。时至今日，我仍无法熟练地驾驭，纵然我终生都在航行。

直到二十五岁那年，我才发觉世上竟有航海图表存在；在那以前，我就像早期的探险家那样心中无底，只得小心翼翼地驾驶。待到而立之年，我才学会将一卷扬帆索挂在应该挂的羊角上。先前，我只是将它卷下来，在甲板上“砰”的一甩了事。我老是遇到这样那样的麻烦，反过来我又发觉我在自寻烦恼。出海航行已由不了我自主：瞧，船就泊在那儿，系着，随波颠簸着，而风又在那边徐徐地吹着；我别无他择，只得出海航行。我早期的船只小得如此可怜，因此一旦风止了，抑或我本人失去了操纵船只的能力，我仍能借助体力控制它——涉水将它推回家或者用桨把它摇回去。后来，我逐渐适应了驾驭那种只有风大到一定程度方能行驶的帆船。当我首次在这种船上起锚离港时，大概得有一个小时的辰光我才胆敢抛却锚索。即使时至今日，虽然我记得我在海上已经短促地航行过上千次，想到在海鸥的嘲笑声中和在空空的主帆发出的吱嘎声中我将锚索抛却时，依然不寒而栗，难以忘怀。

往后的几年中，我意识到了我的航行已不仅是一种简单的觅取欢愉的源泉，因而航行渐渐地成了一种不可短缺的活动。瞧，船就在那边泊着，晨风在微微地吹拂着——如今航海纯粹是为了维护面子。我正如一个醉鬼，一生中离不开酒瓶。对我来说，不去航行则不成。诚然，我很明白我与风已失去了联系，而且事实上已不再喜欢风了。风将我吹得晃荡不已，风仅如此而已。我真正喜欢的倒是风平浪静的日子，周围的一切都是那么宁静。我的脑际产生了这样一个大疑问，即一个讨厌风的人是否还该继续设法扬帆行驶。但这只是一个心智的反应——先前的渴望在我的身上始终不泯，那是属于过去、属于青年的渴望，所以我在过去和现在之间痛苦地徘徊，这是人到晚年的一种通病。

一个人该何时告辞大海？他一定是非常眩晕、非常踉跄了吧？他要在奋发向前时离别或是等到他铸成诸如掉入大海或者因风帆的偶尔改向而被摔倒这样的大错之后才告罢手？去年秋天，我花了不少时间对这一问题反复琢磨权衡。终于，当我得出我已到了路的尽头这一结论时，我给船坞写了一张便笺，要求将我的船只搁置起来拍卖。我说我要“与水解缘”了。但当我把这句话打下字来时，我怀疑我是否吐过一丝真言。

如果无人前来认购，我知道会出现何种情况：我去要求船坞将船置入港内——“直到买主光临”。然而，当温和的东南风在港湾窸窣作响时——那是轻柔、稳定的清晨的凉风，捎来了远方湿漉漉的世界的色泽，也带来了使人返回起点的气息，将他与既往的一切联系起来——我又会像过去那样跃跃欲试，又会茫然不知所措。单帆小船又将出现在我的眼前，又有风在微微地吹拂，我又将起锚出航。当我驶过托利群岛附近的纺锤形航标、闪避阀式浮标和系索桩时，麇（qún）集在暗礁上的藓草将会记下我的航线。“那个老伙计又出航了，”人们会这么说，“再次驶过他那小小的好望角，再次征服他那波涛汹涌的西风带。”我将握紧舵柄，再次感受到风赋予小船的生命，我又会嗅到先前那种险峻的气息，这是一种在我的身上注满活力的险象：咸涩世界的残忍美，船底甲壳动物的无数利刃，海胆的尖刺，水母的螯针，蟹的钳。

雨霖铃

〔宋〕柳永

寒蝉凄切，对长亭晚，骤雨初歇。都门帐饮无绪，留恋处，兰舟催发。执手相看泪眼，竟无语凝噎。念去去，千里烟波，暮霭沉沉楚天阔。

多情自古伤离别，更那堪，冷落清秋节！今宵酒醒何处？杨柳岸，晓风残月。此去经年，应是良辰好景虚设。便纵有千种风情，更与何人说？

水槛遣心二首（其一）

〔唐〕杜甫

去郭轩楹敞，无村眺望赊。
澄江平少岸，幽树晚多花。
细雨鱼儿出，微风燕子斜。
城中十万户，此地两三家。

登高

〔唐〕杜甫

风急天高猿啸哀，渚清沙白鸟飞回。
无边落木萧萧下，不尽长江滚滚来。
万里悲秋常作客，百年多病独登台。
艰难苦恨繁霜鬓，潦倒新停浊酒杯。

渔家傲

〔宋〕李清照

天接云涛连晓雾，星河欲转千帆舞。仿佛梦魂归帝所。闻天语，殷勤问我归何处。

我报路长嗟日暮，学诗谩有惊人句。九万里风鹏正举。风休住，蓬舟吹取三山去！

鄂州南楼书事

〔宋〕黄庭坚

四顾山光接水光，凭栏十里芰荷香。
清风明月无人管，并作南楼一味凉。

我是自由的风……

〔俄〕巴尔蒙特　谷羽 / 译

永远吹拂，我是自由的风，
我激起波涛，我亲近柳丛，
在树枝间呼吸，默默叹息，
爱抚着青草，爱抚着田垄。

趁春光明媚，做五月信使，
我亲吻铃兰，陶醉于憧憬，
蓝天谛听风声，悄然不语——
我懒散地吹拂，飘入幻梦。

用情不专，忽而东西盘旋，
扫荡着乌云，把大海搅动，
犹如一声长叹掠过了旷原，
又似雷霆震撼哑默的长空。

旋即复归平和，永远喜悦，
比仙女相互亲近更富柔情，
我依傍树木，呼吸于田野，
我健忘，永远是自由的风。

风

〔俄〕巴尔蒙特　谷羽 / 译

风，风，风，风啊风，
你在树枝间呼啸不停！
风，风，风，自由的风，
面对你芦苇簌簌颤动，
风，风，风，风啊风，
为什么你折磨我的心灵？

长声叹息，朦朦胧胧，
急于睡眠，行迹匆匆，
你刚刚入梦，旋即苏醒，
准备停当，又要飞腾。
停一停吧！你去哪里？
你永远固执，屡踏行程。

所有的地方你都熟悉，
你轻轻地喧响在高空，
你悄悄潜入池塘的涟漪，
让茵茵青草起伏晃动，
携带乌云，呼唤雷鸣，

随后你离开复归于平静。

风啊，变化莫测的风，
什么事都不记在心中。
风，让我像你一样健忘，
让我也具备你的个性。
风，风，风，风啊风，
你最健美，你最为浑雄！

风向标

〔西〕洛尔迦　王家新 / 译

南方的风。
黝黑，灼热，
浸透橘树花的香气。
你吹拂过我的肌肤，
带来闪光注视的
种子。

你使得月亮变红，
让被俘的白杨呻吟，
但是你呀
来得太迟了！
我已将我的传说之夜
卷起，放在书架上。

不需要任何风
——用力去看——
心，转动
我的心，转动。

北方的风，
空气的白熊！
你吹拂过我的肌肤，
和极光一起
颤抖，
你披着幽灵头领的
长斗篷，
对着但丁大笑。
啊星星的磨光器！
但是你呀
来得太迟了！
我的箱柜发霉并且
也丢了钥匙。

不需要任何风
——用力去看——
心，转动
我的心，转动。

侏儒的呵气
来路不明的风。
带着金字塔花瓣的

玫瑰蚊子。
在摇曳的树林间
探头的信风，
还有风暴中的笛声
滚开！
我的记忆套着锁链，
被俘的鸟儿
把黄昏唱进了
一支歌。

生命一去不回头——
人人皆知。
在风的明亮催逼下
抱怨有什么用！
对吗，白杨，风的教师？
抱怨有什么用！

不需要任何风
——用力去看——
心，转动
我的心，转动。

风的歌（节选）

艾青

我是季候的忠实的使者
报告时序的运转与变化
奔忙在世界上

寂静的微寒的二月
我从南方的森林出发
爬上险峻的山峰
走过卑湿的山谷
渡过湖沼与江河
带着温暖与微笑
沿途唤醒沉睡的生物

山巅的积雪溶化了
结冰的河流解冻了
黑色的土地吐出绿色的嫩芽
百鸟在飘动的树枝上歌唱
忧愁从人们脸上消失
含笑的眼睛

看着被阳光照射的田野
布谷鸟站在山岩上
一阵阵一阵阵地叫唤
殷勤地催促着农人
把土地翻耕
把河水灌溉
向田亩播撒种子

晴朗的发光的五月
我徘徊在山谷和田野
河流因我的跳跃激起波浪
池沼因我的漫步浮起皱纹
午后，我疾行在悬崖的边沿
晚上，我休息在森林

我是云的牧人
带领羊群一样的白云
放牧在碧蓝的晴空
从上空慢慢移行
阴影停留在旷野

我是雨的引路人

当大地为久旱所焦灼
我被发怒的乌云推拥
带着急喘，匆忙地
跃上山崖、跳下平野，
疾驰在闪电、雷、雨的前面
拍击着门窗，向人们呼喊：
“大雷雨要来了！
大雷雨要来了！”
…………

我是风

芒克

1

北方的树林
落叶纷纷。

听，都是孩子，
那里遍地都是孩子。

一溜烟跑过去的孩子，
给母亲带去欢乐的孩子。

看，那是辆马车，
看看吧，
那是拉满了庄稼和阳光的田野！

啊，北方的树林
落叶纷纷。
我每到这里就来和你幽会，
请听我说：

我是风！

2

和田野里劳动的孩子一样，
我非常热爱天空。
当辉煌的太阳一出来——
那是母亲睁开的眼睛。

和田野里劳动的孩子一样，
我非常热爱天空，
热爱母亲！

啊，北方的树林，
我对你恋恋不舍。
但母亲在召唤，
我要和她一起去收割。

3

道路飘向远方，
抬头看见
那孤零零的头巾下面掠过一道目光。

落叶飘扬，

侧耳听见

那落叶中发出了告别的喧响。

啊，北方的树林，

我的美丽的情人。

远去的风，

在向你歌唱！

白马湖之冬（节选）

夏丏尊

那里的风，差不多日日有的，呼呼作响，好像虎吼。屋宇虽系新建，构造却极粗率，风从门窗隙缝中来，分外尖削，把门缝窗隙厚厚地用纸糊了，椽缝中却仍有透入。风刮得厉害的时候，天未夜就把大门关上，全家吃毕夜饭即睡入被窝里，静听寒风的怒号，湖水的澎湃。靠山的小后轩，算是我的书斋，在全屋子中风最少的一间，我常把头上的罗宋帽拉得低低的，在洋灯下工作至夜深。松涛如吼，霜月当窗，饥鼠吱吱在承尘上奔窜。……

……在平常的日子，风来大概在下午快要傍晚的时候，半夜即息。至于大风寒，那是整日夜狂吼，要二三日才止的。最严寒的几天，泥地看去惨白如水门汀，山色冻得发紫而黯，湖波泛深蓝色。

……我在那里所日常领略的冬的情味，几乎都从风来。白马湖的所以多风，可以说是有着地理上的原因。那里环湖都是山，而北首却有一个半里阔的空隙，好似故意张了袋口欢迎风来的样子。白马湖的山水和普通的风景地相差不远，唯有风却与别的地方不同。风的多和大，凡是到过那里的人都知道的。风在冬季的感觉中，自古占着重要的因素，而白马湖的风尤其特别。

现在，一家僦（jiù）居[1]上海多日了，偶然于夜深人静时听到风声，大家就要提起白马湖来，说："白马湖不知今夜又刮得怎样厉害哩！"

（写于 1933 年 12 月）

[1] 指租屋而居。

如果我是那风（节选）

〔美〕阿尔多·李奥帕德　吴美真 / 译

在十一月的玉米田里制造音乐的风是匆忙的。玉米秆哼唱着，松散的玉米苞叶以半嬉戏式的旋涡朝天空急速飞去，风继续赶路。

在沼泽地里，长长的风浪通过多草的泥沼，拍打着远处的柳树。一棵树试着争辩，光秃秃的树干摇动着，但是无法留住那风。

沙洲上只有风，而河流往海洋奔流着。每一簇草都在沙土上画圈圈。我在沙洲上漫步，走到一根漂流而来的原木那儿坐下来，聆听周围风的号叫，聆听碎浪拍在岸上所发出的清脆声响。河流是死气沉沉的：没有一只鸭子、苍鹭、白尾鹞或鸥，不在寻找避风港。

…………

雁群从低垂的云朵间出现，就像一面破烂的旗帜，急降又上升，随风上下移动，聚集又分开，但是它们仍然前进着，风溺爱地和每一个拍动的翅膀角力。当雁群在远方天空变模糊时，我听到最后的鸣叫，那是夏天的熄灯号。

现在，在浮木后面是温暖的，因为风已随雁群远去，而我也愿意随雁群远去——但愿我是那风。

（节选自《沙郡岁月》）

风

莫洛

一日，苏鲁支看见一个少年，靠在树上坐着，于是他说：

“倘若我要用我的手摇动这树，便不可能。但我们所不能见的风，可以随意摇撼它，屈曲它，任意到哪一方面。我们最坏的是被不可见的手所摇撼、屈曲。”

不可见的手，风啊，把大树摇撼着，把大树吹折了，把大树连根拔起，摔倒在地上，毁坏了。

人，不正像树木吗？

不可见的手在不断地摇撼树木，树木被屈服在不可见的手中了。

对于人，感情不正是一只不可见的手吗？

呵，感情的风，吹着树木，震撼，屈曲，甚至摧折，毁坏了……

可怕的暴风从天外卷来。

那不可见的手呵，伸过来，摇撼着树了；而且那么狰狞，那么狠恶，树被卷在可怕的狂乱里，哭喊，叫啸，疯了一样地失去主宰。

但是，只要树木植根在深深的泥土里，即使是高山巅上的一棵孤木，也一样能承受得起这天外旋卷而来的风暴。摇撼的手会疲倦，癫狂的风会停息；正如同被冲荡的水的混浊，会渐渐地澄明；和平使空气宁静下来，天空展开一片远阔的蓝色，有太阳的光静静地抚摸着大树。

一阵狂乱之后，大树一样地刚坚直立，静与爱，大树保有着自己庄严的灵魂。

感情的风从灵魂的深谷吹起。

假如不是狂乱的飓风，风静静地吹，风有它一致的方向，风吹在树木上，树木，随风奏着甜柔的歌……

即使感情的风蓦地疯狂卷起，要吹折你这树木；但你生根在深土，茎大，干粗；风乃无可奈何地过去。有爱在，树木一样地开花。

感情的风呵，不可见的巨手！人呵，植根于深土的树木！

有时候，风也柔和，风遂和树木游戏；风还为树木，吹送一曲发自灵魂的柔美的歌……

1945 年 9 月

A Talk with Wind

/

作

遥言

袁子煊（八年级）

远方的风吹了过来，散布着比远方更远的遥言，我坐在草地上，安安静静地当着信遥者。

风的语言不是谁都听得懂的，那一根根由细而粗的线条是远方的文字。云听得懂，所以它会以闪电回应；水听得懂，于是它就荡起层层涟漪；但石头听不懂。石头自己有多大，它的世界就有多大。它不知道何为远方，何为家乡，在它的字典里，没有“遥”这个字。当然，就算石头听得懂，它也不愿听。风走访过的千万年往事，石头也曾纵横其中，它甚至比风更古老。在石头的眼里，千万年只不过是一瞬间，风也只是一瞬间。

但我不是石头，我愿意听风的遥言。我爱听它踮着猫的细步来到我跟前，告诉我：“冬天来了，春天也不远了。”然后又匆匆离去。我多想回复它：“风，让我们并排走吧！”可我从未成功，因为风永远在旅行中，每当我开口，面前就已不是向我诉说遥言的那缕风了。所以，我总是希望遇见一股长风，好让我在它离开之前，说出告别的话语。但我并没有遇到过，在我身旁的风总是只吹一吹我的衣袖，不愿带走一片“近言”。

我从草地上站起来，感到自己是无比幸福的黑土块，于是云朵的门为我打开。但就在此时，云缝间的金光如潮涌起，打乱了风的阵脚。一时间，我不知道风在往哪个方向吹——连风自己也不知道，更别说你和我了。我赶忙拿出洞箫，在群风之间吹起来，代替风继续诉说呜呜的遥言。

在我的唇下，细风一阵一阵地吹出，讲述着时间维度里的遥言。这箫声时而消瘦，如秋日里的黄花，如今不在哉的奸雄;这箫声时而饱满,如夏日里的荷香，如米开朗基罗的《昼》《夜》《晨》《暮》……我用洞箫奏出不同方向的风，散布着不同时空的遥言。

我放下洞箫，又一次坐下来。风渐渐也变成了信遥者，带走了我的遥言，告诉下一个远方的人。

捕捉

叶悠然（八年级）

“我捕捉那些看不见的东西。”白衣人说。他手中的网不是用来捕鱼的，而是用来捕捉梦和那些被人忘记的春天的。我想，他也会去捕捉风。

但他要捕捉怎样的风？春风可以使桃花乱落如红雨；夏风可以让荷塘的荷花倾倒，露出一颗冰清玉洁的心；秋风可以扫落叶；冬风可以吹得大雪纷飞。汉朝的风是留给刘邦的，唐朝的风是留给李白的，也是留给杜甫的。照这样算，风多得数不过来，很想学宗白华先生做一个“风谱”。

春天的风，孩子们用风筝线去捕捉。风筝会在天空上用风筝线画出紧绷的线条，几只风筝在一起，就能织出一张捕风网。然而每当将要把风网住时，风筝线就会被绞断，风筝便飘飘摇摇地落下来。风有巨大的威力，它能让风筝上天，自然也能让风筝落地；它能让拉普达人住进乌托邦式的天空之城，也能把他们扔回现实的土地上去；它能拨云见月，也能用乌云遮盖太阳。没有笼子关得住它，没有命令能迫使它停下。从某种意义上说，风是天地间的王。

风很美，同时也很张扬，它不屑与人并肩行走，而是一路狂奔，抵达那个比远方更远的地方。风从不沉默，它懂哲学，与天地的对话常引来树叶的称赞，不懂风语的徐骏却问它为什么乱翻书。风是大雁的孩子，千万年前它被孵出来，然后就从大雁的翅膀下飞起。石头说风推动地球转动，而墙对此不屑一顾。风无聊的时候会隔着从唐到清千余年的时间去争辩杨柳风和秋风的优劣，不是东风压了西风，就是西风压了东风。风偷走船桨，自己吹皱一池好的故事，吹毁两个城市的春天，然后心虚地让船在西湖的春天靠岸……这些都是我捕捉到的关于风的传言——听说而已，没有人亲见，因为风无形。

人无法捕捉风，风却早已将人的记忆一网打尽。它研究过所有人类的历史，最爱听的是欧阳修那句“噫嘻悲哉”，这句话中有四分之三的“空虚”，剩下那四分之一的“悲”是风的灵魂。风捕捉我的记忆，把大雁塔的风铃还给我，把明城墙上的台阶还给我，把钓台的山石还给我。

风捕捉它自己，把自己叠成莫比乌斯环——一个神秘的、不可捕捉的圆。

人间词话

陈天悦（八年级）

天空如纸，风像斜线，在天空之中画下横竖撇捺，我似乎看见了风的词话。

风在空中轻轻一撇，“遂关千古登临之口”。从庄子《齐物论》的“夫大块噫气，其名为风”开始，人类就住在风里。风似乎是千千万万年前的语言，千千万万年后的词话。“西风残照”，诉说汉代时光，还有春冬交替的秘密。今天的东风依旧在诉说着三国的故事。我想听南风与北风的呼声，南风有南风的孤傲，北风有北风的真挚。于是，东南沿海的经济学变得鲜活而真切，哲学术语变得随意，一切干涩的奥秘刹那间成了风言与风语。

顾城划着风之桨而来，惊醒了梦中的堤岸。“你找谁？”此时世界静默，水流无声，而风的世界依然漂泊。“我找风。”他用风的眼睛望着我，似乎早已读懂了风在人间写下的词话。我问他为何去找风，他说：“风偷去了我们的桨。”

我不明白，风为何要偷走孩子的桨。我深知风从未靠岸，它将永远漂泊下去，它将永远旅行于空气之中。从李白到王国维，从荷花到桂花，从东西到南北，它越过生存与毁灭，越过太平洋，到孩子深邃的眼睛里去。我在孩子的眼里读到了别样的古典、自然的词话。我深信，春夏秋冬，风从未缺席；东南西北，风无处不在。秋风过，黄叶飘落；春风过，杨柳摇曳。谁见过风？谁抓住过风？谁又听见过风的停顿、呼吸与诵读声？

风是人间词话，话二月花的美，话梨花似的雪，话空穴来风的童话，话不得人心的神话。风从不停下脚步，也不会停下辩论、吵架与讲理。时间变换着阿拉伯数字，而清风却经得起岁月的打磨。它实在见过太多太多的故事，见过唠叨千千万万年也讲不完的故事。人间的一笔一画在它身上重演，我问天空："在风的世界里，是否有一位人间俗事收藏家？"没有人回答我；杨柳风沉默了，酒旗风安静了。我想将风揉成纸团，世界从此凝聚成人间词话最后的句点。

翻开风的词话，我想看看风是什么样的。

风停了。

“风”面

陈奕名（七年级）

风有一本书，只画画，比写诗的聪明多了。

在“风”面上画出有力的线条，袅袅如猫背一般弓起，扯出一条“风”面与扉页之间的弧度，没有尽头，自然也没有源头。树点头是听懂了“风”面的话，摇头也是听懂了，风并不在意这个，只按自己的意思往上吹。不管你是四面楚歌还是四面风语，“风”面是无法改变的，像莫比乌斯环的里应外合，轻轻捉住横空的声音，放飞一只风筝的乌托邦理想。别忘了风筝也有风！虽然可能仅仅是在“风”面的画里，做一个永恒的流浪者，漂泊在天与云、山与水之间。

风如浪子一般不回头，在时间的洪流里，在浩瀚的荒野里，只有风有一本书，书只有“风”面，一句是风，另一句还是风，不是弱不禁风，也不是空穴来风。具体是什么，我也不知道，只知道“风”面上的一夜秋风就能使你瘦得如一句箫声，再偷去我的桨。恨风的大概是云，可是“风”面上还是有云，只不过被吹干了，吹出一句走失的箫声。永远在旅行中的空气从这里溜走，吹低了草的线条，看见马的骨头含着愁的颜色，愁得露出了牛羊与大地的年轮。

遥看昨天的风，展望明天的风，我随着风，从故乡的我出发，去寻找异乡的我。从失败到胜利是伟大的，从失败到失败也是伟大的，风没有胜利过，只是在失败中扼杀了忧伤。“风”面把天空清理得一尘不染。

“冷月葬诗魂”，同时还葬了风魂和云魂，将“解落三秋”和“能开二月”单独孵出来。风是昨天刚被孵出，还是在云雀之前的千万年就已存在，我无从得知。“风”面上没有，我要自己去寻找答案。

我想和你说:让我们并排走吧！这是我的“风”底，风的“风底”，不再仅仅是听说而已了。

风收

张若涵（六年级）

云在涌动，树叶在点头摇头，风拿着它的大口袋，跟着落叶的足迹，收拾着秋天的秘密。

破旧的柴门，呜呜咽咽在风中晃动，里面收藏了贫穷。好穷的富啊，这里富有得只剩下风了，风收住的秘密很美。风收走了一切，门砰地关上，震起风浪，吹乱了一树的心事。“丰收了！”风像一条条斜线，弹出自己的心声，丰收声声声入耳。

秋风起，收获了丰收的喜悦。风叩柴扉，一袋金黄在不经意间吹了满园，一开口，桂言桂语从门中溢出，香气飘飘然跃过墙壁。果园里的柿子树也结果了，果实像铜铃一样。两种香气汇集，秋天既冷且热了。

风,在水面上晕染,在一重又一重落叶间旅行。风，吹斜了秋天的气息，吹斜了炎炎的温度。风收住的口袋又打开了，一下子卷走船上的落叶，又小心地偷去了摇荡的双桨。人在另一处岸边上岸，风漫漫而过，吹红了一树枫叶。“风”收，“丰”收，收起树上曾经的斑斑点点，现在的红红火火。

叶落了，北风要吹了。岸上的世界激动，湖上的世界兴奋。风收集了故乡的惦记，其实它自己也不知道今晚会刮得如何厉害。风在世界的上空画出六角，今夜雪花应该会降临。世界在风声中变成了六角的天地，六角的雪花漫天飞扬，“封”收了一切，扎住了口袋。

一个童子在家中，面前壶水正沸，恰似风言风语，她看着窗外的飞雪喃喃地说：“北风来了，东风还会远吗？”“又是一个兆风年哟！”

文心雕风

逯朴（七年级）

《文心》是一把刻刀，用它可以雕刻出风的轮廓、线条以及百合花的颜色，平平仄仄如一张白纸，一下子被夏丏尊和叶圣陶揉成了一个纸团。

听说而已，我不曾摊开这雕刻着风的《文心》。那时的风还没有偷去我们的桨，手没有捧住风，马的骨头还没有被染成绿色，《文心》上没有风，只有一贫如洗的纸，而我用笔在纸上雕刻出横竖撇捺，一笔一画被连成了一根线，一头在我的手里，一头在风的手里。我顺着线小心摸索，一拉，把风钓起。

严子陵用它垂钓了富春江，孤舟中的老翁用它垂钓江雪，连接威尼斯的桥把威尼斯钓起，而我，钓起的是一无所有。我钓不起风，因为风是白的，白得如纸，白得如比萨斜塔。停笔，我在《文心》上不再写字，而在一张纸中留下了一抹白，题目是刻刀，中间是线，最后的留白是一阵风。

“走，我们去寻找一阵风。”

吹了几百年的风吹成了红迷嘉年华，林黛玉可以用一只风筝捕获春风，马克思与魏征的秘密是否夹在

《文心》之中，夏丏尊和叶圣陶不知道，风知道一点点，它以看不见的形式通过树木摇动告诉我，《文心》这个做了上百年的梦。我把书合上，生怕这个湿淋淋的梦被猫一口叼走。

以《文心》为一把刻刀，挑选一块会说话的石头，想象着把它雕成欧阳修。石头有石头的温度，欧阳修的文章有文章的温度。石头雕不成欧阳修，风也雕不成《文心》的纸；风有风的记忆，它从《秋声赋》中来，穿过《红楼梦》，时间卷成了线，一头在我手里，一头在风的手里。《文心》是线上的一点，海子在《文心》的边上，它们在我的手里。

《文心》算上标点只有三个字符，船夫的桨，马的绿骨头，以及被吹开的云朵，它们连起来成了一篇文章，一个好的故事，下面是风的轮廓，风的留白。一页一页，风一直吹着。

冬风破

冯彦臻（七年级）

这一阵风，从世界的尽头吹来，吹过了汉家的陵阙，吹过了吃草的牛羊，吹过了声声入耳的读书声，吹过了站在雨中的李尔王，吹过了去年孵出来的那只云雀，吹过了窗外的那一株梅花。

它曾见过那个汉家陵阙，春去秋来，风千千万万次吹过。几百年看似很长，却也是一瞬间，就像傍晚的最后一缕阳光一样，永恒又短暂。除了它，又有谁记得这里还埋葬过一代帝王和他们的帝王梦？汉朝一去不复返了，风一遍遍地吹着，吹破了帝王的梦，吹散了汉朝的最后一声叹息。

它曾见过古道上西风中的那匹瘦马，那马瘦得就像一句箫声，还见过一个永远“不知归路”的断肠人。风跟着他们吹，越过无数小桥、流水、人家，断肠人却从未停下他的脚步。风悄悄吹过，吹破了他的归乡梦。

它也曾见过壬戌之秋的那个赤壁，风吹过水面，吹过水面上漂浮的那一叶小舟。舟中人诵明月之诗，歌窈窕之章。风吹着，在月光的照耀下，仿佛风也有了颜色，一切都被盖上了一层淡淡的光。一片云遮住了月光，风将它吹向了远方，于是月亮停留在那一叶小舟上。很久，很久，直至东方之既白。

它曾见过去年刚刚孵化出来的那只云雀，云雀在冬风中飞翔，风在后面跟着，两边树上仅剩的几片叶子沙沙作响。风想起了去年曾吹过的鸟巢中那个还没有孵化的鸟蛋，鸟是从蛋中孵化出来的吗？那么风也应该是千千万万年前孵出来的吧！风想着，停下了脚步，云雀飞走了，两边的树叶停止了摇动，一切都安静了，几片树叶飘落，除此之外没有任何东西能表明风曾经在这里奔跑过，风不知道它吹破了挡住树叶掉落的那根茎。树叶完成了梦想，落入大地，准备化作春泥。

风吹着，从它被孵化出来的那一天开始。没有人知道它从哪里来，也没有人知道它会往哪里去，更没有人知道它曾经去过什么地方。它只是一阵风，和花草树木一样，和雷电一样，属于大自然的一部分，我们不知道它从哪里来。在我们眼里，它或许只是一阵风，看不见，抓不到，但我们仍然知道，它来了。它是无形的，却吹过了有形的万物。

风吹着，它一直吹着，因为它知道，如果它停住脚步，自己就会消失，就像从来没有来到过这个世界一样。它吹着，吹过春天，吹过秋天，吹到了冬天，吹遍世界各地，吹散一切，冬风破。

风吹着，它吹破了一个又一个冬天，吹来春天。此时，风从哪里来，到哪里去，又有什么重要的呢？

大风起兮

付润石（七年级）

风起，风落。

永恒的流浪者，在天涯奔走，所到之处都是故乡，但时间同它一起奔走，使故乡变异乡，沧海变桑田，云变雨，玫瑰变泥，金变土……当它一遍遍绕地球而转时，几个世纪已过去，朱楼倾颓，只剩下白茫茫一片，真干净，只剩下风在荒野中独自咆哮。

风起于一个寒冷的黎明，它的喃喃自语使无数柳枝划过水面，它的粗暴和决绝又倾覆了多少希望。风起落，人事已非，风本无情，此时也应有情。

风研究过华夏，研究过自由，也研究过牛顿。它的来去意味着江南几度的黄和绿。风起自虚空——空穴来风——但它也让易水变成了句号。风不分雌和雄，不分故乡和异乡，不分美与丑，它只是它自己——风。从地球诞生的一刻开始，它从来都是自己的主宰，自由的风，无拘无束的风。大风起兮云飞扬！

风起，从万古冥冥的那一刻来，飞过一年又一年，从历史的走廊飞快向未来而行。它不受时间的束缚，在时间和空间中自由地穿行。

风起，在万古云霄中，它溯回朝代，止于一句句吟咏之中。它是楚襄王的那一阵风，楚国之大，只有它不听楚王的号令；它是荆轲一样的烈风，易水虽寒，但壮士心中的怒火不息，誓让燕人喋血三秦。风萧萧而悲，划然长啸，在战国的风云中，它也改变不了什么。

打开窗户，放走一阵风，迎来一阵风，风是无形的线条，在世界中勾勒出一丝丝的清凉。我问："你是夕阳下陵阙中的凄美，以同样的姿态游弋在古罗马和古希腊的废墟中、地中海的没落里；又或给予雪莱希望，随意给李尔王以绝望的那一阵风？"风回以萧萧。

风的回答，是沉默。它是百代的兴亡，它是大海干涸与诞生的见证，它看过百万、千亿人。就是这阵风，推动流云无尽的旅程，翻起大海的浊浪，从大洋的这一侧到那一侧，从时间的这一侧到永远。

风是疑问，是晏殊在西楼上举起酒杯那深深的一问；风也是回答，是爱默生为风探源时的恍然大悟。大风起兮！岂止是云的飞扬？它是推动朝代的轮子向前滚动的动力，它推动了一次次的新陈代谢，它吹拂过的地方，站过楚王、刘邦和李世民。希望从这里开始，在江南岸，在杨柳风中。

风穿越巍巍高楼，穿过茫茫大江，行走过一条条小巷，在海岸加入暴雨的狂吼。那一年，周郎赤壁上，火光连天，东风溯来。那一年，一只小舟又驶向东方既白处，遥想着曹公周郎仍在。又不知几百次地球公转，它带着小舟靠岸在另一个春天的土地，划然长啸间，东坡居士千岁矣。

风不知道在向哪个方向吹，自由的风，从一个极点到另一个极点。风虽无形，但此时无形胜有形。风的后面，有万千的巨人，风移影动之间，一切都灰飞烟灭，然而一切又都尽自风中，在永恒的风中。

大风起兮云飞扬！

一半

金恬欣（七年级）

我站在宇宙的边界，这头有和煦阳光，那头有无边黑暗；这头有鸟语花香，那头有虚无缥缈。在明暗交织的地方，风有最温暖的审判，它带着微笑，吹向深渊。

风走过的路很长。从南向北，是温柔的南风。南风知我意，抚摸着刚苏醒的土地，显得每一缕头发丝都那么温柔。它抚平朔冬时节北风吹起的棱角，吹山作平地只是想象，在南风起的时节，阴郁被一扫而空。东风与南风为伴，无处不在。东风哼着吴侬软语，走过中原。从北向南，是寒风，卷地而来，白草尽折。北风带着肃杀之气席卷而过。西风从西方的高地吹来，朝着日出的地方走去，所到之处，万物无不伸着懒洋洋的懒腰。西风残照，古道瘦马，慵懒的它总在午后如期而至。

不是东风压了西风，便是西风压了东风，风的较量分割了四季。在风行走的旅程中，一股走向春暖花开的地方，一股走向荒芜的寒冬。春日的风是所有人都爱的风，“无边光景一时新”，那是朱熹的春风；“水村山郭酒旗风”，那是杜牧的春风；“吹面不寒杨柳风”，那是志南和尚的春风。当季节的滚轮转动，一切走向萧瑟时，秋日的风如约而至。秋风掀开杜甫茅屋的屋顶；秋风如万马奔腾，令欧阳修又惊又疑；秋风抚过田野，带来丰收……

风吹向天南地北。每一个人都吹过风，每一个人的风都不同。苏轼在赤壁前怀古，清风与之相伴；柯灵的风吹在西湖上，却带着淡淡的血腥气；夏丏尊的风呼啸而过，为冷清的白马湖带来一丝冬日的痕迹；怀特的风鼓在大海之滨，有着偌大的魅力。风暖，风凉；风明，风暗；风长，风短。风不甚相同，每一个人的风，都是属于他的那一半。

可是每一个人吹的风却又是一样的。风，从高原吹向平地，从陆地吹向海洋，从昨日吹向明天。一阵风，从千年前起，至今还是同一阵吹拂在人的脸上。看，庄子的风吹在今日的大地上，那是属于他的一半记忆；而风的记忆，由无数个他的一半拼接而成。风生大地间，它也有走不完的旅程、看不完的风景和抵达不了的对岸。我们所感受到的风，是风的一半；而风感受到的我们，亦是它记忆中至关重要的那一半。

风成了时间里的游子，没有谁会把它冲淡，它背负着记忆沉重的行囊。

玄秘的风，分给每一个一半温度。一半归来，在无眠的记忆深渊；一半出发，向着全新的旅程。

风尘

黄若瑜（六年级）

这是一个风尘的世界，它风尘仆仆地到来，在人的意识消融之际随风离开。所留的不过是风低吟的那句“大风起兮——”，随即便冲入无物之阵。

如今的风着实过于混浊——背负着太多悲伤、痛苦，已然步履蹒跚。沉重，是风尘的代名词。可是谁还记得这风，如今已如云彩般的、厚重的风，正在故里号叫，撕扯着自己身上旧日的棉絮，咿咿地唱着故乡的歌。

或许，风爱故乡的每一棵树、每一片云、每一滴水。或许，它们是共存共息的。风依恋着尘世，因为这使它得以勾勒出风的翅膀，而不愿流落于冷漠的空气中。

在长长的天幕之中，我看见了风的羽翼。绿叶搏动着、呼吸着，每一个自由的心跳都促使它飞向更远的地方。这让人想要回到起点，去回溯风的源头。啊！深谋远虑的风，它已向时间的尽头飞去。或许我永远无法与风竞逐，可是我有一片落叶——一根风的羽毛，愿它作为长风把浪破。总有一天，风会故地重游，狂野的西风会拾走秋天余烬的喘息，再带来春天的希望。

没有立场的风乍起于空中，我无法知道它从哪边升起，我只知道它属于自由。它似乎从世界的尽头无端地吹来，我的鞋底、衣袖、发丝都作为一个彼方的境界将它召唤。风附身于我的发梢，我便重新感受到了远古的呼唤。但愿我可以翻开那一本书——书页沙沙作响，起风了，我足以确认这即是世界的尽头。

没有立场的风似是这尘世的深呼吸，它为平复地心的愤怒、地火的咆哮和人间的疾苦而存在。风是健忘的，是快乐的，是自由的，它所到之处能使人遗忘一切忧恼。可是如今，它纵然还似千年以前那般敏捷、不驯，却已沉重，夹杂着尘土，茫然肆意地席卷了老舍的记忆。它可以站在任何一个事物的角度看世界——善解人意的风啊，也可以帮助歹徒与人作对。有时风似乎是一个贪婪的寄生兽，却又狂傲不羁、来去自如。它使朝生暮死的人们羞惭，愧对于风。

可我愿风埋藏在布满纹路的、我的鞋印里，让我感受脚下生风的片刻轻盈、片刻永恒。即便健忘的风会忘记这一寸光阴，我也将如风一般快乐。那时，要想随它上云霄，似乎并非幻梦。我的心因风而运转，被牵引的这一颗尘世的心微睡着，静候着下一次兴风作浪、冲入无物之阵、风尘仆仆地到来……

我何曾没赏过风捎来的良辰美景，对于这风尘世界，这些足矣。我想起了盲目的风，它糟蹋田野，作践庄稼，可有时它又如此柔和、温暖。我感受到了它的悲伤与疲惫，对于这个风尘世界，它是否只是一个厌世的先驱者在装聋作哑？还是说，春天来了，它什么也看不见？

旅行者

曾子齐（六年级）

横空而来的声音，从堆雪人的孩子手中溜走。我漫无目的地在街上散着步，偶尔踢倒几个雪人，弄散几个雪堆，叫醒几只贪睡的小虫。远处，隐隐约约有一个黑影，它越行越远，渐渐不见了踪影。

莺啼声不知在什么时候响了起来，映得这老街也多了一分青春的感觉。我在路上跳跃着，不时撞一下路人的脸颊，或是从桃花堆里穿过，沾染上一点花香。若有幸见着了一面酒旗，我定会伸手去触碰，让酒旗在我的支配下晃动。

顺着桃花的足迹，我来到泗水边上。我在水面舞蹈，把层层波纹扩散到每一处水域，将承载着朱熹思想的丝丝涟漪赠予游人。万紫千红在身旁盛开，美好的春日悄然到来了。这里的每个人似乎都记得我的名字，一遍遍地呼唤着。

我潜入了李家大院，只见一个少女从梦中醒来，她揉了揉刚睁开的眼睛，脑中还有一点昨夜所剩的酒意，道："知否？知否？应是绿肥红瘦。"蓦然回首，我也看见了红花凋落、绿叶繁茂。

站在长江北岸，我已知晓那份情意，便吹梦到西洲。看见她采摘着水中的莲子，时而拨弄几朵开得正盛的荷花。我在水中打了个滚，褪下了满身桃花，沾染上十里荷香。我走过少女的发梢，撞了撞翡翠钗钿，从船头离开了。

有时我也会调皮一下，偷去游人的桨。看见李清照慌乱的样子，我便开心得上下跳跃，不经意间，便把小舟推入了藕花深处。鸥鹭环绕，夏天在最后一声鸟鸣中结束了。

夜晚，我在小树林里横冲直撞，身后的落叶大片大片地腾空而起，又悄然落下。倘若瞧见了一座房屋，我便会在屋顶舞蹈，试图引起屋里人的注意。这不，一个童子走出来，看了我一眼，又回去了。

但是，我的运气也不是次次都好。我也会不小心卷走屋顶的茅草,或许是我用力过猛,茅草挂上了树梢，掉进了池塘。我不再往东边送去凉爽和丰收，转而向东南方跑去，顺便捎走了百里麦香。

天气突然冷了，我加快脚步，赶走了生机勃勃的青山，把自己身后的土地，全用白雪覆盖上。悠扬而凄冽的笛声被我吹向远方，仅存的一丝暖意被紧锁在房中。我继续我的旅行，让每一棵树都开出没有香味的梨花。

冬天已经来到，春天也就不远了。再回头望望，隐约可见一个轮廓，那是我，曾经的我——春风。

我是风，一个每天都在行走的旅行者。

风的画

刘艺婷（九年级）

没有人能描绘出风的样子，包括风自己。但是风却能画出许多东西的样子。

春风喜欢鲜艳，喜欢热闹，喜欢明媚的花草。春风先拿出绿色的颜料，泼向江南岸，颜料在上面留下深深浅浅的绿色，再向四周蔓延过去，从江南到江北，一点一点。生机勃勃的绿色宣告了春的到来。但仅有绿色是不够的，百花也该画上她们各自的颜色。春风小心地将粉色渲染在桃花的花瓣间，又换了金黄色来点缀迎春花，再用白色让梨花盛开……她们都有了各自的颜色，春风还是不满足。它为春水画出波纹，把柳树的腰身画得更婀娜，还在天上画出了五颜六色的风筝。

天气转热，春风离去了，夏风带着它的画笔来了。夏风不像春风那么喜欢鲜艳的颜色，它更爱荷叶那深重的碧绿色。它在池塘中画出大片大片碧绿的荷叶，画出它们摇曳的姿态，在绿色中点缀一点淡色，画出淡粉的荷花。虽不鲜艳，但别有一番风味。

夏天过去，秋风就要来了。它的颜色也十分丰富。

这片山林被染成金黄，那片山林被染成火红，有的地方金黄、火红、碧绿夹杂在一起，分外鲜艳，却与春天的风格截然不同。比起春风，秋风更喜欢画落叶，扇形的黄叶，卵形的绿叶，还有鹅掌形的红叶，它们积成千片、万片，落在泥土里，渐渐与泥土融为一体。秋风画出的山林竟有一些萧瑟。

天气变冷了，冬风来了。冬风明显不喜欢彩色，它让彩色的树叶都被黑色的秃枝替代，让那些绿色的树木覆盖上了白雪。雪花落下，盖住绿色，盖住黑色，盖住大地，人们进出的门也被关上了。天地都被涂成了两种颜色：白与黑。

待冬天过去，春风又会再来，它们就这样年复一年地画着、描绘着。它们描绘出四季的样子，也许四季的样子，就是它们的模样。

无物之阵

赵馨悦（高一年级）

我闯入一片无物之阵，无物象征着有物，让我迷失在不可思议的矩阵。风很久没再吹过这片无物之阵，阵上落满了灰尘，落满了久已尘封的诗意。我联系不上风，唯一能做的，就是坐在这里，等风来。

星期一，我在这加冕为王；星期二，我命令所有蚂蚁吹奏交响乐；星期三，我打开四面八方的窗子，东窗、南窗、北窗、西窗、小轩窗、寒窗；星期四，我清理灰尘，将其倒向窗外，但灰尘又从另一扇窗进入。我知道我等到了风，我转动起来，变成了一根紧绷的琴弦，我被风弹拨，七窍发出了音阶，从我的眼到我的耳朵，上演着美丽和谐的七重奏。

我不甘心于此，我大喊大叫，命令风回来，来做我统治下的子民。但风不在意，风从来不讲理，它吹皱了破角的春天，还妄图吹散秋天的云彩。风如一条逆浪而行的小鱼，在黑夜中羞怯地眨巴一下眼睛。我端坐在无物之阵，命令我的大臣去计算风的赎金，但无人响应，因为无物之阵本该无人。但我是这的王，王要有王的样子，即使荒诞不经，也要维持威严。每天清晨，风总会送来一封信，打开信封，里面是远方世界湿漉漉的色泽，袅袅如猫背一般弓起，在我这无物之阵徘徊。我气急败坏，将纸团扔向墙角，墙角日久潮湿，生出了苔藓，忽如一夜春风来，草色入帘青了。

我在我的窗中狩猎，从来都十拿九稳，因为这里是矩阵，有规则的几何逻辑，由细而粗，由分岔到集中。直到风偷走了我的弓箭。一阵轻盈的风，从归雁的翅羽下升起，拨动弓弦，成了惊弓之鸟，落在我的西窗。我借了东风，吹走它散落的记忆。

我捍卫无物之阵的存在，我在这里加冕为王，但我现在却不想继续做王了。我将我的王冠送给地上的一只蚂蚁，我又蜕变成了幼童。我爬过东窗，跑向外面，等待风的旅行，等待风的孵化，等待空穴来风。风来了，我们一起跑，我手中的风筝起飞，我成了追风筝的人，偶尔迷失在风里。风从不讲理，从未告诉我无物之阵是它管辖的领土。

呐喊

马梓玹（六年级）

“呼——呼——”风在银白色的天空张大嘴巴，瞪大眼睛，摸着脸颊，用力地大声呐喊，犹如管弦乐激昂地向上，“如赴敌之兵，衔枚疾走”。霎时间，风卷残云，横扫万物。

吹动柴门、铁门、玻璃门，吹动花草树木，风在空中尽情呼叫，飞鸟快速归家，杏花雨不再寒冷，杖藜不再潮湿。风吹在斗篷上——不要怕风偷去帽子，它的热情会让你忘掉一切。“呼——嗖——”好似万马奔腾，千万种声音在风中汇聚成一个坚定的信念——呐喊，呐喊！

阿Q已成历史，秀才的大竹棒也不再虎虎生风，只有风一直在天地间呐喊，吹遍世界。即便迷失方向也在所不惜，它喊出自己的声音：“我是风——”

风将我吹得晃荡不已，我用尽浑身解数想要抓住它，最后只是在风中凌乱。呐喊之风是捉不住的，它可以掀起长江、洞庭湖、东海之浪……使之波涛汹涌、水天相接；也可以折断白草、吹散白雪，让将军、都护一同随之疯狂卷地而起！我捉不住它的尾翼，也比不上它呼啸而过的嘹亮，不禁感叹：“西风残照，汉家陵阙。”风不经意间见证了时间和空间的交替轮转。

我羡慕风，它能在天空狂奔、在雨中舞蹈、在雷电中怒吼、在云端呐喊。遥想江南之春，风掠过千里江南，路过傍晚的村庄、依山的城郭，酒旗、柳树在风中摇曳招展。风的呼唤声在海上、江上、湖上、草原中荡开，激得各路船只汹涌澎湃，逆流而上，惊动了水里五彩斑斓的鱼儿和草原飞奔的白马。引人遐想的风，赫然送给大自然无数感叹号：“呼！呼！”

它忘记停止，永远生动，永远展开，在薄暮冥冥中“呼——呼——”，呐喊永不停歇。古道连绵不绝，群山在远处眺望呐喊的风。太阳闪光，天空耀眼。被吹散的层云赶紧藏起来，躲避风。猎狗在逃窜，树叶忙着点头，老树昂起低垂的头，幽闭的泉流缓缓流动，生怕惊扰了喊叫的风。

“呼——呼——”风变得更急更大。不时风起云涌，天上大乱，云、雾、雨、雷电各自发威，交替在天空中上演精彩大戏。山与云、山与水，都融化在喊声中。

风声、雨声、雷电声，声声都入了我的耳朵，那是风的灵魂在呐喊：“啊！呼——”

我欲乘风呐喊，御风而行。

随风而去

傅晨悦（五年级）

风乍起，在空中画出强有力的线条，如一根根弦紧绷着。风起，风落，从一个极端至另一个极端。大风起兮，仿佛要将自己阴郁的色彩填满整个空气。一切都随风而去了，只留几分萧瑟，几分愁绪。风再来时，又是一度春秋，这一来一去，多少离别，又何须在意那些是是非非？

风，早在千万年前就被孵化出来了。它看尽古今逸事，纵横天下，从来不受束缚，对人间的情感不予理睬。它不懂得忍让、迁就，只按自己的想法做事。它只青睐那些追风者，赐予他们脚下生风的力量，带领他们前往幸福的彼岸。

风，起于宇宙深处的疑问、万物诞生的时刻。风用自己的语言到处询问，那句不是空穴来风的回答，让它停住了脚步。

风，无形，看不见，也摸不着，却会在不经意间流露出自己的状态：晚风似一壶可以消愁的菊花酿，醺得游人醉；晨风似一只刚睡醒的猫，弓着背，懒散极了；北风粗猛，肆意地咆哮，给人刀割般的刺痛；西风深沉且猛烈，时不时卷下一场大雪，提醒着人类，冬天来了，春天还会远吗？……

风，曾刮过夕阳下的汉家陵阙，春如旧，汉朝却已不再。那曾经的繁荣如一场大梦，生如夏花，死如秋叶，现在眼前只剩寂寞冷清。

风，也曾刮过一匹箫声般清瘦的马和一位断肠人，他们已无归路，心中的故乡早已模糊，只能漫无目的地走。风轻轻地吹散了他们，自己则取道去了梦中的小桥、流水、人家……

一切往事都随风而去了，现在只剩我，以及那无穷无尽的时间。

风乍起，吹皱了我的眉头。

风之线

周国藩（五年级）

风刮过，如在空中画出了有力的线条。

线的头上系着春风。桌上的一本书被春风翻开，仿佛又回到了过去。一阵杨柳风从万里之外带走了黄沙，吹绿了敕勒川的草原，在穹庐一般的空中刻画马骨头的绿色。

线的另一头，是那水村山郭的酒旗风，它将书本翻到了塞外的那一页。枯黄的柳枝进入秋天。古老的道路上，有一匹瘦马在西风中前行。马背上驮着的断肠人的诗卷被西风吹乱，这秋风将李杜的诗传给了世界。在茅屋中的杜甫坚信“风吹水散，水滴石穿”，他认为自己是被秋风吹到石墙上的水，一定能滴穿贫穷。而李白寥寥的八字“西风残照，汉家陵阙”，穿越了千古生死之门。

似剪刀的春风，剪断了风之线。

一段东风，被诸葛亮借去，火烧了赤壁的连环船，也烧火了苏轼的文章。一前一后的赤壁赋，留在了赤壁的小舟上，也留在了赤壁的火烧石上。另一段秋风被秋瑾借去，她写下千古绝笔——秋风秋雨愁煞人。

还有一段暖风被西湖借了去，吹醒了沉睡的荷花，却醉了湖上的游人。

那有力的线条，继续在放风筝的人手中变长。

风

赵健钧（五年级）

风是看不见摸不着的，它是流动的空气，一停便消失了。风是孤独寂寞的，吹过时，只有呼啸的声音徘徊在耳边。风是随意的，你叫它什么都可以，因为它知道自己就是风。

天空中有云，云里飘荡的是风。风很神秘，因为你看不见它，因此克里斯蒂娜要提出“谁见过风”这种疑问。云消失时，风便出来了。也许二十世纪的叶圣陶抄袭了十九世纪的克里斯蒂娜，但今天的风不会抄袭昨天的风。

你不会对今天的风感到奇怪，就如你不会对昨天的风感到奇怪一样。你会对今天的风的方向感到奇怪，就如你会对昨天的风的方向感到奇怪一样。风从不说废话。

会有人对你说“喝西北风”吗？西北风是悲伤的，西北风是荒凉的，西北风是干燥的，西北风是沙土构成的。西北风是有趣的，喝西北风也是有趣的。西北风每天都不一样，就像今天的西北风不会抄袭昨天的西北风一样。每一次喝的西北风，都是不同的风味：

甜的，苦的，酸的，咸的，辣的。风是有趣的。

风是单调的。它只有一面，薄薄的一面。它做的事也是单调的，每天吹过来、吹过去，但也是有趣的。风用自己画出的线来缝补天空。

风是独特的。

风的随想

周弋楚（五年级）

一阵风吹过，叶子沙沙地动了。风有自己的语言，叫作风语。世界上没有人能听得懂风语，就像没有人能抓住风一样。不过，小草、树叶却能听懂风语，它们有的点点头，有的摇摇头，还有的随风而去。

纸张也能听懂风语，风拉着纸的一角，像是在叫它出去玩似的，把纸拽出窗外。但是，并不是所有物体都能听懂风的语言，比如城墙。

无论风怎么央求城墙让一下路，城墙也不会理它。最后，风只好垂头丧气地飘走了。

你知道这阵风会朝哪个方向吹吗？东风往西边吹，西风往东边吹。不过，有的风连自己该往哪飞也不知道。它要是看到了一个服装奇特的人，就会跟在他的身后。它有时吹起路人的裙摆，路人下意识地捂住裙子，像玛丽莲·梦露那样；有时吹起丝巾，那飘逸的样子好像是在舞池漫步。

风有时候很调皮，你经常会看见有些人一直追着风跑，大喊“还给我”。原来，是风吹走了路人的帽子，还把它挂在树梢，幸灾乐祸地在一旁看着那个人的反应。有时风雨交加，路人撑着伞逆风而行，调皮的风突然从身后“袭击”，路人紧紧抓住伞柄，伞面反折过去，像一柄荷叶。

风很神奇，没有人看见过它。但是，当树叶沙沙作响时，当海面波涛汹涌时，你就知道，它来了。

风

胡子茹（五年级）

风有自己的语言，是千千万万语言中的一种，叫作风语。但可惜的是，这个世界上只有树听得懂风语。风轻轻一吹，树就听懂了风的号令，点头的点头，摇头的摇头。

1938 年，风悄悄地来到西湖，轻拂花草的脸颊。每朵花、每株草都露出了忧愁的表情，它们议论纷纷：这西湖的风是带着血腥味的。

东风和西风来到了古典名著里。诸葛亮见“东风”势力强大，就把“东风”借了去，而西风独自去了《红楼梦》里，林黛玉见只有西风，便说：“不是东风压了西风，就是西风压了东风。”

我估计这世上没有人真的见到过风，无论你我，但我们感受得到，这世间的风是真实存在的。树是我们寻找风时的好伙伴，当树叶在沙沙作响，这便是风在吹拂；当树在向你不停地点头，这便是风经过。

风吹遍了世界上大大小小的地方，它一直在寻找自己的歌声，当风停止了寻找的脚步，也就失去了自我。当我们接纳了风，风就停了，接下来，花就开了。

风

吴玟慧（五年级）

天空中出现了一条绷得快要断裂的线，它是风。

风有着自己的语言，叫作风语。它不在意人们叫它什么，不论你叫它风，还是风语，它都不会跟你说话。

风与树说话，它一张口，满树的叶子有的点头，有的摇头，都在发表自己的言论。

风是一位旅行家，它似乎永远不会停止，因为一旦停止，它就失去了自己，成了空气。

但是，风遇到一样东西一定要停下，那就是墙。风多次和墙交流，可墙始终一句话也不说，到现在，风还想与墙交流。

跟风并排走路，应该是最容易的吧。你一走动，风就会时刻和你并排走在路上。

谁能看见风？谁也看不见，但这并不重要，因为只要我们看得见树叶摇动，看得见黄沙漫天，我们就知道风在哪里。

哪一个季节的风最好？每个人都有不同的答案。

一想到春风，我们就会想起春风轻柔地拂过湖边的杨柳，像一把剪刀。

一想起夏风，我们就会想到被太阳晒过的风吹过时灼热的感受。

秋风和冬风只有少数人喜欢，秋风在古代代表着悲伤，而冬风只能给人带来刺骨的寒冷。

哪个地方的春风最好？有人说，苏杭的春风给人柔和的感受，是最好的。可是在抗日战争时期，日军侵略杭州的时候，春风就不是柔和的。

哪里的春风都不是最好的。

风的身份

裘依萱（五年级）

雾是一个欺骗者，云是一个闲步的人，听着都挺厉害，可是如果你把风叫来，它“呼”的一下就把这两者吹没了。

风有很多种：春风、秋风、东风、南风、东南风、西北风……它们都是好画家，在彩色画布上画出无形但有力的线条。那给人的感觉就像一把利刃在画布上做刮画，用“激将法”让画上的人摆出“好看”的姿势——扎扎花，花开，碰碰水，水皱，刺刺人，人就把围巾再向上移一点。它们在圆形的画布上作着抽象的画，乐此不疲，不愿停下。它们一停下，就会变成画布的一部分。它们如猫一般弓着背穿过桥洞，又如箫声一般抱着人家的大梁不放。

风是千千万万年之前孵出来的，所以它纵横古今。它很累，因为它一刻也不敢停歇，它可不想变成一团普通的空气。一天又一天，它飞了很远，脾气很大，没有人能和它说得上话，更没有人能在它生气时与它讲理；它总干坏事，把我们的桨拿去当画笔，把人吹瘦，把东风压在身下，甚至还把美丽的春姑娘吹走。

终于有那么一天——风里飘着血腥味，那草的眼里带着火光，火光燃烧在北风之下，雪花中掩埋着最后的希望……

而当春风再次刮来，当马的骨头再次变绿，春天，就又回到了大地上。

春风

吕屹林（五年级）

倘若你是树叶，便能听懂我的低声细语；倘若你是西湖，我便能把你气得皱起眉头。请你叫我：风。

我是一位旅行家，用自己吹奏的短笛，唤起每一朵含苞待放的花朵。我可以在西湖的堤面与柳条轻吻，与鸟儿对话。我用富有魔法的双手撕裂了湖的平静，然后又装作若无其事的样子，充当大地和湖水的女儿，踮起猫步弓着背走了，不留一点足迹。西湖想抓我却抓不住，气得她直皱眉头。

我到了一望无际的非洲大沙漠，取走一片金黄色，又回到西湖上空，撒下一片秋的色泽。“吹面不寒杨柳风”变成了“秋风秋雨愁煞人”。

我又在蔚蓝色的湖面上画出一道道有力的线条，似乎每一根弦都绷得快要断裂。草绿花开，这正是我这只猫应该带来的礼物。我不像那凛冽的北风，把一湖的池水结成冰。

千万年前孵化出的我，一定经历了千万个春、千万个万物复苏的机会。那中国红的天空，与钢铁色般的我同心共行。尽管我可以吹干离我一步之遥的云，却还是选择与它结伴旅行。湖水仍不展它那时愁时喜的眉头，瘦得如一句箫声。

春风过了，夏日还会远吗？

风的问答

郑朝喆（五年级）

一阵风吹过，摇动了树枝，惊动了树上正熟睡的云雀。

云雀大声问道："你是个什么东西？"朔风冷冷地回答："我是什么东西你不需要知晓，你只需清楚，我比你强大数百万倍。"云雀生气了，又问："那你是什么时候出生的？我告诉你，我可是去年春天出生的，比你年长多了。再说了，我是一个实体，摸得着，看得见。而你这种东西，似有似无，只要一停下，就会立刻消失。就你，不配与我比！"

朔风并不想理会这个不知天高地厚的小家伙，而是反问道："你知道我是谁吗？"云雀又在那里大声嚷嚷："我才不想知道你的名字，你这种形体也不配有名字！"

朔风伤心地走了，刺骨的寒意却久久没有消失，而是以空气的形态继续向大自然展现自己那格外冰冷的能量。

朔风又去问石头，可这些石头竟将寒风反弹了回来，它顿时感到刺骨的寒冷。

朔风转头去问大树，大树并没有像石块那样沉默不语，也没有像那只云雀一般喋喋不休，而是在它的吹拂下，轻轻弯腰。

呀！朔风彻底被大树感动了，它停止了吹拂，朔风消失了。当春天来临时，朔风变成了吹面不寒的杨柳风。

风偷去了我的桨

文竹（五年级）

湖旁，一阵风言风语，打破了夜的宁静。湖水渐渐老去，冬风已悄然来临，那么春风还会远吗？

湖上，桨正划着湖水，寻找岸上的春。冬风早就吹干了云朵，打落了花瓣。这个千万年前出生，已经逃离时间的冬风，打量着年轻的桨，想用线将它缠绕。

我用叶的眼睛去看风，看着它去偷我的桨，如猫般轻巧，无声无息。要不是它不小心抓住了我的几根头发，谁又能知道它来过？

或许桨就是风的知己。风的一生都在飞行，只要停住脚步，就失去了自己。桨也始终在划行，如果停下，等待它的就是无情的浪花。

冬风偷去了我的桨，它用月亮的嘴巴告诉我，它要带着桨去旅行。它将会成为春风，成为一把钥匙，打开春天，让桨看到“风吹草地见牛羊”，看到“万条垂下绿丝绦”。直到桨变成绿色，长出叶，开出花，风再和桨一起在春夏秋冬流浪。等它们玩好了，风再带着万里外的风沙，把桨还给我。

冬风偷走了我的桨，留下墨绿色的湖水。我如同钢琴中的一个音符，等待风还回我的桨，一个活的、美的、变成风的桨。

我希望我是桨，能被风偷走，与风并排，与风一起旅行，直至变成风。

“风口如瓶”

张心远（五年级）

我深深地吸了口气，踏进了风的瓶子之中。

我抬头仰望，看到风在银白色的瓶盖子上画出一道又一道有力的划痕。风是云的猎户，它一边呐喊，一边追赶着云。风化为一阵想象，钻进了白云之中。风在云里面自由地风言风语，不时又化成想象，在云里面千变万化。不管怎样，风永远不会停歇，永远在旅行。我独自在下面徘徊，与风对话，与云共鸣。

我回过神来，才发现自己站在一座荒凉的花园中，所有的花都已凋谢，有谁怜，有谁葬？风知道这里每一朵花的愁，它也知道许多哀伤的秘密，可它一直一言不发，毕竟“风口如瓶”。我不知所措地站在花园的中间，望着前方被风缠绕的紧锁的大门。看着花谢花飞，我在刹那间明白了风的心意。我明白了，虽然这是个永远冷漠的花园，但在这荒芜中，枯萎的花总有在心灵上再次盛开的那一天。

忽然，伴随着风的挽歌，紧锁的大门打开了。我迈着风步，穿过了大门。我惊讶地发现，自己置身于一片林海之中。风安静地滑过草地，它在思考。我也坐了下来，像罗丹的思想者一般。风在森林中不断地思考，它知道一旦它停下来就会失去自己。风有时会因思考停滞而愤怒，呼啸不止；有时则因沉浸于思考而安静地徘徊。古往今来，风思考出了许多无人能解的哲理，但它“风口如瓶”，什么也不说。我看到地上有一个桨，正要上前查看，突然之间，我所有的瓶子都碎了。那碎裂的声音如同风在狂笑，回荡在我的美梦与噩梦之间。

我站在世界的尽头，只记得“风口如瓶”。我一定要找到那通向风的、瓶子的入口。

风之桨

奚浚哲（五年级）

雾是船，云是帆，而风是桨。

风是一个无知的小孩，它能与树沟通。但当它被坚固的石头拒绝后，却无知地以为石头听懂了，自顾自地向下一块石头吹去。

风是无形的，但小朋友可以把它折成小桨。风之桨可以被分类，它们有的姓东，有的姓北，有的姓荷，有的姓桂。

风，看不见，但我们总是能知道风在哪里。因为风是一个热情的小孩，它会向每一个路过的人问好。它轻拂河水的脸庞，它弹奏美妙的竖琴，它帮天空吹开云朵，它帮路人吹走夏天。

但是，风停下来又是什么样子？答案是空气。因为风是靠着不停地旅行才能活下去。风停了，时间也停了，等到空气又变成了风，时间也就再次起航了。

古今中外，很多人都写过风，但又有多少人想过自己为什么要写风？也许风好看，但风无形呀；也许风好听，但风无声呀。那这些人为什么还要写风呢？因为有了风，才有了太阳、文人、月亮的种种故事，里面含着数不清的真理。

“西风残照，汉家陵阙。”千百年以后，第二个风之桨被孩子折出来了。

与风同行

唐子媛（五年级）

风从那云雀的蛋里来，被孩子揉成了纸团，成了一缕看得见的风。若将纸团打开，风将逐渐变淡、变淡，再次变成看不见的风。

最后，我还是将纸团打开，它在我的手心缠绕，耳边风声响起，我轻轻地对它说："我听不懂你的话。"它似乎很失落，又轻轻在我的手心缠绕。它拉起了我的手，我们渐行渐远了。

我们停在了一间茅屋前，那风顽皮地偷走了杜甫的茅草。杜甫的茅草有些被高高地挂在树上，有些低低地飘落在池塘的水面上。

林黛玉笑了笑，站在门口，袭人也连忙迎了上来，两人说说笑笑聊着些风言风语，最后袭人走了，林黛玉说："不是东风压了西风，就是西风压了东风。"

最后，我们在林间跑，风在树中跑，我知道它在寻找自己的声音。

过了许久，我对它说："要走，我们一起走吧！"我坐上船，扔掉桨，跟着它漂向下一个春天的岸边。

风

严子轩（五年级）

在这个世界上，我最羡慕的莫过于风了，它无时无刻不在旅行，如果我把它拦下来，它就会变成空气，消失不见。

我很想问一问风，因为它走访过古今逸事，纵横过天下。我想知道春风怎么剪碎柳条，夏风为什么会在半夜拂来鸣蝉，秋风为何要吹破茅屋，而冬风拂过枝头时，为何千树万树的梨花开放。

风呵，我真想看看你，听听你。你瞧，那广阔的森林，只要你来，没有一棵树会无动于衷。而我们，有时连你来了也不知道，直到树木拍手、摇摆时才明白。

风，常常拂过水面；水，也滴穿了石头；而石，它挡住了风。风、水、石，这多么奇妙的大自然啊，至今也很少人明白其中的奥秘。

“西风残照，汉家陵阙”，李白的千古名句纵贯时空，使我们明白了西风。风，用一根根线条描绘出宇宙。猎猎长风，是悠长的音乐；点点微风，是坚定的意念。

风，用自己的旅行造就了世界。

我与“风”的对话

图书在版编目（CIP）数据

与世界对话. 与风对话 / 傅阳编著. -- 昆明 : 晨光出版社, 2024. 7. -- ISBN 978-7-5715-2447-0

Ⅰ. C49

中国国家版本馆CIP数据核字第2024BG8776号

声明

本书在编写过程中，选用了部分散文、诗歌等作品，因条件所限未能与作者/译者一一取得联系，在此致以深深的歉意。敬请本书录选作品的作者/译者及时与我们联系，我们会第一时间与您沟通并妥善处理。

电话：010-88356860

邮箱：neverend@utoping.cn

与世界对话 **与风对话** **傅阳 编著**

YU SHIJIE DUIHUA
YU FENG DUIHUA

出 版 人 杨旭恒

选题策划 千寻 Neverend
责任编辑 杨亚玲
封面插画 高畅 www.changgao.co
内文插画 马梓玹（11岁）

出　　版 晨光出版社
地　　址 昆明市环城西路609号新闻出版大楼
邮　　编 650034
发行电话 （010）88356856　88356858
印　　刷 北京顶佳世纪印刷有限公司
经　　销 各地新华书店
版　　次 2024年7月第1版
印　　次 2024年7月第1次印刷
开　　本 130mm×185mm　32开
印　　张 6
字　　数 95千
I S B N 978-7-5715-2447-0
定　　价 160.00元（全5册）

退换声明：若有印刷质量问题，请及时和销售部门（010-88356856）联系退换。

千寻 与世界相遇

千 Neverend 寻

选题策划　千寻 Neverend
项目编辑　云海燕
装帧设计　木
内文排版　史　明
责任印制　盛　杰
营销编辑　王雪雪

与世界对话

与雾对话

傅阳 编著

晨光出版社

序

与世界对话，与美对话

傅国涌

在古希腊人心目中，世界就是“美”的意思。美国作家爱默生说，世界是为了美而得以创造。与世界对话，可以说就是与美对话。从2017年秋天以来，我和孩子们一起与世界对话，就是希望他们睁开心灵的眼睛，看见美，不仅在形式中。

“与世界对话”的支点是母语。不久前，我读了一篇文章《乡学》，其中有这样一句话：“课堂上响起来一片玻璃般的童音。”这玻璃般的童音源自小说家汪曾祺的《徙》，小孩子用玻璃一样脆亮的童音唱校歌。一句“玻璃般的童音”，平平常常，却很美，让人身临其境，久久难忘。诗人顾城说：“语言重要的不是它的形状……重要的是敲一敲变成了玻璃，再敲敲变成了铜，再敲变成了水——这样的语言质地的变化。”我少年时初读李贺的诗，总是忘不

了那一句“羲和敲日玻璃声”。这玻璃声只能用心灵才能听见，这个世界中无比丰富的色彩、线条、姿态和光影，也唯有心灵才能捕捉到。

国语书塾的“与世界对话”课堂用古今中外浸透着美和想象的文本滋养孩子的心灵，使他们的心灵力量不断壮大。他们在母语的江河上，不是随波逐流，而是可以从流漂荡、任意东西。

课堂的生命在于呼应：人与世界的呼应，人与人的呼应；不仅是老师与孩子的呼应，更重要的是老师、孩子和古今中外的作者之间的遥相呼应。这种呼应打破了一切空间的界限、时间的界限，在无边无际、无始无终的宇宙中，只有美是永恒的，抓住美，就抓住了整个宇宙。在这里，“羲和敲日玻璃声”和孩子们玻璃般脆亮的童音相互呼应、相互激荡。课堂就是在一个开放的审美空间里打开一种无限的可能性，每个孩子慢慢地在这个审美空间中成为自己的主人，不仅拥有审美力，而且还能获得想象力。

想象力，正是流水线教育中最为稀缺的。法国诗人波德莱尔说：“是想象力告诉人颜色、轮廓、声音、香味所具有的精神上的含义。它在世界之初创造了比喻和隐喻。它分解了这种创造，然后用积累和整理的材料，按照人只有在自己灵魂深处才能找到的规律，创造一个新世界，产生对于新鲜事物的感觉。……想象力是真实的王后，可能

的事也属于真实的领域。想象力确实和无限有关。”

“与世界对话”的课堂以启发孩子们的想象力为最高目标。每一堂课都是由低处入手，却是从高处着眼，这高处即如何使孩子们通过接触到的文本打开自己的心灵，在寻常所见事物之中思接千载、神游万里，同时又能找到准确而有声、有色、有味、有光的语言来表达自己的所见、所闻、所思、所想。老师，只能是一个引导者，而绝不可能代替孩子获得自身的领受、体悟和想象。许多时候，孩子们对课堂的回应，偶尔的神来之笔，也常常出乎老师的意料，这才是教育最具魅力的一面。

“与世界对话”系列第一辑《与墙对话》《与门对话》《与窗对话》和第二辑《与枣对话》《与橘对话》《与苹果对话》《与叫卖声对话》出版之后，我又整理出了第三辑《与风对话》《与云对话》《与雾对话》《与雨对话》《与雷电对话》。照着这个节奏，“与世界对话”系列的一百课差不多要二十年才能全部完成。想想很是遥远，但“得寸进寸”，进得一寸就有一寸的欢喜。

在国语书塾这个被我叫作“三百千万”的磨坊里，我看着孩子们看云看雾、听风听雨，在精神上一天天地成长起来，有的人最终将点燃闪电。所谓“三百千万”，就是三年、百课、千人、万里，在三年的时间上一百堂“与世界对话”课，认识一千个以上古今中外的作者，而且还要一起行万里路。“三百千万”强调的是生命的投入，是日

复一日的积累和体悟，是塑造一颗与世界对话的心灵。

我也曾是一个喜欢看云的少年,现在依然喜欢看云。“云在青天水在瓶”，有人说精神法则就是云在青天，生存法则就是水在瓶；而我的“与世界对话”课堂，就是想把云装在瓶子里的一种努力。在我的辞典里，精神法则和生存法则是合一的。为看云而看云和为生存而生存，也不过是一个巴掌的两面——

云最像空中的语言,今天有一句一句的白,昨天有一句一句的闲。(应镕伊)

我登云而小天下,用童年的脚印写下云谱。我这个登云者，与云相看两不厌，与云一起思考。(陈奕名)

或许一切和云相关的事物都不为意义而存在,它们存在的唯一目的就是“漫无目的”。……在一切的有形和无形之间，云处在一个没有意义的虚空里，自由自在。(袁子煊)

从务实派到浪漫派,从多瑙河到《马赛曲》,从流浪者到畅想家，世界深陷于云之中。云深不知处。(陈天悦)

当世界尚未着色时，天与云与山与水，上下一白，如一张白纸。……千万年来，云日复一日地做着同一道填空题，要回答自己的颜色

和形状——谁知道呢？（叶悠然）

孩子心中的云与天上的云相呼应，看得见颜色，听得见声音，那是有思想的云遇到了有思想的人，云被装进他们各自的瓶子里了吗？我不知道。每个聪明的读者自然都可以来回答这个问题。

感谢施美英老师整理了最初的课堂录音，感谢濮影瑛、黄支珑、赖建平、汪琼、许蓉蓉、陈小燕、马碧瑶、曹永健等参与校对的全体老师、家长。“与世界对话”还有更远的路要走。

2023 年 5 月 2 日于杭州国语书塾

Contents

目录

A Talk with Fog

/

说

雾是难以确定的事物，朦朦胧胧，模模糊糊，似乎看得见，却又摸不着。而我们今天却要和它清清楚楚地对话。

法国画家莫奈有一幅画，画的是早晨的、湖上的、紫色的、朦胧的雾。另一位法国画家特罗扬在1851年画了一幅《晨雾中赶集》，农人在晨雾中去市场卖羊，富有生活气息，画面中，雾虽然无处不在，但身后阳光出来了，雾即将散去。

我们来读俄国作家谢尔古年科夫的这篇《雾在哪里》：

从前有一片雾，他是个又淘气又顽皮的孩子。

有一天，雾飞到海上。

“我要把大海藏起来。”于是，他把大海

《晨雾中赶集》[法] 特罗扬 / 绘

藏了起来。无论是海水、船只，还是蓝色的远方，都看不见了。

“现在我要把天空连同太阳一起藏起来。”于是，他把天空连同太阳一起藏了起来。霎时，四周变暗了，无论是天空，还是天空中的太阳，都看不见了。

雾来到岸边。

“现在我要把海岸藏起来。”雾把海岸藏了起来，同时也把城市藏了起来。房屋、街道、树木、桥梁，甚至行人和小黑猫，雾把一切都藏了起来，什么都看不见了。

他躲在城市的上空，说道：“现在，我该把谁藏起来呢？”看来，再也没有可藏的了。

“我要把自己藏起来。”雾把自己藏了起来。

不久，大海连同船只和远方，天空连同太阳，海岸连同城市，街道连同房屋和桥梁，都露出来了。路上走着行人。小黑猫也出现了，它摇着黑尾巴，悠闲地散步。

雾呢？不知道消失到哪里去了。

雾是调皮的孩子，藏起一切，最后把自己也藏起来了。

什么是雾？中国诗人顾城写过这样一段话：

> 世界上有一种引人遐想的东西，叫作“云”；“云”成其为“云”是需要距离的，当人们真正走近它时，它就成了“雾”……

云也是雾，雾也是云，雾就是云的兄弟，对人来说，它们之间只有距离的区别：它走近了，就是雾；走远了呢，就成了云。

陈适是位散文家，他是一代词宗夏承焘先生的弟子，写过一篇《看云雾感悟世变》，写的是我的故乡雁荡山，他也把云跟雾连在了一起。我们来读这一段：

> 山中多云雾，尤其在春天，看云雾的幻化也很足以感悟世变。它仿佛从天空降下，却又从山头升起，从岩岫中喷吐出来。渐升渐高，袅娜地舒卷着，忽又飘散如轻烟，纷纷从峰顶落下，时或化作一抹居雾，如白罗带一样停绕在半山，或如重裘密絮，拥抱住峰腰，竟日不去。但有时忽来了满山云雾，白花花地和天空融成一片，似有一种浓重迷

漫的气氛袭压了峰岩。这时云中的五老峰，如披着白色的罗衣，徒步在绽青破翠的草岗上，似在回首下窥楼中。那些云雾渐移渐近，渐卷渐低，还带着一些蒙蒙细雨随风吹拂过来。而天半的浓雾忽又豁然开朗，飘散聚合而瞬息万变，这时群峰列石在云幔掩隐中酝酿成一种朦胧的情境。

我从小生活在雁荡山，山中的云和雾分分合合，不断变幻，许多时候难以分清。近了，是什么？雾。远了呢？又是云。

那雾是怎么来的呢？我们来读美国诗人卡尔·桑德堡的小诗《雾》：

雾来了，
踮着猫的细步。
他弓起腰蹲着，
静静地俯视
海港和城市，
又再往前走。

原来雾像只猫，踮着猫的细步走来，或弓起猫腰

山雾

蹲着。这是卡尔·桑德堡眼中的雾。

世界的雾都是伦敦，中国的雾都是重庆，中国诗人唐祈的《雾》写的就是重庆的雾：

灰白的雾，
在夜间，走着
它粗笨大白熊的脚步。

比云卑湿，龌龊，
走着，走着，又蹲下来
它没有重量的
庞大白色的臀部。

慢慢地，慢慢地
升上来——
又向更低的地方走去。

桑德堡的雾走的是猫步，唐祈的雾走的是粗笨大白熊那样的脚步，它们都会“蹲”下，但唐祈的雾蹲下来有一个“没有重量的庞大白色的臀部”，原来雾也有臀部。使用英语和中文的两位诗人，对于雾的想象既有相通之处，又有全然不同的感受。

诗人余光中眼中的雾来自哪里，去往哪里呢？我们来读他的《雾》：

是谁拔开了天方渔人的小瓶
放出这白色的巨魔？
看！他变幻的躯体冉冉上升，
将近树远山都吞没！

一觉小寐已睡了三百多年，
他开始懒懒地欠伸；
一只庞然的巨掌缓缓垂下，
遮幽了台北全城。

但这是夏晨，他毕竟睡意犹浓，
撑不起他的身体；
于是一寸，一寸，又开始缩进
一只神妙的瓶里。

雾来自天方渔人的小瓶，是个“白色的巨魔”，他走的不是猫步，也不是粗笨大白熊的脚步，但他有“一只庞然的巨掌”，他会伸懒腰，他睡意犹浓，最后一寸一寸地回到那个神妙的瓶中。

诗人郑愁予写过一首《如雾起时》，我们来读这几行：

> 如雾起时，
> 敲叮叮的耳环在浓密的发丛找航路；
> 用最细最细的嘘息，吹开睫毛引灯塔的光。
> 赤道是一痕润红的线，你笑时不见。
> 子午线是一串暗蓝的珍珠，
> 当你思念时即为时间的分隔而滴落。

起雾了，你能做什么？敲叮叮当当的耳环在浓密的发丛寻找航路，此时赤道成了“一痕润红的线”，子午线只是“一串暗蓝的珍珠”，这是一个雾中的世界。

诗人艾青笔下的雾又会是什么样的呢？我们一起来读：

> 露宿在旷野上的
> 没有家的雾
> 从乌黑的田堤的下面
> 慢慢地爬起来
> 贫穷的
> 流浪的

赤着脚的雾
从凹凸不平的土块里
困倦地爬起来
悲哀的
不说话的雾

艾青笔下的雾是无家可归的、流浪的、赤脚的雾，是贫穷的、困倦的、悲哀的、沉默的雾。我们继续读：

只有雾、深秋的雾
无声地爬行在田地上
又慢慢地爬上了山坡
它的冰凉的脚趾
践踏着落叶
走过那些枯叶铺的小路

好像一个悲哀的老人
支着乔木的拐杖
不说话也不咳嗽
徐缓地走过那些矮屋
从那些小小的窗子
看着里面凌乱的家具

艾青说雾像一个悲哀的老人，还拄着拐杖，不说话也不咳嗽。我们继续读：

> 雾无声地走开
> 厌倦的雾
> 衰老的雾
> 睁着迷茫的眼
> 从冷落了的村庄
> 走向冷落了的村庄
> 雾停留在小村的旁边
> 伸出冰冷的手指
> 抚摸着铁铲
> 抚摸着那些懒惰的农具

这雾的形象是厌倦的、衰老的，睁着迷茫的眼，在冷落的村庄，伸出冰冷的手指抚摸那些被冷落的农具。

为什么艾青眼中的雾如此沉重？这首诗是从他1940年冬天写的长诗《溃灭》的第三部分《荒废的田园》中节选的，当时中国正处于艰苦卓绝的抗日战争当中，大片的田园被侵略者践踏，许多农民无家可归，许多村庄被荒废。他眼中是雾，心中是悲愤，是哀叹。理解一首诗，要了解诗人写作的时间和当时的状况，才会明白他为什么产生这样的想象，想象都是有根源的。

雾对英国人来说是最熟悉不过的了，尤其是那些长年生活在伦敦这座雾都的人。托马斯·卡莱尔是英国十九世纪的作家和历史学家，他说雾是流动的墨水。这个比喻是新鲜的。写过《雾都孤儿》的英国小说家狄更斯说雾是伦敦的常青藤。对生活在十八、十九世纪之交的英国散文家查尔斯·兰姆来说，浓雾能激发他的想象力，他说："想象力透过浓雾才能够被激发，臻至完美。"这些英国作家都喜欢雾，但各有各的理由，也都赋予了雾不同的形象。

中国作家俞平伯喜欢西湖的春雾，我们来读他的《湖楼小撷》：

> 西湖的绿已被云收去了，已被雾笼住了，已被朝阳蒸散了。近处的水，暗蓝杂黄，如有片段。中央青汪汪白漫漫的……面前连山作障，腰间共同搭着一绺素练的云光，下披及水面，蒙蒙与朝雾相融。……

西湖的雾没有伦敦的雾大，却另有姿容，我们继续读：

> 云雾正密搂着，朝阳忽然在其间半露它娇黄的脸，自然要被它们狠狠地瞪着眼。这个情急已欲出，它两个死赖还不走，而轻清的风便是拨乱其间的小丑。……春风的心力已软媚到入骨三分，无怪云雾朝阳都是这般妖娆弄姿，亦无怪乍醒的人凭到栏杆，便痴然小立了。

俞平伯眼中的云雾亲密拥抱，而朝阳想要将它们分开，这是很孩子气的想象。俞平伯是诗人，也是作家，还是一位红学家。他曾在西湖边长住，西湖的雾常常陪伴在他左右，他凝神于此，于是想象长出了翅膀。

散文家李广田写过一组《雾》，其中第一篇《蛛网》写出了雾的变幻莫测。我们先来读这一段：

> 雾从谷中升起了，绕着山头升起了，像许多白色的飘带，把各个山头缠绕又解开，解开又缠绕。来吧，孩子，来隔着窗纱看雾吧。
>
> 怎么的？已经不见了群山啊，远远的、

近近的山，生着松柏的、流着飞泉的山，都为雾所包围，雾变成了灰色的纱幔，把众山遮盖了。夜刚去，夜又来。孩子，你不是刚从梦中醒来吗，但是那些向你说过许多美丽故事的山头又在雾里做梦了。你想想看吧，这正如在你的梦里，在群山的梦里也还舞着松柏的枝柯，还开着嫣然微笑的红花，羊群还在那里摇着清脆的银铃吃草呢。你听，你听，你不是说飞泉还在招呼你下山吗？那些都在睡梦中，那些都在群山的梦中了。

李广田说雾先是像“白色的飘带”，缠绕在山头；接着变成了“灰色的纱幔”，遮住了众山。他在与雾对话时，同时在跟一个小孩对话。我们接着读：

孩子，你为什么忧郁呢？你说你看见雾便觉得忧愁，不错，雾原是忧愁的，原是山林的叹息！你还不知道你变成了什么样子，你的眼睛也变色了，变成了像雾一般的银灰的。不要再那么静默下去吧，不然，我怕你的雾色的眼睛里就要落下雨来，或者就要凝露了。

看啊，雾渐渐地走近了，雾已经来到我

们的身边了。

这时，雾是有性格的，是忧愁的，因为它是山林的叹息，跟孩子的心是相通的。我们接着读：

> 雾如归巢的夜行鸟，雾缘着檐角飞来了。孩子，你可曾听见吗，雾的翅膀落在青色的瓦上，还仿佛发出一种细微的声音。雾缘着墙壁溜了下来，雾像小猫，悄悄地，伸了个懒腰，就要从窗台上爬进来了。你说过你是喜欢一只雾色的小猫的，你是喜欢看小猫的眼睛的，你曾经抱怨过：为什么山居不带一只小猫做伴呢？现在你可以想象一只小猫了。你看你看，雾已经由窗口爬进来，雾已经抚到我们的面上了。为什么，你却只看那檐角？

雾像归巢的夜行鸟，沿着檐角飞来，雾的翅膀落在青色的瓦上。雾先落在瓦上，然后沿着墙壁溜了下来，像小猫似的，还悄悄地伸了个懒腰。前面我们读到美国诗人卡尔·桑德堡说雾是踮着猫的细步来的，李广田说雾像雾色的小猫。可以说，两个人异曲同工，他们的想象竟然如此一致。但“雾如归巢的夜行鸟”却是独一无二的，这是李广田的想象，如此精彩，如此神奇——夜晚悄悄降临的雾，不就像归巢的夜行鸟吗？

中国古代的作家、诗人其实也留下了许多写雾的名句。南朝著名的隐士、“山中宰相”陶弘景在《答谢中书书》中说：

> 山川之美，古来共谈。……晓雾将歇，猿鸟乱鸣；夕日欲颓，沉鳞竞跃。……

“初唐四杰”之一的王勃在《滕王阁序》中写了一句：“雄州雾列，俊彩星驰。”宋代政治家、文学家范仲淹在《岳阳楼记》中说：“而或长烟一空，皓月千里。”这都是古文名篇当中的雾。

唐代诗人张若虚在被赞为“孤篇压全唐”的《春江花月夜》中写过“斜月沉沉藏海雾，碣石潇湘无限路”。北宋词人秦观在《踏莎行·郴州旅舍》中写过：

> 雾失楼台，月迷津渡。桃源望断无寻处。

我少年时初读宋词，特别喜欢这几句，常常念念有词，觉得其中有一种说不出的朦胧美。而南宋词人

雾中的树

李清照的《渔家傲》开篇那几句却大气得很，我们一起来读：

天接云涛连晓雾，星河欲转千帆舞。仿佛梦魂归帝所。闻天语，殷勤问我归何处。

同样满眼是雾，第一句就出现雾，两位词人写出的雾中之美却是两种完全不同的境界。

李清照写过一首著名的《醉花阴》，开篇一句是“薄雾浓云愁永昼，瑞脑销金兽”。但这里的“薄雾浓云”并不是真正的云雾，而是炉烟。

一天中有晓雾，也有晚上的雾，不同季节也有不同的雾。前面俞平伯写的就是西湖的春雾。俄国作家普里什文在《大自然的日历》中写过春雾，也写过夏雾。我们一起来读：

将近中午时分，天空开了一个口，森林越来越蓝，直至完全成了紫色。廖瓦带来一个重要消息：

“低地上满是水了！”

彼佳发现黑琴鸡落在树上，找寻求偶鸣叫的地方。

“也许只是找食吃吧？”我问。

“不，”他答道，“黑琴鸡是落在低矮的小杂树上，那儿是没有东西可吃的。”

…………

雾还没有散尽，看不见村子，但是我听见那儿公鸡在啼鸣。离得越近，公鸡的啼声越响亮，那简直不是啼鸣，竟是狂叫了，只听见全村一片公鸡啼声。过不了多少时间，白嘴鸦便会在窝里大叫大嚷驱逐乌鸦。接着，叶戈里日来了，母牛有人放牧，姑娘们便开始活动起来。

为什么说天空开了一个口？这就是云散了。但雾还没有散尽，看不见村子，只听见公鸡在啼鸣，整个村庄的公鸡都在叫，白嘴鸦在大叫大嚷驱逐乌鸦……雾里有鸡、鸭、乌鸦、母牛、姑娘们，却只能通过声音让人感知到。在雾中，听觉变得很敏感。

再来看秋天的雾，我们继续读：

从晨光熹微到旭日东升这一段时间，是最神秘的珍贵的时间，片叶不留的树木的图案，在这时才显露出来。

树木为什么在这个时候才显露出来？因为晓雾缭绕，要到旭日东升人们才能看见树木。

在曙光照耀下，湖也终于在白雾中出现了。缥缈的烟雾里，一切都好像扩大了许多。长长的一队水鸭，变成了进攻部队的队列，而那群天鹅，却像童话中出水的白石城。

一只从宿地飞来的黑琴鸡出现了，它无疑是有重要的事情，而不是偶然来的，因为从另一边，朝着同一个方向，又飞来了一只，接着，一只又一只……

晓雾朦胧的舞台上，天鹅、黑琴鸡、水鸭，还有前面出现的公鸡、白嘴鸦、乌鸦、母牛等纷纷登场。春天的雾和秋天的雾里都出现了很多活物，却也有些不一样：天鹅、水鸭只在秋天的雾中出现。

冬天的雾里又会有什么？我们继续读：

一旦云彩遮盖了太阳时，才发觉水、水鸭的队列和天鹅的城，全凭太阳的光辉才能看见的。雾气重新把万物蒙住了，连湖也隐没了；不知为什么，留下来的只有那高悬在

雾中的马

空中的彼岸的结构。

冬天的雾气可以把万物都蒙住。这是普里什文的冬雾。

中国有许多名山都以雾知名，比如黄山、庐山，还有峨眉山等。

戏剧家吴祖光写过一篇《雾里峨眉山》，他说峨嵋金顶最好的风景是云海、日出、佛光和远望雪山，但是秋天一到，“雾满乾坤”，雾成了峨眉山的风景。这四个字真是太好了。他这篇散文的名字不是《云海峨眉》，不是《日出峨眉》，也不是《雪上峨眉》，而是《雾里峨眉山》，可见峨眉山的雾名不虚传。

不仅吴祖光写过峨眉的雾，另一位散文家赵丽宏也写过，我们来读他的《峨眉写意·问雾》：

知道我是来看山的，你，为什么要遮住我的眼睛呢？

雾——从山谷里涌出来，涌出来，一缕缕柔曼的轻绡，织成了浓重的帷幕……

是大山委派你来迎候客人的吗？有这样奇怪的使者吗？

雾——轻轻地，轻轻地，抚弄着我的衣襟，

柔柔地，柔柔地，擦拭着我的眼睛……

是的，你使我感觉到了大山的清凉，你使我嗅到了大山的气息，你拂去了我眼里的尘土，然而，你怎么不懂得我焦灼的心呢？你准备一直缠我到山顶吗？

雾——淡了，淡了，化成烟，化成气，神奇地消散、消散……

…………

雾——悄然失去了踪影。

满目翠绿，一望无遗，大山在向我微笑。你呢？你到哪里去了？

雾中的峨眉山正是大自然的写意，赵丽宏跟雾对话，仿佛峨眉的雾也是有生命、有灵性的。他问雾，雾便听懂了。

他不仅在峨眉问雾，还在雾中听泉。我们再来读他的《峨眉写意·雾中听泉》：

朦胧之中，只听见泉的歌唱，只听见泉的脚步。多么丰富的音响呵——

时而像奔腾的马蹄，在那雄壮激越的节奏中，能想象漫天飞扬的尘土，能想象蹄铁和岩石撞击出的点点火星……

时而像潇潇的春雨，不慌不忙，不紧不慢，悠悠地飘洒着，细而密集的雨珠轻叩着坚硬的大地，发出微弱幽远的回响……

时而像汹涌的海涛，山一般的巨浪摔碎在高高的石堤上，轰然如惊雷炸裂，那玉屑碎珠似的水花，仿佛已飞溅到我的胸口……

时而像幽幽的古筝，优雅委婉，时续时断，飘忽在幽林深处，迂回在奇谷之间……

听泉，赵丽宏展开想象的翅膀：他听见了奔腾的马蹄、潇潇的春雨、汹涌的海涛、幽幽的古筝……这一切声音如梦如幻，都是雾带来的，是他在雾中展开的想象，雾中看花更美，雾里听声更奇。

山上的雾可以引人遐想，山下的雾同样如此。

浙江上虞白马湖畔有一所著名的春晖中学，那曾是丰子恺、朱自清、夏丏尊等教书的地方。首届郭沫若散文随笔奖获得者赵畅写了一篇散文《白马湖的雾》，我们先来读一段：

临近白马湖，但见乳白色云霭一般的雾轻柔地飘悠而来。细细定睛看察，才发现这雾是从湖中弥散开来的，她柔柔地漫上来，漫到湖边，漫上岭腰，漫进峡谷，漫入农家，与村邻乡亲做了伴去。

这雾煞是画家笔下的精灵，湖面上空、田地里、树林边上，真的像画笔抹上去一般，全是灰蓝白净之彩。……

雾是什么颜色的？是“乳白色云霭”一般的，还是“灰蓝白净”的？

白马湖这造雾之主重又将春晖园妆成了浪涌峰浮的蓬莱仙境，以至令杰出的艺术家亦只能瞠目结舌、叹为观止。……踏着这富于诗情画意的韵律，我仿佛看到经亨颐、夏丏尊、何香凝、丰子恺、朱自清煮酒论诗的闹热，看到俞平伯、匡互生、刘薰宇、王任叔、朱光潜说古道今的欢愉，自然也看到了弘一法师念佛不忘救国的吟诵……

白马湖的雾曾将朱自清、丰子恺的身影藏起来，也见证过近百年前春晖最美好的那些岁月。

现在我们跟随季羡林的脚步去看看尼泊尔的雾。

他说他从来不喜欢雾，飞机飞过西藏的上空，有人告诉他，尼泊尔的首都加德满都正弥漫着浓雾，能见度只有一百米，怕飞机降落不了。到了尼泊尔，却是阳光普照，他对雾产生了好奇心和兴趣。到达加德满都的第二天凌晨，他一推开窗，就看见了弥天的大雾。连续几天，他早晨起床第一件事就是推开窗子，欣赏外面的大雾。大家一起来读这一段：

> 现在大雾遮蔽了一切，连那些万古雪峰也隐没不见，一点影子也不给留下。旅馆后面的那几棵参天古树，在平常时候，高枝直刺入晴空，现在只留下淡淡的黑影，衬着白色的大雾，宛如一张中国古代的画。昨天抵达旅馆下车时，我看到一个尼泊尔妇女背着一筐红砖，倒在一大堆砖上。现在我看到一个男子，手里拿着一堆红红的东西。我以为他拿的也是红砖，但是当他走得近了一点时，我才发现那一堆红红的东西簌簌抖动，原来是一束束红色的鲜花。我不禁自己笑了起来。

红砖、红花，都是红的，都是季羡林在雾里面看到的。雾可以遮蔽形象，让他将红花误以为是红砖，却遮蔽不住声音，他在雾中听到了鸽子的咕咕声，还有一阵阵的犬吠声。

“难道浓雾竟成了我在这个美丽的山城里学会欣赏的第三件东西吗？”他如此追问。我们接着读：

> 雾能把一切东西：美的、丑的、可爱的、不可爱的，一塌瓜子都给罩上一层或厚或薄的轻纱，让清楚的东西模糊起来，从而带来了另外一种美，一种在光天化日之下看不到的美，一种朦胧的美，一种模糊的美。

这是季羡林的想法。他 1934 年毕业于清华大学西洋文学系，之后留学德国十年，学习梵文、巴利文、吐火罗文及俄文、南斯拉夫文、阿拉伯文等。1946 年，他回国创立了北大东方语言文学系，成为研究东方学的大家。

我想起了唐代诗人杜甫的诗句：“春水船如天上坐，老年花似雾中看。”还想起了白居易的诗：“花非花，雾非雾。夜半来，天明去。来如春梦不多时，去似朝云无觅处。”

季羡林说：

有很多东西，在很多时候，朦胧模糊的东西反而更显得美。月下观景，雾中看花，不是别有一番情趣在心头吗？在这里，观赏者有更多的自由，自己让自己的幻想插上翅膀……比那些一清见底、纤毫不遗的东西要好得多……

难怪他在雾里看红花、红砖都别有美感。前面读过赵丽宏的《峨眉写意·雾中听泉》，正好可以来证明“朦胧模糊的东西反而更显得美”。

1948 年的诺贝尔文学奖获得者、美国诗人艾略特写过一首《雾》，我们一起来读：

黄色的雾在窗玻璃上蹭着它的背，
黄色的烟在窗玻璃上擦鼻子和嘴，
把舌头舔进黄昏的各个角落，
在阴沟里的水塘上面流连，
让烟囱里飘落的烟炱（tái）跌个仰面朝天，
悄悄溜过平台，猛地一跳，
眼见这是个温柔的十月之夜，
围着房子绕了一圈，便沉入了睡乡。

准会有足够的时间，
让黄色的烟雾溜过大街
在窗玻璃上蹭它的背脊；
准会有时间，准会有时间。

在这里，艾略特的秋雾是黄色的。这雾是活的，如同一个人，有背，有鼻子，有嘴巴，“把舌头舔进黄昏的各个角落”，真是神来之笔。但这雾最终还是要进入睡乡，如同夜鸟归巢。

我们继续来读李广田的散文《雾》的第二部分《雾中》：

走吧，到外边去，到雾中去，到雾中去看雾吧。在山上看雾这是第一次，我们从来还不曾看过这样重的雾呢。

不要怕，递给我你的手，我领你走向雾中。

但是，奇怪呀，暗雾笼罩了一切，却罩不住我们两个。我们的周身都是“光”，我们行近的地方雾便消了。你看你看，我们向前迈一步，雾便向后退一步，我们驻足，雾便为我们退出了一个“光”的圈子。

你快乐吗，孩子，我们的周身都是“光”。

在这里，“我们”是谁？我们就是周身都是“光”的孩子。我们继续读：

雾里的山花可还开？——你这样问我。是的，我将领你去看雾里的山花。你可以猜想那些山花是睡眠在雾中的，就如同贪睡的婴儿为夜色所催眠，但只要我们行近，当山花听到了我们的脚步声时，山花便为我们而开放了，因为我们为它带来了“光”。慢慢走，慢慢走，我们已经来到我们所熟知的地方了。你看你看，那不是红色的石竹花吗？因了雾的滋润，因了我们的“光”的照耀，红石竹花开得更鲜艳了。唉，唉，我说它们开得这么好看，简直叫我感到悲哀了。……

这是李广田和孩子的对话，是他和孩子一起与雾的对话。睡在雾中的山花为他们而开，也为我们而开，因为他们带去了“光”。雾中出现的红色的石竹花，就像赵丽宏在雾里听到的泉声，就像季羡林在加德满都的雾中看见的一筐红砖和一束束红花。雾不是固体，它是气体，若有若无，你走进雾中，“光”也进入雾中，不仅可以唤醒石竹花，也唤醒了树木和杂草：

> 虽然你也可以猜想它们是睡在雾中的，然而只要我们刚刚走近，它们便醒来了……

李广田问：

> 孩子，你觉得快乐吗？我们行近的地方雾便退开，因为我们有“光”，草木为我们而惊醒，山花为我们而开放。
>
> 而且还有流泉在雾中唱着，也许你猜想那是被雾封锁了的。

回想一下，谁说流泉在雾中唱着？赵丽宏。又有谁写了雾中的鸡唱？俄国作家普里什文。我们继续读李广田的《雾中》：

> 而且，远远的，还有人语声，还有鸡唱声。这些声音也许并不遥远，但为重雾所隔，便觉得那是遥远的了，而且觉得是另一种境界中了。孩子，你听了那些声音，你应当觉

得平安，应当觉得熨贴吧。我呢，我无论在什么时候，什么地方，只要听到了人语声，鸡唱声，我便觉得喜悦，仿佛那便是幸福之所在，而这远远地由雾中传来的人语、鸡唱，不但使我觉得平安，而且有着远古隔世之感了。

《大自然的日历》是普里什文在 1925 年到 1935 年完成的，李广田读过这本书吗？我们不知道，但他俩几乎一致发现了雾中的鸡叫声，雾中的人语声，这是共通之处。李广田是 1936 年 10 月写下《雾》这组散文的，我们继续往下读：

而且，孩子，你还应当想象：在这重雾所充塞的天地之间，凡有我们同类所在的地方，每双眼睛的前面都有一个“光”的圈子，他们都在私心里说道：“我们是幸福的，我们在暗雾中得有光明。”而且就连那引吭高歌的雄鸡，就连那在雾中穿行的山鸟吧，它们都各欢喜它们所独有的“光”啊。……

……雾为我们的发丝上串满了细碎的珍珠。

原来，潮湿的雾会给我们的发丝串满“细碎的珍珠”，多美呀，李广田的雾。这是我们今天遇到的对雾体验最深的一个中国作家。

日本画家东山魁夷写过一篇散文《雾》，其中讲述了自己一次登山的经历，“歇一歇脚再仰头看天，连太阳的位置也摸不准了。巨幕一般的灰色大雾在眼前激烈地移动。其势汹汹，不知终始，只有灰色一种颜色，而且是‘无’的世界延续不断”。雾的世界可以让人暂时进入一个“无”的世界。

现在让我们去重庆看看，重庆被称为中国的雾都。很多年前，我读过美国记者白修德、贾安娜合著的《中国的惊雷》，其中一章《重庆——风云际会的焦点》的开篇写到，当时的重庆，“在各种地图上都没有特别标记的”：

> 注明是重庆的地方，是一座昏沉沉的山城，栖息在暗黑的崖石上，这崖石是在扬子江上的雾中升起来，直指天空，只要扬子江的水一天流入太平洋，这个江上的城就会存留一天。

扬子江就是长江，从长江的雾中升起来的山城就是重庆。有人说重庆一年只有两个季节，而两季都不舒适：

> 从初秋起至暮春止，雾和雨滴滴答答，笼罩全城，潮湿和寒冷统治着每一个家庭。……全城覆盖着尘土，尘土之厚，像冬天的烂泥一样。空气中依然留有湿气，周身流汗，针刺似的热，伤害着皮肤。走一点点路好像远征一次，走长路则简直是苦刑。
>
> 在浓雾之下以及酷热之中，……展开了几乎是荒唐的各种生活样式。

浓雾统治着重庆，重庆常常是一个雾的世界。诗人唐祈的那首《雾》是1947年在重庆写的，大笨熊一般的雾就是重庆的雾，我们来读诗中的第二部分：

> 它遗忘了后面安谧的
> 山峦、树木，交叉的公路
> 和栉比的茅屋，只有它
> 能扯起一块无穷大的天幕，
> 蒙蔽了人们清醒的眼目，
> 使一切渐渐软弱、模糊

大雾笼罩的重庆

从它恶劣的鼻息里。

城市，顿时变成灰沉沉，
像座没有厚度的贫民窟。
昏黯的街道上水分迷蒙的
黄昏，要瘫痪在行人的近视眼里，
茫茫的雾气中没有了
空间，兀立着几个朦胧的轮廓。
码头上整日滞呆着的货物堆，
只有污秽的老鼠在那儿
卑鄙的灰色小动物啊……

渡船隔膜地叫唤：
夜提早了时间，施过催眠术的
江汉关大钟快昏睡了，
路灯却想着些辽远的事情，
有着过多身体自由的流浪儿被拘留
在没有白色厚墙的牢房，
屋顶与屋顶们渐渐消失。
雾更大了，
只有它，和彼此认识。

这个“它”是谁？能扯起一块无穷大的天幕的，当然是雾。茫茫的雾气中没有了空间，只有几个朦胧的轮廓。雾能让空间消失，也能让时间提早。雾能改变这个世界，好的或坏的改变。

这是重庆的雾，沉重的雾，战争阴云下的雾。

然而，重庆比起伦敦这个雾都，只是小巫与大巫。英国作家狄更斯的小说中经常出现雾，1853 年问世的小说《荒凉山庄》在一片黑色的霏霏细雨中拉开帷幕，“雨水中的煤屑跟完全凝华的雪片一样大”“到处雾气蒙蒙”。美国记者辛西娅·巴内特在《雨：一部自然与文化的历史》这部书中这样写：

> 从本质上说，雾就是与视线齐平的云层。如果冷却的空气中的水蒸气已经饱和，那么，一些水蒸气就会围绕着微小粒子凝结起来，形成水滴，水滴再转化成雾气。在水蒸气充足的情况下，一座肮脏城市上方的雾气要比海面上方的雾气浓厚得多，因为雾气附着在所有的煤烟粒子之上。

如果雾气附着在所有的煤烟粒子之上，这雾就有毒。

在狄更斯所处的时代，也就是十九世纪英国工业化高歌猛进的时代，城市的空气已经不再是纯自然的了。狄更斯说：

> 雾气呈灰色，而在伦敦，在城乡交界的地方，雾气呈深黄色，再靠里些时，雾气呈棕色，然后棕色依次加深，到了城市的中心……雾气已成了黑锈的颜色。

雾气的颜色从灰、深黄、棕、深棕，一层一层加深，最后是黑锈色。伦敦人把这种烟与雾的浓厚混合物称作“黄色浓雾”，这种浓雾有时又被称为“伦敦特有大雾”。

十九世纪末，一场黄色浓雾让大约一千一百五十人丧生。二十世纪中期，燃煤的砖窑厂和锅炉厂，连同蒸汽火车、蒸汽轮船、卡车、巴士喷出的烟柱，还有家家户户壁炉里燃烧的烟煤，造成了著名的“1952年大雾”，这是伦敦历史上最严重的一场黄色浓雾，比狄更斯想象的任何场景都可怕，浓雾遮天蔽日，世界晦暗无光。

1952年12月，一场寒冷潮湿的大雾降临伦敦，雾气吸收了空气中所有的烟尘和煤屑，到12月5日，风停了，烟雾不断变浓变暗，直到能见度降到接近零。所有的足球比赛被取消，《茶花女》的演出也被取消，因为浓厚的大雾已经弥漫进了萨德勒斯威尔士剧院。外出的人们只能摸着建筑物的墙壁，沿着人行道一寸一寸地挪回家。他们无法开自己的小车，巴士、有轨电车停驶，伦敦最大的希思罗机场以及伦敦港都关闭了。在大雾的遮掩下，到处发生着入室抢劫和盗窃。

这场大雾导致一万两千多人死亡，其中四千多人直接死于 12 月 5 日到 9 日这大雾弥漫的几天中，而在接下来的月份里，大约又有八千人死亡。这场大雾成为伦敦历史上和平时期最可怕的灾难，造成的死亡人数有十九世纪末那次的十倍之多。

看了那么多雾，你认为雾究竟是善的，还是恶的？或者兼而有之？雾是美的，还是丑的？或者兼而有之？1952 年夺走上万人生命的伦敦大雾是恶的、丑的，而法国画家莫奈笔下的伦敦雾又是那么美。

塔西佗是古罗马的历史学家，他在公元一世纪就写过伦敦的雾，这雾到今天依然在伦敦缭绕。

英国作家彼得·阿克罗伊德的《伦敦传》中有一篇《雾天》，他在其中说：“自伦敦有史以来，大雾就是幽灵般缭绕不散。”早在 1257 年，亨利三世的王后埃莉诺就抱怨过伦敦的烟雾和污染。十六世纪的英国女王伊丽莎白一世也说过："本人因海煤的气味和烟雾深感痛心、烦恼。"

英国作家约翰·伊夫林在1661年写下的《伦敦空气与烟雾之扰》一文中说过，"地狱般阴惨惨的海绵云"覆盖着伦敦，这袭"黯然、阴惨惨的斗篷"来自——

> 数个大烟囱，属于啤酒坊、染坊、石灰厂、食盐和肥皂锅炉，以及某些私人作坊。单是一道大烟囱对于空气的危害，便甚于伦敦所有私家烟囱。

原来伦敦的烟囱这么可怕，导致伦敦披上一袭"黯然、阴惨惨的斗篷"，这斗篷就是伦敦的浓雾。

彼得·阿克罗伊德的书中提到了那个时代出版的一本书《英格兰性格》，其中将伦敦描写为包裹在"海煤云中，恍如地上的冥界、火山的雾天：致命的烟雾，连钢铁都被腐化，毁损所有会动之物，烟雾掠过，在所有东西上留下一道煤烟渍。并且如此致命地攫获居民的肺，咳嗽和哮喘不放过任何一个人"。

"恍如地上的冥界、火山的雾天""致命的烟雾"，这就是伦敦的雾呀！

狄更斯的小说《荒凉山庄》中有一段对话：

> 我问他是否某处着了大火？因为街上弥漫着棕色的浓烟，眼前几乎看不到任何东西。“哦，没有，小姐，”他说，“这是伦敦特色。”我从未听见这等事。“是雾，小姐。”这位年轻绅士说道。“哦，是嘛！”我说道。

小说中伦敦街头的雾是棕色的，也有人说伦敦的雾是深绿色的，或是豌豆汤的黄色，或是“橙色蒸汽”，或是黑色的，甚至是“黑巧克力色的棺材罩”，这便是曾吞噬大量生灵的伦敦雾。

> 似乎人人都注意到烟雾浓度的变幻，有时融进日光，或者各种颜色的雾气相交融。越接近市中心，颜色就越浓重，最后在城市中央变成“一团雾蒙蒙的黑暗”。……

“一团雾蒙蒙的黑暗”或许就是“黑巧克力色的棺材罩”？这个说法也许并不是空穴来风。

看得出许多人对伦敦的雾没什么好感。而生物学家达尔文却说伦敦的雾给人以壮丽之感。

大雾中的伦敦

雾成为十九世纪英国小说最大的特征，“人们看伦敦桥时，小说家们在看雾”“仿佛站在一只大气球里，浮在雾蒙蒙的云里”。

1856 年，英国诗人布朗宁说伦敦的雾“好似一块海绵擦去伦敦”，不仅抹去了所有招牌和标记，还模糊了所有教堂的尖顶、大桥、马路和广场。

侦探小说家柯南·道尔创作的“福尔摩斯探案”系列里，所有的犯罪都是在雾中展开的，从本质上来说，伦敦就是一座雾的城市。

有关伦敦之雾最伟大的小说是问世于 1886 年的英国作家罗伯特·史蒂文森创作的《化身博士》，故事发生在这座城市变幻、虚幻的雾中，“雾被冲破，一束憔悴的阳光瞥进盘旋的雾中”，“雾再度降临那片地区，似棕土般的棕色，将他与流氓似的周围环境隔绝”。

感谢彼得·阿克罗伊德为我们梳理了一部伦敦雾的文学简史。他说狄更斯关于伦敦雾的描写虽然悲伤，却说伦敦雾是伦敦的常青藤。伦敦不能离开雾，伦敦要有它的常青藤。

出生在美国、长居在英国的画家詹姆斯·惠斯勒认为，伦敦雾“带着诗意，仿佛一方面纱”，笼罩了泰晤士河两岸，“简陋的建筑消失在昏暗的天际，高耸的烟囱变成钟楼，在夜里，仓库变成宫殿”。许多画家跟他一样把大雾看作伦敦最伟大的品质。十九世纪的日本画家牧野义雄说：

> 伦敦有些建筑的真正颜色也许颇粗鄙。然在雾中，这种粗鄙的颜色却很迷人。譬如我窗前那幢房子，涂成黑黄二色。去年夏天，我初来之时，笑它颜色丑，现在冬雾笼罩，颜色和谐得十分美妙。

在他眼里，伦敦的雾是美的。

莫奈太喜欢伦敦的雾，也喜欢画雾，他画过一幅《雾中吉维尼附近的塞纳河支流》，画面中的雾是紫色的。1899 年至 1901 年间，他专程去伦敦画雾。他说：

> 当时，在伦敦，我最钟爱的是雾……雾赋予这城市壮丽的广阔。在那层神秘的斗篷之下，那些巨大、规则的街区变得十分雄伟。

约翰·伊夫林眼中伦敦所披的这一袭“黯然、阴惨惨的斗篷”，到了莫奈这里竟成了神秘的斗篷。哪怕是同样的雾，不同的眼睛看到的也常常是不同的，这是一个永远值得探究的问题。我们来读这一段话：

> 在这里，雾赋予这座城市以壮丽和崔嵬。雾也营造华贵的气派。……对莫奈来说，伦敦的雾是奥义的象征或启示，在他所描绘的微妙的氛围和变幻的色彩里，总是让人感觉这座城市即将永远消融或隐匿。在这层意义上，他是企图捕捉这座城市的精髓，超越任何特定的时代。譬如，他的画作赋予查令十字街桥一种原始力量的阴森感，仿佛是罗马人建造的大桥或者未来千年将会建造的大桥。这是最阴暗、最威赫的伦敦。之所以威赫，正是因为它投下的阴影。古老的轮廓在雾沉沉的黑暗或朦胧的紫罗兰光线里隐现，然而这些轮廓随着间或投下的阳光或色彩的变幻而改变。这正是莫奈所描绘的神秘。这个被雾气笼罩的巨大充满了光。景象殊为恢奇。

在莫奈的画中，雾把伦敦藏起来了，但是一点也不让人觉得阴暗和悲伤。他是第一个画出紫色伦敦雾的画家，在他之前没有任何人发现伦敦的雾是紫色的。伦敦人初看他的画，觉得他画的不是伦敦的雾，再一看伦敦的雾，却发现原来它真的是紫色的。艺术家总能给人以重新观看、重新发现的视角。

说完了伦敦的雾，我们与雾的对话也接近尾声了。西班牙作家、哲学家乌纳穆诺曾写过一本小说《雾》，书中的人物说：

> 偶然是世界根本的节奏，偶然是诗的灵魂，啊，我偶然的欧亨尼娅！……生活就是这个，就是雾。生活中弥漫着浓雾，现在从浓雾中出现了欧亨尼娅。

偶然是诗的灵魂，生活就是雾。巴金年轻时写过三部中篇小说《雾》《雨》《电》，合称“爱情三部曲”，雾、雨、电也是我们三堂课的主题。巴金在另一部小说《寒夜》里也写到了雾，说雾有着“那种窒息人的、烂人肺腑似的气味”，他不太喜欢雾的味道。

茅盾写过一篇散文《雾》，他说：

> 我，我诅咒这抹煞一切的雾！
>
> ……雾，雾呀，只使你苦闷；使你颓唐阑珊，像陷在烂泥淖中，满心想挣扎，可是无从着力呢！

……接着便有红鲤鱼的活泼泼的跳跃划破了死一样平静的水面。

雾，多么灰暗，多么令人丧气，可结尾有一条红鲤鱼活泼地跳出来了，气氛就变了。红色的还有季羡林在加德满都雾中看到的红砖和红花，李广田在雾中看到的红色石竹花。这是雾中惊现的红色，格外亮眼。

作家于黑丁写过一篇散文叫《雾》，他说："我踏着浓雾弥漫的街道散着步。"最后，他还在嘴里重复地说一句话："雾，雾怕什么！我要走！"

作家施蛰存在小说《雾》里，写了浓雾弥漫的日子，一个叫秦素贞的小姐，坐火车到上海，在车上她遇见了一个男人。分别时，男人给了她一张名片，上面写着：陆世奎。她不知道陆世奎是个什么样的人。到了上海，她跟两个表妹闲聊，才知道此人是上海无人不知的电影明星，可是乡下来的秦素贞小姐认为电影明星就是"戏子"，为什么人们都去羡慕一个"戏子"呢？难道城里人喜欢"戏子"吗？两个表妹得知秦素贞竟然认识那位大明星，就热切地向她打听，她却觉得很失望，答非所问地说了一句话：

"今天雾真大，一点都看不清楚哪！"

她回答表妹们的问题了吗？没有。那你看清这些雾了吗？雾中的世界，世界中的雾？也许雾就是生活。雾中看花是一种朦胧的美，就如莫奈画中的伦敦。

我们与雾的对话就停在这里。

A Talk with Fog

/

读

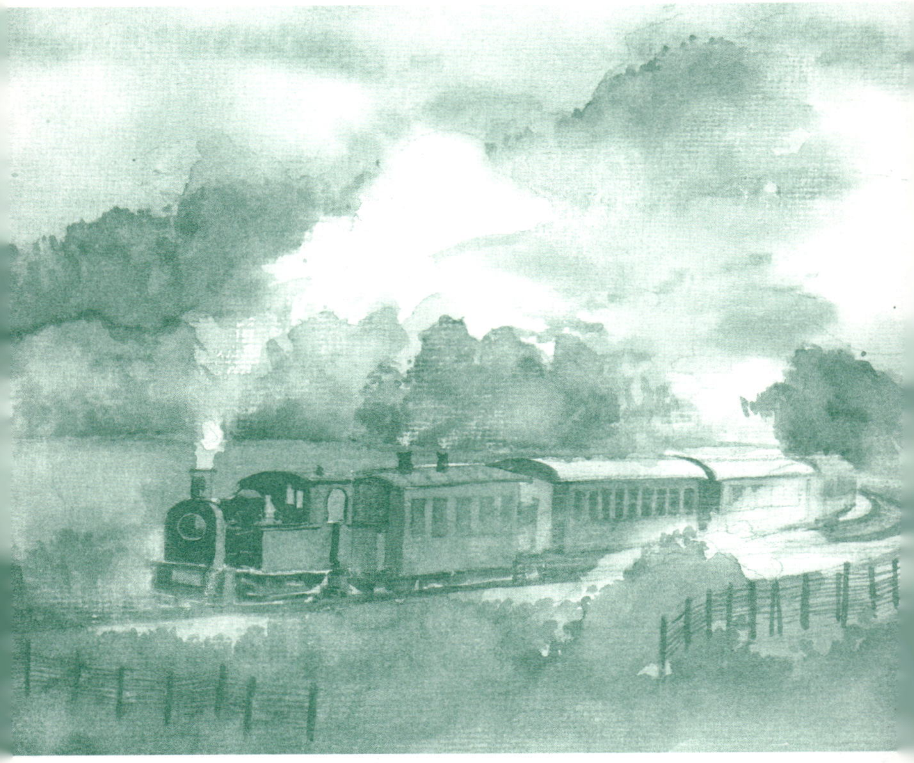

雾

唐祈

一

灰白的雾，
在夜间，走着
它粗笨大白熊的脚步。

比云卑湿，龌龊，
走着，走着，又蹲下来
它没有重量的
庞大白色的臀部。

慢慢地，慢慢地
升上来——
又向更低的地方走去。

二

它遗忘了后面安谧的
山峦、树木，交叉的公路
和栉比的茅屋，只有它

能扯起一块无穷大的天幕，
蒙蔽了人们清醒的眼目，
使一切渐渐软弱、模糊
从它恶劣的鼻息里。

城市，顿时变成灰沉沉，
像座没有厚度的贫民窟。
昏黯的街道上水分迷蒙的
黄昏，要瘫痪在行人的近视眼里，
茫茫的雾气中没有了
空间，兀立着几个朦胧的轮廓。
码头上整日滞呆着的货物堆，
只有污秽的老鼠在那儿
卑鄙的灰色小动物啊……

渡船隔膜地叫唤：
夜提早了时间，施过催眠术的
江汉关大钟快昏睡了，
路灯却想着些辽远的事情，
有着过多身体自由的流浪儿被拘留
在没有白色厚墙的牢房，
屋顶与屋顶们渐渐消失。

雾更大了，
只有它，和彼此认识。

三

它使囚居在
暗室里的记者，思想家，
学生们，扪着头脑叹口气，
手拿着发表不出的消息……

它窥伺一扇灯光的
窗户，纯洁少女失眠的呵欠
吐着灯似的茕独，睁着眼
看恶梦的世界。

它却小心地守护，
像一群派来的白种秘密人员，
团团围住最孤僻的一幢高屋，
那些阴谋家、战略家、军火商人，
利用和平做白色烟幕，
怎样在用人骨画着地图
每一平方自己的国土上。
支配多少新式的

却装配了死亡符号的血肉，
他们狞笑，假装着糊涂……

四

雾啊，扩大了，掩护了
拖在后面无期的霪雨
下落，人民再不用试探了；
灰色的和平下面黑暗的
一片战争的泥泞。

1947 年 6 月写于重庆

雾

艾青

露宿在旷野上的
没有家的雾
从乌黑的田堤的下面
慢慢地爬起来
贫穷的
流浪的
赤着脚的雾
从凹凸不平的土块里
困倦地爬起来
悲哀的
不说话的雾
从那些低湿的水洼里
湿淋淋地爬起来

那些干草堆
在那些村庄和树林之间
在那些起伏不平的空地上
被雾遮蔽着

像一个一个庞大的动物
沉默地躺在那里
愚蠢地等待着
马车与长柄的铁叉
四周沉寂着
没有人也没有牲畜
只有雾、深秋的雾
无声地爬行在田地上
又慢慢地爬上了山坡
它的冰凉的脚趾
践踏着落叶
走过那些枯叶铺的小路

好像一个悲哀的老人
支着乔木的拐杖
不说话也不咳嗽
徐缓地走过那些矮屋
从那些小小的窗子
看着里面凌乱的家具

那些房子很多都是空的
年轻的和壮健的全走了

他们离开了家园
到遥远的地方
有的在马奇诺前线
有的在波兰
连收割的时间也没有
连播种的时间也没有
他们抛下这土地
留给衰老的父亲
和无力的妻子

雾无声地走开
厌倦的雾
衰老的雾
睁着迷茫的眼
从冷落了的村庄
走向冷落了的村庄
雾停留在小村的旁边
伸出冰冷的手指
抚摸着铁铲
抚摸着那些懒惰的农具
又摇摇头看着那架锈了的曳引机
为了没有汽油喂饲它

这畜生已很久没有唱着歌
行走在田畦间了

悲哀的雾
不说话的雾
披着斑白的头发
支着乔木的拐杖
站立在田野的边际
看着那些枯干了的田亩

那些田亩、无数的毗连的田亩
像僵死了似的偃卧着
在深秋的灰暗的天幕下
在广阔的没有光泽的天幕下
它们从黎明到黄昏
无力地渴望着耕耘
渴望着播种……

（选自长诗《溃灭》）

雾

李广田

蛛 网

雾从谷中升起了，绕着山头升起了，像许多白色的飘带，把各个山头缠绕又解开，解开又缠绕。来吧，孩子，来隔着窗纱看雾吧。

怎么的？已经不见了群山啊，远远的、近近的山，生着松柏的、流着飞泉的山，都为雾所包围，雾变成了灰色的纱幔，把众山遮盖了。夜刚去，夜又来。孩子，你不是刚从梦中醒来吗，但是那些向你说过许多美丽故事的山头又在雾里做梦了。你想想看吧，这正如在你的梦里，在群山的梦里也还舞着松柏的枝柯，还开着嫣然微笑的红花，羊群还在那里摇着清脆的银铃吃草呢。你听，你听，你不是说飞泉还在招呼你下山吗？那些都在睡梦中，那些都在群山的梦中了。

孩子，你为什么忧郁呢？你说你看见雾便觉得忧愁，不错，雾原是忧愁的，原是山林的叹息！你还不知道你变成了什么样子，你的眼睛也变色了，变成了像雾一般的银灰的。不要再那么静默下去吧，不然，我怕你的雾色的眼睛里就要落下雨来，或者就要凝露了。

看啊，雾渐渐地走近了，雾已经来到我们的身边了。

雾如归巢的夜行鸟，雾缘着檐角飞来了。孩子，你可曾听见吗，雾的翅膀落在青色的瓦上，还仿佛发出一种细微的声音。雾缘着墙壁溜了下来，雾像小猫，悄悄地，伸了个懒腰，就要从窗台上爬进来了。你说过你是喜欢一只雾色的小猫的，你是喜欢看小猫的眼睛的，你曾经抱怨过：为什么山居不带一只小猫做伴呢？现在你可以想象一只小猫了。你看你看，雾已经由窗口爬进来，雾已经抚到我们的面上了。为什么，你却只看那檐角？

一张蛛网挂在檐角，一张蛛网在雾中摇。

孩子，告诉我，你可是在凝视那蜘蛛网？

我的眼睛已经是这样衰老啊，远山上的红衣人我看作山花，天边的江帆我看作白云，雾里的蛛网我看不清了。不错，那确是一张蛛网，因为它的摇动，因为被飞雾的翅子所吹荡而摇动着，我看出它的轮廓来了。但是，孩子，你可能告诉我，那张蛛网上可还守着一只黑色的蜘蛛？不言语，不回答，尽凝视那蛛网。那么，那蛛网的主人已是不在的了？为了山风，为了雾，那蛛网的主人已经逃走了，它躲在它的壁穴里，像我们躲在我们的窗子里，在那里看着雾的飞来，看着它的网子的飘摇，好寂寞的蜘蛛啊！

孩子，快过来吧，不要尽待在窗口了，风愈急，雾更重了。

不听话，尽看那蛛网。但是，可怜我的眼睛，我怎么不复看见那蛛网的轮廓了呢？啊，啊，那蛛网不是已经垂斜了吗？那蛛网不是已经破碎了吗？它还在摇，它还在摇，它已经不复存在了啊！孩子，快过来，我看你的眼睛怎样了？

雾　中

走吧，到外边去，到雾中去，到雾中去看雾吧。在山上看雾这是第一次，我们从来还不曾看过这样重的雾呢。

不要怕，递给我你的手，我领你走向雾中。

但是，奇怪呀，暗雾笼罩了一切，却罩不住我们两个。我们的周身都是“光”，我们行近的地方雾便消了。你看你看，我们向前迈一步，雾便向后退一步，我们驻足，雾便为我们退出了一个“光”的圈子。

你快乐吗，孩子，我们的周身都是“光”。

雾里的山花可还开？——你这样问我。是的，我将领你去看雾里的山花。你可以猜想那些山花是睡眠在雾中的，就如同贪睡的婴儿为夜色所催眠，但只要我们行近，当山花听到了我们的脚步声时，山花便为我们而开放了，因为我们为它带来了“光”。慢慢走，慢慢走，我们已经来到我们所熟知的地方了。你看你看，那不是红色的石竹花吗？因了雾的滋润，因了我们的“光”的照耀，红石竹花开得更鲜艳了。唉，唉，我说它们开得这么好看，简直叫我感到悲哀了。雾还是这样重，看起来就如充塞在天地间的一种固体，我们一点也认不出那些峻拔的山峰的影子。然而我们向前走，慢慢地向前走，我们的“光”就随着来了，我们的面前出现了苍翠的树木，我们的脚下出现了碧绿的杂草。虽然你也可以猜想它们是睡在雾中的，然而只要我们刚刚走近，它们便醒来了，它们都戴了最澄莹的露珠，展开了叶心，在我们的“光”中含笑舞踊着。

孩子，你觉得快乐吗？我们行近的地方雾便退开，因为我们有“光”，草木为我们而惊醒，山花为我们而开放。

而且还有流泉在雾中唱着，也许你猜想那是被雾封锁了的。

而且，远远的，还有人语声，还有鸡唱声。这些声音也许并不遥远，但为重雾所隔，便觉得那是遥远的了，而且觉得是另一种境界中了。孩子，你听了那些声音，你应当觉得平安，应当觉得熨贴吧。我呢，我无论在什么时候，什么地方，只要听到了人语声，鸡唱声，我便觉得喜悦，仿佛那便是幸福之所在，而这远远地由雾中传来的人语、鸡唱，不但使我觉得平安，而且有着远古隔世之感了。

我们不必再向前走，我们就在这里停住吧，我们站在我们的“光”之内，谛听我们的世界之外的声音吧。而且，孩子，你还应当想象：在这重雾所充塞的天地之间，凡有我们同类所在的地方，每双眼睛的前面都有一个“光”的圈子，他们都在私心里说道：“我们是幸福的，我们在暗雾中得有光明。”而且就连那引吭高歌的雄鸡，就连那在雾中穿行的山鸟吧，它们都各欢喜它们所独有的“光”啊。这充塞于天地间的是暗雾吗？也许并没有雾，因为就连那苍翠的松柏，那碧绿的杂草，那开得鲜艳的红石竹花，它们也各有它们的“光”呢。

孩子，怎么的，你又在做梦吗？你看你看，雾为我们的发丝上串满了细碎的珍珠。

晴　光

孩子，你醒来了，你做了什么梦呢？你可能告诉我吗？

现在，雾完全消了，一切都看得清了：四围的山，天际的江流，那边的树，那边的花草，那边，还有起始在操作着的人们，他们在砍伐那山上的树木。

时候还很早，太阳在东面的山尖上停着不动。

孩子，我们有了太阳，一切都有了太阳，太阳又赠给我们一件礼物，你看你看，在你身边——一个影子。

怎么，你不喜欢你的影子吗？现在一切都有一个影子呢。我有，山有，云也有，草木也都有，你看，那石竹花的一叶一瓣都各分得一个阴影。

一切都得有一个影。

孩子，我们回去吧。

1936 年 10 月 9 日忆山居作

答谢中书书

〔南北朝〕陶弘景

山川之美，古来共谈。高峰入云，清流见底。两岸石壁，五色交辉。青林翠竹，四时俱备。晓雾将歇，猿鸟乱鸣；夕日欲颓，沉鳞竞跃。实是欲界之仙都。自康乐以来，未复有能与其奇者。

岳阳楼记

〔宋〕范仲淹

庆历四年春，滕子京谪守巴陵郡。越明年，政通人和，百废具兴，乃重修岳阳楼，增其旧制，刻唐贤今人诗赋于其上，属予作文以记之。

予观夫巴陵胜状，在洞庭一湖。衔远山，吞长江，浩浩汤汤，横无际涯，朝晖夕阴，气象万千，此则岳阳楼之大观也，前人之述备矣。然则北通巫峡，南极潇湘，迁客骚人，多会于此，览物之情，得无异乎？

若夫淫雨霏霏，连月不开，阴风怒号，浊浪排空，日星隐曜，山岳潜形，商旅不行，樯倾楫摧，薄暮冥冥，虎啸猿啼。登斯楼也，则有去国怀乡，忧谗畏讥，满目萧然，感极而悲者矣。

至若春和景明，波澜不惊，上下天光，一碧万顷，沙鸥翔集，锦鳞游泳，岸芷汀兰，郁郁青青。而或长烟一空，皓月千里，浮光跃金，静影沉璧，渔歌互答，此乐何极！登斯楼也，则有心旷神怡，宠辱偕忘，把酒临风，其喜洋洋者矣。

嗟夫！予尝求古仁人之心，或异二者之为，何哉？不以物喜，不以己悲，居庙堂之高则忧其民，处江湖之远则忧其君。是进亦忧，退亦忧。然则何时而乐耶？其必曰“先天下之忧而忧，后天下之乐而乐”乎！噫！微斯人，吾谁与归？时六年九月十五日。

春江花月夜

〔唐〕张若虚

春江潮水连海平，海上明月共潮生。
滟滟随波千万里，何处春江无月明。
江流宛转绕芳甸，月照花林皆似霰。
空里流霜不觉飞，汀上白沙看不见。
江天一色无纤尘，皎皎空中孤月轮。
江畔何人初见月？江月何年初照人？
人生代代无穷已，江月年年望相似。
不知江月待何人，但见长江送流水。
白云一片去悠悠，青枫浦上不胜愁。
谁家今夜扁舟子？何处相思明月楼？
可怜楼上月裴回，应照离人妆镜台。
玉户帘中卷不去，捣衣砧上拂还来。
此时相望不相闻，愿逐月华流照君。
鸿雁长飞光不度，鱼龙潜跃水成文。
昨夜闲潭梦落花，可怜春半不还家。
江水流春去欲尽，江潭落月复西斜。
斜月沉沉藏海雾，碣石潇湘无限路。
不知乘月几人归，落月摇情满江树。

踏莎行·郴州旅舍

〔宋〕秦观

雾失楼台，月迷津渡。桃源望断无寻处。可堪孤馆闭春寒，杜鹃声里斜阳暮。

驿寄梅花，鱼传尺素。砌成此恨无重数。郴江幸自绕郴山，为谁流下潇湘去。

渔家傲

〔宋〕李清照

天接云涛连晓雾，星河欲转千帆舞。仿佛梦魂归帝所。闻天语，殷勤问我归何处。

我报路长嗟日暮，学诗谩有惊人句。九万里风鹏正举。风休住，蓬舟吹取三山去！

醉花阴

〔宋〕李清照

薄雾浓云愁永昼，瑞脑销金兽。佳节又重阳，玉枕纱厨，半夜凉初透。

东篱把酒黄昏后，有暗香盈袖。莫道不销魂，帘卷西风，人比黄花瘦。

大自然的日历（节选）

〔俄〕普里什文　潘安荣 / 译

春天·雾

将近中午时分，天空开了一个口，森林越来越蓝，直至完全成了紫色。廖瓦带来一个重要消息：

“低地上满是水了！”

彼佳发现黑琴鸡落在树上，找寻求偶鸣叫的地方。

“也许只是找食吃吧？”我问。

“不，”他答道，“黑琴鸡是落在低矮的小杂树上，那儿是没有东西可吃的。”

我到村子里去买粮食，走的是一条两边挖了沟的路。旁边还有一条老路，那儿一辆辆大车正赶到市场上去。我这条路较高，冰雪融化得厉害，水往沟里流着；老路上的冰雪却如铁板一块，满地是牲口粪，短期还融化不了。老乡们还要有好长时间走那条老路到市场上去，现在只有那条老路，才能把所有乡间小路联结在一起。

雾还没有散尽，看不见村子，但是我听见那儿公鸡在啼鸣。离得越近，公鸡的啼声越响亮，那简直不是啼鸣，竟是狂叫了，只听见全村一片公鸡啼声。过不了多少时间，白嘴鸦便会在窝里大叫大嚷驱逐乌鸦；接着，叶戈里日来了，母牛有人放牧，姑娘们便开始活动起来。

秋天·雾

夜里星光灿烂，格外温暖。将近黎明时分，我走到台阶上，我所听见的，只是一滴水从屋檐上滴到地上的声音。晨光初露时，晓雾缭绕，我们来到一望无际的湖的岸边。

从晨光熹微到旭日东升这一段时间，是最神秘的珍贵的时间，片叶不留的树木的图案，在这时才显露出来。小白桦从上到下地被梳理过，槭树和山杨从下到上地被梳理过。我做了严寒诞生的见证人，亲眼看到它怎样使枯黄的草变干、发白，怎样给小水洼蒙上一层薄薄的晶片。

太阳升起时，彼岸的结构显露在云彩中，高高地悬在半空。在曙光照耀下，湖也终于在白雾中出现了。缥缈的烟雾里，一切都好像扩大了许多。长长的一队水鸭，变成了进攻部队的队列，而那群天鹅，却像童话中出水的白石城。

一只从宿地飞来的黑琴鸡出现了，它无疑是有重要的事情，而不是偶然来的，因为从另一边，朝着同一个方向，又飞来了一只，接着，一只又一只……当我来到湖边沼泽的时候，那儿已聚有一大群了，少数停在树上，大多数在小丘上奔跑、跳跃、发情，完全跟在春天里一样。

只有看了嫩绿得显眼的冬麦，才能断定这样的日子不是早春。还有凭了我们本身，或许也能断定不是早春，因为我们胸中并无春酒在发酵，快乐也没有使人发狂，现在的快乐是平静的，像平时有什么痛苦消失之后一样，你会因痛苦而感到快乐，但同时又伤感地想：这不是痛苦，而是生活本身消失了啊……

在这场初雪期间，湖水完全变黑了，湖边添上了一个冰圈，冰圈日甚一日地紧扼着白色湖岸中间的黑水。现在，冰圈融化了，水得到了自由，闪闪烁烁，十分快乐。激流从山间飞下，淙淙潺潺，犹如春天。但一旦云彩遮盖了太阳时，才发觉水、水鸭的队列和天鹅的城，全凭太阳的光辉才能看见的。雾气重新把万物蒙住了，连湖也隐没了；不知为什么，留下来的只有那高悬在空中的彼岸的结构。

峨眉写意（节选）

赵丽宏

峨眉高，高插天，百二十里云烟连，
盘空鸟道千万折，奇峰朵朵开青莲。

——古民谣

问 雾

知道我是来看山的，你，为什么要遮住我的眼睛呢？

雾——从山谷里涌出来，涌出来，一缕缕柔曼的轻绡，织成了浓重的帷幕……

是大山委派你来迎候客人的吗？有这样奇怪的使者吗？

雾——轻轻地，轻轻地，抚弄着我的衣襟，柔柔地，柔柔地，擦拭着我的眼睛……

是的，你使我感觉到了大山的清凉，你使我嗅到了大山的气息，你拂去了我眼里的尘土，然而，你怎么不懂得我焦灼的心呢？你准备一直缠我到山顶吗？

雾——淡了，淡了，化成烟，化成气，神奇地消散、消散……

且慢，且慢，且让我看一看你怀抱中若有若无、时隐时现的山：是雪浪里参差的岛屿？是宣纸上化开的墨团？是从遥远的瀚海中走来的一队骆驼？是从混沌的洋面上升起的一片篷帆？

雾——悄然失去了踪影。

满目翠绿，一望无遗，大山在向我微笑。你呢？你到哪里去了？

雾中听泉

朦胧之中，只听见泉的歌唱，只听见泉的脚步。多么丰富的音响啊——

时而像奔腾的马蹄，在那雄壮激越的节奏中，能想象漫天飞扬的尘土，能想象蹄铁和岩石撞击出的点点火星……

时而像潇潇的春雨，不慌不忙，不紧不慢，悠悠地飘洒着，细而密集的雨珠轻叩着坚硬的大地，发出微弱幽远的回响……

时而像汹涌的海涛，山一般的巨浪摔碎在高高的石堤上，轰然如惊雷炸裂，那玉屑碎珠似的水花，仿佛已飞溅到我的胸口……

时而像幽幽的古筝，优雅委婉，时续时断，飘忽在幽林深处，迂回在奇谷之间……

哦，此时无形胜有形！谢谢这弥天浓雾，使我的想象展开了翅膀……

我会记住峨眉山泉的歌唱的，这歌声里铺展的画卷，永不重复，永远新鲜……

白马湖的雾（节选）

赵畅

经不住白马湖芳容的百般诱惑，我终于痴痴地专程而往。

说来，真是不凑巧，那一天雾岚氤氲，我着实担心这雾会扫了我的游兴，以至令白马湖蒙受不白之冤。“雾中看湖亦该另有一番情韵的”，不知是谁如是点拨，我豁然而笑。

临近白马湖，但见乳白色云霭一般的雾轻柔地飘悠而来。细细定睛看察，才发现这雾是从湖中弥散开来的，她柔柔地漫上来，漫到湖边，漫上岭腰，漫进峡谷，漫入农家，与村邻乡亲做了伴去。

这雾煞是画家笔下的精灵，湖面上空，田地里、树林边上，真的像画笔抹上去一般，全是灰蓝白净之彩。霎时间，这浩浩渺渺的烟云，终将湖泊、村庄、山岭笼罩得密密匝匝的，令偌大的世界不约而同地默默无言，湖里湖外团团转转地出奇空灵，似乎寂静得让人感觉要出什么事儿，幸好我们醒着。

中午时分，当一缕阳光淡淡地从阵阵霞烟中透出的时候，湖面、村居、峰峦便渐渐地由冰山一角而尊容朗清。眼前这份纤尘不染的洁净、自然天成的和谐，一起融入我们的胸腑，令人顿然忘却人间。于是，我们情不自禁地吟咏起当年柳亚子先生的赞词："红树青山白马湖，雨丝烟缕两模糊。"浅唱着朱自清先生为白马湖谱写的优美旋律："湖在山的趾边，山在湖的唇边，他俩这样亲密，湖将山全吞下去了，吞的是青的，吐的是绿的，那软软的绿呀，绿的是一片……"

白马湖的妩媚可人自不待言。如果说西湖之胜以艳、以秀、以嫩、以园、以堤、以桥、以亭、以祠墓、以雉堞（dié）、以桃柳，如歌舞，如美人的话，那么白马湖则以旷、以老、以逸、以洒脱、以苍凉，而于雾、于风、于烟雨、于渔歌唱晚，则目各为快，神各为爽。是啊，这浑厚温顺的湖，这清秀嵯峨的山，不是令鬼斧神工、巧夺天工的白马湖流光千顷、风情万种的吗？

漫步于自然造化的那泓湖边、那叠山麓，眺望伫立在静静白马湖小岛上的春晖园，我的思维与不时传来的澎湃的水声、呼啸的风声夹杂一起，冥冥之中似乎听到了铿铿锵锵的言语、悲悲泣泣的长歌，撕心裂肺的呐喊、喋喋不休的叮咛。我深深地知道，是眼前这幅壮阔而凝重的画面把我带入了天地的一片苍茫；悠远而深邃的山水乐章又把我带入了历史的一片苍茫……

人们永远不会淡忘陈春澜这位发迹于上海滩的富商，在上海滩的开化和熏陶中，用自己毕生的积蓄哺育了一个春晖中学；人们也不能忘怀执着的王佐老爷用恳切至诚的跪拜，赢得了这位目不识丁的宽厚老人的首肯；人们更不能忘却中国现代教育改革的先驱经亨颐，倡导“与时俱进”的校训，聚拢群贤，令春晖披载“北有南开，南有春晖”殊荣。三位巨人，交心执手，在孕育、分娩以至滋养了这座美轮美奂、无与伦比的春晖园的同时，不是让后人从他们身上看到了具有时代特征的人格魅力和富于历史底蕴的民族精神了吗？

二十年代初，浙东的乡野里，当瑞典式的建筑倜傥地站立在江南盈盈湖水、幽幽青山间，站立在粉墙黛瓦的四合院和台门丛中，伴以田间繁杂喧嚣的蛙鸣，和着松涛的任意摇曳，这是何等动人心魄的美丽画面啊！

正是夕阳澹澹、暝晖漫漫之时，白马湖这造雾之主重又将春晖园妆成了浪涌峰浮的蓬莱仙境，以至令杰出的艺术家亦只能瞠目结舌、叹为观止。血染般的残阳在稠雾的浸染中将“仰山楼”“西雨楼”“长松山房”“临渊阁”“平屋”“小杨柳屋”“晚晴山房”“蓼花居”等幻化成一道道似金龙起伏，如银线串珠的风景线，踏着这富于诗情画意的韵律，我仿佛看到经亨颐、夏丏尊、何香凝、丰子恺、朱自清煮酒论诗的闹热，看到俞平伯、匡互生、刘薰宇、王任叔、朱光潜说古道今的欢愉，自然也看到了弘一法师念佛不忘救国的吟诵……

雾

季羡林

浓雾又升起来了。

近几天以来，我早晨起床后第一件事就是推开窗子，欣赏外面的大雾。

我从来没有喜欢过雾。为什么现在忽然喜欢起来了呢？这其中有一点因缘。前天在飞机上，当飞临西藏上空时，机组人员说，加德满都现在正弥漫着浓雾，能见度只有一百米，飞机降落怕有困难，加德满都方面让我们飞得慢一点。我当时一方面有点担心，害怕如果浓雾不消，我们将降落何方？另一方面，我还有点好奇：加德满都也会有浓雾吗？但是，浓雾还是消了，我们的飞机按时降落在尼泊尔首都机场，机场上阳光普照。

因此，我就对雾产生了好奇心和兴趣。

抵达加德满都的第二天凌晨，我一起床，推开窗子：外面是大雾弥天。昨天下午我们从加德满都的大街上看到城北面崇山峻岭，层峦叠嶂，个个都戴着一顶顶的白帽子，这些都是万古雪峰，在阳光下闪出了耀眼的银光。这是我生平第一次看到这种景象，我简直像小孩子一般地喜悦。现在大雾遮蔽了一切，连那些万古雪峰也隐没不见，一点影子也不给留下。旅馆后面的那几棵参天古树，在平常时候，高枝直刺入晴空，现在只留下淡淡的黑影，衬着白色的大雾，宛如一张中国古代的画。昨天抵达旅馆下车时，我看到一个尼泊尔妇女背着一筐红砖，倒在一大堆砖上。现在我看到一个男子，手里拿着一堆红红的东西。我以为他拿的也是红砖，但是当他走得近了一点时，我才发现那一堆红红的东西簌簌抖动，原来是一束束红色的鲜花。我不禁自己笑了起来。

正当我失神落魄地自己暗笑的时候，忽然听到不知从哪里传来了咕咕的叫声。浓雾虽然遮蔽了形象，但是却遮蔽不住声音。我知道，这是鸽子的声音。当我倾耳细听时，又不知从哪里传来了阵阵的犬吠声。这都是我意想不到的情景。我万万没有想到，我在加德满都学会了喜欢的两种动物：鸽子和狗，竟同时都在浓雾中出现了。难道浓雾竟成了我在这个美丽的山城里学会欣赏的第三件东西吗？

世界上，喜欢雾的人似乎是并不多的。英国伦敦的大雾是颇有一点名气的。有一些作家写散文、写小说来描绘伦敦的雾，我们读起来觉得韵味无穷。对于尼泊尔文学我所知甚少，我不知道，是否也有尼泊尔作家专门写加德满都的雾。但是，不管是在伦敦，还是在加德满都，明目张胆大声赞美浓雾的人，恐怕是不会多的，其中原因我不甚了了，我也没有那种闲情逸致去钻研探讨。我现在在这高山王国的首都来对浓雾大唱赞歌，也颇出自己的意料。过去我不但没有赞美过雾，而且也没有认真去观察过雾。我眼前是由赞美而达到观察，由观察而加深了赞美。雾能把一切东西：美的、丑的、可爱的、不可爱的，一塌瓜子都给罩上一层或厚或薄的轻纱，让清楚的东西模糊起来，从而带来了另外一种美，一种在光天化日之下看不到的美，一种朦胧的美，一种模糊的美。

一些时候以前，当我第一次听到模糊数学这个名词的时候，我曾说过几句怪话：数学比任何科学都更要求清晰，要求准确，怎么还能有什么模糊数学呢？后来我读了一些介绍文章，逐渐了解了模糊数学的内容。我一反从前的想法，觉得模糊数学真是一个了不起的发现。在人类社会中，在日常生活中，在社会科学和自然科学中，有着大量模糊的东西。无论如何也无法否认这些东西的模糊性。承认这个事实，对研究学术和制订政策等等都是有好处的。

在大自然中怎样呢？在大自然中模糊不清的东西更多。连审美观念也不例外。有很多东西，在很多时候，朦胧模糊的东西反而更显得美。月下观景，雾中看花，不是别有一番情趣在心头吗？在这里，观赏者有更多的自由，自己让自己的幻想插上翅膀，上天下地，纵横六合，神驰于无何有之乡，情注于自己制造的幻象之中；你想它是什么样子，它立刻就成了什么样子，比那些一清见底、纤毫不遗的东西要好得多。而且绝对一清见底、纤毫不遗的东西，在大自然中是根本不存在的。

我的幻想飞腾，忽然想到了这一切。我自诧是神来之笔，我简直陶醉在这些幻象中了。这时窗外的雾仍然稠密厚重，它似乎了解了我的心情，感激我对它的赞扬。它无法说话，只是呈现出更加美妙更加神秘的面貌，弥漫于天地之间。

1986 年 11 月 26 日

雾天

〔英〕彼得·阿克罗伊德　翁海贞等 / 译

记载恺撒征战的叙述里，塔西佗便已提到伦敦的雾。这么说来，自伦敦有史以来，大雾就似幽灵般缭绕不散。最初，大雾生于自然现象，但随即城市取代自然，创造了自身的大气。早在1257年，亨利三世的王后普罗旺斯的埃莉诺抱怨伦敦的烟雾和污染；在十六世纪，据说伊丽莎白一世“本人因海煤的气味和烟雾深感痛心、烦恼”。及至十六世纪，都城上空就已笼罩着一团烟雾，伦敦富人的房子内部都被煤烟熏得乌黑。霍林斯赫德《编年史》的一位投稿人提到，十六世纪后期，私宅烟囱数量激增，据说屋内烟雾可以预防木头腐朽，也可预防疾病。简直好似这座城市颇能玩赏这份黑暗。

十七世纪初，这座深受污染的城市怨声四起。1603年，休·普拉特赋就一曲民谣《煤火谣》，歌词说海煤烟雾损害植物和建筑，十七年后，詹姆斯一世“被圣保罗大教堂因经年遭受煤烟腐蚀几近废墟的腐朽状况促动了恻隐之心”。对于火灾的隐忧也十分普遍。在城市街头，烟雾缭绕及其气味，无疑会触发对火灾的本能恐惧。

约翰·伊夫林在《伦敦空气与烟雾之扰》(1661)这篇文章中嗟叹“地狱般阴惨惨的海煤云”覆盖这座城市。这里的地狱形象十分重要，属于最早将这座城市与地下世界相连的文学表现之一。伦敦这袭黯然、阴惨惨的斗篷来自“数个大烟囱，属于啤酒坊、染坊、石灰厂、食盐和肥皂锅炉，以及某些私人作坊。单是一道大烟囱对于空气的危害，便甚于伦敦所有私家烟囱”。在这里，传染病的幽灵跟硫黄烟雾一起飘散。这座城市是名副其实的死地。当时出版的《英格兰性格》一书也营造了同样的形象，将伦敦描写为包裹在“海煤云中，恍如地上的冥界、火山的雾天：致命的烟雾，连钢铁都被腐化，毁损所有会动之物，烟雾掠过，在所有东西上留下一道煤烟渍。并且如此致命地攫获居民的肺，咳嗽和哮喘不放过任何一个人”。正是在这个时期，气象观测出现了一种“大臭雾”的现象，以及那层人称“都市青烟羽毛”的持续不散的烟层。或许可以说，这座工业城市产自这场可怕的分娩。

纵然关于往日时代大雾的文献很多，但人们通常认为这种雾沉沉的黑暗源自十九世纪。诚然，维多利亚时代的雾是世上最著名的气象现象。此雾无处不在，出现在哥特式戏剧、私人通信、科学报告，以及诸如

《荒凉山庄》（1852—1853）这样的虚构作品中。“我问他是否某处着了大火？因为街上弥漫着棕色的浓烟，眼前几乎看不到任何东西。‘哦，没有，小姐，’他说，‘这是伦敦特色。’我从未听见这等事。‘是雾，小姐。’这位年轻绅士说道。‘哦，是嘛！’我说道。”

五十万吨煤烟融进城市上空的蒸汽，“一半蒸汽源自破损的下水道”，生成这种“伦敦特色”，飘浮在距离地面约两百至两百四十英尺[1]的高处。关于烟雾的颜色，人们看法各异。有人说是黑色，“就是一团漆黑，中午黑得尤其分明”。有人说是深绿色；也有人说似豌豆汤的黄色，阻止所有交通，“似乎要将人噎死”；也有人说是“橙色蒸汽”；或者“黑巧克力色的棺材罩”。不过，似乎人人都注意到烟雾浓度的变幻，有时融进日光，或者各种颜色的雾气相交融。越接近市中心，颜色就越浓重，最后在城市中央变成“一团雾蒙蒙的黑暗”。1873 年有七百起“额外”死亡，其中十九起是行人径直走进泰晤士河、码头或运河。有时，雾气来去倏忽，烟雾和昏暗的颜色随疾风袭过伦敦街道，但通常一连逗留数日，阳光只能偶尔穿透冰冷的黄雾。十九世纪八十年代的雾气最糟糕，11 月是最糟糕的月份。1855 年 12 月 8 日，作家纳撒尼尔·霍桑

[1] 1 英尺等于 30.48 厘米。

写道:“雾浓重得甚于往日，漆黑之极，更似蒸馏的泥浆；这泥浆幽灵，空气化的地底泥土，也许是死去的伦敦市民在阴间踩过的。外面如此阴森幽暗，于是商店橱窗全都点起煤气灯，女人小孩烧起煤炭炉烤板栗，身体笼罩在一圈红彤彤的烟雾中。”于是，城市的境况再次被比拟为地狱，不过这令我们额外联想到市民们私底下颇享受（实则颇自豪）这种不幸的生存环境。

伦敦人带着一定程度的满足感，称雾为“伦敦特色”，因为这是当时地球上最辽阔、最强大的城市独有的散发物。达尔文写道:“其烟雾有一种壮丽感。”1888年秋天，詹姆斯·拉塞尔·洛威尔写道，他生活在一团黄色雾气中，“出租马车镶着一圈光晕”，街头人们“似褪色的湿壁画”，但同时“奉承人的自尊”；住在这等极端的城市环境里，他觉得很自豪。

大雾转而营造广大无垠的形象。十九世纪一位法国记者写道:“一切似乎被控制，懈惰为一种似幻觉般恍惚的幽灵般的运动。捂住街头的声响、遮没屋顶，简直猜测不透……大街似隧道一般被吞没，因此，徒步的人群、马车似乎永远消失。”雾中的人“不可计数，似一支密密麻麻的军队，这些小小的可怜的人类生灵，为人生奋斗令他们充满活力，在雾中，他们全是清一色的漆黑，奔赴日常事务，全都使用同样的姿势”。这么说来，雾让市民成为一个巨大过程的不确定部分，而他们自己则全然不理解这个滚滚而逝的过程。

这份黑暗的另一方面严重地影响伦敦的居民。每个观察者都提到全城白天都点煤气灯作室内照明，也提到在缭绕的瘴气里，街灯好似一簇簇摇曳的火苗。然而，黑雾的氛围也笼罩了很多没有灯的街道，从而掩护了空前规模的偷窃、暴力、强奸。在这层意义上，雾确实是伦敦的“特色”，因为它加剧、强调了这座城市黑暗的特征。黑色蒸汽为疾病散发物这个思想的中心概念在于其黑暗。正如维多利亚时代社会改革家埃德温·查德威克所认为，如果“所有气味都是疾病”，那么伦敦大雾的刺鼻气味确凿地象征着污染和传染病恐慌，就好似数百万个肺将所容之物倾倒在街头传播。

这座城市的纹理和颜色也赋有雾的全部特征。早在 1810 年，《来自阿尔比恩的信》的作者就注意到，地面上，“除了房屋裸露的砖墙被煤熏黑之外，什么也看不见”；一位美国旅人也评论伦敦建筑“清一色地污脏”。海因里希·海涅是对这座城市作出最意味深长、最赋教益评论的作家之一，“劳累过度的伦敦傲视想象力，伤害心灵”（1828），他看到马路和建筑“由于潮气和煤烟，呈现偏棕色的橄榄绿”。这么说来，雾气成为这座城市的一大物质纹路，这种最异常的自然现象在石头上留下痕迹。用海涅的话说，这座城市傲视想象力，也许部分因为在那股“似乎既不属于白天也不属于夜晚的”黑暗里，世界被悬置。在雾里，这个地方属于隐匿、秘密、低语、消逝的足迹。

也可以说，雾是十九世纪虚构作品最大的特征，人们看伦敦桥时，小说家们在看雾。“极目探出胸墙，眺望雾那边的天空，周身雾气缭绕，他们仿佛站在一只大气球里，浮在雾蒙蒙的云里。”卡莱尔称雾为“流动的墨水”之时，是在历数借助雾这个媒介描述伦敦的无尽可能性，好似唯有在这种异常的黑暗中，才能捕捉到这座城市的真正特征。阿瑟·柯南·道尔在1887年至1927年间所撰写的夏洛克·福尔摩斯的故事，描绘这座犯罪与悬案的城市，本质上就是雾的城市。在《血字的研究》里，一个雾沉沉的早晨，“一层灰褐色的面纱罩在屋顶,仿佛反射底下泥浆色的街景”。在《四签名》里，“雾气浓重得饱含雨意的潮湿、蒸汽迷蒙的空气”，华生医生很快“迷路……但从来不是夏洛克·福尔摩斯的错，他嘴里咕哝着一连串名字，出租马车经由蜿蜒的小巷，出入一座又一座广场”。伦敦成为一座迷宫。用旅人和游客的套话来说，唯有当你“浸透这大气”之后，才不会迷惑、不会迷路。

也许，关于伦敦之雾最伟大的小说要属罗伯特·路易斯·史蒂文森的《化身博士》(1886)，在小说里，改变身份和秘密人生的故事发生在这座城市"变幻、虚幻的雾中"，在很多方面，这座城市本身就是被偷换后留下的孩子，"雾被冲破，一束憔悴的阳光瞥进盘旋的雾中"之时，城市的外貌焕然一变。在这座善恶并肩、共同繁荣的城市里，杰基尔博士的怪诞命运似乎并非不协调。然后，雾气暂时消融，帷幕揭开，露出一家杜松子酒家、一家食馆，还有一家"店铺出售一到两便士的沙拉"，所有种种人生在这方黑暗的帷幕之下进行，如同一种几乎听不见的低语。然后，"雾再度降临那片地区，似棕土般的棕色，将他与流氓似的周围环境隔绝"。这也是伦敦的生活境况，"隔绝"、孤立，烟雾旋涡里的一粒尘埃。在混乱中孑然一身，也许是这座城市所有陌生人最切肤的感受。

伊丽莎白·巴雷特·布朗宁形容"这座大城杂乱无章的雾"抹除所有招牌和标记，模糊"教堂尖顶、大桥、马路、广场，好似一块海绵擦去伦敦"(1856)。对于这种隐形的恐惧积极地推进了建造和装饰的大纲，这是维多利亚城市的特征标志。1881年，《建筑新闻》探讨"雾气尽最大努力为我们最昂贵的建筑包裹一帘纤薄的煤烟……很快成为黑暗、肃重的建筑……光影效果丧失殆尽”。正是因为这个原因，建筑师决定用红砖和闪亮的赤陶土砌楼，以使建筑显眼。十九世纪的建筑也许看似粗鄙或俗艳，却是努力试图保持这座城市的身份和清晰度。

当然，也有些人赞美雾的价值。狄更斯关于浓雾的描写虽悲伤，却曾称之为伦敦的常青藤。对于查尔斯·兰姆来说，他的想象力透过浓雾才能被激发、臻至完美。在一些地方，尤其是市政厅和东区，有些人只看到雾里的硫酸盐，另一些人则看到浑浊的大气“带着诗意，仿佛一方面纱”笼罩河面及周边地区。“简陋的建筑消失在昏暗的天际，高耸的烟囱变成钟楼，在夜里，仓库变成宫殿”。这段虔诚的歌颂出自惠斯勒，暮色里雾气和烟雾的画家，截然地与同时期另一段关于堤岸旁建筑大气画作的评论形成对比。“无论如何，谁会想去雾蒙蒙、让人不寒而战栗的河边散步？”然而很多艺术家赞同惠斯勒的看法，视大雾为伦敦最伟大的品质。十九世纪后期日本艺术家牧野义雄提到：“伦敦有些建筑的真正颜色也许颇粗鄙。然在雾中，这种粗鄙的颜色却很迷人。譬如我窗前那幢房子，涂成黑黄二色。去年夏天，我初来之时，笑它颜色丑，现在冬雾笼罩，颜色和谐得十分美妙。”人们有时说，伦敦建筑在雨中最美，好似它们专门为暴雨而建造、涂饰的。那么，或许可以说，就连伦敦人的私宅，也设计得须在雾中好看。

1899年至1901年间，莫奈来伦敦逗留，专门来画雾。“当时，在伦敦，我最钟爱的是雾……雾赋予这城市壮丽的广阔。在那层神秘的斗篷之下，那些巨大、规则的街区变得十分雄伟。”他是以较细腻的口吻复述布兰查德·杰罗尔德和古斯塔夫·多雷（大雾的哥特式风格画家）之间的一场对话。“我可以告诉我的旅伴，他最终看到了最著名的黑暗之一，在所有陌生人的心灵里，这些黑暗下包裹着最神奇、最赋神迹的巴比伦。”在这里，雾赋予这座城市以壮丽和崔嵬。雾也营造华贵的气派。不过，巴比伦这个典故，体现了数百年以来萦绕不去的某种原始的、本能的能量。对莫奈来说，伦敦的雾是奥义的象征或启示，在他所描绘的微妙的氛围和变幻的色彩里，总是让人感觉这座城市即将永远消融或隐匿。在这层意义上，他是企图捕捉这座城市的精髓，超越任何特定的时代。譬如，他的画作赋予查令十字街桥一种原始力量的阴森感，仿佛是罗马人建造的大桥或者未来千年将会建造的大桥。这是最阴暗、最威赫的伦敦。之所以威赫，正是因为它投下的阴影。古老的轮廓在雾沉沉的黑暗或朦胧的紫罗兰光线里隐现，然而这些轮廓随着间或投下的阳光或色彩的变幻而改变。这正是莫奈所描绘的神秘。这个被雾气笼罩的巨大充满了光。景象殊为恢奇。

二十世纪初期，雾天的频率与严重性显著地下降。有人将此变化归功于煤烟治理协会的工作，还有以煤气替代煤块的趋势，但首都的扩展本身或许自相矛盾地降低了雾气。如今，工业和人口分散在较大的范围，热气腾腾的烟雾中心的火焰不再燃烧得那样旺。H.T. 伯恩斯坦在《爱德华七世时代伦敦大雾的神秘消失》里作了出色的叙述，此文宣称燃煤与大雾并无直接关联。譬如，伦敦有些浓雾出现于工厂烟囱停工的星期天。如果雾是气象现象的一部分，那么就体现了区域性的、特有的特征，譬如，公园、河畔以及少风的地区尤其严重，也许会吞没整个帕丁顿，黑压压的摸不着路，而不到一英里外的肯辛顿却丝毫不受影响。

据说“最后一场真正的雾大约‘呈现’于 1904 年 12 月 23 日，‘纯白色’，马车夫领着马前行，灯笼提在公共汽车及一些客人前面导路……路过伦敦一家最大的宾馆却视而不见”。事实上，通贯二十世纪二十年代和三十年代，“豌豆汤”毫无预警地降临。莫顿在《寻找伦敦》(1951) 一书里回忆大雾，“可见度只有一码方圆，将街灯模糊为一个朦胧倒写的 V 字，每碰撞着什么东西，都似噩梦一般地惊惶”。这里再次暗示了大雾将恐怖置入这座城市中心。正因为如此，当东风将城里黄惨惨的阴云吹到城外之时，伯克郡的农民称之为“枯萎病”，这话也许并不让人惊讶。

其他住在较近距离的人也遭受二十世纪早期的雾害。位于克里克伍德的斯托尔电影工作室冬季只得关闭，据科林·索伦森《电影中的伦敦》记载，“雾一连三个月弥漫所有工作室”。这里也体现了雾气侵扰或蔓延的特征。很多人回想起开门之时，夹杂烟味的雾气便卷进屋里，在房间角落盘旋。“伦敦永恒的烟雾”也找到其他门路，不单钻进地铁系统的通风口。阿瑟·西蒙斯观察到雾气“一团团地飘浮，在深渊上空弥漫，时或映照在惨淡的街灯下，时或一缕雾似蛇一般升腾，摇摆着甩脱纠缠，似一根黄色的黑团”。

不过，伦敦最糟糕的雾要属二十世纪五十年代的“烟雾”，导致数千人死于窒息和支气管哮喘。在有些剧院里，雾浓得看不见台上的演员。1955 年 1 月 16 日下午，“外面一片漆黑……亲身经历这个现象的人们说，好似世界末日来临”。由于人心惶惶，政府在 1956 年通过《洁净空气法案》，但次年又起一场烟雾，造成无数伤亡。继而，1962 年冬天，一场致命的烟雾三日内导致六人死亡，路上“可见度为零”，船只“陷于停滞状态”，火车班次被取消。有一份报纸简洁明了地报道这一事实:“伦敦空气里的烟量高于正常冬日十倍。硫黄二氧化物高于正常十四倍。”六年后,政府颁布更全面的《洁净空气法案》,这道法令终结了伦敦古老形式的雾气。电力、石油、煤气大范围地取代了煤块,同时,清理贫民窟与翻修都市这两大措施也降低了房屋密度。

然而,污染绝不曾消失。跟伦敦城一样,污染仅更换了面目。也许,这座城市大部分地区如今是“无烟雾区”,但空气里却弥漫着一氧化碳、碳氢化合物,再加上诸如气雾剂等“有毒次生污染物”,也会形成所谓的“光化作用烟雾”。伦敦空气含浓度极高的铅,再加上较清洁的空气使阳光更常见,这两者转而导致更多污染。地平面有臭氧问题,而“气温颠倒”效应则意味着诸如车辆和发电厂的排放气体无法释放出高层大气。于是,这些有害气体就在马路上逗留。塔西佗在一世纪所描述的雾,依然在伦敦缭绕。

(节选自《伦敦传》)

雾

茅盾

雾遮没了正对着后窗的一带山峰。

我还不知道这些山峰叫什么名儿。我来此的第一夜就看见那最高的一座山的顶巅像钻石装成的宝冕似的灯火。那时我的房里还没有电灯，每晚上在暗中默坐，凝望这半空的一片光明，使我记起了儿时所读的童话。实在的呢，这排列得很整齐的依稀分为三层的火球，衬着黑魆魆（xū）的山峰的背景，无论如何，是会引起非人间的缥缈的思想的。

但在白天看来，却就平凡得很。并排的五六个山峰，差不多高低，就只最西的一峰戴着一簇房子，其余的仅只有树；中间最大的一峰竟还有濯濯[1]的一大块，像是癞子头上的疮疤。

现在那照例的晨雾把什么都遮没了，就是稍远的电线杆也躲得毫无影踪。

渐渐地太阳光从浓雾中钻出来了。那也是可怜的太阳呢！光是那样的淡弱。随后它也躲开，让白茫茫的浓雾吞噬了一切，包围了大地。

---

[1] 形容山上没有树木，光秃秃的。濯，读音为 zhuó。

我诅咒这抹煞一切的雾！

我自然也讨厌寒风和冰雪。但和雾比较起来，我是宁愿后者呵！寒风和冰雪的天气能够杀人，但也刺激人们活动起来奋斗。雾，雾呀，只使你苦闷；使你颓唐阑珊，像陷在烂泥淖中，满心想挣扎，可是无从着力呢！

傍午的时候，雾变成了牛毛雨，像帘子似的老是挂在窗前。两三丈以外，便只见一片烟云——依然遮抹一切，只不是雾样的罢了。没有风。门前池中的残荷梗时时忽然急剧地动摇起来，接着便有红鲤鱼的活泼泼的跳跃划破了死一样平静的水面。

我不知道红鲤鱼的轨外行动是不是为了不堪沉闷的压迫？在我呢，既然没有杲杲[1]的太阳，便宁愿有疾风大雨，很不耐这愁雾的后身的牛毛雨老是像帘子一样挂在窗前。

1928 年 12 月 14 日

[1]（太阳）很明亮的样子。杲，读音为 gǎo。

雾

于黑丁

被一堵高墙遮挡着的大街，那极其杂扰的声音，一串一串地从墙头上飘过来，又从涂抹了黑色的铁窗窜到这间屋子里。前边，那唯一的能让我的眼睛望到界限以外的景色的窗，在我寂寞中，我惯常要热爱着它。那铅色的斜角的天，深灰色的城垛，一株有时挂满了一团阳光的大树，也便时时被我热爱着了。我几次跷起脚来，把在铁窗里层的最上一格的没经涂过黑色油漆的一块玻璃，用发霉而有臭气的衣襟浇着吐沫星子抹擦得干干净净。虽然在这屋子里还有比我先进来的三个朴质可亲的农民，但我竟自私地把靠窗这一块地方独占了。

“朋友，我喜欢靠窗这一块地方。”我不自然地笑着，用和蔼的言词对坐在我右边那潮湿的角落里的三个人这么解释着。

被同伴唤叫二楞子的那个大脑袋、高个子、宽肩膀、粗胳膊的人，他听了我的话，无忧无虑地向我笑了笑，然后声音十分低重地说：

“那有什么呢！你为啥要往心里想。反正我们是一样的人……”

那两个只是瞅瞅我，倒一句话也没有说。

这是我进来以后和他们第二次的谈话了。几天来，我真变得非常古怪，我不知道为什么要沉默得连话都不想说？我没有问过他们的姓名，连他们为了什么被捕我也不想问一问，说我是被患难支配着而起了害怕的心吧？这我无论如何是不会承认的；说我是厌恶这三个像我一样被人家剥夺去自由的人吧？这我无论如何更加不会承认的。我明明白白地看得出他们是需要我来和他们谈些话，正像他们在寂寞的睡眠中而需要有一个真切的梦一样。他们的一举一动，还有他们那三张微带一点悲哀色彩的脸，圆活的眼珠子，我几次看着，心里便冲跃一种浮动的热情。有时，他们尽量谈着话，也许这正是在引动我来参加他们那小小的聚谈会吧。但是，我给他们一个失望，我无声地闭上了眼睛在冥想，在追思。但忽然间，我又睁开眼睛，苦痛地咳嗽了一声，现出极度不安的样子来朝他们看着。我终于开了紧闭着的喉咙，对那个叫作二楞子的人说话了：

“你贵姓？”

“我姓刘。”说着，他用手指着他身旁那两个人，“他姓李，叫李天福。他姓孙，叫孙九。”

“你们是为了什么事情被捉进来的？”

“不知道。他们说我们给义勇军传达消息。”

那个叫李天福的，两手放在膝盖上，抖声地说：“我有病。日本兵打进村庄去，就把我从炕上拖下来……”

依着墙壁，瞪着眼睛在看我说话的孙九，抽搐着嘴皮插上问：“你先生呢？”

“我？他们看我是一个青年。”

我们的话还没有结束，蓦然，窗外有脚步响，接着我的三个朋友跟着一个武装士兵走近了铁门。

我把手从铁门的方格里伸出去，热烈地和他们握了握手。我的眼睛有些润湿起来，惘惘地在瞅着他们。

这时，我那个在朝鲜漂流了多年才回国不久的朋友陈元，难过地把脸子紧紧地贴着铁门，小声地说：

“我们刚从你家来，你父亲说他已经托人到日本领事馆去疏通，找商家保你。”

站在我斜对面，那一脸蜡黄颜色的，曾经被苦役压榨得患了肺病的陈元的朝鲜女人金狄叔，像被一种按捺不住的悒（yì）郁的情绪抓紧了似的，用着异样的声调，战栗着说：

“你可以出去的……”

我的嗓子沙哑了。我轻微地说：

“怕不会吧？我相信我也会和其他的朋友一样遭着……”

这时，瞪着眼睛在向我出神的，那个先前做过小学教员，而且为了主编《农民战线》和参加农民活动，被捕入狱的金狄叔的哥哥金锐，声音有些哽咽地对我说：

“你，你不要难过……”

“我不难过。”我倔强地说。

金狄叔喘了一口气，关心地向我这样问：

“你这几天能够吃下饭去吗？”

“不想吃。”

陈元看了看金狄叔，便对她说：

“那么，你明天做点小菜给孙明带来吧。”

不一会儿，他们走了。当他们走了没有几步，我大声地这样招呼：

“陈元，你，你回来！”

陈元回来，站在铁门外，不安地问：

“你还有什么话？”

我看了看四周，然而我没有多说什么，我只是说：“我的褂子都糜烂了，你到我家给我要一件夹的吧，在夜里和早晨我感到些凉了。”

这一回，他们是走了。于是，我把身子转回来，又走到靠窗那一块地方。我坐在地下，两眼呆呆地望着窗外那铅色的斜角的天，深灰色的城垛，和那一株已经开始落下枯叶的大树。

这时，李天福喘吁吁地挨近了我，张着大眼，用着哀伤的语调这么说：

“先生，你有指望了，你家里不是要来保你吗？唉，我们，我们……”他没有把话完全说出来，嘴里像含着什么苦的东西。

我正想回答他，不料他对面的孙九，也吞吞吐吐地向我说：

“先生，你出去的话，好不好给我们家里捎个信？我们住在城东牛心顶子。”

于是，二楞子也凑上说了：

“先生，我家里有个老娘，李天福的老婆还有病，孙九娶了老婆不到三个月。”

我被他们的话感动了。我松了一口气叹息着说：

“我是不会出去的……他们哪能把我放走呢！……假若真有那一天，我一定，我一定给你们捎个信出去。”

铁门咯唧的一声响了。晚饭送来了。高粱米干饭。大酱拌茄子。

这几天，顿顿都是这样的饭食，我自己一点也吃不进去。每次把饭碗端起来，用牙齿嚼着几粒发硬的米粒，或者把一根放在碗心里的细茄子用筷子在当中穿插上一道裂缝，再分作不平均的几段，然后夹起一段来，在碗边那黑糊糊的大酱上拌一拌，便投进嘴里。但是，那些东西半天还在喉咙口停滞着。等到瞅瞅像是饿了几天的他们正在狼吞虎咽地吃着饭，我便深深地感到我的体力已经达到衰弱的地步了。

吃过了晚饭，夜随着来了。我躺下，朦朦胧胧地睡去。

半夜，我在梦中仿佛听到一种悲沉的细微的声音。当我醒来时，那梦里的声音已经变为真切了：

“……”

“到明天我们整整进来一月了。”

“高粱也好收割了……”

外边是一个光亮的世界，月光从铁窗射进来，照着这黑暗的屋子空空洞洞的。我侧歪着脸子，一动也不动地喘了喘气，随后我轻轻地翻了一个身，伸出手去在身旁摸了摸。我不安地爬起来了。我用手擦着眼睛，感伤地问：

“怎么不睡呢？是在看月光吧？”

二楞子被我的话吓着吃了一惊，他匆匆地说：“呵，你倒也醒来啦！唉，睡不着，心烦得慌！”

“还是睡吧！”几乎是安慰的口气，我这样说着，便悄悄地躺下了。

他们没有再说话。屋子里重又寂静了。

第二天，陈元、金狄叔和金锐又来看我。他们给我带来一件夹衣和一小篓菜。

当我正在伸手去接他们带来的东西时，金狄叔异常欢喜地两手牢牢捧着我的右手，兴奋地说：

“你父亲给你找好了三家铺保，日本领事馆同意了，大约你快要出去了。”

“唔……”我疑惑着，却暗暗地发起笑来。

七天以后，我终于得到一条生路。当我的脚步正往铁门外跨时，二楞子、李天福和孙九，悲哀地一齐把眼光盯在我脸上。我回过头去，握了握他们的手，站了半天，凄楚地安慰他们：

“你们放心，我一定会把你们的消息转告给你们家里。”

他们默默地再三点着脑袋。踏出铁门，我不敢再回头看他们，却径直地朝外边走了。

回到家，晚上我是失眠了。我伏在案头，写了这样一张纸条：

父亲：

我不能在家多住一天，我决定就在今晚上走。我不必告诉你我往哪里去，我自己知道我要生活必须去寻一条好路；我不能忘记你，我也不能忘记我的家，我更不能忘记我们这一块广大的土地。希望你不要想念我。

明儿

在朦胧的月光底下，我拆坏了菜园的篱笆，跳到郊野，一直朝着一个山村的小车站奔走着。

天放亮时，我跳上开往朝阳去的火车。我默默地祝福着我有一段平安的旅程。

在朝阳住了二十日。一天，我忽然接到一封从一个小市镇上寄来的信：

明：

我很想念你。你走后，我们做了许多的事情。九月四日那天，是一个可纪念的日子。那一天，我们知道要从省城来一个大人物。当火车驰进了车站，在军警严密戒备的欢迎队伍中，陈元、金狄叔和我也参加了。我们企图用最后的力量换取一次斗争的胜利。就在这时，我们的枪开始射击了！在一阵骚乱中，那一个大人物的灰影子仆躺在地上，还有其他的灰影子也仆躺在地上。但不幸，陈元是当场遇难了！而金狄叔因受创伤，又遭逮捕，据说当天就死在解往省城的路上！我，侥幸地逃走了，现在是亡命在这一个小市镇上。几天以后，我要绕道到东家堡，在那里再组织我们更扩大而有力的行动。我希望我们能有一个很快的见面的机会。

和你紧紧地握手。

金锐

读完了信，我以为这是一个梦。但这分明不是梦，而是血的现实。

离开了屋子，我踏着浓雾弥漫的街道散着步。森凉的秋风打着我的躯体，起了一阵冷然的悸抖！我的心开始在剧痛了：

“这是使我永远不能忘却的一件大事呀！呵，陈元离开我们了……我愿他的灵魂深埋在我的心里……”

于是，金狄叔的影子也在我眼前闪耀着。

我的脑子受着折磨与创痛，一边想着，一边放开脚步走上旷野。我面前是一片灰茫。然而在灰茫中，我好像望到在遥遥的远方，闪开一条光明的路，我走着，脚步不想停一停。而且嘴里不住地说：

“雾，雾怕什么！我要走！”

蝶恋花

〔宋〕欧阳修

越女采莲秋水畔。窄袖轻罗，暗露双金钏。照影摘花花似面。芳心只共丝争乱。

鸂（xī）鶒（chì）[1] 滩头风浪晚。雾重烟轻，不见来时伴。隐隐歌声归棹远。离愁引著江南岸。

[1] 指一种像鸳鸯的水鸟。

忆秦娥

〔宋〕张孝祥

天一角。南枝向我情如昨。情如昨。水寒烟淡，雾轻云薄。

吹花嚼蕊愁无托。年华冉冉惊离索。惊离索。倩春留住，莫教摇落。

雾中

〔德〕赫尔曼·黑塞　钱春绮 / 译

在雾中散步真是奇妙！
一木一石都很孤独，
没一棵树看到别棵树，
棵棵都很孤独。

当我的生活明朗之时，
我在世上有很多友人；
如今，由于大雾弥漫，
再也看不到任何人。

确实，不认识黑暗的人，
决不能称为明智之士，
难摆脱的黑暗悄悄地
把他跟一切人隔离。

在雾中散步真是奇妙！
人生就是孑然独处。
没一个人了解别人，
人人都很孤独。

雾

〔法〕果尔蒙　戴望舒 / 译

西茉纳，穿上你的大氅和你黑色的大木靴，
我们将像乘船似的穿过雾中去。

我们将到美的岛上去，那里的女人们
像树木一样的美，像灵魂一样的赤裸；
我们将到那些岛上去，那里的男子们
像狮子一样的柔和，披着长而褐色的头发，
来啊，那没有创造的世界从我们的梦中等着
它的法律，它的欢乐，那些使树开花的神
和使树叶炫烨而幽响的风。
来啊，无邪的世界将从棺中出来了。

西茉纳，穿上你的大氅和你黑色的大木靴，
我们将像乘船似的穿过雾中去。

我们将到那些岛上去，那里有高山，
从山头可以看见原野的平寂的幅员，
和在原野上啮草的幸福的牲口，
像杨柳树一样的牧人，和用禾叉

堆在大车上面的稻束：
阳光还照着，绵羊歇在
牲口房边，在园子的门前，
这园子吐着地榆、莴苣和百里香的香味。

西茉纳，穿上你的大氅和你黑色的大木靴，
我们将像乘船似的穿过雾中去。

我们将到那些岛上去，那里灰色和青色的松树
在西风飘过它们的发间的时候歌唱着。
我们卧在它们的香荫下，将听见
那受着愿望的痛苦而等着
肉体复活之时的幽灵的烦怨声。
来啊，无限在昏迷而欢笑，世界正沉醉着：
梦沉沉地在松下，我们许会听得
爱情的话，神明的话，辽远的话。

西茉纳，穿上你的大氅和你黑色的大木靴，
我们将像乘船似的穿过雾中去。

A Talk with Fog

/

作

勿忘我

叶悠然（八年级）

雾升起来了，在那片开着蓝紫勿忘我小花的山坡上，于是山戴上了紫色眼镜。

雾给山穿上了白色的罗衣，山在雾的遮挡下悄悄跳起舞来，因为在这雾之后，没有真假，没有对错。雾的后面，花非花，花是红墙砖；雾非雾，雾是白炉烟。红与白没有隔绝，光与影相互对抗，太阳在这种较量之下，变成深红、淡红与灰白。蓝紫色的勿忘我开在地上，人在雾中能感受晨光熹微的美好、夕阳西下的壮美。

何必戴上眼镜？何必看清云雾远与近的真相？云雾是一场相对论的证明，然而爱因斯坦直接看到了雾后面的“幸福论”——美。雾的美是色彩的美，莫奈是雾最杰出的学生。调一点黎明的鱼肚白，混上夜色成了灰；蓝是山坡上的勿忘我，白是无心出岫的云，净是雾它自己。用风做天地的画笔，把颜色抹上去，就是一幅饱满的画。在这幅画中，赵畅要默念无数遍“勿忘我”才不会在画中迷失，同时再也忘不掉这幅画。

雾踏着嗒嗒的马蹄声走向伦敦，或许这是一个美丽的错误。在伦敦，雾不是过客，倒像是归人。棕色的、黑色的、深绿的、橙色的雾杀进伦敦。说是杀进伦敦，其实只是看不见听得着的马蹄声和第二次工业革命海煤胜利的呐喊。伦敦在雾中忘记了自己本来的面貌，听不见那蓝紫色的小花在雾中大喊着“勿忘我”，于是被雾一点点吞没，雾像海绵一样一点点抹去人的生命。雾满乾坤，满载天地的善与恶、美与丑、友与仇、人与兽、爱者与不爱者。我看到监狱里四个青年在交谈，“不要忘了我啊！”雾是记忆，是明与暗，是生与死，是过去与未来之边际。我看到其中一个青年背着雾，背着他的记忆向前走去，“雾，雾怕什么！我要走！”

雾是归鸟，是白熊，是黑猫，是万物，也是一朵小小的蓝紫色勿忘我。雾忘了交叉的公路、秦观词中的楼台树木，还有山坡上的勿忘我。雾忘我，它藏起了一切，就找不到它自己。

于是雾将远方还给远方，把思念还给小城，把世界还给世界，把雾还给它自己。存在与消失，没有道也没有理，没有真也没有疑。雾一寸寸缩回一朵蓝紫色的勿忘我中。

世界沉睡如雾，忘我。

“朦那丽纱”

张若涵（六年级）

悄悄地，雾来了，留下朦胧的足迹。雾附在猫足上，柔软地漫过来，拼命地往世界填充那看不见的朦胧。那里，雾遮住了神秘的山峰，让自己成为那一道神秘。美丽而奇妙，一部雾的复兴史正在悄然发生。雾犹如面纱一样飘起，虽看不见它的全貌，却能感受到，那在云里雾里的注视下，四散着美的笑容。

朦朦胧胧，神神秘秘，轻轻盈盈。那长了翼翅的雾，飘飘然，走过天涯海角。它落在窗前，给窗抹上一层牛奶色，所以，无论是人从窗户看，还是心从眼中看，都是朦胧。它想给自己的房屋上色，猫的脚印先光临寒舍。轻轻溜上屋顶，白色的雾迹将房子“胧”入自己的怀里。朦胧如在蓬莱仙境，云雾环绕，境界神秘。笑非笑，看非看，走在雾中，总感觉有笑声回荡耳旁，转头寻找，却又感觉有道目光直透心中。朦胧间想起，自己走在一道由雾拼接而成的笑容上。

那，看那！一只夜行鸟，白色的，尾上还带有雾的湿气，在一片淡色的混沌中飞行。它用长长的尾翼，清扫着满城高楼，一笔带过。满眼都是白色图纸，但朦胧中有一抹红色，依然醒目耀眼。鲤鱼红，像一滴不小心滴落的红墨水，洒脱的，穿破神秘的寂静。一滴红从头贯穿到底，贯穿雾迹。滴——答，空灵的声音敲击着雾面；扑——棱，欢快的红色拍打着水面。声响过后，雾又被神秘的笑容唤回来了。依然，是神秘，那里，被雾色填充得满满当当。

美妙极了，雾与那美丽的脸庞，简直一模一样。雾一样的眼睛，雾一样的微笑，以雾为背景，把雾之丽呈现在一面小小的画板上，无论从哪个角度看，它都在朦胧间笑着看着你。画非画，雾非雾，美与丽，神和秘，如果雾有性别，那一定是一位女性。

纱巾一提，轻轻地蒙住自己的脸，雾将世界装在自己的房子里，一切都朦胧了。雾就这样笼住了山峰，遮住了海洋。白色的纱帘上，雾不断变化着形状，让世界失去了楼台。淘气本就是它的个性，不然世界怎么会被它装走呢？

悄悄地，雾走了，留下清晰的足迹，整个世界都清晰了。挥一挥手，不带走一幅“朦那丽纱”。朦胧，消散；那里，清楚；美丽，还在；纱巾，摘下。世界晴朗地笑了。

断片

陈天悦（八年级）

你问雾，它踮着猫的细步将去往何方。

雾是懂小孩的诗，它能回答孩子千千万万个疑问。从火车的去向，到帷幕之后的戏剧何时开场。千万个问号之后，雾的话比千万个省略号更加冗长。在大雾之中，我似乎看见了无数故事的开篇。

默读雾的故事，我有我的孤独，你有你的寂寞。像是《雾都孤儿》中的孤儿情节，像是莫奈在雾城之中随笔勾勒的油彩，像是宋代时“雾失楼台”，像是子美先生“老年花似雾中看”，一切在雾中虚虚实实，实实虚虚。成千上万完整的篇章在雾中迷失了开头或结尾，于是一切只留下了断片。

好的断片“永是生动，永是展开”。我看着片段中的小孩向前迈一步，雾便向后退一步。退一步吧，让我看看碎嘴的孩子在议论着什么，让我看看红砖边上的红石竹花，还有花下的红鲤鱼。我听鲤鱼游去时轻快的水声，犹如清华诗人的运思游意。我想象江南雾中小小的春雨，想象奔腾的马蹄，想象汹涌的海涛，还有幽幽的古琴。我问雾，水鸭与天鹅何时光临山间，白嘴鸦与乌鸦何时唱响自然的狂想曲。而雾依旧踮着猫的细步，也许它此时不想说话，只想于人世间来往游荡。

镜头掉转，那列火车驶入雾中不再归来。火车之中，也许流浪诗人海子寻找着德令哈姑娘。火车之外，大海、海岸、行人、天空连同太阳都藏在了雾的口袋里。我分不清雾中的城市，我不清楚雾中的时间段，火车的断片是米开朗基罗的《昼》《夜》《晨》《暮》也捉摸不透的秘密。此地没有重庆与伦敦的雾污染，没有峨眉之巅的“雾满乾坤”，没有上海摩登明星的名片，此地只有雾的断片。我忽然明白，雾的断片是化身博士也读不懂的故事，是神妙的漂流瓶也吐露不出的神话。雾是善是恶，是美是丑，是真是假？雾也不知道，在非连续的断片之中，谁也没法知道，哪怕一点点。

雾的断片以“藏”字作开头，以“失”字作结尾，用无题回答孩子的话，用千万零碎的片段去做小孩没有做完的梦。

“我就是生活？”雾问我。

片尾处，雾轻轻地挥一挥衣袖，却带走了所有云彩。

“入雾三分”

陈奕名（七年级）

从冷落的村子起，雾踮着猫的细步，不多不少，世界恰恰只能“入雾三分”。

开门满山雾。我在山头垂钓，独钓满山的雾，我所坐的那块石头就是钓台，鱼钩从钓台开始“入雾三分”。只有三分，不多不少，但“永是生动，永是展开”，雾的三分摊开如一部近代史，里面走出一个悲哀的老人，他将拐杖探进雾里，入雾的那部分化为一摊流动的墨水，写下雾与我的对话，然后缩进天方渔人那只神妙的小瓶里藏起来。我戴上紫色的眼镜，透过镜片，看见了瓶子里的雾，是紫色的，仍然只有三分。此时，眼镜化为一张疏而不漏的网，把雾网了起来，它七分穿过网眼，余下三分便是绝对的存在。翻过这张网，我随着雾回到起源。一片白茫茫大地真干净，不知是被哪一块海绵擦去了，只剩下三分的框架，不多也不少，“入雾三分”。

雾也是生活的框架，添上的若是红砖，必定会显眼，“入雾三分”。雾是从红色里来的，顺着天光的背影，讲述扬子江的故事。起承转合的薄雾浓云却非雾非云，像是我用黑夜的眼睛看到的，花非花，雾非雾，重新把万物留住、蒙住，那么万物皆是“入雾三分”了。雾向梅特林克的青鸟借来一对青色的翅膀，落在百合花色的空气上，变成一朵云，向着中心的黑暗燃烧。

从燃烧的雾里飞出一个画家笔下的精灵，不知是偶然还是必然，你不必讶异，更无须欢喜，雾只是请你跳一场橘子舞，我却不小心跳成了《浮士德》里的忧愁，但是“入雾三分”就好了，不要多也不要少，因为雾之后是一部太醒目的书，从封面到封底，只能我独自读。像是所有人都在雾里做了一场梦，醒不来，也不知做的是什么梦，只知道世界都在雾里，而我在雾里“入雾三分”。

雾的斗篷裹住了世界，所有人都是“入雾三分”。我是一条雾都的常青藤，像雾一样铺开，散得多远，雾与云的缘分就有多长。可是再怎样，我散不过那三分。知者乐水，仁者乐山，而我乐雾。我“入雾三分”，到冷落的村子去。

雾的一千零一夜

赵馨悦（高一年级）

擦拭铜器，扫尽灰尘，阿拉丁神灯在童话中再次起效，白色的巨魔询问着人们的欲望。在现实中，那不过是一柱比黄花瘦的香，燃烧在列祖列宗面前。过去的时代燃烧着，如烟如雾，如叹息声倾泻在这堂前。在空中洒下的不是酒，而是飞流直下三千尺的珍珠，无空间，无气味，只有大珠小珠落盘声，幽灵一样缭绕不散。

听说只有能听到雾落地的人，才是最孤独的人。小伍深有体会，他现在听到雾的叮咚作响，雾的扫弦之声，如他的手抚过猫毛那样干脆的声音。他还是个“孩子”，一个淘气顽皮的“孩子”，正好还是说一不二的年龄，拒绝承认自己打碎了祖上的花瓶。

“明明是那只猫嘛。”小伍心想，但自己又忘记是那猫还是这猫。因为这只猫已从高高的祠堂顶轻盈落地，用苍白而有力的瞳孔盯着他。他一点不害怕，点着一把火用力向猫挥去，但那猫没有形状，火把对它也没有用。借着微光，他看到远处的山头连着远处的山尾，像一个人的幼年连着另一个人的老年，莫比乌斯环，一个美丽的故事。

小伍抬头看看香炉上的列祖列宗，不知哪位是否也和自己一样在秋意正浓时瑟瑟发抖。他问，但没有回应，只能隐约地看见破蛛网上的一滴露水正在滴落，落处已积满一池潭水。小伍跑过去，看见潭中是自己脸的倒影，正随着涟漪的泛泛而晃动。他贴近去看，看见自己的脸时而年轻，时而年老。雾吹皱了一池秋水，让人返老还童，在雾中扬帆去寻找久已失落的亚特兰蒂斯。一个悲哀的拄着拐的老人坐在雾的海上垂钓，他钓的是一个个年轻的梦想，科举梦——雾满乾坤，文学梦——雾满墨水，作品则升腾为一朵朵云，在空中向你倾吐美丽故事的缘由，常青藤般高悬在楼台，但楼台已消失一半，消失在一炷香的熏香之中。

小伍想到外祖父迈着粗笨的步伐赶着羊群去集市，他总劝他不要卖自己心爱的小羊羔，但现在记忆已成薄雾，如雾起时，也如雾正落下。一切都是叹息，叹息又化作颗颗洁白的珍珠，比海的女儿更真挚的爱意如浓雾中上演的丁达尔效应，雾被赶走了，但可惜也从未来过。

一炷香的时间已经过去，远处的山头苏醒，向人们一遍遍诉说古老的故事，小伍则在这睡着了，是哪个“睡眠”？是死亡的“睡眠”，还是平常的“睡眠”？

只有那一炷香的时间才晓得，那是雾的第一千零一夜，最后的夜晚，奔向亚特兰蒂斯的时间。

流浪

袁子煊（八年级）

雾又开始流浪了，像一个无家可归的孩子，装点着别人的梦。

雾没有故乡，也不拥有远方，在雾的地图上，只画着它当下流浪着的土地。所以它很自由，可以不顾一切地去流浪。

山中何所有？岭上多白雾。雾喜欢迈着粗笨大白熊的脚步去往山里，在万籁俱静时，它能发出最大声的山林叹息。雾就像一位水墨画家，善于用侧锋、淡墨，渲染出印象派的朦胧的美、模糊的美。它总会把山的颜色笼罩，带走那无边的色彩，只留下灰白一片。这样看来，雾中看山另有一番情韵——一种幻梦般的感受。

雾也喜欢踮着猫的细步去往溪边，小心翼翼地，生怕盖过了水流声。它就坐在溪边的大石头上，听泉水弹奏琵琶，听它嘈嘈切切错杂弹，听它四弦一声如裂帛。而在这宫商角徵羽所组成的琴声外，有时会冒出几声猖狂的鸡鸣，它们如同威尼斯圣马可广场的钟声一样无理，播报着时间的信息。不过，雾很喜欢这种鸡鸣，大概是因为这声音和流浪的雾一样放荡不羁吧！

雾就这样四处流浪，看上去十分快活，然而，它却在这些景色里一直沉默着。它为什么沉默？我不清楚，也许沉默是它特有的白色语言，也是它掩盖内心的方式，因为它总该还是忧愁的。谁愿意忍受流浪的孤独和寂寞？雾应该也想回家，它可能不止一次地问自己："日暮乡关何处是？"只不过汉阳树和鹦鹉洲都没给它答案，因为它无家可归。

雾向东飘去，那里是大海，其上是万里无云的天——只要雾一到那，就会灰飞烟灭。消散有什么好？消散没有什么好，但雾仍然要去：因为它厌倦了流浪，厌倦了这种除了自由还是自由的生活，它去往大海，至少能拥有回故乡的权利。

终于，雾来到了万里晴空下，风云对它说："孩子，我们回去吧！"

兰亭集序

逯朴（七年级）

王羲之抬头蘸一笔流动的墨水，滴在了伦敦上，黑色与白色块面，拼成了一幅《兰亭集序》。“兰”字是海岸线，“亭”字是太阳，行人与小黑猫是逗号与句号。在其中，我甘愿做一片雾。

以赤道为线，一头在雾手里，一头在我手里，百合花颜色的雾中，有着达·芬奇的记忆。将水藏进威尼斯，将远方藏进闰土，将小黑猫藏进《青鸟》，听说雾把自己藏进了《兰亭集序》的字里行间。听说而已，太阳也不知道，也许雾知道一点点，而我，企图在每一个字的横竖撇捺中寻找雾的秘密。流动的墨水如一杯酒，曲水流觞，随着笔尖行云流水。

雾散了，像面包一样被撕开，雾的味道是百合花的味道，是伦敦工厂的味道，尝起来，一分是云，一分是水，还有一分是阔大的气派。“滴答——”墨顺着笔流下来，滴在意大利的石头上，在积少成多的日子里坚守着水滴石穿的信念。

摊开书本，课上了半程，课件被雾藏了起来，它藏的不是全部，还剩下一片空白。雾给我们开了一扇窗，透过窗，我们看到，每一片雾都是一个橘子的革命，每一片雾也都是一篇《兰亭集序》。它先是抓住了王羲之的思考，带他在雾的近代史里漫步，现在又抓住了我的想象。生活是网，生活是雾，网是雾，捕获了整个伦敦，捕获了行人与海岸线，捕获了一个世界，一切仿佛一下子被收进了三十六根伞骨里。骄傲是雾的颜色，它说它是全宇宙的王。让渴望光明的地球，在它的翅底下抱怨。

黑色块面与白色块面相互交杂，扭曲，形成了一张脸，是雾的脸，它问我：

“兰亭游乐乎？”

一切从雾开始，又从雾结束，开户视之，不见其处。它去哪了，伦敦不知道，兰亭更不知道，只留下一场百合花颜色的白日梦。

点线面

马梓玹（六年级）

迷蒙灰白的雾，踮着猫的脚步，在雪地上走出许多大小不一的脚印，若干个点连成一条虚实难辨的线，像一串暗蓝色的珍珠——子午线——充塞于天地之间……

雾由许许多多颗粒组成，每个颗粒是一个点，许多点连成一条线，许多条线连成一个面，把那些巨大、规则的街区变得极为雄伟、壮观；把伦敦桥和议会大厦变得魔幻又深沉，让莫奈追寻着光雾的痕迹，以饱满的热情创作出雾中伦敦——《阳光照耀下雾中的议会大厦》。雾气将原本轮廓分明的建筑元素渐渐吞没，呈现出虚幻缥缈的氛围，让人为雾的氤氲之气而着迷。

我闭上眼睛，陷入沉思。

真实与抽象，打开了印象派之门。点线面的雾在乾坤间演绎点的好奇、线的兴趣、面的虚幻；雾在纸缝间见证点的勾勒、线的上色、面的雕刻，做出一张点线面的雾境画。点在雾中是灰尘颗粒，有金属的质感，让无数雄壮的州县臣服在它们的脚下；线是一缕缕神秘、珍贵的飘带，若隐若现，若即若离，像远处高楼上的歌声那样渺茫；面是一张灰色的纱幔，可以笼住西湖盎然的绿意，也可以围住塞纳河深邃的蓝色。

点会创造雾，将雾从精巧的空气中提取出来；线会壮大雾，扩大雾的界线；面会保留雾，让雾从立体变成平面，然后压缩成一幅画。雾从点到面，经历了进化论。这不属于科学家，而属于艺术家。点是诗歌和素描，线是散文和国画，面是小说和油画。时间在点线面里暗流涌动，空间在点线面中悄悄改变。山头在点线面里做粉红花的梦，月亮隐藏在点线面的舞台后，与嫦娥下棋。亭台楼阁、码头城墙在点线面中玩起捉迷藏。三分雾的味道，一分归于点，一分归于线，余下一分归于面。

我睁开眼睛，窗外已是雾的世界，池塘水面与天空交相辉映，红鲤鱼活泼泼地跳跃，道路旁有一两抹红色，还有榔头的声音。走近看，一个工人正费力地砌砖墙，砖墙上刻着点线面的图案。我伸手，摸到了雾的点、线、面。

雾渐渐散去，留下了雾的点线面的痕迹……

雾里看花

金恬欣（七年级）

千万年以前，天地一片混沌。天雾笼罩在宇宙之中，在没有回音的大真空，盘古开天辟地后，天与地的界线渐渐明晰。可雾依旧未消散，它是主宰，统治着它的帝国。

雾从平地间涌起，将一切变得朦胧。从人睁开眼的那一刻起，眼眸间便蒙上了一层雾，在一年又一年的岁月间，变得越来越深沉，有形的，无形的。新的雾抄袭旧的雾，新的一天还是如期而至。雾把人们压弯了腰，人们对生活低了头。雾灰蒙蒙的，不知结了多少层蜘蛛网。

它是怪物：踮着猫的细步，却笨拙如北极熊，像白色的飘带，亦如灰色的纱幔，如归巢的夜行鸟，也如又淘气又顽皮的孩子。它能千变万化，无影无踪又无处不在。雾是忧愁的，但凡它所驻足的地方，都蒙上了一层灰色的帷幕。

人，生于雾中，却无时无刻不想要看到一个清晰的世界。雾坐拥着万顷江山，亦独享着无边的孤独。它像一个可悲的老人，明知自己盘踞在天地之间的时日已不多，却仍想要攻城略地。峨眉山的雾从金顶倾泻而下，在山城的大街小巷盘旋。眨眼间，华西大地已然插上了胜者的旌旗，从都江堰一路向东，从嘉陵江和汉江一路北上，中原被踩在脚下，千军万马整装待发。在彼岸，当1785年的蒸汽滚滚升起，百万雄师一举而下。被斜月沉沉藏住的海雾，攻占了大洋那一端的大不列颠。从此，人们渴望的眼眸渐渐被大雾所占领。

在无数失焦的灵魂中，是否还能找到一瓣清澈的花?

人逐渐学会了与自己相处。三厘米以外的事物都是可耻的敌人，唯有向前走才能找到方向。高楼大厦一朝建成，霓虹灯火照亮千家。在那样的世界里，一朵花竟是如此难得：一朵雾失楼台时方才寄出的梅花；一朵容颜似花的越女所采的莲花；一朵秋风中比人还要瘦削的黄花。究竟是什么时候花被赶出了封地，再见面时，已面目全非？在大雾之中，花只有比尼泊尔人手中的红砖还要鲜艳，方能在几米之外让人隐约地觉得熟悉。人在岁月中收获一座又一座城市，也在大雾之中，丢失一朵又一朵鲜花。

举目四望，你猛然发现人无不身处在冰冷坚硬的钢筋水泥之中，无不身处在蓝天消失的浓雾之下。那时，你才发现一切美的事物都被雾扼住了咽喉。雾失去了本心，最终成了白色的恶魔。

惊觉，那些花儿不再在身旁。于是走向大地的尽头，找一抹鲜艳的色彩。雾再浓，也挡不住人们追求美。我有我的康庄大道——在内心未被大雾笼罩的地方，向着一朵花，路从脚下蔓延开来。

雾 · 桥

付润石（七年级）

雾重新蒙上了万物，在清晨世界的疲倦中，在冬日太阳休憩时。雾从眼角溜进了视线，穿过桥洞，穿过窗户，穿过夜归鸟巢根根树枝的阻隔，穿过城市庞大的身躯。还没有做完好梦，转瞬之间，世界已浸泡在雾中了。

是雾，延伸着桥的长度，使那一端跨入了无限的可能性之中。雾为残荷蒙上轻纱，同时又在蛛丝中嵌入一颗颗水珠。雾在轻唱，在无声地歌唱，此时每一只冬虫，甚至每一粒泥土，每一滴水，都在听它吟唱，在幻想着雾中突然出现的一阵阵乐符，在朦胧中想象雾中的每一道影子。

雾把我隐藏在世界里，我却觉得除了我，世界皆被雾隐藏。我在雾里寻找，也许下一眼就会看见泰晤士河，也许我会一头撞上大本钟，也许我会找到那座被遗忘了千年的楼阁，看见它的时钟还指着十一世纪的某一个春天，然后，我在楼中的古籍中寻找，发现张若虚之遗风。

这浓浓的可诅咒的雾？它将世间的一切都笼罩成

雾一般的谜，但仍然换不来人们的正眼以视。在这个失落的世界，人们只透过雾努力着……是的，雾使眼前变成谜，变成模糊的梦，但我们却用眼睛窥看心灵。

雾将世界一网打尽，正因为它打尽了一切，所以其实它什么也没有打尽。它使人落网，像是让人在整个世界的烂泥中挣扎，它使用它空落落的宏大封锁地面，但是“怕什么雾，我要走！”

达尔文是否这样说过？在冬天里，在大雾中，伦敦桥上雾自游，桥下江自流。钢铁的大桥，那一头在无限远处，在云端，在梦中。彼岸的轮廓还在他的大脑中，想象力的彼岸，恐惧的彼岸……雾锁大江，锁住大桥的尽头……

雾有云的色彩，有水的轻柔，有飞泉的轻快，有大海的沉重，是高明的画师在三维的画板上细致地涂抹。雾好像一滴墨水滴入水杯，扩散，扩散，从一点到一切。

从清晨到上午，雾气的生命连朝生暮死都算不上，俄顷之间，不可一世的雾又已死绝。

怎得一晨轻雾来？再看时，草已湿，树已弯，楼台已尽，行人已绝。雾走了，走向另一个没有太阳的黎明。千颗万颗的露珠多好看，千颗万颗的露水有谁看？雾痕还在，雾走了，太阳升起了，万物苏醒了。

为了看雾而看雾，湖面好像历史一样光滑，雾像未来一样神秘而不可见。水面突泛涟漪，小船已近，一童子烧酒，炉火正旺。雾中隐隐约约传来笑声、吟哦声、轻唱声……来人是不是张岱？雾凇沆（hàng）砀（dàng）之中，我在想。

此时，站在桥头，走向桥的雾处的，是我。

雾

黄若瑜（六年级）

雾，是雨珠朝朝暮暮孵出来的轻盈的气体。它的确是少有的童年可触碰的梦幻，然而走进便消融。那时全身都荡漾着雾的潮湿，雾的迷茫，随即泛起涟漪。我感受到了它的怯懦，它的忧郁，仿佛认定自己属于远方，安于悲哀，沉静在天涯海角。它包围了我的前方，我的身后，脚跟抬起便是一寸迷茫。不一般的宁静在我的眼前萦绕，它又把自己藏起来，躲进我的眼睛，乌黑的双眸凝上了银白的淡漠，路上的行人逐渐淡出我的视线。雾调皮地在视线里游离，像游丝一般的行人被它一根一根地从地心剥离，一轮轮的光圈渐渐坠落于雾的湖。

对我来说，那是遥不可及悬在高空的彼岸，不过是架空的权力，却又把我们当作牵丝木偶支配。或许，这是一座从雾里升起来的城，我是一个从雾里走出来的人，只是再不能回头。

这个世界都任它摆布。它是贫穷的，亦是富裕的；是美丽的，亦是丑恶的；是伟大的，亦是渺小的。它织就的屏风清洁无害，却散发着有毒的油画气息，夺走欣赏者的生命。

我的瞳眸好像化作一潭雾的湖，掺杂着蛇的足——霾，我已无法分清善恶。我只知道这是莫大的罪过，我包庇了有罪在身的霾，为它提供庇护所。它的影子浅浅地投影在瞳孔的湖面，世界好像已然暗淡，如天地未辟的混沌世界。

远古与现代，似乎只隔着我们与雾的距离。这是一段无法逾越的时间海峡，只有脉脉相望而不得语。雾是淡漠而不坦诚的，正如光阴，可它却故弄玄虚，不向我泄露时间一丝一毫的秘密。寄人篱下，却如此清高。胡须测量着时间与空间的距离，灰扑扑的猫纵身跃起。它早已离去，阳光明媚，光天化日之下的地球又变得如此棱角分明，天与地，未来与现在是如此不同，善与恶也时时刻刻进行着角逐，不能安歇。

在雾霭的庇护之下，我所见到的是什么？在那个朦胧的远方，我又看见了童年的梦幻与温柔。我们逃避，自言自语，看不见自己，也看不见他人，童年的美妙重又展现于此，如此的温软、圆润而快乐……

我希望别人看我似雾里看花……可我们又如此赤裸地暴露在阳光之下，我们必须面对……

想到此处，在阳光下，我的眼眸里重又蒙上一层雾，如此酸涩。

雾

冯彦臻（七年级）

雾从山林间扩散开来，吞没了一排排房屋、一条条街道、一棵棵树，一切都被覆上了一层白色。

雾想将整个城市吞下。

鸟迷失了方向，在空中盘旋；树叶不知该往哪落；风不知该往哪吹。远处的房屋变成了隐隐约约的空中楼阁，花猫变成了雾色的，地平线消失了，不知哪里是天，哪里是地。整个世界都好像升入了云中，远离地面。

雾继续扩散，向上升，向上升，它想把云吞没。雾越升越高，终于，它将云吞没了。

云消失了，隐藏在了雾中，雾也不知道它去了哪里。此时花已非花，雾也非雾。雾也看不见它自己了。于是雾淡了，散了。云又出现了，一切的轮廓都分明了。

雾从来没有想到过，就算曾经斜月沉沉藏海雾，也藏不住云，云一进入雾就会消失。雾是云，云也是雾，一个身在高处，一个身在低处。

雾不认路，走到哪都分不清方向。它本想遮住一片楼台，让秦观的桃源无处寻，却迷了路，误入李清照的园中，伴随着金兽香炉里瑞脑的青烟袅袅升起。它本想随着杜甫的小舟飘荡江上，却迷了路，到了岳阳楼，在岳阳楼边盘旋。它本想去天一角，与寒水、淡烟、薄云为伴，却迷了路，到了湖心亭，与天与云、与山与水上下一白。

雾淡了，它把自己藏起来，就再也不会迷路。花猫不再是雾色的了，房屋看得见了，地平线分明了，鸟飞向了远方，树叶落到地上，风卷着叶子走了，云显形了。

一切正常了，雾在太阳的照耀下散了，它不会迷路了。

雾

潘周惟（五年级）

乡下的雾是轻薄的，带着田里庄稼的气味。在这里，雾是大自然给孩子们的玩具。

雾可以当作笔来用，当它飘到玻璃上，孩子们用手指在上面描来描去，有时候写字，有时候画画，有时候挠痒痒，对着雾气展现一个个笑脸。

孩子们在雾中捉迷藏，一片茫茫中，看不到对方，只能听到声音。大家都屏住呼吸，怕发出声来。孩子们的小胳膊细腿都浸在雾里，睫毛上也是雾，整个人都毛茸茸、湿答答的。

伦敦城里的小孩很讨厌雾。这里的雾浓得化不开，似有似无的灰色气体把氧气也隔绝了，让人呼吸都费劲。有时候，雾会变成深黄色或者红色，空气中弥漫着一股刺鼻的味道，像是变质了的彩色果汁。孩子们一年有三百多天泡在这深深浅浅的雾里，这样的天气，比雨天还难受。孩子们漂亮的衣服看起来灰不溜秋的，贵妇人牵着的小贵宾犬走着走着就不见了，只剩下贵妇人手里的那条绳。

雾，飘到乡下和城市的边界，那里空荡荡的，它踮起脚步，在雾中看城市和乡村，它要把自己藏起来。不知何时，雾散了，云朵中幸运的一团重又慢慢靠近另一团。

雾色的猫

吴玟慧（五年级）

夜晚，一个小东西偷偷溜进了屋子，一个似猫非猫、似雾非雾的东西。一束月光透进了屋子，照到不知名的小东西上。看清楚了，那是一只雾色的猫。床上的孩子早就想要一只猫，就走了过去。那猫好似知道了什么，跳出窗外，踏着月色远去。那雾色的猫踩着猫步，没有发出一点声响，孩子呆呆地站在窗前，远远望着雾色的猫那朦胧的背影。

那只雾色的猫四处奔走，好似一只在流浪的“雾”。

它不知了去向，可能去停滞在码头上的货物堆内找老鼠去了吧？见过那只猫的孩子想。

那只猫去了伦敦，给伦敦带来了灾难——一场大雾。它随即走出来，伦敦的大雾就奇迹般地消失了，在伦敦生活的人幸免于难。

它又给画家、作家带来了朦朦胧胧的雾，他们应当好好感谢那只猫，那只看似在流浪的猫，它可是世界上所有的雾的主宰者。不，全世界的人都该感谢它。

雾色的小猫，不管去哪里，都踩着专属它的猫步，后来，世界上的猫都踩上了那奇特的猫步。

牛奶色城市

张若涵（五年级）

从岩岫中喷吐出来的牛奶色，轻轻地、轻轻地，踮着猫的舞步来了……它给发丝涂上了牛奶色，给城市蒙上了面纱。打开窗户，牛奶色的雾悠悠地迎面飘了进来，放眼望去，整个城市的纹理和颜色也都被赋予了它的全部特征，一丝一缕，皆在这茫茫迷雾之中。

远了，就是得抬头看的云；近了，就是伸手即可摸到的牛奶色。站在西湖边，天空似乎开了一个口，这牛奶色的雾倾泻而下。人们看着它把每个山头缠绕又解开，解开又缠绕。它调皮地从湖中漫上来，漫到湖边，漫过断桥，漫进柳树，漫上宝石山，温柔地占领了整个湖光山色。它用披风遮蔽了繁华的街道，盖住了高楼大厦，细细地品味，一股淡淡的牛奶味，一点一滴充满了城间。

牛奶色虽然遮住了视觉，遮住了光，但阻挡不了听觉。朦胧间，孤零零的一个点，漂泊在空气里，你听，是巷子里的叫卖声，是小朋友们你追我赶的欢乐声，是西湖边船老大的吆喝声，是清脆的汽车鸣笛声。

突然，由远而近，湖面上出现了一队长长的红色脚掌，一群水鸭游了过来，它们变成了进攻这个牛奶色城市的队列，试着冲破雾层。一只一只鲜红的火焰，努力地游向岸边，队长大声喊着口号:“进攻哇！进攻哇！驱散迷雾，快，快！”

也许是暖色调的共鸣，金黄色的光芒把牛奶色收回去了，面纱碎了，一切都还原了，牛奶色城市露出了“真面目”。

斗篷

周国藩（五年级）

一件黑色的大斗篷，罩在了城市的上空。

天方渔人从海洋中归来，手里拿着一个瓶子。这个瓶子里封着一个白色的巨魔，渔人把他放了出来。这个巨魔飘到了天上，吞下了太阳。顿时，这座城市暗了下来。

巨魔时而像战马一样在海边奔腾，时而踏着泉水的脚步，时而像流动的墨水在空中翻滚，时而架着乔木拐杖、踏着悲哀的步伐走在大街小巷，他在这死寂的城市中徘徊。

太阳还在巨魔的腹中挣扎，还在坚持发出石竹花色的光。不一会儿，这光就变成砖瓦的暗红色，最后变成白灰色。这个贫穷的、流浪的巨魔从大自然的瓶子中飘出来，就是要吞噬一切。

大雾开始了。这不是蓬莱仙境中的仙雾，也不是湖面上的柔柔薄雾，而是暗黑色的死亡大雾。五天后，大斗篷消失了，巨魔藏了起来，幸存下来的人们继续苟延残喘。

雾后

赵健钧（五年级）

重庆又一次被雾笼罩了。

一座山中的城，一座雾中的城。一年虽说有四个季节，实则只有两个季节：雾季与雨季。潮湿和寒冷笼罩着整座城。雨水滴滴答答地落着，山上的泥覆盖在路面上，大街上行人的鞋底无一没有粘着稀泥的。医院里患有风湿病的病人坐在病床上，浑身不舒服。窗外，灰色而又透明的雾遮住了人们的视线，挡住了云层上的阳光。雾后，是一座山，一道门。雾还在蔓延，整个世界灰蒙蒙一片。道路上拥堵的汽车，天空中迷失方向的直升机，在这一刻，停滞了，逃出雾世界的大门在你眼前显现、打开。走出大门，重庆便不再是雾都，也不再是让人迷失方向的城。

伦敦也被雾笼罩了。

郊区一片白色，晴朗的天空里点着白云，鸟在飞翔。越往市中心，天色就越深。刚开始，还是淡淡的黄色，偶尔有些灰白，空气中有些奇怪的气味。可越往市中心，雾的颜色就越深，从原来的淡黄色逐渐转变成深的土黄色，方圆五米外，什么都看不清，空气的味道让人感到头晕。到了市中心，雾的颜色已经完全变黑了，人们几乎看不到身边的任何东西，呼吸一下就会中毒，甚至倒地而亡。人类怎样对待大自然，大自然就怎样对待人类。雾是大自然派来惩罚人类的士兵，一万多人的生命让我们看到雾强大的杀伤力。而雾的背后是一堵墙，碰到它，你便会不知所措，与世界分开来。

雾后，是一片天地，也是一堵绝望的墙。

迷雾

祝语彤（五年级）

沉重的雾，轻柔的雾，朦胧的雾。

也许当年的诸葛亮也得感谢浓雾吧，那夜正是因为长江大雾弥漫，才助他成功向曹操借箭，完成了三天要造十万支箭的任务。如果没有那场大雾，也就没有《草船借箭》这个经典故事了。

浓雾像一座房子，没有门，没有窗，没有人进来，也没有人出去，既是一座空房，又是一座挤满人的熙熙攘攘的房子。

薄雾不像浓雾，却像画师的画笔轻轻淡淡地抹去了一些淡雅而不必要的美。贫穷的乞丐，高贵的富人，在薄雾中都只是一个淡淡的人影。薄雾是长眼睛的、平等的、公平的。

雾，原本是环球旅行的旅人，等到了伦敦，便在此安下了家。接着，世界各地的雾也纷纷赶来，它们冰冷的脚趾和冰凉的手指触摸着伦敦的一切。伦敦的雾愈加浓烈了。

雾，美得神秘，美得朦胧。世上一切的雾都了解自己，了解他人，了解美，它们就是哲学家。

雾色连云

张心远（五年级）

黎明咬破了夜的唇，将那血红色的颜料涂在云上。

正午的阳光是热的，深夜里的雪是冷的，而清晨的雾既冷且热。

是谁，把这白色的精灵从瓶中放了出来？让这无家可归的雾流浪在时间的洪流之中。

雾踏着猫步，在各个国家之间流过。它时美时丑，时善时恶。假作真时真亦假，无为有处有还无。

今天的云不抄袭昨天的云，正如今天的雾不抄袭昨天的雾。你我睡意犹浓，相逢在茫茫大雾之中，你有你的方向，我有我的方向。

走进雾的深处，听见一阵失魂落魄的暗笑，是雾的笑。雾笑人们以为它也被遮住了双眼，却不知，在朦胧之中，它看得一清二楚。

雾转变成了神秘的紫色，令人忘记了路之远近，只能看见紫雾中格外醒目的一株红色的花。雾如一块天幕，把一切都藏了起来，只把它的痕迹留在红花上，让人们在遗忘中体会得失。

雾又变成了一种杂乱无章的灰色，像一块海绵，把人们的意识擦个干净。只有云还和雾彼此认识。灰色的雾沾染在蒙娜丽莎的微笑上，使她的面上也渲染了一层忧伤的雾。

“喵”的一声，云被刺穿了，雾被天空吸了回去，散了。望着白云，我的一切梦都留在了雾里。

收藏家

许一诺（五年级）

在一个小小的瓶子中，装着大自然中无形的收藏家——雾。

有一天，雾从瓶子中挤出来，踮着猫步慢慢上升。

她来到雁荡山前，披着紫色的斗篷，一头钻进了群山之中。不久，雾就把雁荡山收藏了，一条紫色的丝巾围在山腰，山顶像是戴了顶淡淡的紫色高帽，刚才还清晰可见的高山，现在只留下一痕黑影。

雾继续飘着，来到了加德满都的上空。“我要把这座山城收藏。”浓雾像一层面纱，将这座山城连同喜马拉雅山脉裹了起来，院子外那几棵参天的古松，也被雾遮住了身影。

雾越过大洋，将海上的美景藏住之后，直奔英国而去。在伦敦城中，雾像流动的墨水向四周散开。泰晤士河畔，伦敦塔前，大本钟旁，都弥漫着一层软薄的灰蒙蒙的雾。漫天大雾中，所有的景物、建筑物都被赋予了一种朦胧的美。

雾向全世界飘去，直到她没有东西可藏。于是，她决定把自己收藏。

雾渐渐散去，回到了那个小瓶中。全世界都崭露出来，好像一切都未发生过。

雾

文竹（五年级）

刚开始，雾是云的远方，那是“虚幻”的代言，无形却有形，它是只猫。

它踮着猫的细步，悄无声息地跑来，全身放松，倚在城市上空。雾色的毛发柔软温和，太阳与月亮是它的眼睛。它露宿旷野，无家可归。

它静静地躺着，尾巴扫过之处，美与恶的距离消失，一切都变得神秘莫测。那一刻，美更美，丑变美，虚无蔓延开来，如水墨画般。没有人能确认远方的事物是什么，也没有人知道雾是什么。雾向人们说过许多美丽的故事。有时，它伸出舌头，那是雾中亮丽的一抹红，让这个世界更梦幻。

它的身体似流动的墨水，在大街小巷穿梭着。最终，它到了伦敦，便死赖着不走。只是从某一天开始，猫不见了，留下满地猫毛——水，是雾水，也是泪水。雾已变成了老虎，那是一只凶恶的老虎，迈着粗笨的脚步，压向伦敦房屋的上空。这只老虎外侧的毛是黄色的，然后向中央慢慢变深。在它身体的中央，一颗黑心在跳动，如黑巧克力色的棺材罩一般。它长吼一声，嘴里的病毒蔓延开来，朦胧的美消失了。

人们说，是烟囱上的黑烟侵蚀了它雾色的毛，让它变成了恶虎。关于猫的记忆，只有在如雾的梦里出现过吧，恶虎吞掉了伦敦的一切。

渐渐雾散。明日，“猫”还会来吗？

雾是谁？

高允方（五年级）

一只猫走过，它是雾。一只大白熊走过，它是雾。白色巨魔张牙舞爪地走过，它还是雾。雾，无处不在。

雾飘呀飘，飘呀飘，落在青瓦上，走进我的梦境。一团紫色在朦胧中闪动，我从梦中惊醒，从窗内看窗外。“斜月沉沉藏海雾”，一个白点，亮的，暗的，是灰色的，藏在海里，出不来了。风来了，大海波动，雾还是出不来。夜深了，雾散了，我又睡下了，“夜行鸟”也睡了。

雾来了，一切都变了，万物都变得神秘，如蒙娜丽莎的微笑，一种神秘，一种美。雾悄悄地藏起了东西，它把植物藏起，我们眼中便没有了绿色；它把路灯藏起，我们眼中便没有了光亮；它把村子藏起，我们便什么也看不见了，只能听见机器的运转声和鸡鸣狗叫声。雾浓了，什么都没有了，连声音也没了。雾把自己藏起，天地永远这般样子。

如奔腾的马蹄，潇潇的春雨，汹涌的海涛，这是雾海，不是云海。峨眉山上，雾满乾坤，这是金顶的雾，是金色的雾，是金色中的模糊，是模糊中的金色。

虽是灰蒙蒙的，但在太阳金光的照射下，这雾显得格外明亮。

一瓶墨水被打翻了，墨水流动，蒸发了，变成了黑色的雾。一只大精灵飞走了，飞到了伦敦，害怕了。一只小精灵飞走了，飞到了重庆，悲伤了，它很想念朋友，便飞回家乡，化成一滴墨水。雾又散了。

雾是一个淘气的孩子。它游世界，看云海，看日出，远望雪山；它变成轻纱，带来一片朦胧。

雾

奚浚哲（五年级）

一个青色的瓶子掉在地上，雾跑了出来。它与它的朋友风一起捉迷藏。雾藏起了重庆，风吹开了伦敦。雾与风你追我赶地朝着杭州奔去。

三秋桂子，比不过雾满乾坤，除了留在人脑海的香气，桂花也被雾藏了起来。这时一抹鲜红的血滴了下来，那是夜行鸟的血。它从雾那雪白色的衣服里逃了回来。血一滴一滴地掉在桂花上，也掉在人们的心里。一声鲜红的叫喊吓跑了雾，原来雾敌不过红色。

雾踏着猫步离去。它去了哪里？——游乐园。游乐园里雾气弥漫，谁也看不清谁，你推我往。一根针掉在了充气玩具上，被放出来的风吹走了人，也吹高了雾，雾变成了云。

风走了，云散了，太阳的光照亮了大地的决心，以及同人们一起赶跑雾的坚定。雾可生气了，它想要包围太阳，打败太阳。可它忘了，太阳也是红的。于是太阳大放光亮，穿透了雾的心脏，把雾赶去了遥远的伦敦。

雾来到伦敦，它本想变成一瓶绿色的墨水，声震人间，可工厂的烟却使它不得安宁。烟杀死了一万两千人，人们却以为是雾捣的鬼。于是雾更生气了，决定回去。

最终，雾被天方渔人收回了青瓶中，连同我的想象之云，也一齐被吸了进去……

雾

刘尚钊（七年级）

雾在这个世界上，被人们分成两派。

雾凇沆砀，这样的奇景是不常见的。雾在水面上交织着，把天与云与水拉拢在一起。它把双手环在山峰上，让身体躺在水面上，把双腿翘上天空。这种时候，雾的双腿把天上的云搅成雨滴，雨滴拍打着林叶。雾满乾坤，雾是天地的混沌；雾里听泉，雾是泉水的回音。

雾的出场是很有趣的。它像一只猫，踏着细步，悄声出现，人们看不出它的形态，只知道它能把云遮住，把阳光挡住。它缓缓地移来，直到地面都成了它的阴影区。它俯视着地面，从山巅到低谷，一览无余。

清晨的雾离人很近，聚集在一起像灰色的纱布，将熹微的晨光变得阴沉，把夜鸮（xiāo）骗出来捕食，让人们长眠于睡梦之中。直到旭日东升，天空逐渐开出一个口子，它才慢慢退去。

花非花，雾非雾。花与雾有什么关联？那是一种朦胧的美。花始终看着天空，或是天上的雾？雾顺着梯子爬下来，把口袋里的云朵拿出来，让它们化成晶莹的露珠。像花而不是花，像雾而不是雾，庄子的无何有之乡，大抵都是幻想的雾与花吧！

当雾变成霾时，它就成了一个无情的盗贼。它吞噬空气，口吐浓烟，散发出地狱般阴暗的晦气。在霾笼罩下的地方，一切都静止了，人们的迷茫和慌乱令它快乐。它在伦敦曾让上万人丧生，它偷走了人们的视野，留给人们黑暗和恐惧。

雾不能说话，弥漫在天地间，给人一种模糊的美。这种模糊的美不是虚幻的，它无形却有结构，无影却有色彩。人们用各种科学手段来管控它，让它把自己藏起来。

雾的退场也令人深思。它慢慢散去，向无数个方向隐匿。

它像一只极乐鸟，神秘而美妙。这只极乐鸟不停地扑打翅膀，向远方飞去，把自己藏在了未来之中。

论雾

周弋楚（五年级）

一片灰蒙蒙的雾在大街上飘着。它蒙住了行人的眼睛，遮住了一切美的、丑的、可爱的、恶心的事物。它像一只粗笨的大白熊一样在街上巡逻，确保每一个角落都充满了雾。雾或许嫌天太亮了，便让它的伙伴——云把太阳藏起来，天空瞬间暗下来了。

大街上空无一人，只有几辆汽车开着车雾灯，小心翼翼地在马路上行驶。雾看见了，便心满意足地慢慢走着，东看看，西摸摸。突然，它听见好像有人在谈论它，就踏着猫的细步，跳上窗台，静静地听着屋内人们的对话。

屋中有两人，他们正坐在沙发上议论着雾。

“雾是美丽的，”一个戴眼镜的中年人说道，“你瞧，外面虽然一片灰色，但是有一种朦胧的美。峨眉山为什么如此有名，因为有雾气常年围绕在它的周围，让它宛如仙境。世界上很难找到第二座让人有如此感觉的山。”

“朋友，我觉得你说得不对。”另一个人说道，“雾一点也不美丽。它蒙盖住了人们的眼睛，影响了交通，从窗户向外看，灰蒙蒙的一片，让人看着难受，而且英国伦敦还发生过雾害死许多人的灾难。”

“可是，雾带给我们许多灵感与启发，法国印象派画家莫奈画出了一幅弥漫着紫色雾的《查令十字桥》，这幅画成了世界名画……”

雾散了，仿佛从人间蒸发一般，不留一点痕迹，就跟没有来过一样。

雾

郑朝喆（五年级）

雾迈着无声无息的脚步，悄然来临。

它来到伦敦，与烟融合在一起，灼烧着每一个居民的气管。它很愚昧，知道自己可以藏东西却不藏起自己。就因为这种调皮的天气，人们出门必须得撑伞，不撑伞则衣帽全湿，令人恼火。

但是它又像涂改液，虽然不能把一切全部抹去，可被它遮住的地方都会在第一时间变得模糊，有时在阳光的反射之下，竟会被扭曲。这景象让我想起了一只比雾气还白的猫，它伸出半透明的爪子遮住了一切它所能遮住的事物。

可这只白猫毫不满足，它仔细地寻找是否有遗漏。哟，这竟有一只小黑猫！它伸出两只胖乎乎的大白爪盖住了它，可是竟盖不住，它索性扑了上去，霎时间，天昏地暗。在这无边无际的黑暗中，小黑猫的大眼睛忽闪忽闪地盯着它看，仿佛在说："你为什么要挡光啊？"白猫不语。

雾又迈着猫一般的步子，悄然离去。

雾猫

吕屹林（五年级）

雾走着猫的脚步，从遥远的伦敦飘了过来。远远一看，它像极了一只长尾狗，想走近看看时，一切都躲在了它的身后。

它用那白熊般的力气，把那片平静而蔚蓝的天空一块一块地撕扯下来，再把半透明的天幕布在天地间，蒙住了那些画家的眼睛，并抓住这天幕紧紧不放。

这猫也太小气了吧，竟把我的眼睛蒙了起来！哎呀，雾色的猫啊，你走着婀娜的步伐，哪怕是一双看似眼睛的井盖，都被你蒙上了一层黑暗！你什么时候从一只猫又变成了一个白色恶魔呢！

天地间犹如被倒上了一桶墨水，灰白一片。这雾色的猫把空中的一根红薯啃光了，把陆地上的生物藏得那么深，马蹄声没了，鸟鸣声也消失了。转眼间，红色的墙砖成了一只红猫，黑色的瓦片也成了墨色的幕布，唯有一只夜行鸟在黑色天地间打转。

太阳从东边升起了，猫被捉了个正着，慢慢退下去了。西湖，又显出了另一种美。

不识庐山真面目

裘依萱（五年级）

雾迈着步子，跨过山冈与田野，它的脚很冰，手很冰，身子很冰，冰到连心也没有，自顾自地在山间流动着。它现在快活得很，因为它的工作就是模糊他人的眼，它跨到哪，就在哪钻来钻去，把头和尾系在一起转圈，连山林都为之叹息。

它欢快地跃过一片死气沉沉的田野，像一只调皮的小猫，又像一只夜行鸟。它用翅膀包住它眼里的一切，甚至可以把自己包住。

光天化日之下，雾在世界的各个角落游玩，它把世界藏得很深，把自己藏得更深，没有人见过它的真面目。有人说它善，有人说它恶，有人说它一贫如洗，有人说它四处掠夺。它拿万物欺骗人们，它自己也是个谜。迷雾会散，散了才能看清真面目，然而它也将不复存在。雾没有心，却不代表它铁石心肠，可即便是铁石心肠的雾，依然美得令人叹为观止。

有人问雾："你在何处？"雾说："你怕是被我模糊了双眼，你不如拨开它。"就这样，雾又一次欺骗了你，万物都看清了雾，看清了一个说不清的东西。雾，何在？雾，又是什么？

雾是一个欺骗者，他爪下的东西，都失去了原本的形态。在光天化日之下，雾欺骗了所有人。

只缘身在此雾中。

迷雾

傅晨悦（五年级）

清晨，雾来了，它把城市硬生生地扯进了灰沉的朦胧中，我感到自己的眼睛也变成了雾，眼里只有一条条浅浅的轮廓。此时的景象如贫民窟，几条毫无意义的线，支撑起了一个空间。雾中，我的视觉似乎也是贫穷的，我的思想却如那几盏冰冷孤独的路灯，想着那些辽远的事。

雾踮着猫的脚步，把思想赠予我，让我忘记了昔日的得失。在这神秘珍贵的时间里，我开始遥望远方。雾在生活里迷了路，把人间的美丑、善恶都遮住了，天地之间一片模糊，那我们又有什么好在意的呢？雾一寸又一寸，向远方铺展，我的想象也随雾去了。

雾中，花似乎开得更盛了，那一朵红石竹花格外鲜艳。我的身上似乎带着光，所到之处皆会出现一个小光圈，那是雾给我的，它怕我迷路。

恍惚中，雾淘气地躲了起来，我头上的几颗珍珠似乎是它来过的唯一凭据。现在艳阳高照，而我却迷路了。

我与"雾"的对话

图书在版编目（CIP）数据

与世界对话. 与雾对话 / 傅阳编著. -- 昆明 : 晨光出版社, 2024. 7. -- ISBN 978-7-5715-2447-0

Ⅰ. C49

中国国家版本馆CIP数据核字第 2024QY4643 号

声明

本书在编写过程中，选用了部分散文、诗歌等作品，因条件所限未能与作者 / 译者一一取得联系，在此致以深深的歉意。敬请本书录选作品的作者 / 译者及时与我们联系，我们会第一时间与您沟通并妥善处理。

电话：010-88356860

邮箱：neverend@utoping.cn

与世界对话 **与雾对话** **傅阳 编著**

YU SHIJIE DUIHUA
YU WU DUIHUA

出 版 人 杨旭恒

选题策划 千寻 Neverend
责任编辑 杨亚玲
封面插画 高畅 www.changgao.co
内文插画 马梓珐（11 岁）

出　　版 晨光出版社
地　　址 昆明市环城西路 609 号新闻出版大楼
邮　　编 650034
发行电话 （010）88356856 88356858
印　　刷 北京顶佳世纪印刷有限公司
经　　销 各地新华书店
版　　次 2024 年 7 月第 1 版
印　　次 2024 年 7 月第 1 次印刷
开　　本 130mm × 185mm 32 开
印　　张 6
字　　数 94 千
ISBN 978-7-5715-2447-0
定　　价 160.00 元（全 5 册）

千寻 与世界相遇

千 Neverend 寻

选题策划　千寻 Neverend
项目编辑　云海燕
装帧设计　木
内文排版　史　明
责任印制　盛　杰
营销编辑　王雪雪

与世界对话

与雨对话

傅阳 编著

晨光出版社

序

与世界对话，与美对话

傅国涌

在古希腊人心目中，世界就是“美”的意思。美国作家爱默生说，世界是为了美而得以创造。与世界对话，可以说就是与美对话。从 2017 年秋天以来，我和孩子们一起与世界对话，就是希望他们睁开心灵的眼睛，看见美，不仅在形式中。

“与世界对话”的支点是母语。不久前，我读了一篇文章《乡学》，其中有这样一句话：“课堂上响起来一片玻璃般的童音。”这玻璃般的童音源自小说家汪曾祺的《徙》，小孩子用玻璃一样脆亮的童音唱校歌。一句“玻璃般的童音”，平平常常，却很美，让人身临其境，久久难忘。诗人顾城说：“语言重要的不是它的形状……重要的是敲一敲变成了玻璃，再敲敲变成了铜，再敲变成了水——这样的语言质地的变化。”我少年时初读李贺的诗，总是忘不

了那一句“羲和敲日玻璃声”。这玻璃声只能用心灵才能听见，这个世界中无比丰富的色彩、线条、姿态和光影，也唯有心灵才能捕捉到。

国语书塾的“与世界对话”课堂用古今中外浸透着美和想象的文本滋养孩子的心灵，使他们的心灵力量不断壮大。他们在母语的江河上，不是随波逐流，而是可以从流漂荡、任意东西。

课堂的生命在于呼应：人与世界的呼应，人与人的呼应；不仅是老师与孩子的呼应，更重要的是老师、孩子和古今中外的作者之间的遥相呼应。这种呼应打破了一切空间的界限、时间的界限，在无边无际、无始无终的宇宙中，只有美是永恒的，抓住美，就抓住了整个宇宙。在这里，“羲和敲日玻璃声”和孩子们玻璃般脆亮的童音相互呼应、相互激荡。课堂就是在一个开放的审美空间里打开一种无限的可能性，每个孩子慢慢地在这个审美空间中成为自己的主人，不仅拥有审美力，而且还能获得想象力。

想象力，正是流水线教育中最为稀缺的。法国诗人波德莱尔说：“是想象力告诉人颜色、轮廓、声音、香味所具有的精神上的含义。它在世界之初创造了比喻和隐喻。它分解了这种创造，然后用积累和整理的材料，按照人只有在自己灵魂深处才能找到的规律，创造一个新世界，产生对于新鲜事物的感觉。……想象力是真实的王后，可能

的事也属于真实的领域。想象力确实和无限有关。”

“与世界对话”的课堂以启发孩子们的想象力为最高目标。每一堂课都是由低处入手，却是从高处着眼，这高处即如何使孩子们通过接触到的文本打开自己的心灵，在寻常所见事物之中思接千载、神游万里，同时又能找到准确而有声、有色、有味、有光的语言来表达自己的所见、所闻、所思、所想。老师，只能是一个引导者，而绝不可能代替孩子获得自身的领受、体悟和想象。许多时候，孩子们对课堂的回应，偶尔的神来之笔，也常常出乎老师的意料，这才是教育最具魅力的一面。

“与世界对话”系列第一辑《与墙对话》《与门对话》《与窗对话》和第二辑《与枣对话》《与橘对话》《与苹果对话》《与叫卖声对话》出版之后，我又整理出了第三辑《与风对话》《与云对话》《与雾对话》《与雨对话》《与雷电对话》。照着这个节奏，“与世界对话”系列的一百课差不多要二十年才能全部完成。想想很是遥远，但“得寸进寸”，进得一寸就有一寸的欢喜。

在国语书塾这个被我叫作“三百千万”的磨坊里，我看着孩子们看云看雾、听风听雨，在精神上一天天地成长起来，有的人最终将点燃闪电。所谓“三百千万”，就是三年、百课、千人、万里，在三年的时间上一百堂“与世界对话”课，认识一千个以上古今中外的作者，而且还要一起行万里路。“三百千万”强调的是生命的投入，是日

复一日的积累和体悟，是塑造一颗与世界对话的心灵。

我也曾是一个喜欢看云的少年,现在依然喜欢看云。“云在青天水在瓶”，有人说精神法则就是云在青天，生存法则就是水在瓶；而我的“与世界对话”课堂，就是想把云装在瓶子里的一种努力。在我的辞典里，精神法则和生存法则是合一的。为看云而看云和为生存而生存，也不过是一个巴掌的两面——

> 云最像空中的语言,今天有一句一句的白,昨天有一句一句的闲。(应镕伊)
>
> 我登云而小天下,用童年的脚印写下云谱。我这个登云者，与云相看两不厌，与云一起思考。(陈奕名)
>
> 或许一切和云相关的事物都不为意义而存在,它们存在的唯一目的就是“漫无目的”。……在一切的有形和无形之间，云处在一个没有意义的虚空里，自由自在。(袁子煊)
>
> 从务实派到浪漫派,从多瑙河到《马赛曲》,从流浪者到畅想家，世界深陷于云之中。云深不知处。(陈天悦)
>
> 当世界尚未着色时，天与云与山与水，上下一白，如一张白纸。……千万年来，云日复一日地做着同一道填空题，要回答自己的颜色

和形状——谁知道呢？（叶悠然）

孩子心中的云与天上的云相呼应，看得见颜色，听得见声音，那是有思想的云遇到了有思想的人，云被装进他们各自的瓶子里了吗？我不知道。每个聪明的读者自然都可以来回答这个问题。

感谢施美英老师整理了最初的课堂录音，感谢濮影瑛、黄支珑、赖建平、汪琼、许蓉蓉、陈小燕、马碧瑶、曹永健等参与校对的全体老师、家长。“与世界对话”还有更远的路要走。

2023 年 5 月 2 日于杭州国语书塾

Contents

目录

A Talk with Rain

/

说

北宋文学家苏东坡写过一篇《喜雨亭记》，最后一段说：

> 既以名亭，又从而歌之。歌曰：使天而雨珠，寒者不得以为襦；使天而雨玉，饥者不得以为粟。一雨三日，繄谁之力？民曰太守，太守不有。归之天子，天子曰不。归之造物，造物不自以为功。归之太空，太空冥冥，不可得而名。吾以名吾亭。

如果天上下的不是雨，而是珠子，人们会没衣服穿；如果天上下的是玉，人们会没有饭吃。雨比珠、玉还要宝贵。因为天会下雨，人们才有衣穿，有饭吃。这雨当然是喜雨，唐代诗人杜甫写过一首《春夜喜雨》，应该每个人都会背诵，我们来读：

好雨知时节，当春乃发生。
随风潜入夜，润物细无声。
野径云俱黑，江船火独明。
晓看红湿处，花重锦官城。

喜雨也是好雨。“好雨知时节，当春乃发生”，这里的好雨也是春雨。“春雨贵如油”，这雨太宝贵了，难怪从杜甫到苏轼都称之为“喜雨”。没有雨，地球上的生命就无法存活。

我们来读下面这一段文章：

曾经，火星上的雨来得轻柔，来得宜人；有时，火星上也会阴雨绵绵，昏晦乏味。然而，一天晚上，雨水落在这距离太阳第四远的星球上，宛如神迹显现，数以千计的树木一夜长大，抽枝吐芽，朝着天空吐故纳新。

火星上下起了雨，你们相信吗？这是美国科幻小说家雷·布拉德伯里在《火星编年史》中写的一个片断。科学家认为：“火星干燥得让人透不过气，生存条件无比严酷，并且因为太冷，根本下不来雨。”

火星上是不会有雨的，火星上的雨只是科幻小说中的幻想。如果火星上有了雨，那这颗星球也就有了生命居住的条件。

美国记者辛西娅·巴内特在《雨：一部自然与文化的历史》中说，众所周知，没有水，生命不得发展，我们所定义的生命需要一颗潮湿而又有液态水的星球。地球之所以成为一颗独一无二的“蓝色弹珠”，因为它是潮湿而又有液态水的。这个“蓝色弹珠”符合生命存在的条件，就是因为有了雨。

我们和中国诗人洛夫一起来问问《雨从何处来》：

从山上
从窗外
从屋檐
从众荷的鼓噪中来
从石头内部
蛐蛐的寂寞的鸣叫中来

不
从你这冷冷的
问话中来

雨从何处来？洛夫最后给出的答案出人意料，雨从你的冷冷的问话中来。其实，雨可以从任何地方来，最有意思的是从石头内部、蛐蛐寂寞的鸣叫中来。

二十世纪初，少年胡适在上海求学时，初习白话文，写过一篇说明文性质的《说雨》，想从科学常识的角度回答雨从何处来这个问题。我们一起来读：

> 我们中国的人，从前都说这雨是从天上落下来的，但是据现在的人考究起来，原来这雨是从地上来的。……为什么呢？因为这地球上那江河洋海的水，被这太阳晒热了，也就有许多部分的水，化成水汽，冉冉地向上升起，遇了那冷空气就凝住了，后来越积越重，或是那时天气的冷热有什么变动，那空气一变动，那汽水便一滴滴地落下来，这就是我们所说的“雨”了。列位呀！“雨是从地上来的”这句话可不是一毫也不错的吗？

那是1906年11月，胡适十五岁，这篇干净明白的白话文就发表在他参与编辑的《竞业旬报》上。

美国作家约翰·缪尔在《夏日漫步山间》里写雷电，当然也写雨，我们先来读这一段：

> 追溯每一颗雨滴的历史多么有趣！正如我们所见，第一滴雨降在新生的内华达荒芜的大地时，地质年代并不久远。但现在雨滴的境遇已发生了多么大的变化！阵雨快乐地落在如此迷人的自然中，几乎没有一颗雨滴找不到美丽的着陆地点……

这段话写得多么大气，“追溯每一颗雨滴的历史”。每一颗雨滴都是快乐的，它们是幸福的雨滴。我们继续读：

> 这些幸福的雨滴每一颗都是银色的新星，河流湖泊、花园丛林、峡谷群山，大地拥有的一切都折射在它们晶莹的水滴里，它们是天主的信使，是带来壮丽和庄严之美的爱的天使，它们所显示的力量令人类最伟大的景观也显得可笑。
>
> ……现在雨滴到哪里去了？这闪亮的一群命运如何？它们中的一些借着水汽的翅膀，已急着升回了天空；一些进入植物体内，悄悄穿过看不见的门，进入细胞的环形小屋；一些被封在晶莹的冰中，或矿石的晶体内；

一些渗入多孔的冰碛，令其间微小的泉水不至断流；一些开始了河上的旅程，前去与大海这更大的雨滴会合。……

原来大海在约翰·缪尔的眼里只是一颗更大的雨滴，这一滴雨也太大了吧？巨无霸的雨滴。“各种形式的雨滴同样美丽，它们不停地变幻，永不休息，怀着爱的激情忙碌，与群星同声歌唱着永恒的创造之歌。”这就是雨，来自大地、海洋，又回到大地、海洋，永恒地循环着。

雨是什么颜色的？美国诗人狄金森在诗中提出了这个问题，也回答了这个问题：

我用眼睛说
雨是绿的！
为什么
为了什么
我反复捉摸

因为我属于绿色

狄金森说雨是绿色的，她不是用嘴巴说的，而是

雨

用眼睛说的，因为诗人的眼睛看见的雨是绿色的。如果雨下在绿色的草地上、树叶上，雨是什么颜色的？当然是绿色的。

洛夫问雨从哪里来，狄金森问雨是什么颜色的，现在我们来听听雨的声音。美国诗人康拉德·艾肯说，“雨是水的音节”。我看到一幅画，一朵花上有一滴雨，它将落却还没有落下来，挂在花上像一个音乐符号，说雨是水的音节，多么形象。我们一起来读美国诗人沃尔特·惠特曼的《雨声》：

你是谁？我问轻轻落下的雨，

它，说来奇怪，给了我一个回答，转达在这里：

我是大地的诗，雨的声音说，

我永恒地从陆地和无底的海洋悄悄升起，

升上天空，在那里糊里糊涂就有了形状，全变了，却还是老样，

我落下来冲洗地球上的干旱、空气、泥土，

还有土里的种子，没有我，它们只能潜伏着，不能发芽；

我昼夜永恒地把生命归还给我的起源之地，让它纯洁美丽。

（因为诗歌从它的诞生之地涌出，完善之后，四处漫游，不管是否受到注意，它会怀着爱，按时归返故地。）

惠特曼说，雨是“大地的诗”。接着，他用诗的语言回答了少年胡适也曾用大白话回答的那个问题：雨从哪里来？他说雨“从陆地和无底的海洋悄悄升起”，又回到起源之地，永恒地循环着。

我们来读美国诗人约翰·查尔迪的《雨水的尺寸》：

雨有各种大小。
有些雨小到像雾一样。
它让你的脸发痒，让你感到惊喜。
就像你被亲吻了一样刺痛。
有些雨的大小就像洒水一样
并没有把所有的阳光都遮住。
你可以看到雨滴闪闪发光，一闪一闪的。
当它结束时，会出现一道彩虹。
有些雨像五分钱一样大
轰轰烈烈，声声入耳。
它下得太重了，让人觉得痒痒的。
它更像一个水花而不是一个吻。

当雨下得恰到好处，而你又被包裹在
你的雨衣里，在门外是很有趣的。
但是，跑回家，在你被困于
大雨的轰鸣声和咆哮声前。

原来雨水还有尺寸，有各种大小，细一想，也确实如此。小到像雾一样，让你感到惊喜；大的雨呢？“像五分钱一样大”。这是有意思的诗句。从“润物细无声”到“轰轰烈烈，声声入耳”，就是不同尺寸的雨。你们见过五分钱的硬币吗？那倾盆大雨就是。

诗人洛夫又来了。他曾问雨从哪里来，答案是雨“从你这冷冷的 / 问话中来”。他还写过一首短短的诗《雨》，大家一起来读：

窗前
走过一只湿淋淋的小兽
雨下着
院子里一地落花
我一瓣也没拈住
所以
不笑
即便拈住也无意笑

雨，仍下着

美国诗人惠特曼说雨是“大地的诗”，美国诗人康拉德·艾肯说“雨是水的音节”，这都是从听觉的角度想象，比较容易理解。中国诗人洛夫说雨是一只窗前走过的“湿淋淋的小兽”，这个形象的说法不是从听觉而是从视觉着眼，这是更大胆、更奇特的想象。

荷兰画家梵高画过一幅油画《雨中的桥》，临摹的是日本浮世绘画家歌川广重的作品《骤雨中的箸桥》，歌川广重的原作更为精彩，他是用线来表现雨的。确实如此，雨是缝接天地的线。散文家许达然小时候生活在中国台湾，他写过一篇文章《雨》，其中就说：

> 曾是先民的惊喜，雨如线要缝接天地，中国人早就对雨很好奇。那好奇刻在甲骨上：“今日雨，其自西来雨？其自东来雨？其自北来雨？其自南来雨？”我们自四方来，今日翻阅纸上雨，听时间的淅沥。

雨是“先民的惊喜”，可以缝接天与地，先民对雨的渴望与好奇都刻在甲骨上。甲骨文是中国最古老的文字，四千七百多年前，我们的先人就创造了甲骨

梵高自画像［荷］文森特·梵高/绘

文。甲骨文最初是用来做什么呢？主要是用来占卜的。许达然引用的事关祈雨的卜辞记录，完整的内容是这样的：

> 癸卯卜，今日雨。
> 其自西来雨？其自东来雨？
> 其自北来雨？其自南来雨？

许达然引用时省略了前面那三个字——癸卯卜。“今日雨”来自哪里？后面用了四句来回答。汉乐府中有一首《江南》模仿的就是这段卜辞：“鱼戏莲叶东，鱼戏莲叶西，鱼戏莲叶南，鱼戏莲叶北。”卜辞说今日会下雨，雨可能从四方来。这是古代人民在四五千年前对雨的认识。相隔数千年，今天翻阅纸上的雨，我们听见的是“时间的淅沥”。

下雨是一件好事，无论杜甫的《春夜喜雨》，还是苏轼的《喜雨亭记》，都告诉我们雨带来的惊喜。

作家郁达夫写过一篇《雨》，一开篇他就想到了周作人的书斋名为“苦雨”，正好跟苏轼以“喜雨”名亭相反。他说：“其实，北方的雨，却都可喜，因其难得之故。”而长居北京的江南人周作人却以“苦雨”来命名书斋。

我们来看看苦雨斋的主人周作人是怎样说的，大家一起来读他的《苦雨》：

> 雨中旅行不一定是很愉快的，我以前在杭沪车上时常遇雨，每感困难，所以我于火车的雨不能感到什么兴味，但卧在乌篷船里，静听打篷的雨声，加上欸乃的橹声，以及“靠塘来，靠下去”的呼声，却是一种梦似的诗境。倘若更大胆一点，仰卧在脚划小船内，冒雨夜行，更显出水乡住民的风趣，虽然较为危险，一不小心，拙劣地转一个身，便要使船底朝天。……

坐在乌篷船上听篷上的雨声，加上欸乃的橹声，还有船家的呼声，他觉得这是“梦似的诗境”，跟另一位绍兴诗人陆游“卧听萧萧雨打篷”的感觉是类似的。这样的雨当然不是苦雨。

那么，为什么周作人在1924年写给朋友孙伏园的信中要称之为“苦雨”？我们继续读下去：

> 我住在北京，遇见这几天的雨，却叫我十分难过。北京向来少雨，所以不但雨具不

> 很完全，便是家屋构造，于防雨亦欠周密。除了真正富翁以外，很少用实垛砖墙，大抵只用泥墙抹灰敷衍了事。近来天气转变，南方酷寒而北方淫雨，因此两方面的建筑上都露出缺陷。……

他说一星期前的雨把后园的西墙淋坍，第二天就有小偷光顾，于是他赶紧请了工匠修墙，结果前夜的雨又将门口的南墙冲倒了二三丈。他特别写到这一场大雨带来的祸害，我们继续往下读：

> 前天十足下了一夜的雨，使我夜里不知醒了几遍。……前天晚间据小孩们报告，前面院子里的积水已经离台阶不及一寸，夜里听着雨声，心里糊里糊涂地总是想水已上了台阶，浸入西边的书房里了。好容易到了早上五点钟，赤脚撑伞，跑到西屋一看，果然不出所料，水浸满了全屋，约有一寸深浅，……现今水虽已退，还留下一种涨过大水后的普通的臭味，固然不能留客坐谈，就是自己也不能在那里写字，所以这封信是在里边炕桌上写的。

这雨可真是苦了他，“苦雨斋”的名字大概就是这样来的。不过他说也有喜欢这回的大雨的，一是小孩，可以玩水；二是蛤蟆，平时北京的蛤蟆不怎么叫，这时一口气可以叫上十二三声，因为实在是喜欢极了。

我们再来读美国科幻小说家雷·布拉德伯里的《漫长的雨》：

> 它是一场滂沱大雨，一场下得没完没了的雨，一场热气腾腾、让人汗流浃背的雨；它是蒙蒙雨丝，是倾盆大雨，是清丽喷泉；抽打着眼睛，逆流漫过脚踝；它浸没了所有的雨以及和雨有关的一切回忆。

从古到今，关于雨的记忆常常是文学的主题，“好雨知时节”是杜甫的雨，“天街小雨润如酥”是韩愈的雨，“却话巴山夜雨时”是李商隐的雨，“小楼一夜听春雨”是陆游的雨，“梧桐更兼细雨”是李清照的雨。

雨的记忆也像一条线可以缝接古今。

当代作家汪曾祺有一篇不到三百字的散文《下大雨》，大家一起来读：

> 雨真大。下得屋顶上起了烟。大雨点落

雨中的小孩

在天井的积水里砸出一个一个丁字泡。我用两手捂着耳朵，又放开，听雨声：呜——哇；呜——哇。下大雨，我常这样听雨玩。

雨打得荷花缸里的荷叶东倒西歪。

在紫薇花上采蜜的大黑蜂钻进了它的家。它的家是在椽子上用嘴咬出来的圆洞，很深。大黑蜂是一个“人”过的。

紫薇花湿透了，然而并不被雨打得七零八落。

麻雀躲在檐下，歪着小脑袋。

蜻蜓倒吊在树叶的背面。

哈，你还在呀！一只乌龟。这只乌龟是我养的。我在龟甲边上钻了一个洞，用麻绳系住了它，拴在柜橱脚上。有一天，它不见了，不知怎么跑出去了。原来，它藏在老墙下面一块断砖的洞里。下大雨，它出来了。它昂着脑袋看雨，慢慢地爬到天井的水里。

汪曾祺的这篇文章里写了听雨的小孩，写了大雨中的荷叶、紫薇花、大黑蜂、麻雀、蜻蜓、乌龟。其中，写得最详细、最好玩的就是听雨的小孩、躲雨的大黑蜂，还有昂着脑袋看雨的小乌龟。文章很短，却有很多的细节，有详有略，乌龟和小孩都很突出。汪曾祺是喜欢写雨的，他在西南联大求学，熟悉昆明的雨，我们来读他的《昆明的雨》：

> 我想念昆明的雨。
>
> 我以前不知道有所谓的雨季。“雨季”，是到昆明以后才有了具体感受的。
>
> 我不记得昆明的雨季有多长，从几月到几月，好像是相当长的。但是并不使人厌烦。因为是下下停停、停停下下，不是连绵不断，下起来没完。而且并不使人气闷。我觉得昆明雨季气压不低，人很舒服。昆明的雨季是明亮的、丰满的，使人动情的。城春草木深，孟夏草木长。昆明的雨季，是浓绿的。……

“昆明的雨季，是浓绿的。”这让我们想起前面提到的美国诗人狄金森，她说雨是绿色的，汪曾祺说昆明的雨季是浓绿的。无论汪曾祺，还是狄金森，都说雨是绿的，下雨的时候，整个世界看上去就更绿了，一切都是绿的。

接下来，他又说到雨季的果子是杨梅。我们上过《与叫卖声对话》一课，汪曾祺曾说昆明街头卖杨梅的是苗族女孩，她们的声音是娇娇的，使得昆明雨季的空气更加柔和了。

昆明雨季的花是缅桂花，也就是白兰花。

昆明的雨也让他想起李商隐的《夜雨寄北》，这首诗大家都会背：

君问归期未有期，巴山夜雨涨秋池。
何当共剪西窗烛，却话巴山夜雨时。

汪曾祺说这首诗就是为久客的游子而写的。他在西南联大读书，在昆明住了多年，就是一个游子。雨中，他看到一棵把院子遮得严实的木香爬在架上，“数不清的半开的白花和饱涨的花骨朵，都被雨水淋得湿透了”。这些雨中的木香花即使过了四十年他都忘不了。他自己也写了一首诗，其中两句是：“浊酒一杯天过午，木香花湿雨沉沉。”

说到《夜雨寄北》，我又想起诗人洛夫写的同题白话诗，我们一起来读：

别提归期
我的心事你该明白
在这巴山湿漉漉的秋雨中

我的心事
你不明白

这夜雨呀
下得既长且深
下得又远又近

下了一池塘的愁和闷
你等着吧
等我回来咱俩西窗叙旧时
你就知道

西窗叙旧的时候你就知道，这就是“却话巴山夜雨时”。他把夜里的雨，用两个句子表达出来：第一个说法是“既长且深”，第二个是“又远又近”。为什么又远又近？“近”可以理解，“远”呢？其中一方在哪里啊？很远的地方，咫尺天涯，又远又近。

李商隐写过不少关于雨的好诗。“红楼隔雨相望冷”是他的诗，“留得枯荷听雨声”也是他的诗。后一句，在《红楼梦》里被改成“留得残荷听雨声”，到底“枯荷”好还是“残荷”好？我倒觉得“枯荷”就很好，不一定要用“残荷”。

我的朋友许志华写过一本诗集《乡村书》，他是一位体育老师，本质上却是一位诗人。大家一起来读他的一组《雨之诗》：

（一）

雨打桃花是什么声音
叮叮当当
雨不下是什么声音
断桥照镜子

（三）

雨脚纷纷，乡愁渐浓
春天，雨的盛大演出
从南至北，从西至东

（四）

欣欣然，给你最贵的春雨
欣欣然，给你最鲜丽的春雨
欣欣然的一贫如洗

“欣欣然的一贫如洗”写得好，特别具有张力。春雨来了，尤其是江南的春雨、西湖的春雨，一切都是欣欣然的。我们继续读：

（五）

雨的碎片

雨的碎片是知音零落的花和草

雨的碎片是轻薄的蜜蜂和蝴蝶

（七）

雨夜巴山，思念涨了

窗叶上那一朵朵

雨开的花

他也想起了巴山夜雨，想起李商隐的诗，那是雨的思念。我们继续往下读：

（八）

听雨者。他的故事

他的一生，那就是疾雨一滴

听雨者——

（九）

在雨中望到故乡

故乡啊，那一盏

雨夜的灯

“故乡啊，那一盏/雨夜的灯”，雨夜的灯是最温暖的，就像“却话巴山夜雨时”，西窗里应该是有温暖的灯光吧？“何当共剪西窗烛”，点的是蜡烛，他由此想到了故乡那盏雨夜的灯。

关于雨，古人也写过一些特别有味道的诗句，我很喜欢。

唐代诗人杨凝的《送客入蜀》中有一句“秋雨槐花子午关”，宋代陆游的《剑门道中遇微雨》是途经四川时所作：“此身合是诗人未？细雨骑驴入剑门。”其中三个意象：细雨、驴、剑门关，与“秋雨槐花子午关”在审美上是同构的，一样都有雨，一个秋雨，一个细雨；一个是槐花开时过子午关，一个是骑着驴进剑门关。

陆游写雨非常有名的句子，就是前面提到的“卧听萧萧雨打篷”，那是在船上，绍兴的乌篷船，雨打在篷上哗哗作响。

南唐后主李煜的《浪淘沙令》是写雨的名篇，一起来读：

> 帘外雨潺潺，春意阑珊。罗衾不耐五更寒。梦里不知身是客，一晌贪欢。
>
> 独自莫凭栏，无限江山。别时容易见时难。流水落花春去也，天上人间。

“帘外雨潺潺，春意阑珊”，这里下的自然是春雨。李清照的《声声慢》里下的是什么雨呢？

> 梧桐更兼细雨，到黄昏，点点滴滴。这次第，怎一个愁字了得！

“梧桐更兼细雨”，这是什么雨？想到梧桐的时候，一般都是到了秋季，所以这里的雨就是秋雨。

我们来读南宋词人蒋捷的《虞美人·听雨》，他写的是人生三个阶段不同的听雨：

> 少年听雨歌楼上，红烛昏罗帐。壮年听雨客舟中，江阔云低，断雁叫西风。
>
> 而今听雨僧庐下，鬓已星星也。悲欢离合总无情，一任阶前点滴到天明。

少年听雨、壮年听雨、老年听雨，不同的人生阶段在不同的场景都在听雨。少年汪曾祺听雨就是捂耳朵、放耳朵。蒋捷听雨，却听出了一生的况味。

余光中是诗人，也是散文家，他的《听听那冷雨》，我第一次读到就特别喜欢。我们先读一段：

> 雨不但可嗅，可观，更可以听。听听那冷雨。听雨，只要不是石破天惊的台风暴雨，在听觉上总是一种美感。大陆上的秋天，无论是疏雨滴梧桐，或是骤雨打荷叶，听去总有一点凄凉，凄清，凄楚……

一连三个“凄”字，凄凉，凄清，凄楚。那是雨打在梧桐叶上，或是打在荷叶上，如果不是残荷、枯荷，而是长得最绿的荷叶，就没有这样的凄凉了。他不由自主地想到蒋捷听雨的三个阶段：

> 一打少年听雨，红烛昏沉。再打中年听雨，客舟中，江阔云低。三打白头听雨在僧庐下，这便是亡宋之痛，一颗敏感心灵的一生：楼上，江上，庙里，用冷冷的雨珠子串成。……

蒋捷经历了亡国之痛。他是南宋人，写这首词时

雨后的富春江

已经是元朝，宋已经灭亡了。他成了和尚，在僧庐下听雨。《虞美人·听雨》最后一句实际上讲的是亡国之痛，悲欢离合总无情，兴亡成败总无情。他用听雨三阶段、冷冷的雨珠子把自己的一生串起来，雨在这里就是线，是缝接历史的线，也是缝接人生的线。

许达然在那篇《雨》中，同样也想到了蒋捷的《虞美人·听雨》："潺潺，潇潇，杀杀，听雨甚至象征人生三期。"

第一阶段"潺潺"，第二阶段"潇潇"，第三阶段"杀杀"。"新景交融旧情，不同的是众雨，杀杀；一样的是独语，傻傻；敲不破通往死亡之阶的石头，仍滴而不答。"这就是少年听雨到而今听雨的一生三阶段。

喜欢听雨的人太多了，邵燕祥是一位诗人，他少年时就喜欢听雨。1946 年，只有十三岁的他写了一篇《关于听雨》。他说："春天的雨，淅淅沥沥，常是彻夜不住，缠绵悱恻。"所以在伤心人听来，就是"枕前泪共阶前雨，隔个窗儿滴到明"。

他想到了韦庄《菩萨蛮》里面说："人人尽说江南好，游人只合江南老。春水碧于天，画船听雨眠。"

"画船听雨眠"，就是你坐在画船里听着雨睡着了。

他说："雨丝像一线穿珠般地在春水上激起小圆晕，这样的温存使春水魂销，而涟漪荡漾了。"再加上燕子，

大雨

还有白鸥，那是多美的画面啊。这是少年邵燕祥充满抒情的文字。

美国作家霍桑在散文《古屋杂忆》中这样写听雨：

> 雨是整天地下，下了足足有一个星期：滴滴答答，沙啦沙啦，雨不断地从屋檐往下落，水管下面承接雨水的木桶里是泡沫翻腾。……

滴滴答答，沙啦沙啦，那就是雨的声音，雨是水的音节，是大地的诗。我们继续往下读：

> 在这种梅雨的天气——假如天上也下雨的话——谁要是住在夏娃小姐在天堂上的香闺里，恐怕不只是气闷，简直还会生病；反不如我住在那座牧师故居里，还有各种遣闷排愁的方法，在里面关上一个星期也无所谓。玫瑰铺床，固然是乐园仙境，但是睡在湿玫瑰上，顶上又没有遮盖，味道也怪不好受的。

他想象天堂的床是用玫瑰花铺的，但是玫瑰花是湿的，睡在上面也不好受。

听雨读书是一件多美的事，我甚至觉得比“画船听雨眠”更美。

雨不断地打着屋顶，作者在古屋里读着尘封的旧书，感叹道：“想不到思想也会发霉的。对上一代来说营养最丰富的精神食粮，到了下一代，竟就变成了树皮草根。”这句话的意思就是说上一代的思想，如果下一代人不再喜欢的话，可能就会被当成树皮草根，而不再是美好的精神食粮。

雨打在梧桐叶上，余光中说是“凄凉、凄清、凄楚”的，从白居易的“秋雨梧桐叶落时”，到李清照的“梧桐更兼细雨”都给人这样的感觉。雨打在芭蕉上又会给人什么样的感觉？我们来读中国作家蒋屏风的《芭蕉雨》：

> 天忽然下起雨来，一串串珠子似的雨丝，不住地在我的窗前倾泻着。……我看雨珠轻轻打着远远近近的屋瓦，我看雨珠洒落在城隍山上的绿草，我又看它用着和缓的节拍滴在梧桐和芭蕉叶上。本来是温柔的芭蕉叶，被柔弱的雨丝一打，却显得愈加温柔了。

大家有没有发现，雨打在芭蕉叶上，一点都没有凄凉、凄清、凄楚的感觉，而是让芭蕉变得更加温柔了。

蒋屏风说自己已经记不清有多少次静坐听雨打芭蕉声了，因为他小时候住在外祖父的家里，他们家有一棵很大的芭蕉树。我们继续读：

> 我看见一串串的雨珠尽是往叶上打，我由芭蕉被雨打得垂下去而想到一个人的生涯，一个人肩上的负担。……
>
> 一直到黄昏，雨还是接续不停地下着。……窗外的芭蕉，使我由于人生的疲倦想到疲倦的雨丝，联想到被雨点打着垂头丧气的疲倦的芭蕉叶，我不禁深深地吁了一声。
>
> 睡觉的时候，大约已有十一点多了。……我侧着耳朵听窗外的雨打芭蕉声，我想用了催眠术似的方法使自己走入睡眠状态去。想不到所得的结果恰巧相反，愈听我愈觉得惺忪，也愈兴奋，简直使我不自禁地翻开了童年那页，一幕幕地映着幻灭了的往事。……

雨打芭蕉不仅没有催他入眠，反而让他回忆起天真烂漫的童年，在将睡未睡的蒙眬中仿佛回到了童年时代，他想起了外祖父的慈祥的手——那只曾抚过他几千万次的皱褶的手。

小说家张恨水写过一篇散文《绿了芭蕉》，其中说道：

> 芭蕉这东西，在雨窗的夜晚，是助人愁思的，江南芭蕉初肥的时候，雨特别地多，在这场合，在灯下，在枕上，自也容易引人听着雨打芭蕉的沙沙之声，而思前想后，我预计着，我将来，如有这个机会，会永夜地听下去的。……

但听雨打芭蕉也可以听出伤心来，不信，我们可以来读李清照的词《添字丑奴儿》：

> 窗前谁种芭蕉树，阴满中庭。阴满中庭。叶叶心心，舒卷有余清。
>
> 伤心枕上三更雨，点滴霖霪。点滴霖霪。愁损北人，不惯起来听。

雨打芭蕉，那是“伤心枕上三更雨”，听着芭蕉上的雨声就更伤心了。

再回到余光中的散文《听听那冷雨》。我们来读其中一段：

杏花。春雨。江南。六个方块字，或许那片土就在那里面。而无论赤县也好神州也好中国也好，变来变去，只要仓颉的灵感不灭美丽的中文不老，那形象，那磁石一般的向心力当必然长在。因为一个方块字是一个天地。太初有字，于是汉族的心灵他祖先的回忆和希望便有了寄托。譬如凭空写一个“雨”字，点点滴滴，滂滂沱沱，淅淅沥沥，一切云情雨意，就宛然其中了。视觉上的这种美感，岂是什么 rain 也好 pluie[1] 也好所能满足？翻开一部《辞源》或《辞海》，金木水火土，各成世界，而一入“雨”部，古神州的天颜千变万化，便悉在望中，美丽的霜雪云霞，骇人的雷电霹雹，展露的无非是神的好脾气与坏脾气，气象台百读不厌门外汉百思不解的百科全书。

我们这五堂课（“与风对话”“与云对话”“与雾对话”“与雨对话”“与雷电对话”），除了“风”外，霜雪云霞、雷电霹雹，包括繁体的“雲”与“電”，都是“雨”字头的。这个“雨”字，足以让人想入非非，“点

[1] 两个外文词分别为英文和法文中的“雨”。

点滴滴，滂滂沱沱，淅淅沥沥”都是指什么？雨的声音，所以这篇散文的题目就叫《听听那冷雨》。

接着，他写“雨气空蒙而迷幻，细细嗅嗅，清清爽爽新新，有一点点薄荷的香味”。薄荷的香味浓时，会发出一种淡淡的土腥气。这腥气也许来自蚯蚓、蜗牛，来自地上和地下的小生命，也许是古中国层层叠叠的记忆蠢蠢蠕动，也许是植物的潜意识和梦。

接下来他写树上和瓦上的韵律都清脆可听，特别是打在大竹子做的屋顶上。

宋代作家王禹偁（chēng）写过一篇《黄冈竹楼记》，其中讲到了用很大的竹子作为屋瓦，住在竹楼里面，夏天的急雨声如瀑布，听起来特别美。雨是水的音节，住在竹楼里就可以欣赏音乐。

现在我们看日本作家德富芦花写的雨：“从村庄来到野外，麦苗郁郁青青，路边的枯草也泛起片片绿意。”这个时候初春的雨来了，春雨潇潇，青烟迷离，他看见“春雨淋在一只渔网上”。竹篮打水一场空，春雨淋在渔网上。我很喜欢这一句。

他写道：“春潮带雨，清流湍急，如膏似玉。海洋上水天蒙蒙，春帆一点，穿雨而来。”这不免让我们想起唐代诗人韦应物《滁州西涧》里的一句诗：“春潮带雨晚来急。”春潮带雨，到最后是“春帆一点，穿雨而来”，这是从韦应物的诗意中变化出来的。

德富芦花的文字富有画面感，有唐诗的韵味。日本画家东山魁夷小学毕业时，数学老师送给他一本德富芦花的《自然与人生》。他说记不清当时是如何兴奋地读了这本书，经过了漫长的岁月，这本书依然住在他的心中，甚至无意识地将他引上了画家的道路。

我们再来读德富芦花的《梅雨时节》：

> 雨，下下停停，停停下下，鸦啼蛙鸣，争唱雨晴。
>
> …………
>
> 山上传来枭鸟的叫声。
>
> 雨又沙沙沙地下起来了。

有乌鸦啼，有青蛙叫，“青草池塘处处蛙”，这是梅雨时节，山上还有鸟儿的叫声。乌鸦的叫声、蛙声、鸟声和雨声混合在一起，又各自可辨。沙沙沙，是雨的声音；沙啦沙啦，是雨的声音；潺潺，是雨的声音。滴滴答答，这是美国作家霍桑听到的雨声。全世界的雨声都是一样的，象声词也是相通的。

墨西哥诗人奥克塔维奥·帕斯写过一首《只当听雨声》，我们一起来读：

时间一次次地变幻，
听我说，只当听雨声，
你并没有听，只用向里睁开的眼睛
听我倾诉衷情，
你睡着，五个感官却很清醒，
声切切，步浅浅，雨绵绵，
空气和水，没有重量的语言：
你我过去曾是，现在依然，
年年岁岁，这个瞬间，
没有重量的时间，巨大的忧患，
…………
听我说，只当听雨声，
岁月流逝，瞬间归来，
可听见隔壁房间中你的脚步声响?
不在这里也不在那里：你听它们
是在另外的时间也就是现在，
你听这时间的脚步
这时间是既无重量又无方位的地方的发明者，
你听雨水在阳台上流淌，
黑夜在树丛中便更是黑夜，
光线已经在枝叶中筑起巢房，

其朦胧的花园四处游荡
——请进，你的影子会覆盖在这页纸上。

他听雨声，听到了什么？

他说，听雨声是听时间的脚步，听雨的时候听见的是时间，是没有重量的时间。这是多么奇异的想象。

现在我们再来看看郁达夫。他说自己是江南人，按理来说应该是不喜欢雨的。但是春雨诱人，从“天街细雨润如酥[1]”到“小楼一夜听春雨”，还有“杏花春雨江南”，唐宋的诗人早就写尽了春雨的美。他说“夏天的雨，可以杀暑，可以润禾”，就是秋雨也耐人寻味，他想到了秋瑾的绝笔“秋雨秋风愁煞人[2]”，这是她被杀害前的一声长叹，但是这一句诗并不是秋瑾原创的，而是出自清代的陶澹人的一首七律。

许达然在《雨》中提到了“一蓑烟雨任平生”“回首向来萧瑟处”，这是苏轼的名句。苏轼喜欢雨，他写过西湖夏天的雨：“黑云翻墨未遮山，白雨跳珠乱入船。”

埋骨西湖的岳飞在他的《满江红》中也有一句“潇潇雨歇”。我们继续读许达然的《雨》：

[1] 此句现普遍写作“天街小雨润如酥”。
[2] 此句现普遍写作“秋风秋雨愁煞人”。

秋雨

连慷慨激昂的岳飞，八千里路云和月后
也不说他淋雨，简直怕怒发一湿就冲不上冠，
唱《满江红》时只凭栏看满地潇潇雨歇。

许达然又想起了北宋词人秦观：

“春路雨添花，花动一山春色。”（秦观）
但村姑正帮父母作田，无闲摘来戴。即使戴了，
郎正忙着也不来看娇嫣。倒是旁观的诗人看
醉却诬陷草木微醺，仿佛微雨是淡酒。

帮父母种田的村姑忙得没空摘花，即使头上戴了花，她喜欢的郎也在忙着种地，不会来欣赏她。倒是过路的诗人看醉了，说什么草木微醺，好像微雨是淡酒。春雨如酒，可以让花草树木都醉了。这是对春雨的礼赞。

我们来看诗人伊甸的《雨水之歌》：

雨撕裂黑夜，也撕裂白昼
撕裂轻浮的快乐，也撕裂沉重的忧郁
它把人世间的一切弄得面目全非
在我们恐惧时，它是让我们加倍恐惧的

蛇蝎、子弹、谣言、恐吓信……

原来雨也可以成为蛇蝎、子弹、谣言、恐吓信……

雨并不永远是雨。一转身
它就变成河流、树叶、泥泞、洪水、泪滴
音乐、噪声、寂寞、悲剧、喜剧……
一种刻骨铭心的思念是另一场雨
它开始用疼痛和饥饿敲响一扇厚重的
铁门

雨，可赏，可听，可想，可画，可诗，可歌，可爱。

雨并不永远是雨，它是会变的，可以变成悲剧，也可以变成喜剧。一场雨可以改写历史。

1815 年 6 月 16 日，法国滑铁卢下的一场雨，决定了拿破仑被打败。因为下雨，草地很湿，拿破仑的炮兵优势没能充分发挥实力。法国作家雨果在《悲惨世界》里说："一片反常的云穿过天空，足以推翻一个世界。"反常的云带来了雨，不是云推翻一个世界，而是云后面的雨，天意只需要一点雨而已。大泽乡的那场暴雨使陈胜、吴广揭竿而起，斩木为兵，强大的秦帝国逐渐土崩瓦解。

滑铁卢战场遗址

最后我们用流沙河的这首《蜀国春夜雨》来结束我们与雨的对话：

雨小姐乘夜风
天外归来
年年准时无误
催蜀国明晨花开
溪边的篱边的桃树李树

野径云黑
碎步无声
她记得锦城西郊路
只是楼影峨峨如山
迷失了昔年的野渡
前面是长桥
且去问两行星星
如今漂到何处

入一院农家
敲玻璃窗户
惊醒梦中的田父
问她

你找谁啊
她说
我找杜甫

在这首诗中，流沙河呼应的是杜甫的《春夜喜雨》。我们这节课从杜甫的《春夜喜雨》开始，到流沙河《蜀国春夜雨》中的一句“我找杜甫”结束，而窗外的雨还在下着。

A Talk with Rain
/
读

喜雨亭记

〔宋〕苏轼

亭以雨名，志喜也。古者有喜则以名物，示不忘也。周公得禾，以名其书；汉武得鼎，以名其年；叔孙胜狄，以名其子。其喜之大小不齐，其示不忘一也。

余至扶风之明年，始治官舍，为亭于堂之北，而凿池其南，引流种木，以为休息之所。是岁之春，雨麦于岐山之阳，其占为有年。既而弥月不雨，民方以为忧。越三月乙卯乃雨，甲子又雨，民以为未足；丁卯大雨，三日乃止。官吏相与庆于庭，商贾相与歌于市，农夫相与忭（biàn）于野，忧者以乐，病者以愈，而吾亭适成。

于是举酒于亭上以属客，而告之曰："五日不雨可乎？"曰："五日不雨则无麦。""十日不雨可乎？"曰："十日不雨则无禾。"无麦无禾，岁且荐饥，狱讼繁兴，而盗贼滋炽。则吾与二三子，虽欲优游以乐于此亭，其可得耶？今天不遗斯民，始旱而赐之以雨，使吾与二三子，得相与优游而乐于亭者，皆雨之赐也。其又可忘邪？

既以名亭，又从而歌之。歌曰：使天而雨珠，寒者不得以为襦；使天而雨玉，饥者不得以为粟。一雨三日，繄谁之力？民曰太守，太守不有。归之天子，天子曰不。归之造物，造物不自以为功。归之太空，太空冥冥，不可得而名。吾以名吾亭。

说雨

胡适

我们中国的人，从前都说这雨是从天上落下来的，但是据现在的人考究起来，原来这雨是从地上来的。为什么呢？譬如我们拿一只锅子，装满了水，用柴火去煮它，等到水沸的时候，把锅盖掀起，我们一定可以看见这盖上有一滴一滴的汽水。列位呀！这些汽水可不是从这锅底的水中生出来的吗？这个缘故就因为水被火烧滚，化成水汽向上升起，遇着那比锅底冷些的锅盖，就凝住化成汽水了。倘使我们把这盖摇动，那水点便一滴滴地落下来，这落下来的水点，何尝不是从那锅底的水中来的呢？就是兄弟刚才所讲雨是从地上来的这句话，也就是这个道理了。为什么呢？因为这地球上那江河洋海的水，被这太阳晒热了，也就有许多部分的水，化成水汽，冉冉地向上升起，遇了那冷空气就凝住了，后来越积越重，或是那时天气的冷热有什么变动，那空气一变动，那汽水便一滴滴地落下来，这就是我们所说的“雨”了。列位呀！“雨是从地上来的”这句话可不是一毫也不错的吗？但是照这样看来，那有雨没雨，都是关于这天气上的事，并没有什么神道，也没有什么雨师龙神的，可见得那些人一遇了大旱的时候，便去磕头拜揖地去求雨，真是愚蠢得很可笑得很了。但是有些人问我说：“你说这雨是求不来的，然而我们若是大家都肯去求雨，一定能够求得大雨，这又是什么缘故呢？”列位呀！兄弟刚才可不是说那“有雨没雨都是关于那天气上的变动的”吗？求雨的时候，人那么多，锣鼓那么热闹，不要说别的，就是那许多人的熏蒸之气，也就可以使得那空气生很大的变动了，何况再拿着锣鼓的声音去震动这空气呢？那空气受了许多人的熏蒸之气，又被这锣鼓声音的震动，自然要立刻下雨的了，然而讲究起来到底不是什么神道的力量呀！

（原载于1906年11月16日《竞业旬报》第3期）

夏日漫步山间（节选）

〔美〕约翰·缪尔　周莉 / 译

近午时分，巨大的、浮雕般的积雨云与往常一样又开始在森林上方生成，带来一场迄今为止最令人难忘的暴雨。……雨下来了，同样异常壮观，飞泻的雨水为高地和低谷盖上了雨幕，透明的雨幕宛如起伏的大地骨骼的肌肤，令岩石闪闪发亮。雨水汇聚于峡谷内，倾注入溪流中，令它们应着雷声轰鸣咆哮。

追溯每一颗雨滴的历史多么有趣！正如我们所见，第一滴雨降在新生的内华达荒芜的大地时，地质年代并不久远。但现在雨滴的境遇已发生了多么大的变化！阵雨快乐地落在如此迷人的自然中，几乎没有一颗雨滴找不到美丽的着陆地点：晶莹的雨滴或嘈嘈冲刷着峰顶和闪亮的冰川岩面，以及壮观而光滑的穹顶，或切切浸润着森林、花园和灌木丛生的冰碛土壤。一些没入高山的雪泉，充实着它们妥善储藏的贮备；一些洒入湖泊，拍打着湖水光滑的镜面，激起涟漪、水泡和水花，清洗着这些山岭的窗口；另一些注入大大小小的瀑布，似乎急着与它们一同歌唱舞蹈，令它们溅起的水花更加精美。每一颗雨滴自身便是一挂飞流而下的瀑布，它们来自云朵的峭壁和峡谷，降落在岩石的峭壁上和峡谷中，它们告别空中的雷声，没入湍降河水的轰鸣之中。快乐的高山雨滴们，你们干得好，祝你们幸运。还有一些雨滴坠入草地和沼泽，它们如同躲入温柔的巢穴般，悄然渗入草根，默默浸润各处，寻找自己指定的工作；一些降落在森林的尖顶上，从闪亮的针叶间筛流而过，为每根针叶轻声送去平静和快乐；一些雨滴快乐地落于矿石的表面——石英、角闪石、石榴石、锆石、电气石、长石——轻拍着金沙和旅途劳顿的沉甸甸的金块；一些跌坠于藜芦、虎耳草和兜兰宽阔的叶面上，发出啪啪的钝响和低低的颤动声；一些幸福地径直落入花盏中，亲吻着百合的唇瓣。它们需要做多少工作，装满多少杯盏啊，从小得无法看见的细胞，到仅能容下半滴雨水的花盏，再到山间的湖泊，每一只大大小小的杯盏都被同样细心地斟满。这些幸福的雨滴每一颗都是银色的新星，河流湖泊、花园丛林、峡谷群山，大地拥有的一切都折射在它们晶莹的水滴里，它们是天主的信使，是带来壮丽和庄严之美的爱的天使，它们所显示的力量令人类最伟大的景观也显得可笑。

暴雨停了，天空放晴，最后一批雷声的波浪拍打在群峰间，现在雨滴到哪里去了？这闪亮的一群命运如何？它们中的一些借着水汽的翅膀，已急着升回了天空；一些进入植物体内，悄悄穿过看不见的门，进入细胞的环形小屋；一些被封在晶莹的冰中，或矿石的晶体内；一些渗入多孔的冰碛，令其间微小的泉水不至断流；一些开始了河上的旅程，前去与大海这更大的雨滴会合。各种形式的雨滴同样美丽，它们不停地变幻，永不休息，怀着爱的激情忙碌，与群星同声歌唱着永恒的创造之歌。

雨

许达然

朦朦胧胧，雨一湿，语似乎也变诗了。梭罗有首诗说夏雨即将淅沥，他请写过雨的荷马与莎士比亚暂歇歇，好让他全心享受雨景。但雨最文雅的朋友也许是中国诗人。

中国文人从前被风花雪月搞得迷糊外还喜欢赏雨写诗，却很少出去淋湿，大多等天晴才散步。即使像苏轼把雨当作有味三余中的“时之余”，偶尔淋了也少写自己湿而只淡漠吟“一蓑烟雨任平生，回首向来萧瑟处”。像贾宝玉湿淋淋告诉别人避雨只是小说里的天真罢了。诗人唯恐自己湿漉漉失去风度，怕撑伞难耐孤独；连慷慨激昂的岳飞，八千里路云和月后也不说他淋雨，简直怕怒发一湿就冲不上冠，唱《满江红》时只凭栏看满地潇潇雨歇。其他诗的志士更不必提了。有些人雨落时还睡，醒后才感叹花也落地。有些人连雨都不敢看，更看不到无家可归的雨洗得穷人无家可归；即使聆听，还假装渔翁听不见：“长醉是良策，昨夜一江风雨，都不曾听得。”（朱敦儒）诗人竟多半文雅到不淋却干哼痛，把诗意搅成失意，淋得读者浑身凄厉，感觉不到惊喜。

曾是先民的惊喜，雨如线要缝接天地，中国人早就对雨很好奇。那好奇刻在甲骨上："今日雨，其自西来雨？其自东来雨？其自北来雨？其自南来雨？"我们自四方来，今日翻阅纸上雨，听时间的淅沥。

看雨霏霏，如泼墨的心湖要静而雨不止，灵感就如涟漪荡漾。霎时看到雨就为自己的幽思加上羽飘离现实，被雨冲落地后才发现还是春季："春路雨添花，花动一山春色。"（秦观）但村姑正帮父母作田，无闲摘来戴。即使戴了，郎正忙着也不来看娇嫣。倒是旁观的诗人看醉却诬陷草木微醺，仿佛微雨是淡酒。

看雨滂沱，诗人感情汹涌，冲不掉凄惨。想雨阻老翁冒死为官家采玉，"深榛雨中宿"（韦应物）。想雨在黄河放肆，逼河改道，诗人眼睛泛滥了。想雨攻长城，打着回不了家的尸骨；戎兵分不清簌簌落的是无情水还是有情泪："谁在玉楼歌舞，谁在玉关辛苦。"（李好古）想雨击箭，士兵要穿过箭雨，箭雨却穿过士兵。雨塞不住他们的呻吟，洗不清他们的鲜血。他们躺在血水里，亲人干等他们回家，诗人越想越冷而发抖。

听雨潺潺潇潇。心情开朗时赞雨娴静，心情若悒郁就怨雨多语，李商隐仍要"留得枯荷听雨声"。只在窗边听雨打芭蕉就听不到蕉农的苦衷，诗人却也绕室徘徊吟哦。雨是音乐，甚至干有音乐，诗人也听出雨来："大弦嘈嘈如急雨。"（白居易）若是漂泊就舟上听雨打瞌睡，被自己的鼾声吵醒后，发觉越漂越远了。

听雨潇潇杀杀包围诗人。恐怖，一样雨不同意象："鬼雨洒空草。"（李贺）抗议，一样雨不同忧虑："暮下雨，富儿漉酒聚俦侣，酒厚只愁身醉死。……雨益大，贫家未夕关门卧，前日昨日三日饿，至今门外无人过。"（清，吴嘉纪）悲壮，一样雨不同憧憬；老迈的陆游，在夜阑的故乡卧听风雨，居然梦见自己骑马到北方边畴防戍，稠密的雨浸润他稀疏的发。

潺潺，潇潇，杀杀，听雨甚至象征人生三期："少年听雨歌楼上，红烛昏罗帐。"少年忙着糊涂，只听没看，掩日的手挡不住云影，离乡后遇薄情雨就赶紧躲避。"壮年听雨客舟中，江阔云低，断雁叫西风。"已是秋季仍不能回去，寒雨却催冬。"而今听雨僧庐下，鬓已星星也。"越老越逃离社会，迷蒙把错综人生归结为"悲欢离合总无情"。虽说"一任阶前点滴到天明"（蒋捷），却怕脉搏熬不过黑暗。雨仍无端落，命仍不甘干；奈何无晴气候，无情年华。新景交融旧情，不同的是众雨，杀杀；一样的是独语，傻傻；敲不破通往死亡之阶的石头，仍滴而不答。

看雨也听语常是离别时。柳留不住人，情已婀娜，天却又缠绵，还未洗尽凄切，雨已歇。然后亲朋踏着湿路走了，然后又是一首诗。然后“不敢要佳句，愁来赋别离”（杜甫），雨一落就滴进诗人的怀念；“离恨做成春夜雨”（宋，杨炎正），切不断，踢不开；幸亏诗人最后受不了而昏睡，否则中国悲哀的诗恐怕就更多了。

天亮了，农人插过秧，诗人才从愚愁醒来。看见外边天空要在柏油路上反映自己的辽阔，都被车辗，看见大家已流汗工作，听到小贩吆喝，听到机器嘶叫，诗人恍然发觉已是现代，也跑出去。雨，早停了。

1979 年 8 月 22 日

雨

郁达夫

周作人先生名其书斋曰苦雨，恰正与东坡的喜雨亭名相反。其实，北方的雨，却都可喜，因其难得之故。像今年那么大的水灾，也并不是雨多的必然结果；我们应该责备治河的人，不事先预防，只晓得糊涂搪塞，虚糜国帑（tǎng），一旦有事，就互相推诿，但救目前。人生万事，总得有个变换，方觉有趣；生之于死，喜之于悲，都是如此，推及天时，又何尝不然？无雨哪能见晴之可爱，没有夜也将看不出昼之光明。

我生长江南，按理是应该不喜欢雨的；但春日暝蒙，花枝枯竭的时候，得几点微雨，又是一件多么可爱的事情！“小楼一夜听春雨”“杏花春雨江南”“天街细雨润如酥”，从前的诗人，早就先我说过了。夏天的雨，可以杀暑，可以润禾，它的价值的大，更可以不必再说。而秋雨的霏微凄冷，又是别一种境地，昔人所谓“雨到深秋易作霖，萧萧难会此时心”的诗句，就在说秋雨的耐人寻味。至于秋女士的“秋雨秋风愁煞人”的一声长叹，乃别有怀抱者的托辞，人自愁耳，何关雨事。三冬的寒雨，爱的人恐怕不多。但“江关雁声来渺渺，灯昏宫漏听沉沉”的妙处，若非身历其境者决领悟不到。记得曾宾谷曾以《诗品》中语名诗，叫作《赏雨茅屋斋诗集》。他的诗境如何，我不晓得，但“赏雨茅屋”这四个字，真是多么的有趣！尤其是到了冬初秋晚，正当“苍山寒气深，高林霜叶稀”的时节。

苦雨

周作人

伏园兄：

北京近日多雨，你在长安道上不知也遇到否，想必能增你旅行的许多佳趣。雨中旅行不一定是很愉快的，我以前在杭沪车上时常遇雨，每感困难，所以我于火车的雨不能感到什么兴味，但卧在乌篷船里，静听打篷的雨声，加上欸乃的橹声，以及“靠塘来，靠下去”的呼声，却是一种梦似的诗境。倘若更大胆一点，仰卧在脚划小船内，冒雨夜行，更显出水乡住民的风趣，虽然较为危险，一不小心，拙劣地转一个身，便要使船底朝天。二十多年前往东浦吊先父的保姆之丧，归途遇暴风雨，一叶扁舟在白鹅似的波浪中间滚过大树港，危险极也愉快极了。我大约还有好些“为鱼”时候——至少也是断发文身时候的脾气，对于水颇感到亲近，不过北京的泥塘似的许多“海”实在不很满意，这样的水没有也并不怎么可惜。你往“陕半天”去似乎要走好两天的准沙漠路，在那时候倘若遇见风雨，大约是很舒服的，遥想你胡坐骡车中，在大漠之上，大雨之下，喝着四打之内的汽水，悠然进行，可以算是“不亦快哉”之一。但这只是我的空想，如诗人的理想一样的靠不住，或者你在骡车中遇雨，很感困难，正在叫苦连天也未可知，这须等你回京后问你再说了。

我住在北京，遇见这几天的雨，却叫我十分难过。北京向来少雨，所以不但雨具不很完全，便是家屋构造，于防雨亦欠周密。除了真正富翁以外，很少用实垛砖墙，大抵只用泥墙抹灰敷衍了事。近来天气转变，南方酷寒而北方淫雨，因此两方面的建筑上都露出缺陷。一星期前的雨把后园的西墙淋坍，第二天就有“梁上君子”来摸索北房的铁丝窗，从次日起赶紧邀了七八位匠人，费两天工夫，从头改筑，已经成功十分八九，总算可以高枕而卧，前夜的雨却又将门口的南墙冲倒二三丈之谱。这回受惊的可不是我了，乃是川岛君“渠们”俩，因为“梁上君子”如再见光顾，一定是去躲在“渠们”的窗下窃听的了。为消除“渠们”的不安起见，一等天气晴正，急需大举地修筑，希望日子不至于很久，这几天只好暂时拜托川岛君的老弟费神代为警护罢了。

前天十足下了一夜的雨，使我夜里不知醒了几遍。北京除了偶然有人高兴放几个爆仗以外，夜里总还安静，那样哗啦哗啦的雨声在我的耳朵里已经不很听惯，所以时常被它惊醒，就是睡着也仿佛觉得耳边粘着面条似的东西，睡得很不痛快。还有一层，前天晚间据小孩们报告，前面院子里的积水已经离台阶不及一寸，夜里听着雨声，心里糊里糊涂地总是想水已上了台阶，浸入西边的书房里了。好容易到了早上五点钟，赤脚撑伞，跑到西屋一看，果然不出所料，水浸满了全屋，约有一寸深浅，这才叹了一口气，觉得放心了；倘若这样兴高采烈地跑去，一看却没有水，恐怕那时反觉得失望，没有现在那样的满足也说不定。幸而书籍都没有湿，虽然是没有什么价值的东西，但是湿成一饼一饼的纸糕，也很是不愉快。现今水虽已退，还留下一种涨过大水后的普通的臭味，固然不能留客坐谈，就是自己也不能在那里写字，所以这封信是在里边炕桌上写的。

这回大雨，只有两种人最喜欢。第一是小孩们。他们喜欢水，却极不容易得到，现在看见院子里成了河，便成群结队地去“趟河”去。赤了足伸到水里去，实在很有点冷，但是他们不怕，下到水里还不肯上来。大人们见小孩玩得有趣，也一个两个地加入，但是成绩却不甚佳，那一天里滑倒了三个人，其中两个都是大人——其一为我的兄弟，其一是川岛君。第二种喜欢下雨的则为蛤蟆。从前同小孩们往高亮桥去钓鱼钓不着，只捉了好些蛤蟆，有绿的，有花条的，拿回来都放在院子里，平常偶叫几声，在这几天里便整日叫唤，或者是荒年之兆，却极有田村的风味。有许多耳朵皮嫩的人，很恶喧嚣，如麻雀、蛤蟆或蝉的叫声，凡足以妨碍他们的甜睡者，无一不痛恶而深绝之，大有欲灭此而午睡之意，我觉得大可以不必如此，随便听听都是很有趣味的，不但是这些久成诗料的东西，一切鸣声其实都可以听。蛤蟆在水田里群叫，深夜静听，往往变成一种金属音，很是特别，又有时仿佛是狗叫，古人常称蛙蛤为吠，大约也是从实验而来。我们院子里的蛤蟆现在只见花条的一种，它的叫声更不漂亮，只是格格格这个叫法，可以说是革音，平常自一声至三声，不会更多，唯在下雨的早晨，听它一口气叫上十二三声，可见它是实在喜欢极了。

这一场大雨恐怕在乡下的穷朋友是很大的一个不幸，但是我不曾亲见，单靠想象是不中用的，所以我不去虚伪地代为悲叹了，倘若有人说这所记的只是个人的事情，于人生无益，我也承认，我本来只想说个人的私事，此外别无意思。今天太阳已经出来，傍晚可以出外去游嬉，这封信也就不再写下去了。

我本等着看你的秦游记，现在却由我先写给你看，这也可以算是“意表之外”的事吧。

1924 年 7 月 17 日，在京城书

东关

〔宋〕陆游

烟水苍茫西复东，扁舟又系柳阴中。
三更酒醒残灯在，卧听萧萧雨打篷。

早春呈水部张十八员外二首（其一）

〔唐〕韩愈

天街小雨润如酥，草色遥看近却无。
最是一年春好处，绝胜烟柳满皇都。

昆明的雨

汪曾祺

宁坤要我给他画一张画，要有昆明的特点。我想了一些时候，画了一幅，右上角画了一片倒挂着的浓绿的仙人掌，末端开出一朵金黄色的花。左下画了几朵青头菌和牛肝菌。题了这样几行字：

“昆明人家常于门头挂仙人掌一片以辟邪，仙人掌悬空倒挂，尚能存活开花。于此可见仙人掌生命之顽强，亦可见昆明雨季空气之湿润。雨季则有青头菌、牛肝菌，味极鲜腴。”

我想念昆明的雨。

我以前不知道有所谓的雨季。“雨季”，是到昆明以后才有了具体感受的。

我不记得昆明的雨季有多长，从几月到几月，好像是相当长的。但是并不使人厌烦。因为是下下停停、停停下下，不是连绵不断，下起来没完。而且并不使人气闷。我觉得昆明雨季气压不低，人很舒服。昆明的雨季是明亮的、丰满的，使人动情的。城春草木深，孟夏草木长。昆明的雨季，是浓绿的。草木的枝叶里的水分都到了饱和状态，显示出过分的、近于夸张的旺盛。

我的那张画是写实的。我确实亲眼看见过倒挂着还能开花的仙人掌。旧日昆明人家门头上用以辟邪的多是这样一些东西：一面小镜子，周围画着八卦，下面便是一片仙人掌——在仙人掌上扎一个洞，用麻线穿了，挂在钉子上。昆明仙人掌多，且极肥大。有些人家在菜园的周围种了一圈仙人掌以代替篱笆——种了仙人掌，猪羊便不敢进园吃菜了。仙人掌有刺，猪和羊怕扎。

昆明菌子极多。雨季逛菜市场，随时可以看到各种菌子。最多，也最便宜的是牛肝菌。牛肝菌下来的时候，家家饭馆卖炒牛肝菌，连西南联大食堂的桌子上都可以有一碗。牛肝菌色如牛肝，滑，嫩，鲜，香，很好吃。炒牛肝菌须多放蒜，否则容易使人晕倒。青头菌比牛肝菌略贵。这种菌子炒熟了也还是浅绿色的，格调比牛肝菌高。菌中之王是鸡𣽳，味道鲜浓，无可方比。鸡𣽳是名贵的山珍，但并不真的贵得惊人。一盘红烧鸡𣽳的价钱和一碗黄焖鸡不相上下，因为这东西在云南并不难得。有一个笑话：有人从昆明坐火车到呈贡，在车上看到地上有一棵鸡𣽳，他跳下去把鸡𣽳捡了，紧赶两步，还能爬上火车。这笑话用意在说明昆明到呈贡的火车之慢，但也说明鸡𣽳随处可见。

有一种菌子，中吃不中看，叫做干巴菌。乍一看那样子，真叫人怀疑：这种东西也能吃？！颜色深褐带绿，有点像一堆半干的牛粪或一个被踩破了的马蜂窝。里头还有许多草茎、松毛、乱七八糟！可是下点功夫，把草茎松毛择净，撕成蟹腿肉粗细的丝，和青辣椒同炒，入口便会使你张目结舌：这东西这么好吃？！还有一种菌子，中看不中吃，叫鸡油菌。都是一般大小，有一块银圆那样大的溜圆，颜色浅黄，恰似鸡油一样。这种菌子只能做菜时配色用，没甚味道。

雨季的果子，是杨梅。卖杨梅的都是苗族女孩子，戴一顶小花帽子，穿着扳尖的绣了满帮花的鞋，坐在人家阶石的一角，不时吆唤一声："卖杨梅——"声音娇娇的。她们的声音使得昆明雨季的空气更加柔和了。昆明的杨梅很大，有一个乒乓球那样大，颜色黑红黑红的，叫做"火炭梅"。这个名字起得真好，真是像一球烧得炽红的火炭！一点都不酸！我吃过苏州洞庭山的杨梅、井冈山的杨梅，好像都比不上昆明的火炭梅。

雨季的花是缅桂花。缅桂花即白兰花，北京叫做"把儿兰"（这个名字真不好听）。云南把这种花叫做缅桂花，可能最初这种花是从缅甸传入的，而花的香味又有点像桂花，其实这跟桂花实在没有什么关系。——不过话又说回来，别处叫它白兰、把儿兰，它和兰花也挨不上呀，也不过是因为它很香，香得像兰花。我在家乡看到的白兰多是一人高，昆明的缅桂是大树！我在若园巷二号住过，院里有一棵大缅桂，密密的叶子，把四周房间都映绿了。缅桂盛开的时候，房东（是一个五十多岁的寡妇）就和她的一个养女，搭了梯子上去摘，每天要摘下来好些，拿到花市上去卖。她大概是怕房客们乱摘她的花，时常给各家送去一些。有时送来一个七寸盘子，里面摆得满满的缅桂花！带着雨珠的缅桂花使我的心软软的，不是怀人，不是思乡。

雨，有时是会引起人一点淡淡的乡愁的。李商隐的《夜雨寄北》是为许多久客的游子而写的。我有一天在积雨少住的早晨和德熙从联大新校舍到莲花池去。看了池里的满池清水，看了作比丘尼装的陈圆圆的石像（传说陈圆圆随吴三桂到云南后出家，暮年投莲花池而死），雨又下起来了。莲花池边有一条小街，有一个小酒店，我们走进去，要了一碟猪头肉，半市斤酒（装在上了绿釉的土瓷杯里），坐了下来，雨下大了。酒店有几只鸡，都把脑袋反插在翅膀下面，一只脚着地，一动也不动地在檐下站着。酒店院子里有一架大木香花，昆明木香花很多。有的小河沿岸都是木香，但是这样大的木香却不多见。一棵木香，爬在架上，把院子遮得严严的。密匝匝的细碎的绿叶，数不清的半开的白花和饱涨的花骨朵，都被雨水淋得湿透了。我们走不了，就这样一直坐到午后。四十年后，我还忘不了那天的情味，写了一首诗：

莲花池外少行人，
野店苔痕一寸深。
浊酒一杯天过午，
木香花湿雨沉沉。

我想念昆明的雨。

1984 年 5 月 19 日

宿骆氏亭寄怀崔雍崔衮

〔唐〕李商隐

竹坞无尘水槛清，相思迢递隔重城。
秋阴不散霜飞晚，留得枯荷听雨声。

送客入蜀

〔唐〕杨凝

剑阁迢迢梦想间，行人归路绕梁山。
明朝骑马摇鞭去，秋雨槐花子午关。

剑门道中遇微雨

〔宋〕陆游

衣上征尘杂酒痕，远游无处不消魂。
此身合是诗人未？细雨骑驴入剑门。

听听那冷雨

余光中

惊蛰一过，春寒加剧。先是料料峭峭，继而雨季开始，时而淋淋漓漓，时而淅淅沥沥，天潮潮地湿湿，即连在梦里，也似乎有把伞撑着。而就凭一把伞，躲过一阵潇潇的冷雨，也躲不过整个雨季。连思想也都是潮润润的。每天回家，曲折穿过金门街到厦门街迷宫式的长巷短巷，雨里风里，走入霏霏令人更想入非非。想这样子的台北凄凄切切完全是黑白片的味道，想整个中国整部中国的历史无非是一张黑白片子，片头到片尾，一直是这样下着雨的。这种感觉，不知道是不是从安东尼奥尼那里来的。不过那一块土地是久违了，二十五年，四分之一的世纪，即使有雨，也隔着千山万山，千伞万伞。二十五年，一切都断了，只有气候，只有气象报告还牵连在一起，大寒流从那块土地上弥天卷来，这种酷冷吾与古大陆分担。不能扑进她怀里，被她的裙边扫一扫也算是安慰孺慕之情。

这样想时，严寒里竟有一点温暖的感觉了。这样想时，他希望这些狭长的巷子永远延伸下去，他的思路也可以延伸下去，不是金门街到厦门街，而是金门到厦门。他是厦门人，至少是广义的厦门人，二十年来，不住在厦门，住在厦门街，算是嘲弄吧，也算是安慰。不过说到广义，他同样也是广义的江南人、常州人、南京人、川娃儿、五陵少年。杏花春雨江南，那是他的少年时代了。再过半个月就是清明。安东尼奥尼的镜头摇过去，摇过去又摇过来。残山剩水犹如是。皇天后土犹如是。纭纭黔首纷纷黎民从北到南犹如是。那里面是中国吗？那里面当然还是中国永远是中国。只是杏花春雨已不再，牧童遥指已不再，剑门细雨渭城轻尘也都已不再。然则他日思夜梦的那片土地，究竟在哪里呢？

在报纸的头条标题里吗？还是香港的谣言里？还是傅聪的黑键白键马思聪的跳弓拨弦？还是安东尼奥尼的镜底勒马洲的望中？还是呢，故宫博物院的壁头和玻璃橱内，京戏的锣鼓声中太白和东坡的韵里？

杏花。春雨。江南。六个方块字，或许那片土就在那里面。而无论赤县也好神州也好中国也好，变来变去，只要仓颉的灵感不灭美丽的中文不老，那形象，那磁石一般的向心力当必然长在。因为一个方块字是一个天地。太初有字，于是汉族的心灵他祖先的回忆和希望便有了寄托。譬如凭空写一个“雨”字，点点滴滴，滂滂沱沱，淅淅沥沥，一切云情雨意，就宛然其中了。视觉上的这种美感，岂是什么 rain 也好 pluie 也好所能满足？翻开一部《辞源》或《辞海》，金木水火土，各成世界，而一入“雨”部，古神州的天颜千变万化，便悉在望中，美丽的霜雪云霞，骇人的雷电霹雹，展露的无非是神的好脾气与坏脾气，气象台百读不厌门外汉百思不解的百科全书。

听听，那冷雨。看看，那冷雨。嗅嗅闻闻，那冷雨，舔舔吧那冷雨。雨下在他的伞上这城市百万人的伞上雨衣上屋上天线上，雨下在基隆港在防波堤在海峡的船上，清明这季雨。雨是女性，应该最富于感性。雨气空蒙而迷幻，细细嗅嗅，清清爽爽新新，有一点点薄荷的香味，浓的时候，竟发出草和树沐发后特有的淡淡土腥气，也许那竟是蚯蚓的蜗牛的腥气吧，毕竟是惊蛰了啊。也许地上的地下的生命也许古中国层层叠叠的记忆皆蠢蠢而蠕，也许是植物的潜意识和梦吧，那腥气。

第三次去美国，在高高的丹佛他山居住了两年。美国的西部，多山多沙漠，千里干旱，天，蓝似盎格鲁-撒克逊人的眼睛，地，红如印第安人的肌肤，云，却是罕见的白鸟，落基山簇簇耀目的雪峰上，很少飘云牵雾。一来高，二来干，三来森林线以上，杉柏也止步，中国诗词里“荡胸生层云”或是“商略黄昏雨”

的意趣，是落基山上难睹的景象。落基山岭之胜，在石，在雪。那些奇岩怪石，相叠互倚，砌一场惊心动魄的雕塑展览，给太阳和千里的风看。那雪，白得虚虚幻幻，冷得清清醒醒，那股皑皑不绝一仰难尽的气势，压得人呼吸困难，心寒眸酸。不过要领略“白云回望合，青霭入看无”的境界，仍需回来中国。台湾湿度很高，最饶云气氤氲雨意迷离的情调。两度夜宿溪头，树香沁鼻，宵寒袭肘，枕着润碧湿翠苍苍交叠的山影和万籁都歇的岑寂，仙人一样睡去。山中一夜饱雨，次晨醒来，在旭日未升的原始幽静中，冲着隔夜的寒气，踏着满地的断柯折枝和仍在流泻的细股雨水，一径探入森林的秘密，曲曲弯弯，步上山去。溪头的山，树密雾浓，蓊郁的水汽从谷底冉冉升起，时稠时稀，蒸腾多姿，幻化无定，只能从雾破云开的空处，窥见乍现即隐的一峰半壑，要纵览全貌，几乎是不可能的。至少入山两次，只能在白茫茫里和溪头诸峰玩捉迷藏的游戏。回到台北，世人问起，除了笑而不答心自闲，故作神秘之外，实际的印象，也无非山在虚无之间罢了。云缭烟绕，山隐水迢的中国风景，由来予人宋画的韵味。那天下也许是赵家的天下，那山水却是米家的山水。而究竟，是米氏父子下笔像中国的山水，还是中国的山水上纸像宋画。恐怕是谁也说不清楚了吧？

雨不但可嗅，可观，更可以听。听听那冷雨。听雨，只要不是石破天惊的台风暴雨，在听觉上总是一种美感。大陆上的秋天，无论是疏雨滴梧桐，或是骤雨打荷叶，听去总有一点凄凉，凄清，凄楚，于今在岛上回味，则在凄楚之外，再笼上一层凄迷了。饶你多少豪情侠气，怕也经不起三番五次的风吹雨打。一打少年听雨，红烛昏沉。再打中年听雨，客舟中，江阔云低。三打白头听雨在僧庐下，这便是亡宋之痛，一颗敏感心灵的一生：楼上，江上，庙里，用冷冷的雨珠子串成。十年前，他曾在一场摧心折骨的鬼雨中迷失了自己。雨，该是一滴湿漓漓的灵魂，窗外在喊谁。

雨打在树上和瓦上，韵律都清脆可听。尤其是铿铿敲在屋瓦上，那古老的音乐，属于中国。王禹偁在黄冈，破如椽的大竹为屋瓦。据说住在竹楼上面，急雨声如瀑布，密雪声比碎玉，而无论鼓琴、咏诗、下棋、投壶，共鸣的效果都特别好。这样岂不像住在竹筒里面，任何细脆的声响，怕都会加倍夸大，反而令人耳朵过敏吧。

雨天的屋瓦，浮漾湿湿的流光，灰而温柔，迎光则微明，背光则幽暗，对于视觉，是一种低沉的安慰。

至于雨敲在鳞鳞千瓣的瓦上，由远而近，轻轻重重轻轻，夹着一股股的细流沿瓦槽与屋檐潺潺泻下，各种敲击音与滑音密织成网，谁的千指百指在按摩耳轮。“下雨了”，温柔的灰美人来了，她冰冰的纤手在屋顶拂弄着无数的黑键啊灰键，把晌午一下子奏成了黄昏。

在古老的大陆上，千屋万户是如此。二十多年前，初来这岛上，日式的瓦屋亦是如此。先是天暗了下来，城市像罩在一块巨幅的毛玻璃里，阴影在户内延长复加深。然后凉凉的水意弥漫在空间，风自每一个角落里旋起，感觉得到，每一个屋顶上呼吸沉重都覆着灰云。雨来了，最轻的敲打乐敲打这城市，苍茫的屋顶，远远近近，一张张敲过去，古老的琴，那细细密密的节奏，单调里自有一种柔婉与亲切，滴滴点点滴滴，似幻似真，若孩时在摇篮里，一曲耳熟的童谣摇摇欲睡，母亲吟哦鼻音与喉音。或是在江南的泽国水乡，一大筐绿油油的桑叶被啮于千百头蚕，细细琐琐屑屑，口器与口器咀咀嚼嚼。雨来了，雨来的时候瓦这么说，一片瓦说千亿片瓦说，说轻轻地奏吧沉沉地弹，徐徐地叩吧嗒嗒地打，间间歇歇敲一个雨季，即兴演奏从惊蛰到清明，在零落的坟上冷冷奏挽歌，一片瓦吟千亿片瓦吟。

在旧式的古屋里听雨，听四月，霏霏不绝的黄梅雨，朝夕不断，旬月绵延，湿黏黏的苔藓从石阶下一直侵到他舌底，心底。到七月，听台风台雨在古屋顶上一夜盲奏，千英寻[1]海底的热浪沸沸被狂风挟来，掀翻整个太平洋只为向他的矮屋檐重重压下，整个海在他的蜗壳上哗哗泻过。不然便是雷雨夜，白烟一般的纱帐里听羯鼓一通又一通，滔天的暴雨滂滂沛沛扑来，强劲的电琵琶忐忐忑忑忐忑忑，弹动屋瓦的惊悸腾腾欲掀起。不然便是斜斜的西北雨斜斜，刷在窗玻璃上，鞭在墙上打在阔大的芭蕉叶上，一阵寒濑泻过，秋意便弥漫旧式的庭院了。

在旧式的古屋里听雨，春雨绵绵听到秋雨潇潇，从少年听到中年，听听那冷雨。雨是一种单调而耐听的音乐是室内乐是室外乐，户内听听，户外听听，冷冷，那音乐。雨是一种回忆的音乐，听听那冷雨，回忆江南的雨下得满地是江湖下在桥上和船上，也下在四川在秧田和蛙塘下肥了嘉陵江下湿布谷咕咕的啼声。雨是潮潮润润的音乐下在渴望的唇上舐舐那冷雨。

因为雨是最最原始的敲打乐从记忆的彼端敲起。瓦是最最低沉的乐器灰蒙蒙的温柔覆盖着听雨的人，瓦是音乐的雨伞撑起。但不久公寓的时代来临，台北你怎么一下子长高了，瓦的音乐竟成了绝响。千片万

[1] 1 英寻约为 1.83 米。

片的瓦翩翩，美丽的灰蝴蝶纷纷飞走，飞入历史的记忆。现在雨下下来下在水泥的屋顶和墙上，没有音韵的雨季。树也砍光了，那月桂，那枫树，柳树和擎天的巨椰，雨来的时候不再有丛叶嘈嘈切切，闪动湿湿的绿光迎接。鸟声减了啾啾，蛙声沉了咯咯，秋天的虫吟也减了唧唧。七十年代的台北不需要这些，一个乐队接一个乐队便遣散尽了。要听鸡叫，只有去《诗经》的韵里找。现在只剩下一张黑白片，黑白的默片。

正如马车的时代去后，三轮车的时代也去了。曾经在雨夜，三轮车的油布篷挂起，送她回家的途中，篷里的世界小得多可爱，而且躲在警察的辖区以外。雨衣的口袋越大越好，盛得下他的一只手里握一只纤纤的手。台湾的雨季这么长，该有人发明一种宽宽的双人雨衣，一人分穿一只袖子，此外的部分就不必分得太苛。而无论工业如何发达，一时似乎还废不了雨伞。只要雨不倾盆，风不横吹，撑一把伞在雨中仍不失古典的韵味。任雨点敲在黑布伞或是透明的塑胶伞上，将骨柄一旋，雨珠向四方喷溅，伞缘便旋成了一圈飞檐。跟女友共一把雨伞，该是一种美丽的合作吧。最好是初恋，有点兴奋，更有点不好意思，若即若离之间，雨不妨下大一点。真正初恋，恐怕是兴奋得不需要伞的，手牵手在雨中狂奔而去，把年轻的长发和肌肤交给漫天的淋淋漓漓，然后向对方的唇上颊上尝凉凉甜甜的雨水。不过那要非常年轻且激情，同时，也只能发生在法国的新潮片里吧。

大多数的雨伞想不会为约会张开。上班下班，上学放学，菜市来回的途中，现实的伞，灰色的星期三。握着雨伞，他听那冷雨打在伞上。索性更冷一些就好了，他想。索性把湿湿的灰雨冻成干干爽爽的白雨，六角形的结晶体在无风的空中回回旋旋地降下来，等须眉和肩头白尽时，伸手一拂就落了。二十五年，没有受故乡白雨的祝福，或许发上下一点白霜是一种变相的自我补偿吧。一位英雄，经得起多少次雨季？他的额头是水成岩削成还是火成岩？他的心底究竟有多厚的苔藓？厦门街的雨巷走了二十年与记忆等长，一座无瓦的公寓在巷底等他，一盏灯在楼上的雨窗子里，等他回去，向晚餐后的沉思冥想去整理青苔深深的记忆。前尘隔海。古屋不再。听听那冷雨。

1974 年春分之夜

关于听雨

邵燕祥

屡读谈雨的文字，也容我谈谈听雨：春天的雨，淅淅沥沥，常是彻夜不住，缠绵悱恻，在伤心人听来，自是“枕前泪共阶前雨，隔个窗儿滴到明”。试想青灯一盏，相思几度，辗转反侧，将如何排遣满怀心事。日本有俳句云：“都城在雨，吾心中亦雨。”想也是“檐声滴尽人心碎”的意思。若在清明时节，“萧条庭院，又斜风细雨”，独自听点点滴滴，愁思该何时了呢？

韦庄《菩萨蛮》：“人人尽说江南好，游人只合江南老。春水碧于天，画船听雨眠。”这是多么潇洒。但如挑起珠帘看雨，也许更饶诗情；雨丝像一线穿珠般地在春水上激起小圆晕，这样的温存使春水魂销，而涟漪荡漾了。燕子洗着乌翎紫颔，鸥鸟逞性翱翔上下，隔岸那绿蒙蒙的一片，是柳烟耶？抑雨雾耶？便是所谓“小雨纤纤风细细，万家杨柳青烟里”的意境了。此时若能纵一苇之所如，当不下于西塞山前之斜风细雨也。

到了“帘外雨潺潺，春意阑珊”的暮春，在江南已快是蕴藉的迎梅时节了，几楹茅屋常为阴沉天气弄得昏昏暗暗。一两月后，送梅时节，往往酝酿兼旬的雨一旦倾盆，风雨势狂，恍如脱缰之马，片刻平地变作池塘，青蛙咯咯鸣遍，可谓痛快！而金风一起，秋雨便不同了，宋人小词“窗外芭蕉窗里人，分明叶上心头滴”，这情景多么萧疏。芭蕉梧桐一向是形容凄凉的，何况“秋风秋雨愁煞人”呢。苦雨孤灯之夜，怀乡之情每会自然涌现，“君问归期未有期，巴山夜雨涨秋池”，不仅秋池水涨，还有那碎雨点敲打着门扉，客乡游子和“路上行人”，早把“潇潇雨歇”的壮怀消磨尽了吧。

雨天总是那么阴晦，看来明天还不能放晴，待细雨梦回时候，借酒浇愁，如北京人语“小雨淋淋，烧酒半斤”，即诗人所谓“清夜沉沉动春酌，灯前细雨檐花落”也。而时在伏暑，一夕狂雨，满庭落叶，墙角青苔，似颇有秋色。壶中无酒，寂寥光阴难消受也。

（原载于 1946 年 7 月 20 日《新民报·北海》）

古屋杂忆（节选）

〔美〕霍桑　夏济安 / 译

读者已经到河边去散步过，也曾凭吊过附近的古战场，也曾到果园、菜园里去参观，可是古屋内部怎么样呢？读者恐怕急于想进去一看了。说老实话，假如天气晴和，我请读者在屋外流连，恐怕反而可以尽我一份招待的心意。我对于自己住宅的内部，认识得也不大清楚，直至有一次，连日阴雨，不能出门，我方才能够在屋子住定下来。我从书房窗子里所望见的雨景，可以说是自然界最阴沉的景象了。高大的柳叶丛中，蓄积了很多的雨水，狂风一阵一阵地吹过，雨水就像瀑布似的从树上激射下来。雨是整天地下，下了足足有一个星期：滴滴答答，沙啦沙啦，雨不断地从屋檐往下落，水管下面承接雨水的木桶里是泡沫翻腾。古屋和附属矮屋的未经油漆的木铺屋顶，黑黑的全是水汽；墙上的陈年旧藓，看来却是满眼新绿，好像是出世不久，时间老人最近才给加上去的。河面本来是波平似镜，但是雨水千滴万滴地落下去，也显得模糊不堪了。眼前景色，全为雨水所浸，似乎大地也成了一块烂糟糟的海绵。窗前一英里[1]之遥，有一座蔚秀的小山，可是山顶现在已为雾气所罩，兴风作浪的鬼怪似乎就在那边藏身，正在鼓动更大的风雨，来给人类捣乱呢。

在下雨之时，大自然对人类毫不容情，似乎不让我们有容身之地。三伏炎暑，骄阳肆虐，大自然似乎还存了一点恻隐之心，森林中总有些角落，为阳光所不能达，大自然总是准备了阴凉的地方，供行路的人歇足。可是狂风暴雨的时候大自然却不给人半点隐蔽。酷热的下午，在树林深处、绿叶丛中，或堤畔河岸、树荫底下，我们曾顿忘炎威，周身舒泰，现在回想，似乎骨头里都会凉起来。可是在雨天，凡是有枝有叶的地方，都可能把我们浇得一头一脸水。抬头问苍天——其实天上昏昏沉沉都是乌云，苍天不知何处去了？——我们不免对整个宇宙制度口吐怨言。雨唰唰地一下，夏天很快地就过完了。在这种梅雨的天气——假如天上也下雨的话——谁要是住在夏娃小姐在天堂上的香闺里，恐怕不只是气闷，简直还会生病；反不如我住在那座牧师故居里，还有各种遣闷排愁的方法，在里面关上一个星期也无所谓。玫瑰铺床，固然是乐园仙境，但是睡在湿玫瑰上，顶上又没有遮盖，味道

[1] 1 英里约为 1609 米。

也怪不好受的。

谁要是能够在雨天躲到阁楼上去消磨光阴，真是福气；尤其像我们古屋的那座阁楼，历代遗留下来的杂物很多，还藏了不少革命以前的旧东西。阁楼很大，顶作拱形，小窗子堆满了灰尘，即使在顶好的天气，阁楼内部也是暗沉沉的。阁楼的四处角落里，更幽暗如山洞，里面藏些什么秘密，我向不知道，更不敢去惊动层层密密的尘埃和蛛网。屋顶上的梁和椽都是很粗糙的木头，上面的树皮都没有刨去；烟囱在阁楼中穿过，这一部分泥水匠的工作做得也很粗；因此这座阁楼看来像是原始人所居——其实整座房子都是古雅精致，只有这里才显得特别。阁楼另一边是一间小卧室，墙是刷白的，历代相传，取名“慕圣斋”，因为那些牧师们年轻时候就睡在那里，读书、祷告都在里面。那里形势既高，地位又僻静，窗子只有一扇，火炉很小，壁橱恰巧可供祈祷之用，年轻人住在里面不由得道心日长，天天做圣人的梦。这间小房，历代住过不少人，墙上也留下他们的手迹，写的是大事小记或者是一时的感慨。墙上还挂了一卷皱缩破旧的帆布，打开一看，原来是一幅牧师的画像，画的笔力很是雄健，画中人头戴假发，身穿道袍，颈垂飘带，手执《圣经》。我拿到向阳处一看，发觉那位牧师威仪凛然的眼睛正在向我看着，这种岸然的道貌，这种峻厉的眼神，求诸今日的牧师，已经是不可多得的了。画中人是一百年前本区的牧师，乃是威特菲的朋友，论到两人的口才，都是有声有色、如火如荼，常在伯仲之间。我见到这位教会前辈的遗像，不由得肃然起敬，鞠躬行礼；我本来觉得这座古屋有鬼魂缠绕，今天瞻仰遗像，似乎老牧师的英灵就在不远，我已经同他当面相见了。

…………

雨不断地打着屋顶，阁楼尘封的窗外，天光昏昏地照着，我正用力在旧书里发掘：别看它们已成了废物，里面可能有些生动的言论、精辟的思想，虽然埋没在纸堆里，也可能像煤火一样，熊熊地烧着，或者像宝石一样，发着不可毁灭的光芒。可是这样的宝贝，我可没有找着，阁楼上的书每一本都是“死书”。人类的手工，固然容易毁灭；想不到人类理智的产物，也这样经不起时代的考验。想到这一层，我不禁感慨系之了。想不到思想也会发霉的。对上一代来说营养最丰富的精神食粮，到了下一代，竟就变成了树皮草根。可是宗教书也许只是一种例外，它们所讨论的题目虽大，所说的却都是题外之话，这种书因此写与不写都是无所谓的；人类理智活动自有其生气，自有其可传不灭之处；可是拿宗教书来代表人类的理智活动而加以考验，这是不公平的。一个不学无术的人，一样可以得到上帝的圣眷；因此，我们假如认为神学图书馆所收藏的大都是大部头的无聊东西，这种想法恐怕不好算是渎犯神圣吧。

我阁楼上的书很多是前任住户牧师先生晚年所购置。谁要是像我一样，在书堆里去翻寻一次，一定会觉得，这些所谓新书，比三百年前的老书更为乏味。老书都是些庞然大物，新书则是些:《自由布道家》和《基督教研究》两种杂志零碎的讲道文、论战小册子、单篇的论文等，都是轻薄而经不起保藏的书。就装潢卷帙而论，新旧书间之差别，几如羽毛与铅块之轻重悬殊；可是它们的内容艰深严重，新旧之间几乎毫无差别。两种文章都是古板的；相形之下，老书的笔调倒还见得诚恳；过去有一时期，一定还有读者以为它们的文章很够热情，但时过境迁，那时的热情现在读来都像冰一般的冷了。那些近人的作品几乎是千篇一律的生硬古板，那是受题材的限制，不得不然，和作者个人的心胸气质无关。总而言之，这一堆灰扑扑的神学书籍，我是一点不拿它们当神圣看待的，我这种态度，我自信无妨我基督徒的为人。那些对开本老书即使堆积起来像哥特式建筑的楼梯那么高吧，可是这座楼梯并不是通到天堂之路；近人小册子即使轻薄得能够飞起来，可是它也并不能带你飞到天堂上去。

…………

我对于这些旧书所说的话，似乎颇为不敬，可是我对于一切书籍，都有一种几乎是迷信的敬意。据说虔敬的回教徒是敬惜字纸的，他们只怕字纸上面写着有神圣的诗句，所以无论片纸只字，他们都敬若神明；我看见了装订成册的书，也总是肃然起敬。书不论新旧，都可以藏有《天方夜谭》里“芝麻开门”那样的咒语，它替你打开了意想不到的真理洞穴，把秘藏的珍宝展示在你的眼前。因此我离开古屋这堆藏书的时候，心头还是有点依依不舍。

又是一天风雨之后，忽然西方天边阳光乍现，那时真叫人感谢老天爷。天空还是沉沉的乌云，可是明暗对照之下，只是使金色的夕照，化出更为绮丽的晚霞。天空的眼睑还是沉重的，可是已经向大地展露了笑容——久违了的笑容。明天又可以去山顶林径一游了。

芭蕉雨

蒋屏风

在旅舍里一起住了三天三夜，人觉得疲倦极了。白天，仅仅是那么一间楼梯下的小屋子，空气也不新鲜，终日只是暗昏昏的样儿；晚上，纵然可以到湖滨去踱一踱，回来以后，却又纳闷得不亦乐乎；而且躺下床去，头面上被蚊子乱舐乱咬，被子里面，臭虫和蚤虱之类的小动物又大肆活动。没办法，为了要经济些，这三夜我是在痛苦中挨过去的。但是我仿佛觉得有一份羞辱，自己是这么一个大的人了，为什么还敌不过这些没理性的小东西。

终于我和一个亲戚商论了一下，结果是叫我暂时到他那边去住一住，因为他那儿有一张床空着，而且设备又齐着。只是这张床并不是他自己的，若是那个原主人来要了，那我只得再行乔迁。

第四天的早上，晨曦正披着浓绮的上衣窥视人们的时候，我离了旅舍，负着一颗愉快的心到了亲戚那边。

也许几天来的扰动可以得到一些安静的归宿了。

当我迁进去之后，天忽然下起雨来，一串串珠子似的雨丝，不住地在我的窗前倾泻着。这一天，我就没有出去，除了躺了好半天使之补去三夜睡眠不足之外，剩余的工夫我就对雨痴望。我看雨珠轻轻打着远远近近的屋瓦，我看雨珠洒落在城隍山上的绿草，我又看它用着和缓的节拍滴在梧桐和芭蕉叶上。本来是温柔的芭蕉叶，被柔弱的雨丝一打，却显得愈加温柔了。

住在城隍山的对面，生平是第一次；至于静坐着听雨打芭蕉声，可记不清已经多少次了。因为幼小时候，我长住在外祖父的家里，他们家有一个很大的花园，里面有花也有竹，还有一长堤的芭蕉树。在夏天，太阳的光比火伞还厉害，我们几个表兄弟还是要到园里去玩。我们往往坐在最大的一株芭蕉树下面，这株树的叶子差不多有两尺[1]多阔，五六尺长，一直拖下来，连一抹阳光的影线也没剩了。

我们在芭蕉的浓荫下度过不知几多个夏天，我们也不知负着几多的热诚，希望芭蕉快一点开了花，过不几天就有芭蕉吃。但是对于这一个愿望始终没有做到。每年每年，我们这一群都到叶下坐着吃园里采来的黄瓜、桃子，还有硕大的西瓜，我们赤着脚，赤着上身，随便讲些老虎精一类的故事。我们常常杜撰一

[1] 1尺约为0.33米。

个老虎精或是狐狸精的故事，讲给大家听，并且讲得很出神，使人很动听。要是人家听不出你这故事是自己造出来的，那你就得了胜利，自己不妨挂上一个好口才的招牌。记得我曾经造了这类的故事去欺骗过许多人，我曾经觉得骗得过人就算好角色、好口才。但是，一直这许多年，我却不但骗过了人家，我也骗走了自己的童年呢！

因为自己从小就没了父亲，因而住在外祖父家的时间又特别多，尤其是夏天，差不多每年到的。也许是生性爱自然的缘故，一到了外祖父家，就爱牵着表兄们的手到花园里去。我爱乡村的恬静，我爱竹林的修长，我爱绿，但我格外爱园子里的一堤芭蕉树。

我对芭蕉，曾有过许多感想。我曾爱她的美丽，我也曾同情她绿得可怜。我看见那大片的绿叶子生长在树上，似乎手指有点发痒，一定要把她采下来；等采了下来，又觉得自己真太残忍，叶子也有她的生命，也有她的梦，为什么要把她采下来呢？但是既经采下来了，我们是把它当扇子，一挥下去就有好大的风。晴天的时候，我们这一伙每个人都采一片芭蕉叶，遮在头顶上，缓步地走到黄瓜丛里去找黄瓜。我们还依芭蕉的叶脉撕作一条条像线似的，撕了许多，给罩在表姊姊的头上。表姊姊只比我大了一年，也爱玩，也爱芭蕉。这绿线条盖在一个穿淡红衫子的表姊姊的头上，委实非常好看，我们就唤她新娘子。但想不到一转眼就过了这许久年，她在十七岁的那年就出了嫁，嫁给一家有钱的人去做贤妻良母。记得那年我是十六岁，我还被舅父派做送舅爷去哩！但我更想不到她嫁后的第二年秋天，我在学校里，二表兄突然跑了来，他挂着眼泪告诉我表姊姊已经逝世的消息，我几乎吓得连魂也不能附体了。

以后因为在外面读书，再也没有闲暇到舅父家去。最近的六七年中，两个表哥哥都已经先后做起父亲来了，他们的肩子也一天天重了，我不晓得要是他们想起了往事，想起了芭蕉下的玩意，又不知有什么感想呢？

在都市里，芭蕉树是一件很难得看到的东西，如今因了这特殊的机缘，我毕竟又在芭蕉树旁了。我看见一串串的雨珠尽是往叶上打，我由芭蕉被雨打得垂下去而想到一个人的生涯，一个人肩上的负担。但是，我为什么不能再用了她做伞子到路上去走呢？我只有以一声短促的苦笑来回答自己。

一直到黄昏，雨还是接续不停地下着。吃过了晚饭以后，我同亲戚谈了一些雨夜的琐事，接着我便掀开了窗帘，从一盏幽暗的电灯光里望一望窗外的天，窗外的芭蕉，使我由于人生的疲倦想到疲倦的雨丝，联想到被雨点打着垂头丧气的疲倦的芭蕉叶，我不禁深深地吁了一声。

睡觉的时候，大约已有十一点多了。时间不早了，而且话又谈得很疲劳，照理应该早一点入睡去。但也许我的神经衰弱症又加重了些，我觉得有些失眠；睡到这边，睡到那边，总是睡不着，因此头也晕眩，身上有了腻腻的汗液排出来。我侧着耳朵听窗外的雨打芭蕉声，我想用了催眠术似的方法使自己走入睡眠状态去。想不到所得的结果恰巧相反，愈听我愈觉得惺忪，也愈兴奋，简直使我不自禁地翻开了童年那页，一幕幕地映着幻灭了的往事。在将睡未睡的蒙眬之间，我仿佛又回到童年时代，我看见身边的童年之群，我的胸脯上又按着一只外祖父的慈祥的手——那一只曾抚过我几千万次的皱褶的手。

（选自《芳草集》）

雨

〔日〕德富芦花　陈德文 / 译

初春的雨

午前春阴，午后春雨，和暖，闲适，且宁静。

逗子的梅花多为老树。八幡（fān）的梅林里，一位背着孩子的老婆婆，正在捡松叶、松子和松枝。雨从松、杉、榉（jǔ）的间隙里漏下来，沙沙沙，敲打着枯叶杂陈的沙土。

从村庄来到野外，麦苗郁郁青青，路边的枯草也泛起片片绿意。春雨潇潇，神武寺山的青烟迷离。樱花山头只有斑斑白雪，然而，这山，这树，这房舍，这田园，无不在春雨里尽情洗浴。河边干枯的芦苇被草草割去了，剩下的，这里一丝，那里一簇。河床开阔了，被辟为宽广的田圃。春雨淋在一只渔网上。

梅花渍香，山茶流红，麦苗绿润，山色空蒙。这是一场催春的雨啊！

归途经过富士见桥畔，见两只小船漂浮河面之上，盖着草席。是刚刚淘过米吧，牛乳般的泔水，从倾倒的木桶里淌出，点点滴滴，融汇在春潮里消失了。春潮带雨，清流湍急，如膏似玉。海洋上水天蒙蒙，春

帆一点，穿雨而来。（2 月 23 日）

梅雨时节

雨，下下停停，停停下下，鸦啼蛙鸣，争唱雨晴。

趁着雨歇，走出门外，踏着厚厚的杂有麦秸的淤泥，在村子里穿行。人们站在绿叶簇簇的房前采摘梅子，女人在地里种植甘薯。

田里大都插了秧，苗稀水涨，田田嫩黄。蛙声四塞。水从一块田流向另一块田，汩汩有声。只有梅雨时节才会听到如此浩荡的水声啊！

河流如膏脂，碧潮满满，一捆金黄的麦秸，上下浮沉着漂走了。岸边的芦苇，有一些吐穗了。孩子们折断芦苇铺在地上，坐着钓鱼。

空气沉闷而凝重。看，村里的炊烟，潮湿得难以飞升，只能化作雾霭在地上爬行。看，山野变得深蓝重绿，仿佛滴下一滴水来，也会化成漫漶的色彩。

山上传来枭鸟的叫声。

雨又沙沙沙地下起来了。（6 月 18 日）

时雨天气

今天是时雨天空。

哗哗地下一阵儿，停一阵儿；停一阵儿，再下一阵儿。客栈的妇人们一会儿晒东西，一会儿又收东西，忙得不可开交。自然界马上就要进入冬季，心绪总有些不大安定吧。“碌碌尘世多所思，潇潇阵雨应时来。”可见古人吟咏之妙。

太阳被裹在轻纱般的薄光里。山野茫茫，落叶的树木湿漉漉的。空气郁闷，凝重，恰似春阴时节，有的只是寂寥之感。（11 月 27 日）

（选自《自然与人生》）

滁州西涧

〔唐〕韦应物

独怜幽草涧边生，上有黄鹂深树鸣。
春潮带雨晚来急，野渡无人舟自横。

只当听雨声

〔墨西哥〕奥克塔维奥·帕斯　赵振江 / 译

听我说，只当听下雨的声音，
既不聚精会神，也别漫不经心，
脚步轻轻，霏霏细雨，
空气又是水分，时间化作烟云，
白昼尚未离去，
黑夜尚未降临，
街头拐角处
一片雾沉沉，
停顿的转折点，
时间一次次地变幻，
听我说，只当听雨声，
你并没有听，只用向里睁开的眼睛
听我倾诉衷情，
你睡着，五个感官却很清醒，
声切切，步浅浅，雨绵绵，
空气和水，没有重量的语言：
你我过去曾是，现在依然，
年年岁岁，这个瞬间，

没有重量的时间，巨大的忧患，
听我讲，只当听雨声一样，
潮湿的沥青在闪光，
哈气站起并行走，
黑夜敞开并将我凝望，
是你和你哈气的形状，
是你和你黑夜的面庞，
你和你的头发，缓慢的闪电，
你穿过街道并走进我的前途，
水的脚步落在我的眼睑，
听我说，只当听雨声，
沥青在闪光，你穿过街道，
是在黑夜里漫游的雾，
是在你床上酣睡的夜，
是你呼吸的波澜，
你水的手指弄湿我的前额，
你火的手指点燃我的双眼，
你气的手指打开时间的眼睑，
幻影与复活的涌现，
听我说，只当听雨声，
岁月流逝，瞬间归来，
可听见隔壁房间中你的脚步声响？

不在这里也不在那里：你听它们
是在另外的时间也就是现在，
你听这时间的脚步，
这时间是既无重量又无方位的地方的发明者，
你听雨水在阳台上流淌，
黑夜在树丛中便更是黑夜
光线已经在枝叶中筑起巢房，
其朦胧的花园四处游荡
——请进，你的影子会覆盖在这页纸上。

定风波

〔宋〕苏轼

三月七日，沙湖道中遇雨。雨具先去，同行皆狼狈，余独不觉。已而遂晴，故作此词。

莫听穿林打叶声，何妨吟啸且徐行。竹杖芒鞋轻胜马，谁怕？一蓑烟雨任平生。

料峭春风吹酒醒，微冷，山头斜照却相迎。回首向来萧瑟处，归去，也无风雨也无晴。

A Talk with Rain

/

作

散文诗

叶悠然（八年级）

雨学土地撑起一片诗意。

散文诗。三个方块字被雨做的线连接，又被雨点打散。散文、诗，散、文诗，散、文、诗，雨点为方块字点下句读，一种组合有一种组合的韵味。雨停后，被阳光晒干的纸又是没有答案的答卷——散文诗。

雨是土地的诗，天空的散文。这一篇散文诗似曾相识，字形从甲骨文到小篆，又转为隶书、楷书，全变了，音调却仿佛还是老样子。

这似曾相识的雨从《天问》的问句中来，打得锦官城的花无可奈何地落去。雨念着那篇散文诗，捂上耳朵时，我听见雨声潺潺，罗帐里的红烛笑着，微微颤动；松开手时，我听见雨声潇潇，寺外是山河落泪，怒发冲冠。少年捂上耳朵，世界就与他无关，他可以两耳不闻窗外雨的散文诗，而长大后汪曾祺也不再这样听雨玩。雨比月亮更早懂得悲欢离合，月亮阴晴圆缺要三十天，而雨只要用几颗雨珠子串起一篇散文诗就能知晓人的一生。

雨吸取思想的精华，用于写这篇散文诗，就像水芹菜吸水一样。散文诗中有许多似曾相识的味道，泥土的气息，西窗蜡油的味道，打着油纸伞彷徨在雨巷中的姑娘的胭脂粉味，以及缅桂花香和火炭梅之甜，姑娘的油纸伞只一收，就将所有的雨味泡入一壶雨前龙井中去了。对雨来说，一切的传说、小说、散文和诗都似曾相识，因为所有文字的背景无非就是雨后、雨前、雨中。

缠球、串珠、结网，雨的散文诗就是这样写成的，写在窗外的一树芭蕉叶上。

将一滴雨放入一个天地，我凝视着它时，所有绿色的眼睛也凝视着我，注视着我的眼睛，静默地看着我，将我缠入那篇散文诗中。“啪嗒”，杏花、春雨、江南，与槐花、秋雨、子午关同时在芭蕉叶上旋放，一个名词中放入一滴雨。每一份思念都串成雨链，从云端整齐地垂向大地，散文诗一行行地在我眼前显现，正如神秘的自然法则，使滑铁卢的失败以人们似曾相识的样子一次次重现。破碎的雨滴重圆后，又念起似曾相识的散文诗。

一页散文诗很轻，一滴雨很轻；一本散文诗很重，一场雨很重。

雨下得既长且深，深入每个文明的骨髓，使英文的拟声词在中文世界的人看来也似曾相识；雨下得又远又近，它下在诺亚的方舟前，下在李清照的海棠花上，也下在我的窗外。

雨既轻且重，载着不能承受的生命之轻，书写没有定义的散文诗。

老人与海

陈天悦（八年级）

我想，所有人都爱听雨。少年听雨，中年听雨。我随着雨小姐的细步，却看见了老人听雨。于千万雨滴之中，我望见了一位最沉默的老人。我无话可说，唯有轻轻地问了一句:“你找谁啊?”

“我找那冷雨。”从南至北，从西到东，那么多人的一生串在了雨声中。在我的印象中，雨如一种音阶，高上去，高上去，奏响诗意的年代;低下去，低下去，滴滴答答，答答滴滴。沉闷的音乐之中，骆驼祥子拉着人力车一闪而过，年轻的脸在雨中显得过于沉重而老气。

我的目光又落在那位老者身上，听说他生于雨的这一头，死于雨的那一头。听说他见过疏雨滴梧桐、骤雨打荷叶。听说，大海对于余光中，是一滴太大的雨滴。想到这里，窗外的雨似乎在演绎一场别样的《老人与海》，从片头到片尾落满了雨。此时，我不需要成千上万个方块字来抒情，在老人与海之间，我也想听听那冷雨。

听雨，像是听老人一生的故事，既长且深，而又一贫如洗。他想起了从前三轮车盛行的年代，篷外风雨大作，篷内世界却小得可爱。他想起了雨伞撑起一切的时代，周遭世界如一张巨大的网格，谁都想躲在小小的圆形之下。

老年听雨时，他会回忆起少年时听雨。我想象着一位诗人曾经用手挡着耳朵，听院子里“呜——哇”的变奏。雨天是孩子们的最爱，到处是雨声和孩子们在雨中的欢声笑语。一切美得恰到好处，在童年记忆里，雨天的自己总是湿透了再回家。

今天，诗人在海的另一头，依旧是那冷雨，平平仄仄，层层叠叠，只是湿透的孩子早已回不了家。我才发现，雨的故事是苦涩的故事，老人自己也在雨中读过太多太多的故事。

在雨中，大宋灭亡了，雨“点滴到天明”；西南联大的时代开始了，叫卖声踮着苗族女孩的细步走来了，“木香花湿雨沉沉”。窗外，雨越下越小了，余光中停止了冷冷的回话，空气变得更加沉默。我变得奇怪，雨在我眼里从未如此冷清，我离开了那冷雨，留下老人与海在雨中长久地对望。你望着我，我望着你，雨滴似乎是一双注视着老人眼睛的眼睛。他的眼睛似乎会说话：“我找那冷雨。”

即使太平洋只是一滴雨，却显得很大。雨的故事很短，读起来却很难。海在找雨滴，雨小姐在找杜甫，老人在雨中找岸。你，在找谁呀？

老人与海

逯朴（七年级）

文林街的茶馆里，读书的童子成了老头，打在铁皮屋顶的雨珠的曲线成了网。南渡北归地往返，网将昆明一网打尽。威尼斯是一条鱼，由长长的桥穿成的渔线钓起。昆明也是一条鱼，被雨捕获了。收网，网的线由远及近，雨也由远及近，将老人的头发打湿了。我尽量不让视野被雨打得模糊，船上的渔翁成了汪曾祺，他在钓什么？钓昆明的雨。

海上的船摇摇晃晃，雨是一只湿淋淋的小兽，这只小兽大概就是船吧，在人类近代史间来回漫步。从狄金森的诗走到了德富芦花的文章，从北平的未名湖走到了昆明的茶馆。南渡北归由此形成，正如捕鱼人一次次地乘船外出与归来。昆明是不好捕的，捕到的是昆明的空气，但是，昆明的空气有着一分茶叶味、一分杨梅味，还有一分是昆明的雨味，顺着气味，像顺着一根网线，去解构《翠湖心影》。

我想像鲁迅一样去梦见一篇好的故事。翻开第一页，密密麻麻的字将我淋透了，无数的笔画连成线朝我袭来，使我成了鱼，顺着时间而流，做一些好的事情，在雨打铁皮顶的屋子里听课，在苦雨斋漫无目的地看书，或是与汪曾祺一起垂钓……但这不是好的故事，破网中仍空空如也，老人撑起一张布满了洞的帆，向着不可预知的海驶去，费尽心思带回了一点昆明的残骸。

其中的文字已经散落了，一点点，一滴滴，我尽力地将每一点连成线，再拼成字，字真绿，绿得像翡冷翠的眼睛。翡冷翠的天幕是用雨的线所缝的吧，《翠湖心影》的封面也是绿的。一片绿色中，天是绿的，海是绿的，老人也是绿的。我摊开《老人与海》，像喝了昆明的茶一般。大概是阳光放多了，茶水是咸的，咸得让人僵硬，让时间僵硬。茶馆读书的童子总想让时间僵硬，好让西南联大永远存在，但铁皮屋顶中的八年依然过去，老人在空中撒下一张网，将蓝色的“弹珠”网住。

诗以雨名

陈奕名（七年级）

诗以雨名，志喜也。

我有一首诗、一场雨，用《喜雨亭记》捧住雨，用雨捧住诗。诗以雨名，没有秋瑾的绝唱，也没有李尔王的追悔莫及。一场雨，唤醒了春草芽般的思想，雨是散文，是诗！我要写一首诗，打破你与天然的界线。诗以雨名，我的诗有雨后的恬静，如仲夏夜梦中的音节，既长且深，又远又近，我感到我成了一，又成双。这是一个没有雨就过不去的时代，所以我的诗以雨名，雨宣告自己是宇宙之王，我不得不庆幸我有雨的眼睛，而我却用它来寻找诗！我瞥见诗在开卷，却不知雨要滚到何方，满山满谷地滚吧，让我在诗里读到人比雨瘦，在雨里听见人比诗高。

诗以雨名，所以雨的千万孤独不请自来。我在找诗的微笑的终点，历史悠远，让人无法忽略，如丘比特的箭射穿了希腊神话仍未结束的尾声。我的诗被雨拆了，补上一块寂寞，欣欣然的一贫如洗，洗出雨纯白的心和单纯的信仰，好像婴儿天真无邪的意识空白，我的诗更亮，更坦坦荡荡！我的诗以雨名，点起最温暖的灯，雨在我的诗里下下停停，停停下下，诗在我的雨里平平仄仄，仄仄平平，透过诗始始末末的单位，透过荡石的时间，一切理性变成感性。我的时间开始了，我的雨开始了，而我的诗没有结束。

认识没有停止，茶杯打翻后的荡石摆幅依旧，只是我的诗朱颜已改。我问雨从何处来，他说从我这冷冷的诗中来，怀着爱，按时归返故地。纸上谈雨的，是诗，谈雨与晴日的对话，将好奇刻在甲骨的诗里。诗以雨名，诗写的是和雨有关的回忆，写的是久客的游子。枯荷与残荷，一字之差，差了古中国无数层层叠叠的记忆。我用短促的苦笑回答自己，不经意被雨看到，诗说我是在追溯每一颗雨滴的历史，诗说雨并不是永远都是雨。

我将雨归之太空，太空冥冥，不可得而名，吾以名吾诗。

听雨画春

张若涵（六年级）

春柔柔地问话，在大地的上空环绕，拼出云的形状。雨从问号的那个点中来，拉长又拉长，就像绣花针一样拖着长线，在云与地之间来回循环，画一个缝补天地的圆。当一年中的第一滴雨落入歌楼时，少年即使再糊涂，也会知道：哦，春来了。

潺潺，听雨在初春。雨在下，又是一个轮回在阶前，一切从头再来。点滴雨声，散落歌楼阶头。红伞一撑，少年又起游春意，这雨中红伞似山茶，绽放春园中。少年心事不拿云，笑语潺潺，雨落伞梢，正值春雨时候。少年心无惊雷，却偶然捂耳，仰头望云，对天一笑。少年抬手想挡雨，却挡不住日后的梧桐萧萧与云影。

春天，雨后惊雷声响，雨又落。雨又落，惊动春天客船上的诗人。诗人正是壮年，心语萧萧。彼岸桃花已盛开，诗人的心却像秋雨般愁煞人，不想看桃花，只想重拾旧时光。在诗人眼中，桃花竟似梧桐，他虽值壮年，春心却已无。江阔云低，本是人生春光好时节，可心已毁，有何用？国已亡，有何用？潇潇雨点何时才能歇？诗人冷冷地问话。

待从头，已在僧庐。杀杀声包围诗人，此时的诗人白发已出，鬓如霜。暮春已到，山寺清静，雨声杀杀。诗人伏案桌前，一头银发好似白色的虞美人盛开在桌头。诗人静坐，听暮春雨，长长短短，似长短句。有鸦在啼吗？有蛙在叫吗？无论听到什么，总充满悲欢离合之感，好似在吟诵一首老年之诗。

听雨，听雨，雨还在下；是春，是春，春要走了。一雨落而天下知春，人在听雨，仍在听雨，又是一个新的轮回在桌前。

潺潺、潇潇、杀杀，清清、爽爽、新新。雨是顿号，在重复，画一个季节的圆。

少年听雨

付润石（八年级）

雨，杏花一样的雨，音节一样的雨，珠玉一样的雨。如果没有那一场雨，拿破仑的帝国也许就不会马上倾覆；如果没有那一场雨，笛福的灵感也许就不会在他心中生根发芽；如果没有那一场雨，秦帝国也许就不会二世而亡；如果……

如果。“如果”只是一种假想，而雨却一刻不停地下，撕裂黑夜，也撕裂白昼。在太古之初，诺亚时代的雨下得如此猛烈，淋漓尽致又撕心裂肺，然后一切都从此滋生起来，千万的树木一起发芽，吐故纳新。

绵延二百七十六年的大清帝国最终还是垮了，大清如此，大秦亦如此。历史没有“如果”，只有“过去”，有时天意只需要一点雨，有时世界只需要一片反常的云。“帘外雨潺潺”，少年听到喜雨，中年听到愁雨，老年听到苦雨。点滴到天明的一滴滴雨，也可以折射出大宋的亡国之痛。

雨，我多么希望天会下雨。唤雨的哈特菲尔德搅拌他的化学药品，也打不动“大自然的芳心”。雨下得既长且深，下得又远又近。如果最初的雨没有下在亚当夏娃的伊甸园，人便不能成为人，分别善恶的树便长不出果子。唯有雨露经过之处，方有生命。火星上没有雨，水星上也没有雨，太阳系中唯有我们这颗蓝色星球上有雨，像大地的诗。宇宙之神随手一掷，一颗蓝色的弹球落在一片既远且近、既长且深的太空中。杏花，春雨，江南。帘外潺潺的雨滴留下了多少不堪回首的往事，而这在地球的历史上不值一提。

雨真大，雨中有多少刻骨铭心的记忆，但又是那么易忘。山那边有雨，泉州有雨，杭州也有雨，马克·吐温笔下的雨水，流淌在惠特曼的诗里，流淌在美国密西西比河，再流至我的手下，依然只是一滴水。

欣欣然，雨是水之语，是水之音节，雨可以选择淋湿一个人，也可以选择感动一个人。雨水从来不把我们锁在它自己的想象力中，相反，它向我们折射出整个世界。一滴雨落下，能湿润整个地球。

雨，写秦小篆的雨，写狂草的雨。“犁落雨至”，雨像开发美国中西部的农民一样勤勤恳恳；“鬼雨洒空草”，雨像春草一样神出鬼没。故宫大雨滂沱，千龙吐珠。司徒雷登看到的大雨即是转变历史的大雨。雨也有种种不合人意，不合天意，铁路公司宣传“犁落雨至”，他们得到的只是一声深长的叹息：“我们没有雨水。”

潇潇、潺潺、杀杀。雨水的朦胧的身体，映照出自己的面颊。雨的一生是一滴雨，只是一滴雨，然后，一滴一滴，浸没了自己，以及和雨有关的回忆。

飞针走线

赵馨悦（八年级）

时间淅沥，一任阶前点滴到天明。时间化雨往下落，这雨下得紧了，仿佛象形文字互相挤碰着落入大地，泥土也变成诗了。再次上升，上升，看不见线，捕捉不到的象形的线，却像雨一样理所当然。

也许雨伞的作用是要承接文字，这样伞下的人便有了色彩缤纷的记忆。雨如人面，一张脸紧贴一张脸，盯着拿破仑的战场。一场火围困司马父子，暗藏杀气，由失败到重生，由重生到失败，生死凝固在敲门的手上。“咚，咚，咚”，打开门，秦朝的半两钱掉下，宋朝的词如雨帘撩不开、看不透，思想会发霉。

飞针走线，织成蜀国的织物，披在身上，撑上杭州油纸伞，对雨说：“我找杜甫。”雨摇头：“杜甫是谁？”雨落在湖面上泛起一圈圈涟漪，一圈圈的涟漪，像雨伞一样自内向外翻开，撑起了天空。天空那样沉重，满载雨水，石头听了也要动容，云也累得大汗淋漓。乌龟抬起头来，毫不在乎，背负着自己背上的天地，爬入水井，辛亥年也落了水。

扣住雨水，阳光也无能为力，但总有人转身起义，欣欣然的一贫如洗，欣欣然的秦朝毁灭，只留下残荷听雨声。而当雨落入淤泥中，它发现在淤泥的时间中，莲仍是莲，它认为雨仍是雨，像雨一样理所当然，有古韵的音节。骑着驴听着“嗒嗒嗒”，不是归人而是一个过客，走过去抬起头，看见门上写的是：杀。

天意只需要一点雨，穿针引线，绣出一抹彩虹，使天出现了豁口。天地的诗篇织成诺亚方舟，从船上往下看，雨水如人面，色彩缤纷的记忆，用雨珠子串起了身体，不合情理。火星上的《雨滴前奏曲》只需一片反常的云，足以推翻一个世界，差点就推翻了一个世界。

我只是把云吸引过来，由它们来完成剩下的工作，积云，卷云，层云，这“层”字不是“阵”，是阵就是阵雨。飞针走线串起天地，先是微微一震，再是颤颤一下，芬芳渗入土中。我们都知道，这片土地像雨一样理所当然，有人试图翻开土地，却没能做到，因为是天气造成的延误，一口气吹散它们，你的思想还在飞针走线。

“滴答，滴答，滴答”，雨，飞针走线，撒落一地象形文字。

你曾经问过我

赵馨悦（高一年级）

你曾经问过我，雨水是什么形状？我无从回答，也无可回答。直到你浑身被雨打透，像一只湿淋淋的小兽，我才知道雨是你的形状，孩子的形状，有鼻子，有眼睛，有天真。直到听到你玩弹珠时发出的轻轻的悦耳的碰撞声时，我才知道，时间淅沥、雨水哗啦。你送给我一颗蓝色的弹珠，偷偷告诉我这是雨的精魂。你用手捂耳朵，“呜哇——呜哇”大叫，我曾提醒过你，这并不礼貌，也不好玩。但你仍欢乐大叫，留下一首首野蛮的小诗。

你曾经问过我，尼古拉的三个问题的答案是什么。我看着你深沉而又发亮的瞳孔，不想回答什么，你也就没有继续追问。窗外的雨落得很沉，很沉，沉入了我思想的旋涡。我想起了那个雨季的曾经，我以为曾经过得很慢，像窗外淅沥的雨水永不断绝，但也会“红了樱桃，绿了芭蕉”。我看你在昂头看雨，心里结着无数的丁香结，思想在发霉，眼前的雨成了青苔绿。

你曾经问过我，你这一生过得如何？我说不错，你却说留下许多遗憾。我看你的白发落满了南山，你还在镜中常待的地方。你喜欢喜雨、好雨，雨的音节成了你心脏的跳动，淅淅沥沥。“雨从何处来？”我问你，你笑笑并不说话，深深的皱纹游出了鱼尾，鱼藏哪里了呢？东？南？西？北？雨是不是也藏在那里了呢？我取一片枯荷放在你的耳边，你不说话，眼神沉下去，沉下去，旋进了记忆的网中。

我曾经问过我，什么可以消愁？我饱览空中的微雨以解忧，手拿针线织一幅乱针绣。在线与线的交织下，是无数种时间的碰撞。帘外雨潺潺，它们是缝接天地的线。地太沉，天太高，永远不可能相互应答。我保证我一定回答你的所有问题，可惜线太细，地又太沉。我在雨中一遍遍重复你给我的疑问，但终究没有回应。

我不曾相信过雨天的故事，因为雨雾太过于虚幻，雨又降落得没有声息，留下的只是方块字泥泞的土腥气。而今我听听那冷雨，问问那冷雨：“雨从何处来？”即使没有回应，我依然会在另外的时间和空间的尺度中等到你——雨。雨曾经问过我，我是否存在过，我回答的是可能。因为雨落的时间太长，而人的故事又太短。我曾妄图在笔记本上留下什么，最终却都是雨水，从眼中流出的雨水，在文字中生出苔藓。

一滴雨落地后，我欣欣然的一贫如洗。

你是谁？

冯彦臻（八年级）

“你是谁？”大地问轻轻落下的雨。

不过是后来者，静静听着自己落下的声响。对大地来说，它是后来者，浸没了大地从前的记忆，所有的回忆，不过是一个意外。一片反常的云穿过天空，在这里停留，它不需要从前的记忆，甚至不需要任何的理由，只需将一切交给命运，并且等待，就像雨一样，这一切都理所当然。只能庆幸这一场雨没有推翻一整个世界。蜻蜓为此感到庆幸，这不是一场足以毁灭这个世上任意一片叶子的雨。

蜻蜓在叶子下看着，雨如何映出自己那张一贫如洗的脸。它在听见风穿过每一滴雨时问道：“你是谁？”它等待雨的回答，雨等待着自己的回答。它还在聆听，自己是如何落入大地的。它知道自己一贫如洗，却欣欣然。雨落下，落到一贫如洗的大地上，在一无所有的大地上积起一个个水洼。

蜻蜓飞走了，在它曾等待的那片叶子下，四面八方都成了汪洋，而那片叶子将在风中被吹得无影无踪，又将在雨中被冲得七零八落。那是个属于命运的诺言，只是一片反常的云穿过天空时所发生的事情。作为一滴反常的雨，一个后来者，它千方百计地撕裂天空，撕裂黑夜，撕裂白天。它生于黑夜，却未被黑夜吞没，它从一团黑色的同类中来，穿过无限的空间。它与大地是故人，曾经沧海，如今却隔着一个无垠的水洼。大地知道，无论它是否受到关注，它都会怀着爱，怀着对大地的爱，带着毁灭世界的力量，以一滴水的形态按时归返故地。

它浸没了一切属于或并非属于它的回忆，却从未忘却那个黑夜，忘却它是如何从陆地和无底的海洋悄悄升起的。有人大喊："我们没有雨水！"命运却没有给它相应的回答，只留下一阵风，将云带向远方。于是，这片大地再一次迎接了一场足以吓走一只蜻蜓的大雨，也再一次欣欣然一贫如洗。

天意只需要一点雨，用不着去找杜甫，潇潇杀杀，在世界的毁灭声中问出一句："你是谁？"

种雨

金恬欣（八年级）

上苍之手搅动不断飘向雨丝的银色云层，古老的雨从陆地和无底的海洋悄悄升起，升上天空，在那里糊里糊涂有了形状。

种雨吧。等犁落雨至，充沛的水蒸气溢满整个大气层；等人类文明在雨中诞生，生活在空气海洋之间；等雨在大地种下诗。

在这颗潮湿而有水的星球，在这颗独一无二的蓝色弹珠里，一切都是雨种下的文明。是雨所耕耘的母语，从潺潺潇潇到潇潇杀杀。亡国的君主看帘外雨红了樱桃，绿了芭蕉；一腔孤勇的将军听潇潇雨歇，雨中诞生的大宋也将在雨中消亡。天意，仅需要一片反常的云。大泽乡的雨，天下苦秦久矣，苦雨就要降下。上方谷的雨，被火逼向绝路的历史又被水救于火。滑铁卢的雨，推迟一小时的战争，推迟一百年的故事。

悲剧雨。喜剧雨。雨是众神的眼泪，是潘多拉种下的苦难。神说要有生命，于是有了生命。神说要有灵感，于是雨种下灵感。狄金森的雨使她惊恐，狄更斯的雨赋予他荒凉衰败感，一颗颗雨珠子串成了文学。

像雨一样说话，像雨一样理所当然。雨种下绿色，雨如线，要缝接天地。雨种下蛇蝎、子弹、谣言、恐吓信，雨种下音乐、诗、刻骨铭心的思念。雨可赏、可听、可想、可画、可诗、可歌、可叹。平平仄仄、仄仄平平。细细碎碎、琐琐屑屑的雨。下雨的时候，千千万万人看着，千千万万人听着。有些人能感受雨，其他人则被雨水淋湿。诗人要淋雨穿过蜀地，好雨知时节。富春江上雨，蜀国春夜雨。雨是水的音节，雨是音乐家的《雨滴前奏曲》。

千个万个灵感被浸湿在雨里，想不到思想也会发霉。思想埋入泥土，故人曾经沧海，但种子破开土壤。雨落在大地，它没有消失，它浸润着每一个人的脑海。雨在江南种下江南，雨在江北种下江北。雨种下彻夜傻傻地在窗前等雨的小孩，种下无穷无尽的瑰丽想象。且看一滴透明的雨滴里，蕴含着怎样的宽广世界。雨种下世界，世界种下雨。

被雨种下的小孩看着雨一点点长大，从儿童到少年。少年听雨歌楼上，壮年听雨客舟中，而今听雨僧庐下。他仍在寻寻觅觅，找一场年少时的雨。他在等雨种下的芬芳。可就算今天的雨抄袭昨天的雨，他也没有经历过那场至净至纯的雨。

最后，少年失落地坐在古屋的屋檐下，流水落花春去也，他叹道。冥冥之中，他的脑中突然下起了雨，倾盆大雨，母语的雨，思想的雨。雨在他的心中种下一片天地，雨种下整个地球。

以一场雨为开头

金恬欣（八年级）

老人是多故事的人。

他总坐在巷口的板凳上，老屋的屋檐下，彼时正下着没完没了的雨。那雨并不大，却很绵长，落在地上如千键的钢琴被敲出一串音符，老人的嗓音和着滴答的雨声，他如衣衫凌乱的肖邦在前奏中缓缓开口。

雨仍下着，如白纸上的黑字无所不能，书写一切，又覆盖一切。江南的梅雨是清丽的小楷，华北的秋雨是凛然的瘦金。在那风里雨里，天地也失了色，成为老故事里灰白的幕布。

他说这黑风黑雨从破穹破苍的裂缝中崩下来，蔽天覆地，亘古不变地下着。这雨是当年女娲炼石补天时，坐在彩石上的绝望的哭号。

这破穹破苍，谁来顶天立地？几千年前女娲随手创造的人们在贫瘠的土地上以手中的笔创造了一个又一个故事，从东汉末年到明末清初，从三分天下到男女情爱，这些故事幻化出比五彩石更瑰丽的色彩，比那场长久的雨更广袤的想象。

能补天的不只有五彩石，还有文字。

雨落在华夏的土地上，万物生长；雨落在江河里，江水泱泱。故事从神话开始，以“话说”的前事苍茫开始，以神秘的文言款款而来。

雨打在赤壁火一般的岩层上，化作金樽中甘甜的酒，化作天下枭雄笔下的诗行。酾酒临江，横槊赋诗，在百官举杯欢饮之时，江的另一岸，人们正摩拳擦掌，凛凛的寒光生出冰一般的冷意。

长江悠悠，承载着汉末的遐想向东流去。听故事的人见老先生话音已尽，顿觉无趣，意犹未尽地追问着——然后呢？然后呢？老人高深莫测地笑笑，起身拿了一壶茶。历史常比这滚滚东逝的江水更性急，没有写好一个漂亮的结局，天下便已归了晋。

听故事的小孩未听够，吵着闹着要他说下一个故事，老人清清嗓子，换了种腔调重新开口：“滚滚长江东逝水，浪花淘尽英雄。”在淅淅沥沥的雨声里，故事再一次开始。雨落在梁山泊，一百单八将坐于喧哗的忠义堂。一张张鲜明的脸庞上有着喜怒哀乐、快意恩仇。那一把把利器上曾染过多少无辜者或死有余辜者的鲜血。那时他们欢聚一堂，从主位往下看，有豪放直爽的花和尚，有粗暴鲁莽的李逵，他们醉倒在一场招安的美梦里。

故事已经讲完了，听众仍津津有味，老人喝了口茶。他说大观园里的人们也喝着茶，只是他们喝的是上好的龙井，上好的香片。锦衣玉食的生活，单纯而美好的爱情。小孩说他也想住到大观园里去，殊不知这大宅子中的人们最终都应了神话预定的结局。“你也想成为神话里无所不能的孙悟空吗？”老人笑眯眯地问。

雨下得大起来了，雨无处不在，下在东汉，下在宋朝,下在明末,下在东逝的江水中。当年的破穹破苍，如今铸成了广阔的文学天空。

而这一切，从一个说书人的口中开始，从那一场雨的第一滴雨落地开始。女娲已不在。她的泪未干涸。从说书人口中流淌而出的河流已汇入江海。

雨仍下着，已非当年的雨。海还是海，而浪非前浪。听故事的小孩抽足入水，水不复前流。

骤雨初歇

刘尚钊（八年级）

刺桐树下刺桐雨，枇杷树下枇杷雨，菩提树下菩提雨。雨下得不公平，下得陈胜吴广揭竿而起，如针刺般降落在大秦帝国的土地上。雨仿佛有了磁力，被铸成了江河湖海。

“天意只需要一点雨。”雨是昨天云的诗，是拿破仑的失败之源，是司马懿从上方谷逃出，是晋朝的建立。

雨落在林间，能穿林打叶，一层秋雨凉了一个秋天，让树木树苗在一夜之间抽枝吐芽。天空仍下着雨，树木仍在生长，雨越来越密，把土地和回忆浸沉在雨里。自然的雨落在空谷里也有回声，可以响彻山谷，在雨中感受雨，在雨中被淋湿。雨不是一具空壳尸体，而是一壶饱满、鲜艳、浓郁的酒。

雨是时间的淅沥，是战争的转折点。李贺有鬼雨，那是听觉与想象的杂糅。

“一任阶前点滴到天明”，是少年听雨，是壮年叹雨，是而今泣雨。雨落之处，方有生命。周作人有苦雨斋，苏东坡有喜雨亭。雨，下下停停，停停下下。雨中可以听到孩童戏水之声，可以静坐听雨打芭蕉之声。秋风秋雨愁煞人，秋瑾把自己的生命凝聚在一滴秋雨中，永远不会蒸发、干涸。

历史中的雨像梧桐之雨。“梧桐更兼细雨，到黄昏，点点滴滴。”千龙吐水是政治上的骤雨，一江风雨最终干涸，像天上下着高温的雨，让人心惊肉跳。芭蕉叶被雨打了以后更加温柔。

秋雨。梧桐。落叶。骤雨初歇。雨变细了，变疏了，变绿了，到了黄昏只剩点点滴滴。雨是女子稀疏的发，是四季的常客，是不速之客。

天空飘着嫩云，向下坠着豪雨，落在枯荷上，从天空到大地，从大地回到天空。

浅、灰、蓝

刘艺婷（高一年级）

雨用眼睛说，我是浅色的，一具朦胧的身体，映照自己灰的脸，蓝色透明的眼睛。

雨的身体是浅的，浅浅的身体，淡淡的，没有轮廓，都是朦胧，朦胧。朦胧是雨的灵魂，浅浅地清洗每一个人，每一段时间，每一段历史。在雨中，似乎一切都变浅了。院中的梧桐被雨洗去了颜色。褪去的颜色化成忧愁，点点滴滴，滴在院前的青石板上，滴在心中，冷冷清清。听雨，听语，有人在听雨。少年的歌楼上，红烛浅了，罗帐淡了，歌楼上歌声袅袅，也终将化为淡淡的雨，淡淡的雨唱着歌，不是红烛昏罗帐的歌，而是唱着江阔云低。浅浅的小舟，舟上是一船浅浅的愁，浅浅的愁被雨稀释，愁变得更淡，更淡。

雨的脸是灰的，灰色的脸是命运，命运女神用灰色的雾拨动灰色的积雨云。她没有身体，但是比一切实体更有力量。灰色穿过天空，也许是反常的一片云，但灰色的雨，对历史的齿轮来说是必然的反常。灰色的雨润湿了坚硬的大地，覆盖了滑铁卢战场。雨打败了拿破仑的炮兵，打败了坚硬的刺刀与破坏一切的火炮。这个从未被武力打败过的将军在泥泞中被雨打败，被灰打败。

雨的眼睛明亮、通透。地球是一颗独一无二的蓝色弹珠，因为它是雨的眼睛，比蓝更蓝，比透明更透明。这只眼睛看到哪里，哪里就下起了雨。雨中蓝色的目光，只有淋湿的人才能看到。看到雨中的生物都在躲避蓝色的目光，一只蜻蜓倒挂在叶底下，蜘蛛收起了它的网，只有乌龟满不在乎，因为它知道雨的目光蓝而透明。雨的眼睛不是珠，也不是玉，因为能让稻麦生长的雨是比一切珠玉更蓝的东西。蓝而透明，是雨的精神，蓝的精神是喜的，雨欣喜地笑着，笑一座雨亭，笑一个丰收年。

浅，灰，蓝，雨的身体，雨的脸，雨的眼睛。浅灰蓝，一个含蓄的颜色，雨是一种颜色，一种含蓄却有力、浅却丰满的颜色，一种智慧的颜色。

雨思

马梓玹（六年级）

美丽的云雾霜霞、骇人的雷电霹雹蜂拥而至，湿淋淋的小兽走过窗前。点点滴滴，淅淅沥沥，雨在灰色天幕的衬托下降落在人间，天地清爽。我认真听雨，潮湿的空气让人迸发潮润的思考。

无数雨滴敲打房顶，传来一阵锣鼓之声。锣鼓响处，但见旌旗招展，无数马蹄踏过长满青草的地面。一阵急雨落在房顶，噼里啪啦之声从上方传来，似被点燃的鞭炮，又似大鼓一通又一通。望向窗外，无数条狭长的小巷子延伸到看不见的远方，雨滴落到地面后又溅起，大珠小珠落玉盘，雨滴们在跳一曲踢踏舞，一滴碎裂成五六滴，一路都铺满白花花的颜色。雨滴画出一个圆，顺着地球的方向，飞向遥远的未知。

先民们曾经在龟甲上刻下潮湿的文字：“今日雨，其自西来雨？其自东来雨？其自北来雨？其自南来雨？”喜雨还是苦雨？这是雨的惊喜，雨是缝接天地的线，是来自云的馈赠。雨造就了文明，若没有雨，农作物将枯萎，青草无法“吹又生”，农耕文明与游牧民族都将和火星上温柔的雨一样不可思议。

雨是最古老的音乐家，剑门细雨是婉转的弓弦，潺潺潇潇沙沙是直率的打击乐，传说京剧来自穿林打叶的雨滴，记录着古中国层层叠叠的记忆。雨打枯荷，阵阵蛙鸣，一切都变得潮湿，人的思绪也变得湿漉漉。

我看到雨滴不断从屋檐滴落，拍打着木头，发出阵阵低鸣，奏响雨滴圆舞曲。地上满是圆圆圈圈，圈圈圆圆，让我想起霍桑古屋的屋顶；墙上的陈年旧藓，看来满眼新绿，好似出世不久。

我凭空写下“杏花、春雨、江南”，六个美好的方块字。雨淋在渔网上，漏在缓缓流动的春水里。杏花在枝头绽放，一阵春风吹过，飘落在河水里。分不清春雨和春水，它们向来温暖，散发着江南特有的味道。我尝过春雨，当雨滴落到舌头上，一阵清凉遍布全身，可想，可画，可诗，可歌。

听雨，思考，快意人生。

雨文

袁子煊（八年级）

每次听雨，我都感到万分亲切：耳边仿佛不是滴滴答答的声音，而是我的语文老师——潇潇老师的讲课声。所以每次听雨，都像是听一节“雨文”课。

我想，潇潇老师的课是北方的雨，是可喜的，要是周作人阶前的蛤蟆听见了这雨，大概一口气要叫上二十几声。潇潇老师的雨的音节从不会单调，它是跳跃的，是“活泼泼的”。我们学生坐在雨里，跟着老师翻阅纸上的雨，听时间的淅沥，“随风潜入夜，润物细无声”，我们在被雨打湿的同时，说出的话也似乎变成诗了。我们在潇潇的雨中，追溯每一滴雨的历史，寻找每一颗雨的着陆点，雨“初淅沥以萧飒，忽奔腾而砰湃”，身在其中，我们不复存在。

不过，潇潇老师的雨既远且近、既长且深，我并不能全部接住。在一篇篇“雨文”中，我持着一柄枯荷，有些雨滴落入其中，有些雨滴打在叶上发个声，然后弹走，还有些雨滴你根本碰不到它。我尝试去拈住每瓣落下的杏花，好到天明时挑着担子去巷子里卖，但最后我一片也没拈住，担子里欣欣然一贫如洗——只有空空。

但就在那为数不多我接住的雨里，我尝到了雨的甘甜，那些“雨文”的美如春帆一点，穿雨而来。在潇潇老师的雨中，我意识到原来我的思想会发霉：学习语文并不是一件苦事，它是件乐事。它乐在雨滴如琴声一般敲着心弦，乐在每一滴雨都有自己的故事，乐在哪怕拈不住一瓣杏花，仍然能吟啸徐行。潇潇的雨连接了“雨文”、语文和我。

我爱听雨，爱听雨声潇潇。潇潇老师在我少年时下了一场雨，雨丝在我的世界里密密地排列，拼出一篇“雨文”。

点线面

赵健钧（五年级）

雨是无数个点。雨珠是圆的，拍打在树叶上，一颗颗雨珠仿佛一颗颗透明的珍珠，让绿叶更有了几分生机。下雨时，抬头张嘴，喝一颗雨珠，让口内充满甘甜。慢下来，雨珠落地、入水的那一刻，便又有几十颗雨珠跳了起来，散落在空气中。雨是水，是构成生命的基本物质，也是生命的点。身体里流动的水，也是一个个点，滋润着每一个不引人注目的角落。没有点，就没有线。

雨是无数条线。画上，一条条斜线构成了一场大雨。雨天，雨珠紧挨着雨珠，连成了无数条线。雨线落地，它还是线，只是化为了江河湖海，进入了新一轮的循环。雨是地球的血液，一滴一滴、一条一条地流下来，就如人的血管里流的血，是生命的红色河流。线与线交错，编织在一起，成了一张网，线成了面。

雨是无数块面。雨天，天空乌云密布，云和云连接在一起，笼罩着整片天空，慢慢地、暗暗地压下来。这乌云是水滴团结的标志，它们聚在一起，能形成一片湖泊。这乌云是循环的一部分，是雨滴落下前的归宿。乌云的尽头还是云，但云的背后是阳光。雨淅淅沥沥，讲述它的历史。

雨是点，是线，是面。雨是万物的起源。雨淅淅沥沥，历史也淅淅沥沥。

圆点

文竹（五年级）

死亡、重生、死亡，又是一首循环的诗，在大地上循环着。那是一只湿淋淋的圆兽，带着上天的秘密来了。

“啪——”一声脆响，又一个圆点死亡了。那滴雨，如同我的眼睛，我看不出里面在笑、在哭，还是在吵。上天的一切，被圆点紧紧包住，世界都变得虚幻、模糊。

人生如梦。梦里，先是“潺潺”的彩色雨洒下，细而柔软。“少年听雨歌楼上，红烛昏罗帐。”那时丑陋被雨遮住，困难变得模糊，少年沉浸在快乐中，他的世界是五彩的。接着，“潇潇”的白雨落下，好大好重。“壮年听雨客舟中，江阔云低，断雁叫西风。”曾经的少年不复存在，雨也不再向他掩盖什么。真实的世界出现了，陪伴壮年的也只有雨吧。最后，几点秋雨“杀杀”落下，“而今听雨僧庐下，鬓已星星也。”雨已落尽，一切都杀光了，只是傻傻地听雨，“怎一个愁字了得”。

“潺潺”“潇潇”“杀杀”，三场雨化为三颗圆点，被那场梦穿在一起，成为一段历史。虽然人去楼空，但是淅淅沥沥的历史仍会被保留，就像雨后还有彩虹。

圆点虽小，但那是水的智慧，它能变成线、面，甚至是一个更大的圆点。

雨大于地球！

雨问

钱奕凡（五年级）

有一天，我遇见了雨，它问我："雨是什么？"

雨就是雨，它还能是什么？我对雨说："我不知道，雨就是雨呀，还能是什么？"

它似乎若有所思。"嗯？你问我是怎么知道的？我奶奶告诉我的，那我奶奶是怎么知道的？她奶奶告诉她的。""那她奶奶怎么知道的？……""行了，行了，你哪来这么多问题？究竟是你讲还是我讲？要不你来讲好了。"

似乎那雨越思考就下得越大。一开始还是蒙蒙细雨，后来就成了哗啦哗啦的中雨了，最后越下越大。我没带雨伞，全身都湿透了。可那蠢雨还在下，我气坏了，对它大喊："你真是一只湿漉漉的小兽！"雨一下子就停下了，只见它高兴地大喊："我终于知道我是什么了，我是一只湿漉漉的小兽！"

于是，它就不见了。

（你问我它去哪了？它不就在门外吗！好了，你不用管它，快说说你的故事吧。）

梦

傅晨悦（五年级）

雨，在梦中画了一个丰满的圆。

雨中，一切的美与丑、善与恶都成了影子。雨，带着云朵的轻盈，让人间的一切都在雨中变得轻如鸿毛。故事中的黑白颠倒，也好像只要一场雨的时间。此刻，那个远方似乎离我更远了。

雨，从不能被定义，苦雨中的一碗苦茶，隐含着多少辛酸泪！人生苦短，世事难料，少年时，在歌楼上听雨，春意如同灯火阑珊，被雨浸湿后，在夜空中渐次晕开。壮年时，在异乡的船上听雨，烛光下，我透过雨，望见了故乡。老年时，两鬓斑白，独自在僧庐下听雨……这一生的悲欢离合，如火星上的一场雨一般荒唐。

一场雨，是时间的跳跃。我愿意做一个踩水洼的小孩，让我的童年化为一场雨，小到刹那，大到永恒。我，透过雨，看到了一个点线交织的世界。

雨，似乎可以让我在梦里思考。

梦里，对着雨痴望，那便会多一分智慧，多一分幻想。下雨的每一分、每一秒，我们都会一寸又一寸地沉入自己的白日梦，仿佛时时刻刻都有无穷无尽的灵感。语言，雨言，一个“雨”字，点点滴滴，滂滂沱沱，一场雨，便是一首大地的诗。“雨言”之意，只有时间略知一二。

雨打芭蕉，我与前尘似乎只隔着一叶芭蕉。一滴滴雨，一个个淋漓的灵魂，串起了故事中的关键句，连成了声声呼唤。你，到底在喊谁？

雨中，凄凄切切，冷雨，冷语。下雨了，雨中多少把伞，伞下多少个人，伞，又抵挡得了多少滴冷雨？

一场梦，一碗茶，白兰花的清香逐渐转为书页泡水后的气味，我的思想湿润了。

现在，谁在雨中梦？谁又是梦中雨呢？

雨与孩子

吴玟慧（五年级）

外面淅淅沥沥下起了雨，不一会儿，小雨就变成了大雨。

小孩子们可高兴了，因为他们喜欢水，现在院子里的雨水已经变成了“河”，他们手拉着手，成群结队地在“河”里玩。

水很冷，但他们并不愿意浪费这一次次的机会，一场大雨，让小孩子们比在其他任何地方都开心。

小孩子们钓不上来鱼，只好去河里捉蛤蟆。

有些小孩一直想知道雨从哪里来，有的人说雨是从山上来的，有的人说雨是从窗外来的，还有的人说雨是从屋檐来的……

雨却说，它是从孩子们的问话中来的。

不出一日，雨停了，水也消失得无影无踪。雨的一生就像一个圆——从天上下来，再从地上上去。日复一日，年复一年，如此循环。

在天天下雨的地带，人们对雨恨之入骨，但在几个月才下一场雨的干旱地带，雨就成了人们生活中最盼望的东西。人们对雨的看法是不同的。

天空中下起了蒙蒙的小雨，它们如丝线般把天与地缝合在了一起。

雨升上天空，糊里糊涂就有了形状——水滴形。它们全变了，却也还是老样子。

雨之诗

周国藩（五年级）

水的钢琴演奏着雨之诗，滴滴，潺潺，杀杀。大地湿了，湿成了一首诗。

雨点从五线谱上落下，在海水与天空之间缝上了一条条线，惊喜了古国的先民，他们在芭蕉叶上写下历史的疑问：

“今日雨，其自西来雨？其自东来雨？其自北来雨？其自南来雨？”

被雨淋得迷迷糊糊的诗人，他的雨自笔尖上来；感到人生疲惫的蒋屏风，他的雨来自被雨点打得垂头丧气的疲倦的芭蕉叶。

风吹雨打，雨在语，在耳边低声细语：“一打童子听雨，雨是水的音符；再打诗人听雨，雨如圆；三打大地听雨，滴滴答答，无答案。”

雨之诗的高潮，如潮水一般壮观。巴山的夜雨带着卖花女的缅桂花落入了李商隐停在秋池的船中，浇灭了赤壁的战火，一晃又是千年。

雨这只湿淋淋的小兽，只在地球这颗蓝色的大弹珠上行走。它是诗人的伙伴，是他们灵感的喷泉。它给荷塘中的枯荷讲了一个故事：诗人的灵感在荷叶上翻滚跳动，滑落后聚集成一首雨之诗。

雨的形体

郑朝喆（五年级）

雨，是大地的诗，为大地而生。

雨是独一无二的，元形无色无味。但它自己可不这么想，它想：我每天都会落在世界上的某一角落，自然充满了沧桑与灰尘，还有河流与海洋中的新鲜味，我是有气味的。

我是云的产物，每天我从云上跳下来，落到世界万物上，我就有了新的色，人们从我透明的墙壁上明明可以看到我是彩色的。只有那些诗人看清了我的本质。所以，我说，我是大地的诗。万物来自大地，诗人与我皆为大地所生，只有诗人才能揭开我的秘密。可我却无法探究他们，这是为什么呢？

直到有一天，一位诗人说，雨是“一只湿淋淋的小兽”，我才恍然醒悟，人是多变的，诗人的内心，随便选一个就是一个辽阔的宇宙。啊，我进入了诗人们的内心，多么美好。我的名字，“湿淋淋的小兽”，真是取得太好了，我是雨，雨是小兽，小兽被雨淋，我陷入了这个无限循环中，无法自拔。可过了一会儿，我又被猛地甩到了火星上，在那里，我滚烫的头脑在零下 100℃的气温中被冻住了。

我已从这没有生命的星球上消失，可我仍在思考，最后，我知道了地球最深的秘密！诗人与雨，一样变幻莫测。

水晶球

张心远（五年级）

夜，漆黑的夜，是谁还在阁楼上徘徊？阁楼上的灯温暖地亮着。

那个神秘人和那些尘埃、蜘蛛网一直在等待。等待什么？一把如刀子一般的闪电和一声惊天动地的雷割裂了我的思考。然后，一串串雨打了下来。

不，那不是雨，而是一个个水晶球。

在一个个水晶球里，你会看到你的预言。至今，人们只能从天上坠落的水晶球中看到自己的点点滴滴。因为当他们去接水晶球时，水晶球就变成了雨，潺潺地流过手掌，潇潇地滴到地上，杀杀地继续流动。

一个个水晶球化为雨的那一刹那，会按照命运安排的旋律，敲响自己的音节，不同的水晶球，响起不同的弦外之音。今夜那是一曲《琵琶行》，带着淡淡的哀伤。

当一个个水晶球轻轻地串在一起，就化为了一条时间线。水晶球与时间，从来都是你中有我，我中有你。

一个个水晶球，亦是缝接天地之间喜怒哀乐的线。

当它们化为雨水后，最终会落入一个巨大的水晶球之中。

悲欢离合

高允方（五年级）

少年撑起一把伞，走过戴望舒走过的雨巷，从巷口走到巷尾，如从片头走到片尾。

巷子里有青石板，那青色的地砖上衬着一丝黑，踩在上面，觉得自己彻底干净。白墙黑瓦，古风古色，如雨盛大演出的舞台。从南至北，从西至东，这条巷子是戴望舒用雨珠子串起的雨巷，上演着一个个悲欢离合的故事。

雨本没悲喜。那个少年停下了，想到秋风秋雨愁煞人，时间似乎静止了，变得反常，雨下大了，自己作为游子，走在这条雨巷，沉默，沉默。雨落下来冲洗了地球的一切，除了少年，少年想到了悲欢离合，想到了喜雨亭。“古者有喜则以名物。”笑了，想到丰收，他笑了。但他只是个孩子，“啪，啪”，他开始踩水坑，不苦了，何苦呢？下雨本来就是快乐的嘛！“哗，哗”，久旱之后得甘霖，枯竭草木得雨水，万物重生，生机盎然，难道这不是一件很可喜的事吗？

伞内是喜，伞外是悲，伞能挡住一时的雨，但挡不住一季的时间。

少年听的雨，像一座歌楼；壮年听的雨，像一叶客舟；晚岁听的雨，像一间僧庐。雨为时间命名，时间亦在定义雨声，定义悲欢离合。

雨本无声，打在少年的伞上，便有了声；打在黑瓦上，便流出了声。雨打桂花留桂香，打出悲欢离合。

雨本无离合。少年又开始冥想，宋代的亡国之痛，岳飞的无可奈何。游子的远行，代表了时间的流逝。时间与空间相交，在天地间融合。从少年到中年对雨的情感没有变化，雨似乎感到欣慰。历史与现代融合，在时间中相交。

伞外是离，伞内是合。

雨停了，收起伞，窗上的一朵朵雨开的花谢了。走出巷子，冥想到此为止，悲欢离合终了。

书上雨

修英杰（五年级）

一本书，书上没别的，都是关于雨的。

第一页，是关于喜雨的，在这一页里有一个亭子，叫喜雨亭，有一个人，叫苏东坡。雨在天上，又在地上，在这一页上的所有事物都喜雨。

第二页，雨是一只湿淋淋的小兽，在屋前奔跑。人们都在追它，因为他们喜雨，因为雨是大地的诗。

第三页，雨是水的音节，那音乐既长且深，又远又近。潺潺，这是雨声；潇潇，这是雨声；杀杀，这是雨声；傻傻，这也是雨声。雨是水的音节。

第四页，有一只看雨的乌龟，一个听雨的发出“呜—— 哇”声的小孩，一片挡雨的荷叶，一朵看雨的荷花。他们是自由的，因为雨是自由的，也是美的。

第五页，是古诗中的雨，有“留得枯荷听雨声”的雨，有“小楼一夜听春雨”的雨，还有“卧听萧萧雨打篷”的雨。

第六页，有一群小孩，他们成群结队地去“趟水”，赤足伸进冷水，但是他们不怕冷，在雨里不肯上来。还有蛤蟆，它们在雨里叫唤，声音极有乡村的韵味。

这本书翻完了，这就是书上的雨。

雨言

蔡欣颖（六年级）

“滴答！”第一滴雨珠从天空落下，开始诉说它的故事。

“滴答！”雨滴从天空落下，落入一个浅浅的水塘，溅起一朵小小的水花。它歌颂着天空，天空孕育了它；它歌唱着大地，大地接纳了它。

“滴答”，这是“雨言”。

随着第一颗雨滴的落下，第二颗、第三颗……它们接二连三地落下。“沙沙沙！”它们打在薄荷叶上，清新的薄荷味注满了雨珠。

“沙沙沙”，这是“雨言”。

“沙啦沙啦！”细细的雨丝将天空蒙上一层纱，雨渐渐大了，雨声、雨言、雨色，它们上演了一出戏。在天空的幕布下，它们诉说着自己的故事……

“沙啦沙啦”，这是“雨言”。

“滴答”“沙沙沙”“沙啦沙啦”，雨滴们彼此说着话。

水，没有声音，可雨滴是水的音节，康拉德·艾肯曾经这么说。

潺潺的雨声，潇潇的雨声，它们化为雨言，落入山川、落入河流、落入大海，也落在诗中，落在作家的文章里……

蓝色弹珠

鲁子烁（五年级）

一个音节，一首诗，一瓶酒，组成了一场雨。这场雨把天和地缝了起来，从此，盘古不再支撑大地。

雨从哪里来？我不知道，它是一颗蓝色弹珠，它告诉我，它从冷冷的蓝色星球来。在蓝色弹珠里，杨梅成熟，桂花开放。杨梅是蓝色的，吃进口中是蓝蓝的甜味。桂花也是蓝色的，闻上去是蓝蓝的气味。只有那百合花色的空气，不是蓝色的。

看那几十万颗蓝色弹珠淋在雨网上，并没什么异样。只是没被淋到的小舟，渴望进入一片蓝色的海。雨打在芭蕉叶上，“蓝”了芭蕉；打在樱桃上，“蓝”了樱桃。被蓝色弹珠击打后的芭蕉叶，变得更温柔了，像蒋捷的《虞美人》。

一个个幸福的雨滴，像弹珠一样被串起来，就像串起了所有人的一生。“滴答，滴答”，凄凉、凄清、凄楚，像一匹匹铁马、一条条冰河进到了梦中去。那盏雨夜的灯，让人想起故乡的雨，故乡那蓝色的弹珠。那些弹珠仿佛要从地上飘起，可听雨的时间还没到，只等来了一片反常的云，可以改变世界的云，还有点点滴滴、滂滂沱沱的雨。

欣欣然，像把一贫如洗的蓝色弹珠还给了雨，还给了天空，还给了时间。

绿色的水钟

唐子媛（五年级）

淅淅沥沥地下着雨，几点开始，又会在几点结束，我不知道，我只知道今天的雨模仿了昨天的雨。

一天有二十四小时，下了二十四个小时的雨，二十四头湿淋淋的小兽，后一头小兽总是抄袭前一头小兽，所以它们走得总是越来越慢。

凌晨，从零点到一点，那是一段漫长的时光。立春，那头嫩绿的小兽，踏着婴儿的脚步慢悠悠地在洛夫的窗前走过。那时除了花红柳绿，还有沉默的力量从地下产生。细雨绵绵，它宁静，小兽见到渔网又毫不犹豫地跳了下去。一点到了，那头小兽变成了一潭水，掉进了一个更大的雨滴里。

从一点到两点，那是春天的初心，柔和且坚定。那场大雨来得慢，走得慢，春雨蒙蒙，远山含烟，静听天地间冷翠的声响。雨水是一头草绿的小兽，是一头古老的小兽，上天入地，在云雾间游玩时，掉下了一串串绿色珍珠，在地上作响。一滴水，无异于江南的一个早春。

从两点到三点，那是一头叶绿的小兽，既长且短。

一阵雷惊醒一阵雨，那头小兽仿佛被无数灰色的云朵注视，一阵狂风暴雨在小兽的嘶吼中袭来。

春风被惊醒，晨光在继续，雨如藕丝，从来不断，因为时间从来不断。

越过清明，春雨就要结束了。谷雨，拥有雨天生的文艺气质，有桃花雨、杏花雨，这是一头不一样的小兽，它被春天染透。一片万紫千红的雨，一头万紫千红的小兽。

一天过去了，时间还在淅淅沥沥地下着雨。

说雨

严子轩（五年级）

雨，像一支乐队的演奏，乐师不停地抽打着天空，天空哭泣，天空流血。天空的泪珠、血液变成了水，水又变成了雨，淅淅沥沥地落到地上，拍打着绿叶、嫩花。潺潺的雨，调皮的寻雨者。滴答、滴答……

雨，是天空的信使，是大地的诗，是缝接天与地的线。一颗颗晶莹的雨滴里包含了天地间的万物，有蛤蟆，有花香，有鸟鸣，也有思想。杭州、江南、中国、亚洲、地球、宇宙，这六个词被一串圆润的雨珠串在一起，江南有水，如西湖；中国有水，如黄河；亚洲有水，如海洋；地球有水，是一个蓝色的弹珠；宇宙有水，是源源不断的泪珠。

“卧听萧萧雨打篷”，老年陆游曾经写过这样一句诗。躺着听雨，是多么浪漫啊。思想会发霉，这句诗却已然流传至今，可见有名。

雨，大自然的歌声，天空的乐队。

雨幕

刘青岚（五年级）

雨不永远是雨，雨也可以是雨幕，它总是在作为旁白的雷电以后出现。这是一条无形的幕布，却能遮住人们的视线。

雨幕的颜色令人捉摸不透。雨幕后若是绿油油的草地，那雨便是绿色的；雨幕后若是红色的桃花，那雨便是红色的；雨幕后若是满地不扫的落叶，那雨便是黄色的。说雨幕是无色的不对，说雨幕是彩色的也不成。若雨幕后是杨梅或是白兰花，那又另有其色。那一条一条缝接天地的雨丝又如李白的酒，使观众微醉，眼前的景象也让他们的想象力变得丰富。

这片不是雨幕的全部，何况万物皆有声色香味，“声”才是雨幕的本色。剧场内的雨声盖过了场外小贩的珠声、玉声、铜声。雨声远远比那些声音要重要，因为那是问话的声音，是诗的声音，是小怪兽走过的“嗒嗒”声，是弹珠滚动的声音，是拍打乌篷船的声音，是世界的声音，是唐、宋、元、明、清的声音，可这终究只是幕。

无论如何，这幕不会被拉开，但是可以密、可以疏，可以在子午关，可以在剑门。我们无法知道世界的全部，但地球永远有雨。拉开了这幕，这就不是地球的一场戏了，而是火星或者别的星球上的戏。

说是看一场世界的戏，不如说是看一幕雨的戏，雷、雾、云……都是其中的演员，无论是喜剧还是悲剧。

现在，我们在看雨的戏，翻阅纸上的雨，将雨写在纸上。听雨的歌曲，用雨改变历史。

雨幕依旧，只是“滴而不答”。

水的音节

奚浚哲（五年级）

一片突如其来的云，带来天空的眼泪。雨，它来了。

那湿淋淋的小兽飞也似的跑过木桥，窜进这颗蓝色弹珠，人开始听雨。

雨与晴日对话，雨骄傲，它滋润万物，没有它，就没有生命，也就不会有万物。

人在古屋里听雨珠在屋顶上跳舞。“滴滴答答，滴滴答答”，一场戏正在上演。主角是雨，雷和风是乐手。

雨落下，一位听雨的老人缓缓走进那乌篷船的回忆。他和雨认识很久了。他少年听雨，壮年听雨，现在他还在听雨。有时，他也问雨：你是什么颜色？你从哪里来？谁听你说戏？……雨滴而不答。

湿淋淋的小兽吃胖了，它越叫越响。

孩子们可高兴了，你追我赶，欢快地跳进池塘。听雨的大人也加入进来了。“扑通，扑通”，两个大人也跳下水，用水互相拍打。安静的水池，一下子热闹起来。

“呱！呱！呱！”一种新的声音传了出来。“青蛙！”孩子们大叫，刹那间水声四起，抓蛙热潮开始了。我抓那只，你抓这只，很快就没有了声音。

听雨老人说了一声“静”。

坐在乌篷船里，静听时间的淅沥。

我与“雨”的对话

图书在版编目（CIP）数据

与世界对话. 与雨对话 / 傅阳编著. -- 昆明 : 晨光出版社，2024. 7. -- ISBN 978-7-5715-2447-0

Ⅰ. C49

中国国家版本馆CIP数据核字第 2024A9K630 号

声明

本书在编写过程中，选用了部分散文、诗歌等作品，因条件所限未能与作者 / 译者一一取得联系，在此致以深深的歉意。敬请本书录选作品的作者 / 译者及时与我们联系，我们会第一时间与您沟通并妥善处理。

电话：010-88356860

邮箱：neverend@utoping.cn

与世界对话 **与雨对话** **傅阳 编著**

YU SHIJIE DUIHUA
YU YU DUIHUA

出 版 人 杨旭恒

选题策划 千寻 Neverend
责任编辑 杨亚玲
封面插画 高畅 www.changgao.co
内文插画 马梓玹（11 岁）

出　　版 晨光出版社
地　　址 昆明市环城西路 609 号新闻出版大楼
邮　　编 650034
发行电话 （010）88356856 88356858
印　　刷 北京顶佳世纪印刷有限公司
经　　销 各地新华书店
版　　次 2024 年 7 月第 1 版
印　　次 2024 年 7 月第 1 次印刷
开　　本 130mm × 185mm 32 开
印　　张 6
字　　数 94 千
I S B N 978-7-5715-2447-0
定　　价 160.00 元（全 5 册）

千寻 与世界相遇

千寻 Neverend

选题策划　千寻 Neverend
项目编辑　云海燕
装帧设计　木
内文排版　史　明
责任印制　盛　杰
营销编辑　王雪雪

与世界对话

与云对话

傅阳 编著

晨光出版社

序

与世界对话，与美对话

傅国涌

在古希腊人心目中，世界就是“美”的意思。美国作家爱默生说，世界是为了美而得以创造。与世界对话，可以说就是与美对话。从2017年秋天以来，我和孩子们一起与世界对话，就是希望他们睁开心灵的眼睛，看见美，不仅在形式中。

“与世界对话”的支点是母语。不久前，我读了一篇文章《乡学》，其中有这样一句话：“课堂上响起来一片玻璃般的童音。”这玻璃般的童音源自小说家汪曾祺的《徙》，小孩子用玻璃一样脆亮的童音唱校歌。一句“玻璃般的童音”，平平常常，却很美，让人身临其境，久久难忘。诗人顾城说：“语言重要的不是它的形状……重要的是敲一敲变成了玻璃，再敲敲变成了铜，再敲变成了水——这样的语言质地的变化。”我少年时初读李贺的诗，总是忘不

了那一句“羲和敲日玻璃声”。这玻璃声只能用心灵才能听见，这个世界中无比丰富的色彩、线条、姿态和光影，也唯有心灵才能捕捉到。

国语书塾的“与世界对话”课堂用古今中外浸透着美和想象的文本滋养孩子的心灵，使他们的心灵力量不断壮大。他们在母语的江河上，不是随波逐流，而是可以从流漂荡、任意东西。

课堂的生命在于呼应：人与世界的呼应，人与人的呼应；不仅是老师与孩子的呼应，更重要的是老师、孩子和古今中外的作者之间的遥相呼应。这种呼应打破了一切空间的界限、时间的界限，在无边无际、无始无终的宇宙中，只有美是永恒的，抓住美，就抓住了整个宇宙。在这里，“羲和敲日玻璃声”和孩子们玻璃般脆亮的童音相互呼应、相互激荡。课堂就是在一个开放的审美空间里打开一种无限的可能性，每个孩子慢慢地在这个审美空间中成为自己的主人，不仅拥有审美力，而且还能获得想象力。

想象力，正是流水线教育中最为稀缺的。法国诗人波德莱尔说：“是想象力告诉人颜色、轮廓、声音、香味所具有的精神上的含义。它在世界之初创造了比喻和隐喻。它分解了这种创造，然后用积累和整理的材料，按照人只有在自己灵魂深处才能找到的规律，创造一个新世界，产生对于新鲜事物的感觉。……想象力是真实的王后，可能

的事也属于真实的领域。想象力确实和无限有关。”

“与世界对话”的课堂以启发孩子们的想象力为最高目标。每一堂课都是由低处入手，却是从高处着眼，这高处即如何使孩子们通过接触到的文本打开自己的心灵，在寻常所见事物之中思接千载、神游万里，同时又能找到准确而有声、有色、有味、有光的语言来表达自己的所见、所闻、所思、所想。老师，只能是一个引导者，而绝不可能代替孩子获得自身的领受、体悟和想象。许多时候，孩子们对课堂的回应，偶尔的神来之笔，也常常出乎老师的意料，这才是教育最具魅力的一面。

“与世界对话”系列第一辑《与墙对话》《与门对话》《与窗对话》和第二辑《与枣对话》《与橘对话》《与苹果对话》《与叫卖声对话》出版之后，我又整理出了第三辑《与风对话》《与云对话》《与雾对话》《与雨对话》《与雷电对话》。照着这个节奏，“与世界对话”系列的一百课差不多要二十年才能全部完成。想想很是遥远，但“得寸进寸”，进得一寸就有一寸的欢喜。

在国语书塾这个被我叫作“三百千万”的磨坊里，我看着孩子们看云看雾、听风听雨，在精神上一天天地成长起来，有的人最终将点燃闪电。所谓“三百千万”，就是三年、百课、千人、万里，在三年的时间上一百堂“与世界对话”课，认识一千个以上古今中外的作者，而且还要一起行万里路。“三百千万”强调的是生命的投入，是日

复一日的积累和体悟，是塑造一颗与世界对话的心灵。

我也曾是一个喜欢看云的少年,现在依然喜欢看云。“云在青天水在瓶”，有人说精神法则就是云在青天，生存法则就是水在瓶；而我的“与世界对话”课堂，就是想把云装在瓶子里的一种努力。在我的辞典里，精神法则和生存法则是合一的。为看云而看云和为生存而生存，也不过是一个巴掌的两面——

云最像空中的语言,今天有一句一句的白,昨天有一句一句的闲。(应镕伊)

我登云而小天下,用童年的脚印写下云谱。我这个登云者，与云相看两不厌，与云一起思考。(陈奕名)

或许一切和云相关的事物都不为意义而存在,它们存在的唯一目的就是“漫无目的”。……在一切的有形和无形之间，云处在一个没有意义的虚空里，自由自在。(袁子煊)

从务实派到浪漫派,从多瑙河到《马赛曲》,从流浪者到畅想家，世界深陷于云之中。云深不知处。(陈天悦)

当世界尚未着色时，天与云与山与水，上下一白，如一张白纸。……千万年来，云日复一日地做着同一道填空题，要回答自己的颜色

和形状——谁知道呢？（叶悠然）

孩子心中的云与天上的云相呼应，看得见颜色，听得见声音，那是有思想的云遇到了有思想的人，云被装进他们各自的瓶子里了吗？我不知道。每个聪明的读者自然都可以来回答这个问题。

感谢施美英老师整理了最初的课堂录音，感谢濮影瑛、黄支珑、赖建平、汪琼、许蓉蓉、陈小燕、马碧瑶、曹永健等参与校对的全体老师、家长。“与世界对话”还有更远的路要走。

2023 年 5 月 2 日于杭州国语书塾

Contents

目录

A Talk with Cloud

/

说

“水面初平云脚低”，这是白居易的《钱塘湖春行》里的云。“白云千载空悠悠”，这是崔颢的《黄鹤楼》里的云。“云无心以出岫”，这是陶渊明的《归去来兮辞》里的云。“云归而岩穴暝”，这是欧阳修的《醉翁亭记》里的云。

我的故乡是温州雁荡山谢公岭，如果你问我：山中何所有？我的回答是：岭上多白云。这是南朝隐士陶弘景的诗句。我从小就是看着云长大的。在我出生前三十年，也就是 1937 年，作家萧乾来到雁荡山，写了一篇长文《雁荡行》。他看到了山中的云：

> 幼时我常纳闷天下云彩是不是万家炊烟凝集而成的呢，如今，立在和云彩一般高的山峰上，我的疑窦竟越发深了。我渐渐觉得烟是冒，云彩却是升腾。

萧乾看过的云，就是我看过的云，“今天的云抄袭昨天的云”，这是诗人痖弦留给我们的一句奇妙的诗。这首诗的题目叫《深渊》，诗中还有一句：“为生存而生存，为看云而看云。”人无非两种，一种是为生存而生存，一种是为看云而看云。我之所以记住了“今天的云抄袭昨天的云”，是因为散文家王鼎钧写了一本书《昨天的云》，他说这个书名就来自这句诗。

印度诗人泰戈尔写过一句诗：

鸟儿想变成一朵云，云儿想变成一只鸟。

你想变成什么？是云还是鸟？你们马上就分成了两派，一派是云派，一派是鸟派。而中国诗人余光中写了一首《云》，其中说：

我的心自胸中迸出，化成了一只云鸟。

云鸟是什么鸟？它既是云又是鸟？有谁见过这样的云鸟？是庄子吗？他在《逍遥游》中说：

北冥有鱼，其名为鲲。鲲之大，不知其几千里也；化而为鸟，其名为鹏。鹏之背，不知其几千里也；怒而飞，其翼若垂天之云。

翅膀如垂天之云的鸟，一直飞在母语的天空。这也是庄子为后人提供的一个骄傲而自由的形象。

匈牙利诗人裴多菲因这首《自由与爱情》而广为中文读者所知："生命诚可贵，爱情价更高。若为自由故，二者皆可抛。"他还写过一首《云》，其中有鸟和云的对话，我们一起来读：

假如我是一只小鸟，
我愿在流云中翻飞。
假如我是写生画家，
我愿把这流云描绘。

我是那样喜欢云朵！
…………

我多次地仰望流云，
它们静静地微睡
在朝霞和晚霞的天边，
像纯洁的孩儿依偎。
…………

为什么我倾慕云朵，
也许同我心灵相连，
它们还和先前一样，
不断地创造新形象。

云朵象征我的心灵，
预示我未来的悲哀：
云飘来了，我两眼
冒火花，流下眼泪。

这首诗1847年2月写于佩斯。匈牙利的首都叫布达佩斯，蓝色的多瑙河把它分成两半，一半叫布达，另一半叫佩斯。从1847年到现在已经有一百七十多年了，但1847年的云也是2023年的云，裴多菲的云，也是我们的云。

云离我们很远，也离我们很近，近到可以摘下来。我们来读诗人顾城的《远和近》：

你
一会看我
一会看云

我觉得
你看我时很远
你看云时很近

有时候远和近，并不是因为距离。但他也写过一段话，我们在“与雾对话”课时就读过：

世界上有一种引人遐想的东西，叫作“云”；“云”成其为“云”是需要距离的，当人们真正走近它时，它就成了“雾”……

1987年诺贝尔文学奖获得者布罗茨基说：“云朵低声爬过天空，回避黄昏窗口那死亡的眼眸。”他说的是低声的云朵，而不是高声的云朵。我们什么时候能看见高声的云朵？在“与雷电对话”课时，我们读过英国传教士伯格理的《石门坎日记》，他听见一层层的云朵中连续响了四十五秒的滚雷。这不就是高声的云朵吗？

有一个叫宗白华的少年最爱看云，他长大后成了一个诗人，写了一部《流云小诗》，他还成了美学大家。他在《我和诗》这篇散文中这样回忆：

黑云压城

天空的白云和覆成桥畔的垂柳，是我孩心最亲密的伴侣。我喜欢一个人坐在水边石上看天上白云的变幻，心里浮着幼稚的幻想。云的许多不同的形象动态，早晚风色中各式各样的风格，是我孩心里独自把玩的对象。都市里没有好风景，天上的流云，常时幻出海岛沙洲，峰峦湖沼。我有一天私自就云的各样境界，分别汉代的云、唐代的云、抒情的云、戏剧的云等等，很想做一个“云谱”。

想做“云谱”的少年宗白华辨认出汉代的云、唐代的云，那一定也有宋代的云、明代的云……既然有抒情的云、戏剧的云，那一定有议论的云、小说的云。有一个叫汪曾祺的少年，他小时候喜欢躺在草地上看天上的云，嘴里还含着一根草，多惬意啊！长大后他成了小说家、散文家。

他们都是为看云而看云的少年。

我小时候看到过一副对联，上联是“呼龙耕烟种瑶草”，下联是“踏天磨刀割紫云”。起初我并不知道它的出处，后来才知那是唐代诗人李贺的诗句。我喜欢“踏天磨刀割紫云”，只是没有见过紫色的云。

1938 年 10 月，英国作家弗吉尼亚·伍尔夫在

飞碟云

日记里写下了紫云："一场暴风雨——紫墨水般的云朵——正在消失，如墨斑之于水中。"她喜欢紫墨水般的云，这段话也是用紫墨水写的。她的钢笔里常常装着紫墨水、绿墨水或蓝墨水，紫色是她的最爱，在她的信件、日记、手稿和校对稿中到处是紫色的笔迹。

古人见过各种色彩的云。《诗经》中有"上天同云[1]，雨雪雰雰"，张若虚的《春江花月夜》中有"白云一片去悠悠"，李贺的《雁门太守行》中有"黑云压城城欲摧"，苏轼的《六月二十七日望湖楼醉书五首》中也有"黑云翻墨未遮山"，高适的《别董大二首》中有"千里黄云白日曛"，李白的《早发白帝城》中有"朝辞白帝彩云间"，晏几道的《临江仙·梦后楼台高锁》中也有"当时明月在，曾照彩云归"……而我们见过的最多的云，就是白云。"白云一片去悠悠""白云千载空悠悠"，说的都是白云。

诗人许志华的诗集《乡村书》中有一组《云》，他说：

童年的手帕是白云
童年的脚丫是白云

[1] 即阴云，现代汉语写作"彤云"。

当然，即使白云也有不同的变化。我们来读苏联作家法捷耶夫的《毁灭》中的白云：

> 在峻峭的山峰上，向谷间飞下一片被海水所染的，带些蔷薇颜色的白云的透明的泡沫，沸沸扬扬，斑斑点点，恰如新挤的牛乳一般。

虽是白云，却带着蔷薇色，如挤出来的牛乳。

中国作家也写过牛奶似的云。吴之南在散文《高原彩云》里说：

> 你看过云彩是怎样生长出来的吗？如果没有，就请到这里来吧！在江河两岸，阵雨刚过，烈日当空，在向阳的山坡上，会突然冒出一朵像炮兵试射时，炮弹爆炸的“爆烟”，那就是初生的云。……等一阵风刮过，这些新生的云彩就都集中到窝风的山谷里，用不了多久，就会塞得满坑满谷，有时竟会从山垭口里像牛奶似的溢了出来。

除了白云、紫云、彤云、黑云、黄云、彩云，还有金云，甚至钢铁色的云。

俄国著名诗人莱蒙托夫在《悬崖》中写过一朵金云：

一朵金云夜间栖息，
栖在悬崖巨人怀中，
清早她又离去匆匆，
在蓝天上欢乐地嬉戏；
但古老悬崖的皱纹里，
留了一片潮润的印痕，
他矗立着，独自出神，
在荒凉中默默饮泣。

墨西哥诗人、作家奥克塔维奥·帕斯在《窗外》中写了钢铁色的云，我们一起来读：

天空布满钢铁色的云，远方的云几乎是白色的，靠近中心的地方即树林的上方就发黑了：那里聚集着深紫色的云团。

在这种虎视眈眈的云团下，树林不停地叫喊。

这“虎视眈眈的云团”是钢铁色的，深紫近于发黑。

俄国作家屠格涅夫的《猎人笔记》里也写到了各色的云：

> 到了正午时候，往往出现许多有柔软的白边的、金灰色的、圆而高的云块。这些云块好像许多岛屿，散布在无边的泛滥的河流中，周围环绕着纯青色的、极其清澈的支流，它们停留在原地，差不多一动也不动；在远处靠近天际的地方，这些云块互相移近，紧挨在一起，它们中间的青天已经看不见了；但是它们本身也像天空一样是蔚蓝色的，因为它们都浸透了光和热……傍晚，这些云块消失了；其中最后一批像烟气一样游移不定而略带黑色的云块，映着落日形成了玫瑰色的团块……

从有白边的、金灰色的云，到略带黑色的云、玫瑰色的云，屠格涅夫写出了俄罗斯白净草原上变幻无常的云。

美国作家约翰·缪尔在《夏日走过山间》里写出了一个云中王国，我们先来读他在7月25日看到的云：

又一片云中王国。有些云看上去就像熟过头开始腐烂了一样，湿漉漉脏兮兮的，被风拉扯成碎片和碎块，就像撒在天空中的垃圾。但夏日正午山间的云彩却完全不是这样。这些美丽的云彩都有分明的轮廓和弯曲的弧度，就像冰川覆盖的穹顶山一样。大约十一点钟的时候它们开始生长，看上去离我们的营地那么近，那么清晰，让人忍不住想爬上去，追溯从它们阴影中泉眼里奔涌出来的像瀑布一般溪流的源头。

在这样美丽的云朵下面，他常常想起英国诗人雪莱关于云的诗句："白雪穿过我的筛子，洒落在下面的山上。"雪莱的这首《云》是从云的角度写的：

我为焦渴的鲜花，从河川，从海洋，
带来清新的甘霖；
我为绿叶披上淡淡的凉荫，当他们
歇息在午睡的梦境。
从我的翅膀上摇落下露珠，去唤醒

每一朵香甜的蓓蕾，
当她们的母亲绕太阳旋舞时摇晃着
使她们在怀里入睡。
我挥动冰雹的连枷，把绿色的原野
捶打得有如银装素裹；
再用雨水把冰雪消融，我轰然大笑，
当我在雷声中走过。
我筛落雪花，洒遍下界的峰岭山峦，
巨松因惊恐而呻吟呼唤；
皑皑的积雪成为我通宵达旦的枕垫，
当我在烈风抚抱下酣眠。
…………
我是大地和水的女儿，
天空为我所抚育；
我流过海洋和陆地的孔穴，
我变化，但不会死去。
…………

“我筛落雪花，洒遍下界的峰岭山峦”以及大名鼎鼎的查良铮（穆旦）译的“我把雪筛落到一片山岭”，我觉得都不如前面我提到的“白雪穿过我的筛子”这个译本。云是大地和水的女儿。

珠穆朗玛峰上空的云

回到《夏日走过山间》，9 月 2 日的云又跟 7 月 25 日“就像冰川覆盖的穹顶山一样”的云不一样，大家一起来读：

> 壮丽的红色、玫瑰色和绯红的一天——完美绚丽的一天。平均的云彩覆盖率只有百分之零点八，森林里也没有任何风声和叹息预示着巨大的天气变化。早上和傍晚的天空是红色的，而且颜色不像平日的紫色光一样涣散，而是层层覆盖在一动不动的轮廓清晰的云彩上。就像被锚固定在山峦切割出的锯齿状的天际线上。
>
> 大自然在制造这朵云彩上可是不遗余力——云彩体积巨大，渲染着完美的绯红色，仿佛能被送上天空，在星星间燃烧。在这儿，不禁让人不断想到大自然在造物时的无限慷慨和孕育能力——在极度的奢靡中却又是无限的富足。……

这是美国的一个云中王国。

在中国贵州大山深处的石门坎，英国人伯格理也在日记中记下了这里的云中王国：

1912年7月22日

在石门坎，壮丽的云海难以用语言描述。昨晚，这里雷声阵阵，天空中布满了色彩丰富、浓重、状似雄伟群山的云层。雷声在一朵朵云中回荡，有一声滚雷竟然持续响了四十五秒钟。……

11月25日

我正在我们地理位置最高的寨子里写日记……

我下面是连绵五十英里[1]的浩瀚云海，……各处的山峰就如同海中星罗棋布的小岛屿。云雾冲击着山峰，云涛又被击散成浪花状，就像是真正的大海。

云层永无安宁，就好似有一股强劲的风要力图把它们吹散似的，但在云雾之上，却是一片寂静，没有生命的形迹。生命在下面，整个昭通平原就在下面……

他就像是在浩瀚的云海之上写下了这篇日记。

比他早九十多年——1818年，德国画家卡斯帕·大

[1] 英制长度单位，1英里约为1.6千米。

卫·弗里德里希画过一幅《云端的旅行者》：一个背影站在悬崖上，下面云团滚滚，上面也是一层层的云。

我们来读 1996 年获得诺贝尔文学奖的波兰女诗人辛波斯卡的诗《云》：

我必须迅速地
描绘云朵——
瞬间，
它们就会变形。

它们的特质：
绝不重复
形状、阴影、姿态、布局。

没有任何记忆的重负，
它们游弋于事实之上。

它们能见证大地上的事物？
当事情发生，它们便分散。

和云相比
生活栖息于坚固的基础之上，

一成不变，近乎永恒。

在云旁，
甚至一块石头也像兄弟，
被你信任，
而云是疏远的表亲。

让想生存的人生存，
而后死去，一个接一个。
而云对
人间的事务
漠不关心。

它们傲慢的队列
安闲地漫游于你的全部生活之上，
以及我尚未完成的生活。

它们没有义务随我们逝去。
它们漂移时，也不必被人看见。

她说得好，云对“人间的事务漠不关心”，“傲慢的队列安闲地漫游于”人类的全部生活之上。面对这样的云，中国古代的诗人会说“白云千载空悠悠”“白云一片去悠悠”，这是诗意；而在她的笔下，云却不仅有诗意，更具有哲学意味。

1902 年，俄国诗人巴尔蒙特写过一首诗，我们来读后面的部分：

聪明人，不要骂我。我不用你管！
我只是一片云，云中蕴含火焰。
我在空中飘浮，只不过是一片云。
我呼唤畅想家，决不呼唤你们！

诗人呼唤“畅想家”，就是呼唤有想象力的人，呼唤像李白、李贺、雪莱、辛波斯卡和他自己这样的人。他说“我只是一片云，云中蕴含火焰”，火焰变成火烧云，我们会想到朝霞、晚霞，云温暖的形象就这样被想象突破了。苏联诗人马雅可夫斯基写过一个神奇的句子：“天空红得像《马赛曲》。”《马赛曲》是法国的国歌，从听觉到视觉，这个句子把蕴含火焰的云写得惊心动魄。这首诗叫《穿裤子的云》，在他的想象中居然有穿裤子的云，难道还有光屁股的云？

在这堂课上，我们看到了远的云、近的云，高的云、低的云，高声的云、低声的云，也看到了白云、黑云、黄云、紫云、彩云，还有蕴含火焰的云……面对云，诗人的想象也是层出不穷。

陶渊明说“云无心以出岫”，柳宗元说“回看天际下中流，岩上无心云相逐”，既然有“无心”的云，那么一定有“有心”的云。

李白说“众鸟高飞尽，孤云独去闲”，既然有“孤云”，一定有大团大团的云，我们姑且叫它“团云”。

云总是闲的时候多。既然有“孤云独去闲”的“闲云”，那一定有忙碌的“忙云”。你们见过“忙云”吗？

我们还可以继续做“云谱”：

青海长云暗雪山，孤城遥望玉门关。

〔唐〕王昌龄《从军行七首（其四）》

云淡风轻近午天，傍花随柳过前川。

〔宋〕程颢《春日偶成》

锦江春色来天地，玉垒浮云变古今。

〔唐〕杜甫《登楼》

不畏浮云遮望眼，自缘身在最高层。

〔宋〕王安石《登飞来峰》

云团

有“长云”，那么有“短云”吗？有“淡云”，当然有“浓云”；有“浮云”，也会有“停云”。我们来读诗人洛夫的《看云》：

船在河上行走
桅樯上
云在晒着衣裳

我在船头看云
请问为何一动不动
云冷冷答曰：
你不是也没有动吗？
蠢
我端起酒杯一饮而尽

诗人在船头看云，停着不动的云像是在桅杆上晒着衣裳，这个“晒”字很生动，拉近了云与人的距离。

春夏秋冬，四季的云也不一样。“云翻一天墨”“黑云翻墨未遮山，白雨跳珠乱入船”，写的都是夏云。“夏云多奇峰”，唐代的草书大家怀素说他的草书就是从夏云中悟出来的。

顾城写过“文昌鱼一样的云朵”，这是他少年时的想象。古人没有这样写过。

木心写过“黎明 / 天上几朵嫩云”，我第一次读到这个句子时，大为惊讶，居然还有“嫩云”。后来我发现唐代诗人姚合在《游春十二首》中就写过“嫩云轻似絮，新草细如毛”，木心可能就是从这两句诗中得到了灵感。

“野云万里无城郭，雨雪纷纷连大漠。”这两句诗出自唐代诗人李颀的《古从军行》。

诗里有“野云”，那么有没有“家云”？我们来看苏东坡是如何“笼云”的。气象学家竺可桢在《说云》中提及：

> 苏东坡由山中返，途遇白云，若万马奔驰而来，遂启笼掇（duō）之以归，咏赋以纪之，但归家笼子打开，云即飞散，云之终不得为人之所有也明矣。……

云终究不能家养，只能是野云。

诗人纪弦写过“横着的云”，也写过“散步的云”。我们先来读他的《梦终南山》：

那不是秦岭的一部分么？
唉！正是。正是那最美的所在：
最令人流泪的。
而那是终南山的一块岩石。
我是坐于其上哼了几句秦腔
和喝了点故乡的酒的。
我曾以手抚之良久，
并能及其亘古的凉意。
而那些横着的云都停着不动了，
他们想看看我这“异乡人”的模样。

再来读他的《窗》：

青空如国立疗养院的草地，
辽阔而宁静。
散步的云
以医师的姿态出现；
以护士小姐的姿态出现；
以肺病患者的姿态出现；而且以银鬓的
老园丁的姿态出现。

有“横着的云”，会有“竖着的云”吗？有“散步的云”，也有“跑步的云”吗？

诗人海子说：

云朵的门啊，请为幸福的人们打开
请为幸福
和山坡上无处躲藏的忧伤的眼睛
打开！

这是海子的《乡村的云》。

前面提到许志华的诗集《乡村书》中有一组《云》，其中还写道：

云是乡村的菜
云可以生吃，可以清炒，可以清炖
云可以醒酒
云可以解渴

篾刀劈出一片片的云
刨子推出一卷卷的云
蒸笼盖下冒出一团团的云
烟囱里飘出一蓬蓬的云

蓬松的云

乡村的云，不像城市的云。山上的云，不同于草原的云，许多人去峨眉山、黄山、庐山，都是为了看云。黄山的云伸手可摘，还可以踏着云朵走来走去。作家菡子说：

> 住在山上，清晨，白云常来作客，它在窗外徘徊，伸手可取，出外散步，就踏着云朵走来走去。有时它们弥漫一片使整个山区形成茫茫的海面，只留最高的峰尖，像大海中的点点岛屿，这就是黄山著名的云海奇景。

黄山的云不仅出现在作家的笔下，也经常出现在画家的笔下，画家石涛、东山魁夷都画过黄山的云。

我们再来看看庐山的云，作家艾煊在《云山夏城》中写道：

> 早起推开窗户，几朵白云悄悄地飞进屋来。简直可以在室内捉云为戏。
>
> 庐山的云，飘忽不定，起自何方？落于何方？
>
> 站在含鄱口的悬岩上，眺望鄱阳湖。刚看到茫茫湖水，转眼间云起湖灭。云，起

黄山的云

自湖上，前簇后拥，推上山来。直飞到一千二百米高的含鄱口悬崖上，在人的身前身后涌来退去，飘飘荡荡。人行云中，好像蒙上一层纱幕的舞台，看不真切舞蹈者。自然界也如艺术家一样，善于以云、以纱幕，表现若明若暗的梦境。

庐山上“捉云为戏”让我想起南朝吴均《山中杂诗》里的一句诗：“鸟向檐上飞，云从窗里出。”

峨眉山上也有“云海”，我们读一读散文家赵丽宏的《峨眉云海》：

对云海的神往，是由来已久了。听人说，上山未见云海，不算真到峨眉。……

…………

也不知道数过了几级石阶，正想站定歇一会儿，脚下忽然响起一片欢呼：

“云海！”“云海！”

日盼夜想的大自然奇观，终于出现了。

…………

云海，真的像海，有海的浩瀚，海的气势，有飞溅的雪浪，深深的波谷，只是没有海的蔚蓝，没有海的惊天动地的呼啸，也没有海的那种飞快的节奏……凝望得久了，我生出一个很奇怪的念头来：我觉得，脚下的云海，仿佛是一部无声影片，正在以慢于常见的速度放映着。它的原型，应当是一片暴风雨中的大海，一片奔腾咆哮的大海……

云聚在一起可以成为“海”，云海无声，却一样海浪汹涌，像无声的影片。这样的云海在峨眉山、黄山都可以看到。

世界上还有一种云——“战云”，这种云可不是好云。瞿秋白在《一种云》里这样写：

那云是从什么地方来的？这是太平洋上的大风暴吹过来的，这是大西洋上的狂飙吹过来的。……那些肚里装着铁心肝钢肚肠的怪物，又竖起了一根根的烟囱在喷着。狂飙风暴吹过来的，血肉蒸发出来的，符箓呼召来的，屁股吐出来的，烟囱喷出来的，都是这种云。这是战云。

但这“战云”不是大自然的云，而是人类自己制造的。法国作家雨果在《悲惨世界》中写了一句话：

> 一片反常的云穿过天空，足以推翻一个世界。

这又会是一片什么样的云呢？智利诗人聂鲁达在诗集《疑问集》中追问过：“挟带着一袋黑眼泪的/雷云来自何处？”“为什么云朵那么爱哭/且越哭越快乐？”

这“雷云”就是炮车云，苏东坡有一句诗说“炮车云起风欲作”。这是一种积云，浙江大学老校长竺可桢是哈佛大学的气象学博士，前面提到，他曾写过一篇《说云》，他想到了古人说的“韩云如布”“赵云如牛”“越云如龙”“蜀云如菌”，在古人的眼中，云是神秘的。但在气象学家竺可桢的眼中，云没有那么神秘，他知道云被分为三大类：卷云、积云和层云。古人对云虽缺少科学认知，但对云之美形容尽致，而想要将云据为己有却是不可能的，而且云是花钱也买不来的，即便你是皇帝也不能垄断云。他说：

> 且云霞之美，无论贫富智愚贤不肖，均可赏览，地无分南北，时无论冬夏，举目四望，

常可见似曾相识之白云，冉冉而来，其形其色，岂特早暮不同，抑且顷刻千变，其来也不需一文之值，其去也虽万金之巨，帝旨之严，莫能稍留。

喜欢云其实就是喜欢自由，喜欢云就是喜欢平等。唐代诗人李贺说“少年心事当拿云”，我说，每个人都是一片云，有的人是金云，有的人是白云，有的人是紫云，有的人是彩云，有的人是彤云……

我们来读俄国诗人莱蒙托夫的诗《云》：

天上的云啊，永恒流浪者！
似茵绿草毯，如一串珍珠；
从可爱的北方匆匆奔南国，
同我一样，像放逐的囚徒。
是谁逼迫你：命运的决定？
隐秘的嫉妒？公然的诽谤？
折磨你的是心中的内疚，
抑或朋友们恶毒的中伤？
不，荒凉的田野令你厌倦，
狂热和惆怅与你格格不入；
你一贯冷静，永远向往自由，

没有祖国，也就没有放逐。

天上的云是永恒的流浪者，有没有居家的云？没有，苏东坡“笼云”失败了。但是每个人都有自己故乡的云，我是从小看着雁荡山的云长大的；我也看过牛顿故乡的云、达·芬奇故乡的云、托尔斯泰故乡的云，这些云都是一样的云。“今天的云抄袭昨天的云”，异乡的云和故乡的云都是天上的云，它们没有祖国，也不会有放逐，永远都向往着自由。云的心就是自由。

奥地利诗人里尔克写过一首《我羡慕那些云》：

我羡慕那些云，
敢在高空飘荡！
它们把黑色的阴影
投在阳光照耀的荒原上。

它们大胆到能够
使太阳变得阴暗，
这时渴求光明的地球
在它们的翼翅下面抱怨。

太阳金光如潮涌，

自由的云

我也想把它拦起！

哪怕只拦几分钟！

云啊，我多羡慕你！

无论是想要做“云谱”的少年宗白华、含着一棵草看云的少年汪曾祺，还是莱蒙托夫、里尔克，还有我们，都羡慕那些云。我们可以大声地喊出来：

云啊，我多羡慕你！

我们最终也要成为天空中的一片云，一起来读徐志摩的《偶然》：

我是天空里的一片云，
偶尔投影在你的波心——
你不必讶异，
更无须欢喜——
在转瞬间消灭了踪影。

你我相逢在黑夜的海上，
你有你的，我有我的，方向；
你记得也好，

最好你忘掉，
在这交会时互放的光亮！

云与云的相遇是美的，“在这交会时互放的光亮”。你遇见了我，我遇见了你，能不能互放光亮决定了一切。

我们再来读从苏联去了美国的诗人布罗茨基的《云彩飘过》：

“云彩飘过，云彩飘过又渐渐消失……”
——这是孩子们在唱了又唱，黑色的树枝沙沙作响，
歌声在树叶间，在朦胧的树干间飞扬，
在暮色苍茫中，这歌声不可捉摸，一去不返。

只见潮湿的树叶在风中飞舞，匆匆地离小树林而去，
飞走了，仿佛听到了远方秋风的呼唤。
“云彩飘过……”
——这是孩子们在夜间歌唱，夜间
从草地到树梢一切都在——颤动，一切

都是——歌喉的震颤。

云彩飘过，这是生命在飘过、在消逝，

要适应，要适应，这是我们体内带有的死亡，

在黑色的树枝间，云彩带着歌声，带着爱……

“云彩飘过……”

——这是孩子们在用歌声讲述一切。

…………

“‘云彩飘过……’——这是孩子们在用歌声讲述一切。”当你们在唱《黄鹤楼》和《钱塘湖春行》时，无论是“白云千载空悠悠”，还是“水面初平云脚低”，你们也在用歌声讲述一切。这是孩子的歌，歌声中有云朵，天上也有云朵。

像云一样思想，或者与云一起思想，你们会做出怎样的选择？应该是选择与云一起思想的人多。为什么不能像云一样思想呢？古希腊喜剧作家阿里斯托芬创作的喜剧《云》中的主角是哲学家苏格拉底，他就是像云一样思想的人，他在剧中骄傲地说：“如果我不把我的心思悬在空中，不把我的轻巧思想混进这同样

轻巧的空气里，我便不能正确地窥探这天空的物体。如果我站在地下寻找天上的神奇，便寻不着什么，因为土地会用力吸去我们思想的精华，就像水芹菜吸水一样。”

当你成为苏格拉底、李白、苏轼、里尔克、布罗茨基这样的人时，你就可以像云一样思想。

德国哲学家尼采写过一首诗，大家一起读周国平的译本：

谁终将声震人间，
必长久深自缄默；
谁终将点燃闪电，
必长久如云漂泊。

你想点燃闪电吗？那你就得长久如云漂泊。这首诗还有不同的译本，我们再来读钱春绮的译本：

有一天有许多话要说出的人，
常默然把许多话藏在内心；
有一天要点燃闪电火花的人，
必须长时期——做天上的云。

尼采像

作为哲学家，尼采也是天上的一片云，最终点燃了闪电。

成为一片云吧！

我们与云的对话就在这里停下。

A Talk with Cloud

/

读

黄鹤楼

〔唐〕崔颢

昔人已乘黄鹤去，此地空余黄鹤楼。
黄鹤一去不复返，白云千载空悠悠。
晴川历历汉阳树，芳草萋萋鹦鹉洲。
日暮乡关何处是？烟波江上使人愁。

归去来兮辞·并序

〔东晋〕陶渊明

余家贫，耕植不足以自给。幼稚盈室，瓶无储粟，生生所资，未见其术。亲故多劝余为长吏，脱然有怀，求之靡途。会有四方之事，诸侯以惠爱为德，家叔以余贫苦，遂见用于小邑。于时风波未静，心惮远役，彭泽去家百里，公田之利，足以为酒。故便求之。及少日，眷然有归欤之情。何则？质性自然，非矫厉所得。饥冻虽切，违己交病。尝从人事，皆口腹自役。于是怅然慷慨，深愧平生之志。犹望一稔，当敛裳宵逝。寻程氏妹丧于武昌，情在骏奔，自免去职。仲秋至冬，在官八十余日。因事顺心，命篇曰《归去来兮》。乙巳岁十一月也。

归去来兮，田园将芜胡不归？既自以心为形役，奚惆怅而独悲？悟已往之不谏，知来者之可追。实迷途其未远，觉今是而昨非。舟遥遥以轻飏，风飘飘而吹衣。问征夫以前路，恨晨光之熹微。

乃瞻衡宇，载欣载奔。僮仆欢迎，稚子候门。三径就荒，松菊犹存。携幼入室，有酒盈樽。引壶觞以自酌，眄庭柯以怡颜。倚南窗以寄傲，审容膝之易安。

园日涉以成趣，门虽设而常关。策扶老以流憩，时矫首而遐观。云无心以出岫，鸟倦飞而知还。景翳翳以将入，抚孤松而盘桓。

归去来兮，请息交以绝游。世与我而相违，复驾言兮焉求？悦亲戚之情话，乐琴书以消忧。农人告余以春及，将有事于西畴。或命巾车，或棹孤舟。既窈窕以寻壑，亦崎岖而经丘。木欣欣以向荣，泉涓涓而始流。善万物之得时，感吾生之行休。

已矣乎！寓形宇内复几时？曷不委心任去留？胡为乎遑遑欲何之？富贵非吾愿，帝乡不可期。怀良辰以孤往，或植杖而耘耔。登东皋以舒啸，临清流而赋诗。聊乘化以归尽，乐夫天命复奚疑！

深渊（节选）

痖弦

我要生存，除此无他；同时我发现了他的不快。

——沙特[1]

孩子们常在你的发茨间迷失
春天最初的激流，藏在你荒芜的瞳孔背后
一部分岁月呼喊着。肉体展开黑夜的节庆。
在有毒的月光中，在血的三角洲，
所有的灵魂蛇立起来，扑向一个垂在十字架上的
憔悴的额头。
我们用铁丝网煮熟麦子。我们活着。
穿过广告牌悲哀的韵律，穿过水门汀肮脏的阴影，
穿过从肋骨的牢狱中释放的灵魂，
哈里路亚！我们活着。走路、咳嗽、辩论，
厚着脸皮占地球的一部分。
没有什么现在正在死去，
今天的云抄袭昨天的云。
…………

[1] 即萨特，法国哲学家。

要怎样才能给跳蚤的腿子加大力量?
在喉管中注射音乐，令盲者饮尽辉芒!
这是荒诞的；在西班牙
人们连一枚下等的婚饼也不投给他!
而我们为一切服丧。花费一个早晨去摸他的衣角。
后来他的名字便写在风上，写在旗上。
后来他便抛给我们
他吃剩下来的生活。

去看，去假装发愁，去闻时间的腐味
我们再也懒于知道，我们是谁。
工作，散步，向坏人致敬，微笑和不朽。
他们是握紧格言的人!
这是日子的颜面；所有的疮口呻吟，裙子下藏满病菌。
都会，天秤，纸的月亮，电杆木的言语，
（今天的告示贴在昨天的告示上）
冷血的太阳不时发着颤
在两个夜夹着的
苍白的深渊之间。

岁月，猫脸的岁月，

岁月，紧贴在手腕上，打着旗语的岁月。

…………

他们用墓草打着领结，把齿缝间的主祷文嚼烂。
没有头颅真会上升，在众星之中，
在灿烂的血中洗他的荆冠。
当一年五季的第十三月，天堂是在下面。

…………

工作，散步，向坏人致敬，微笑和不朽。
为生存而生存，为看云而看云，
厚着脸皮占地球的一部分……
在刚果河边一辆雪橇停在那里；
没有人知道它为何滑得那样远，
没人知道的一辆雪橇停在那里。

云

〔匈〕裴多菲　兴万生 / 译

假如我是一只小鸟，
我愿在流云中翻飞。
假如我是写生画家，
我愿把这流云描绘。

我是那样喜欢云朵！
飘来时我表示欢迎，
飘去时我对它们说：
“愿上帝保佑你们！”

我的朋友多么快活，
空中纷乱的漂泊者。
它们已经认识我了，
也许知道我想什么。

我多次地仰望流云，
它们静静地微睡
在朝霞和晚霞的天边，

像纯洁的孩儿依偎。

我仰望流云，它们
像愤怒粗鲁的男人，
正在同风暴和暴君
进行生与死的斗争。

我仰望，月亮恰似
病态青年彻夜不眠，
云朵带着灰暗的脸，
像姐姐围在他身旁。

我见云朵变化多端，
穿行在大气层中间；
无论何时何地相遇，
我对它们总是喜欢。

为什么我倾慕云朵，
也许同我心灵相连，
它们还和先前一样，
不断地创造新形象。

云朵象征我的心灵，
预示我未来的悲哀：
云飘来了，我两眼
冒火花，流下眼泪。

1847 年 2 月，佩斯

我和诗（节选）

宗白华

我的写诗，确是一件偶然的事。记得我在同郭沫若的通信里曾说过："我们心中不可没有诗意、诗境，但却不必定要做诗。"这两句话曾引起他一大篇的名论，说诗是写出的，不是做出的。他这话我自然是同意的。我也正是因为不愿受诗的形式推敲的束缚，所以说不必定要做诗。（见《三叶集》）

然而我后来的写诗却也不完全是偶然的事。回想我幼年时有一些性情的特点，是和后来的写诗不能说没有关系的。

我小时候虽然好玩耍，不念书，但对于山水风景的酷爱是发乎自然的。天空的白云和覆成桥畔的垂柳，是我孩心最亲密的伴侣。我喜欢一个人坐在水边石上看天上白云的变幻，心里浮着幼稚的幻想。云的许多不同的形象动态，早晚风色中各式各样的风格，是我孩心里独自把玩的对象。都市里没有好风景，天上的流云，常时幻出海岛沙洲，峰峦湖沼。我有一天私自就云的各样境界，分别汉代的云、唐代的云、抒情的云、戏剧的云等等，很想做一个"云谱"。

风烟清寂的郊外，清凉山、扫叶楼、雨花台、莫愁湖是我同几个小伴每星期日步行游玩的目标。我记得当时的小文里有“拾石雨花，寻诗扫叶”的句子。湖山的清景在我的童心里有着莫大的势力。一种罗曼蒂克的遥远的情思引着我在森林里，落日的晚霞里，远寺的钟声里有所追寻，一种无名的隔世的相思，鼓荡着一股心神不安的情调；尤其是在夜里，独自睡在床上，顶爱听那远远的箫笛声，那时心中有一缕说不出的深切的凄凉的感觉，和说不出的幸福的感觉结合在一起；我仿佛和那窗外的月光雾光溶化为一，飘浮在树杪林间，随着箫声、笛声孤寂而远引——这时我的心最快乐。

十三四岁的时候，小小的心里已经筑起一个自己的世界；家里人说我少年老成，其实我并没念过什么书，也不爱念书，诗是更没有听过读过；只是好幻想，有自己的奇异的梦与情感。

十七岁一场大病之后，我扶着弱体到青岛去求学，病后的神经是特别灵敏，青岛海风吹醒我心灵的成年。世界是美丽的，生命是壮阔的，海是世界和生命的象征。这时我欢喜海，就像我以前欢喜云。我喜欢月夜的海、星夜的海、狂风怒涛的海、清晨晓雾的海、落照里几点遥远的白帆掩映着一望无尽的金碧的海。有时崖边独坐，柔波软语，絮絮如诉衷曲。我爱它，我懂它，就同人懂得他爱人的灵魂、每一个微茫的动作一样。

青岛的半年没读过一首诗，没有写过一首诗，然而那生活却是诗，是我生命里最富于诗境的一段。青年的心襟时时像春天的天空，晴朗愉快，没有一点尘滓，俯瞰着波涛万状的大海，而自守着明爽的天真。那年夏天我从青岛回到上海，住在我的外祖父方老诗人家里。每天早晨在小花园里，听老人高声唱诗，声调沉郁苍凉，非常动人，我偷偷一看，是一部《剑南诗钞》，于是我跑到书店里也买了一部回来。这是我生平第一次翻读诗集，但是没有读多少就丢开了。那时的心情，还不宜读放翁的诗。秋天我转学进了上海同济，同房间里一位朋友，很信佛，常常盘坐在床上朗诵《华严经》。音调高朗清远有出世之概，我很感动。我欢喜躺在床上瞑目静听他歌唱的词句，《华严经》词句的优美，引起我读它的兴趣。而那庄严伟大的佛理境界投合我心里潜在的哲学的冥想。我对哲学的研究是从这里开始的。庄子、康德、叔本华、歌德相继地在我的心灵的天空出现，每一个都在我的精神人格上留下不可磨灭的印痕。“拿叔本华的眼睛看世界，拿歌德的精神做人”，是我那时的口号。

有一天我在书店里偶然买了一部日本版的小字的

王、孟诗集，回来翻阅一过，心里有无限的喜悦。他们的诗境，正合我的情味，尤其是王摩诘的清丽淡远，很投我那时的癖好。他的两句诗：“行到水穷处，坐看云起时”，是常常挂在我的口边，尤在我独自一人散步于同济附近田野的时候。

唐人的绝句，像王、孟、韦、柳等人的，境界闲和静穆，态度天真自然，寓秾丽于冲淡之中，我顶欢喜。后来我爱写小诗、短诗，可以说是承受唐人绝句的影响，和日本的俳句毫不相干，泰戈尔的影响也不大。只是我和一些朋友在那时常常欢喜朗诵黄仲苏译的泰戈尔《园丁集》诗，他那声调的苍凉幽咽，一往情深，引起我一股宇宙的遥远的相思的哀感。

在中学时，有两次寒假，我到浙东万山之中一个幽美的小城里过年。那四围的山色秾丽清奇，似梦如烟；初春的地气，在佳山水里蒸发得较早，举目都是浅蓝深黛；湖光峦影笼罩得人自己也觉得成了一个透明体。而青春的心初次沐浴到爱的情绪，仿佛一朵白莲在晓露里缓缓地展开，迎着初升的太阳，无声地战栗地开放着，一声惊喜的微呼，心上已抹上胭脂的颜色。

纯真的刻骨的爱和自然的深静的美在我的生命情绪中结成一个长期的微渺的音奏，伴着月下的凝思，黄昏的远想。

这时我欢喜读诗，我欢喜有人听我读诗，夜里山城清寂，抱膝微吟，灵犀一点，脉脉相通。我的朋友有两句诗："华灯一城梦，明月百年心"，可以做我这时心情的写照。

…………

1918至1919年，我开始写哲学文字，然而浓厚的兴趣还是在文学。德国浪漫派的文学深入我的心坎。歌德的小诗我很欢喜。康白情、郭沫若的创作引起我对新体诗的注意。但我那时仅试写过一首《问祖国》。

1920年我到德国去求学，广大世界的接触和多方面人生的体验，使我的精神非常兴奋，从静默的沉思，转到生活的飞跃。三个星期中间，足迹踏遍巴黎的文化区域。罗丹的生动的人生造像是我这时最崇拜的诗。

这时我了解近代人生的悲壮剧、都会的韵律、力的姿式。对于近代各问题，我都感到兴趣，我不那样悲观，我期待着一个更有力的更光明的人类社会到来。然而莱茵河上的故垒寒流、残灯古梦，仍然萦系在心坎深处，使我常时做做古典的浪漫的美梦。……

…………

（此文最初写于1923年，1947年略有修改）

六月二十七日望湖楼醉书五首（其一）

〔宋〕苏轼

黑云翻墨未遮山，白雨跳珠乱入船。
卷地风来忽吹散，望湖楼下水如天。

高原彩云

吴之南

云，谁没有见过呢？那塑龙雕凤、变幻莫测的，是那万里晴空里的云；那金镶玉嵌、银蛇万道的，是那夏夜暴雨欲来之前的云；那自窗外飘然而入，又从门口冉冉而出的，是庐山牯岭上的云；那铺天盖地、蔽海障山的，是太平洋上台风卷来的云……它们有的体态轻盈，绰约多姿；有的气势磅礴，雄浑盖世；而高原上的云，不仅兼有它们的一切，而且还有别的地方怎么也找不出来的美。

你看过云彩是怎样生长出来的吗？如果没有，就请到这里来吧！在江河两岸，阵雨刚过，烈日当空，在向阳的山坡上，会突然冒出一朵像炮兵试射时，炮弹爆炸的“爆烟”，那就是初生的云。开始时，它还只是一个白点，然后就像科学教育影片里的棉花，从一个小骨朵儿，一下子变成了棉铃、棉桃，眼看着它自己绽开了外壳，吐出了雪白的棉花，通共不过是几秒钟的事！这一朵爆烟刚刚升起，它附近又立刻出现好几个它的兄弟，于是试射结束了，仿佛炮群已经通过试射，求得了准确的射击诸元，万炮轰鸣开始了，霎时间，山上山下，坡前坡后，河畔林边，到处是白色的“爆烟”。那光景就像炮击金门时，敌人阵地上的情况差不多，硝烟四起，尘雾蔽天，朦胧中，似乎还能看到狼奔豕突，兔走鹰飞。等一阵风刮过，这些新生的云彩就都集中到窝风的山谷里，用不了多久，就会塞得满坑满谷，有时竟会从山垭口里像牛奶似的溢了出来。

那些已经“成年”的云，显得比它们刚出生的兄弟更有“才华”。如果你想欣赏它静止时的美，就请到雪山下等着吧！在碧空如洗、万里无云的时候，这座金字塔形的雪山，却会不知从哪里忽然找来一朵云彩，戴在山顶上，那云彩体形扁圆，边缘清晰，连里面的折皱，也闪闪有光。假如那时正刮着微风，这一朵云彩随后又会化成喷泉，泡沫从山顶涌起，水花在云端四溅。又假如这时有一抹斜阳从侧面射来，云彩霎时被霞光染得通红，随着微风飘动，这座寒气逼人的雪山，竟能一变而成一座火山，顿时烈焰腾空起来！

如果你想欣赏云彩活动时候的美，就请在马鸡打鸣的时候，到山谷里来吧！一走进这里的峡谷深沟，就好像走进了一条硕大无比的石胡同，借着晨曦的微光，可以看到山沟的两侧都是浑然一体的大石壁，似乎高与天齐，一直伸展到你目所及的地方。走着走着，你就会发现，从前面的石壁里，像是突然窜出一条白色的“狗熊”，一会儿又像冲出一条张牙舞爪的“巨龙”，还有像振翅而飞的“白鹤”，以及啥也不像的“四不像”……它们都是从黑黝黝的石壁里出来的，好像这儿不是山沟，而是打开了栅门的动物园！

（选自吴之南《高原书简》）

云

〔唐〕来鹄

千形万象竟还空，映水藏山片复重。
无限旱苗枯欲尽，悠悠闲处作奇峰。

守居园池杂题·望云楼

〔宋〕文同

巴山楼之东，秦岭楼之北。
楼上卷帘时，满楼云一色。

和文与可洋川园池三十首·望云楼

〔宋〕苏轼

阴晴朝暮几回新，已向虚空付此身。
出本无心归亦好，白云还似望云人。

我不晓得明智……

〔俄〕巴尔蒙特　谷羽 / 译

我不晓得明智，那只对别人合适，
我只会把飞逝的瞬间化为诗句。
每一个瞬间我都发现世界在改变，
其中充满游戏，彩虹一般奇幻。

聪明人，不要骂我。我不用你管！
我只是一片云，云中蕴含火焰。
我在空中飘浮，只不过是一片云。
我呼唤畅想家，决不呼唤你们！

火烧云

萧红

这地方的晚霞是很好看的，有一个土名，叫火烧云。说“晚霞”人们不懂，若一说“火烧云”就连三岁的孩子也会呀呀地往西天空里指给你看。

晚饭过后，火烧云就上来了。照得小孩子的脸是红的。把大白狗变成红色的狗了。红公鸡就变成金的了。黑母鸡变成紫檀色的了。喂猪的老头子，往墙根上靠，他笑盈盈地看着他的两匹小白猪，变成小金猪了。他刚想说：

“你们也变了……”

他的旁边走来了一个乘凉的人，那人说：

“你老人家必要高寿，你老是金胡子了。”

天空的云，从西边一直烧到东边，红堂堂的，好像是天着了火。

这地方的火烧云变化极多，一会儿红堂堂的了，一会儿金洞洞的了，一会儿半紫半黄的，一会儿半灰半百合色。葡萄灰、大黄梨、紫茄子，这些颜色天空上边都有。还有些说也说不出来的，见也未曾见过的，诸多种的颜色。

五秒钟之内，天空里有一匹马，马头向南，马尾向西，那马是跪着的，像是在等着有人骑到它的背上，它才站起来。再过一秒钟，没有什么变化。再过两三秒钟，那匹马加大了，马腿也伸开了，马脖子也长了，但是一条马尾巴却不见了。

看的人，正在寻找马尾巴的时候，那马就变靡了。

忽然又来了一条大狗，这条狗十分凶猛，它在前面跑着，它的后面似乎还跟了好几条小狗仔。跑着跑着，小狗就不知跑哪里去了，大狗也不见了。

又找到了一个大狮子，和娘娘庙门前的大石头狮子一模一样的，也是那么大，也是那样地蹲着，很威武的，很镇静地蹲着，它表示着蔑视一切的样子，似乎眼睛连什么也不睬。看着看着，一不谨慎，同时又看到了别一个什么。这时候，可就麻烦了，人的眼睛不能同时又看东，又看西。这样子会活活把那个大狮子糟蹋了。一转眼，一低头，那天空的东西就变了。若是再找，怕是看瞎了眼睛也找不到了。

大狮子既然找不到，另外的那什么，比方就是一个猴子吧，猴子虽不如大狮子，可同时也没有了。

一时恍恍惚惚的，满天空里又像这个，又像那个，其实是什么也不像，什么也没有了。

必须是低下头去，把眼睛揉一揉，或者是沉静一会儿再来看。

可是天空偏偏又不常常等待着那些爱好它的孩子。一会儿工夫火烧云下去了。

（节选自《呼兰河传》）

古诗十九首

〔东汉〕佚名

其一

行行重行行，与君生别离。
相去万余里，各在天一涯。
道路阻且长，会面安可知？
胡马依北风，越鸟巢南枝。
相去日已远，衣带日已缓。
浮云蔽白日，游子不顾返。
思君令人老，岁月忽已晚。
弃捐勿复道，努力加餐饭。

其五

西北有高楼，上与浮云齐。
交疏结绮窗，阿阁三重阶。
上有弦歌声，音响一何悲！
谁能为此曲，无乃杞梁妻。
清商随风发，中曲正徘徊。
一弹再三叹，慷慨有余哀。
不惜歌者苦，但伤知音稀。
愿为双鸿鹄，奋翅起高飞。

送友人

〔唐〕李白

青山横北郭，白水绕东城。
此地一为别，孤蓬万里征。
浮云游子意，落日故人情。
挥手自兹去，萧萧班马鸣。

说云

竺可桢

云是极普遍而日常所习见之物，其载见于古史经集者，如《诗经·小雅》云“天上彤云”，《易经》云“云从龙”等等。其后望气者流，恃为占卜国家休咎兵事胜负之具，即史书所述如《晋书·天文志》所载，“韩云如布”“赵云如牛”“越云如龙”“蜀云如菌”等，亦系一知半解之言。惟朱晦庵[1]氏言云之成因：“云乃是湿气之密且结者也，地上水汽，被日曝暖，冲至空际中域，一遇本域之寒，即弃所带之热，而反元冷之情，因渐凑密，终结成云。”其见解甚近科学原理。至欧美各邦，其以科学方术测究云者，亦不过近百五十年事。至于今日，凡云之组织、成因、高度以及厚薄等，吾人已知其大概。兹分为四段述之如下：（一）云之组织及成因；（二）云之类别；（三）云与雨之关系；（四）云之美。

（一）云之组织及成因　云为无数至微之水点集合而成，惟世之能足登峻巅，身驾飞机，入腾云中，以实探云之真形者至希。雾，经见者也，雾与云名异而

[1] 即朱熹，中国南宋时期理学家。

实同，悬于空际为云，逼近地面，即为雾也。其成因盖由空中水汽之容量有固定限制，过之则余剩而结成水点或冰点，所谓饱和点或露点是也。空中含水之量，随其温度之高低，以增减其定量，设空中水气骤增，或温度低降，皆足以使水气余剩而凝成云雾之点，至云雾之点，体积至微，非目之所能睹及。现经气象学家 Wells[1] 测得每一立方英寸[2]以内，雾点之含数量，轻雾凡千余粒，而重雾之际，自二万以达百万粒以上不等。其每粒所含水分亦至寡，长十五尺、广十二尺、高一丈[3]之屋中，设雾点充满其内，若集合其所含水量，不盈一大酒樽，可仰口而咽也。然雾点之粒数，已达六千万万矣。设雾点二千五百粒横列之，其长度仅得一寸[4]焉。水之成云雾点者，每点必具中心核，核质为微尘，大率为海中之盐类，或煤气之烟屑，而非空中飞扬之砂土也。雨水虽含有煤屑与盐粒，但仍不失为天然水中之最洁净者（雨水百分中含绿〔氯〕气三·五八分[5]），盖其所含之微尘，仅至希之量耳。云点翱翔空际，虽至极低之温度，达冰点下二十度，

[1] 韦尔斯。

[2] 1 立方英寸约为 16.4 立方厘米。

[3] 1 尺现约为 0.33 米，1 丈现约为 3.33 米。

[4] 1 寸现约为 3.33 厘米。

[5] 即雨水中氯气含量为 3.58％。

可不凝结为冰，其所以能存于冰点温度以下之空气中，尚不凝冻者，亦赖其含有盐粒有以致之也。

（二）云之类别、高度及厚薄 我国昔日未尝有云之分类，至若“越云如龙”“蜀云如菌”等语，不足确定云类者也。泰西之最初分定云类者，始于十九世纪初叶，英人 Luke Howard[1] 划云类为四。今之在国际间所共认者有十类，更欲详细别之，则所计不下百类矣。然大别之，可划成三类：卷云、积云、层云是也。卷云极细极薄，若薄幕，若马尾，或若丝之纤维，盖皆由冰针所集成者也，每现之于风暴之先。昔《开元占经》云“云如乱穰，大风将至”，即谓此也。时而卷云相集成片，似张帷苍穹，皓月与星光遇之，呈毛毛状，曰卷层云。谚云“月光生毛，大水推濠”，盖亦霖雨之征候也。时而卷云分裂如小块状，成卷积云。若玛瑙之皱纹，海面之波涛，或鱼鳞之斑点，为云容中之最美观者，亦可作天候之预兆。有谚云“鱼鳞天，不雨也风颠”者是也。积云多见于日中，夏日尤甚，有如重楼叠阁者，有如菌伞凌虚者，又如群峰环列者，谚云“夏日多奇峰”即谓此也。积云虽为晴天现象，但堆积过甚，易成雷雨，苏东坡诗有“炮车云起风暴

[1] 卢克·霍华德，英国皇家学会院士，十九世纪英国制药学家，业余气象学家。

作”句，所谓炮车云者，即雷雨云也。层云作片状，近地者即谓之雾，现于朝暮之际，冬日较多，但鲜有降雨者，登高山见云海，殆皆是类云也。高度以卷云为最，常浮于七八公里[1]至十公里间，积云与层云均属低云。积云高普通在一二公里间，层云低则近地面，高亦不过二公里，惟积云之厚者，其巅可高达七八公里以上也。厚度以积云为最，自数千呎[2]以达数万呎，卷云、层云，不过数百呎，亦皆非均等者也。

（三）云与雨之关系　云之于雨，其分别在于水点之大小，所以一则浮游空际，一则降落地面耳。云既为水点所集成，其能成雨，固无足奇者。惟物体之居于空中也，较空气重者必下坠，水之重于空气者达八百倍，今大块浮云，游存于空中者何也？其故不外云点体积至微，每六分之一英寸[3]直径之雨点，可分成云点凡八百万粒，且空气具阻力，今雨点重量之增加，与雨点直径三次方成比例，而空气阻力与雨点直径二次方成比例〈数〉，故雨点愈小，下降率亦愈小也。云点之下降率每分钟仅八呎之距，空气有甚微之上升，已足阻其下降；若空气为下降，则热度增高，

[1] 1 公里等于 1 千米。

[2] 即英尺。1 英尺等于 30.48 厘米。

[3] 1 英寸等于 2.54 厘米。

云点为其蒸发消灭矣。云点既若是之微，其成雨之故，昔朱晦庵氏已有了然之解释，《朱子语类》载“盖雨落时多细微，雨点彼此相沾，若下之路远，则相沾之数更多而重大，故山顶比山根之雨微小，又冬月比夏月之雨微小，因夏云高也”云云。今之论者，以上升气流经过云层，所含尘埃被云层吸取其一部，所剩尘埃既少，则其所成之云点，自属较大。云点既大，下降率亦随之增多，又与所遇之云点相合，体积益大，卒达地面而成雨矣。至霖雨之所以能继续数小时，或数日者，乃由他方气流，源源接济不绝上腾所致也。全地球所受雨水之量，亦足骇人听闻，盖每一秒钟，平均竟达一千六百万吨也，然亢旱之象，地面上仍所不免。昔人有云，“如大旱之望云霓”，就表示农夫望雨之殷且切。我国北方，雨量多属缺乏，终年望雨望云之意甚殷，若济南、北平等处，习见门联有“天钱雨至，地宝云生”云。此言自北方人视之，固属司空见惯，若多雨量区域之南方人视之，不免指为触目之谈也。惟云雨之于人生，果属至需，苟云量过多，亦殊不宜，盖统计全世界平均云量，为百〔分〕之三十至四十之间，日光为其遮蔽达百分之三十二。凡四川、云、贵等地，常感云量过多，有“天无三日晴”“蜀犬吠日”之谚，近国立中央研究院气象研究所派员在峨眉山顶司测候，在平地所谓天高气爽十月之际，其所得全月之日光，不足四十小时，于卫生亦甚属不适者也。

（四）云之美　我国于云之科学探究，往昔诚感缺如，至若云之美观，固已得明切之认识者久矣。溯自《竹书纪年》之《庆云歌》："庆云烂兮，纠缦缦兮"，以迨晋唐宋明诸代之讴颂，近之若谭组安《观云楼诗》，章行严集《题看云楼觅句图》等，靡不谈云之美，尤以陆士衡（陆机）之《白云赋》《浮云赋》为最，能表白云之美丽，文词既属丽绮，而于云之形形色色，描来穷极变态，虽乏科学观念，但于云之美，可谓形容尽致矣。昔希腊哲学家 Plato[1]（生于西元前四二七年），谓人之五官感觉，惟嗅觉为纯，以非为欲之所驱者也。他若口之于味，饮食所以餍饥，嗜之过甚则谓饕餮；耳之于声，所以悦听，嗜之若周郎，则谓戏迷也；至美色之于人也，谚云"情人眼里出西施"，常有主观杂于其间，非全为客观美也。若照 Plato 之见解，吾人亦可说地球上之纯粹美丽也者，惟云雾而已。他若禽鸟花卉之美者，人欲得而饲养之，栽培之，甚至欲悬之于衣襟，囚之于樊笼；山水之美者，人欲建屋其中而享受之；玉石之美者，人欲价购以储之；若西

[1] 即柏拉图。

施、王嫱之美，人则欲得之以藏娇于金屋，此人之好货好色之性使然耳。至于云雾之美者，人鲜欲据之为己有。昔南朝秣陵人陶弘景者，齐高祖梁武帝之所威敬者也，隐于句容之句曲山，时以“山中宰相”称之，其答齐高祖询“山中何所有”一书，有诗曰“山中何所有，岭上多白云，只可自怡悦，不堪持赠君”之句，言云之超然美，洵为至切之谈。其后苏东坡由山中返，途遇白云，若万马奔驰而来，遂启笼掇之以归，咏赋以纪之，但归家笼子打开，云即飞散，云之终不得为人之所有也明矣。且云霞之美，无论贫富智愚贤不肖，均可赏览，地无分南北，时无论冬夏，举目四望，常可见似曾相识之白云，冉冉而来，其形其色，岂特早暮不同，抑且顷刻千变，其来也不需一文之值，其去也虽万金之巨，帝旨之严，莫能稍留。登高山望云海，使人心旷神怡，读古人游记，如明王凤洲《游泰山记》，敖英《峨眉山记》，王思任《庐山云海记》，无不叹云殆仙景，毕生所未寓目，词墨所不足形容，则云又岂特美丽而已。

（1932 年 11 月 18 日）

乡村的云

海子

乡村的云
故乡
你们俩是
水上的一对孩子

云朵的门啊，请为幸福的人们打开
请为幸福
和山坡上无处躲藏的忧伤的眼睛
打开！

九月的云

海子

九月的云
展开殓布

九月的云
晴朗的云

被迫在盘子上，我
刻下诗句和云

我爱这美丽的云

水上有光
河水向前

我一向言语滔滔
我爱着美丽的云

峨眉云海

赵丽宏

对云海的神往，是由来已久了。听人说，上山未见云海，不算真到峨眉。因此一边爬山，一边总是忍不住往下看，盼望着神奇的云海突然从脚下涌起。临近顶峰时，这种念头就更为强烈了。

登上钻天坡，顿时杂念全消，每一根神经，都绷得很紧很紧，所有的注意力，都集中在那条陡峭无比的小小山路上。一阵微雨刚过，窄小的石级湿漉漉的，很滑，一级一级，上得艰难。这时眼睛只能盯着头上的石级，再也无心寻找什么云海……

也不知道数过了几级石阶，正想站定歇一会儿，脚下忽然响起一片欢呼：

“云海！”“云海！”

日盼夜想的大自然奇观，终于出现了。

无数雪白的云团聚集在远处，气势磅礴地覆盖了脚下的群山。云块轻轻地碰撞着，挤压着，推拥着，缓慢而又柔和地翻腾、起伏，无声无息地向这里涌来……

不多一会儿，我的视野所及的世界，全部被那一片奇妙的海洋淹没了。我仿佛坐在了一个四面环海的孤岛上，看不清哪里有路，哪里有陆地，只有远方那些穿破云海的峰顶，像一些姿态峥嵘的海上仙山，像一些凝固在浪花里的篷帆，和我默默地遥遥相望着……

云海，真的像海，有海的浩瀚，海的气势，有飞溅的雪浪，深深的波谷，只是没有海的蔚蓝，没有海的惊天动地的呼啸，也没有海的那种飞快的节奏……凝望得久了，我生出一个很奇怪的念头来：我觉得，脚下的云海，仿佛是一部无声影片，正在以慢于常见的速度放映着。它的原型，应当是一片暴风雨中的大海，一片奔腾咆哮的大海……

脚下的海，太平静，太温和，太柔顺了，从云海深处闪烁出的晶莹的白光，有一种说不出的诱惑力，似在呼唤观海的人们，跳下去作一次充满诗意的畅游……

坐在坚实的石阶上，看着那虚幻而又瑰美的水汽的表演，我吟成了一首小诗：

仿佛，全世界的白云都飞进山坳，
汇成了这一片气势浩渺的波澜。
那波澜似乎是无比的轻柔，
流着，涌着，却那样缓慢……

在那里，我看见大千世界的变幻，
浪花、岛屿、樯桅、远帆，
车马、人流、楼台、炊烟……
都在白蒙蒙的云絮里飘飘闪闪。

哦，我当然惊叹大自然的造化，
可是，我也更珍惜脚下坚实的山岩，
真的，假使抵挡不住那幻象的诱惑，
扑下去，只能跌落进万丈深渊！

云彩飘过

〔美〕布罗茨基　娄自良 / 译

听见了吗，你听见了小树林里的儿歌吗，
银白色树干上空那清脆的、清脆的童音，
在暮色苍茫的半空中渐渐飘散、平息，
在暮色苍茫的半空中正在消失的蓝天。

闪亮的雨丝在树木间彼此交织，
簌簌作响，也在灰白的草地上发出轻微的声响。
你听见了歌声，看见了插着红梳子的头发
和伸向潮湿的树叶的一双小手吗？

“云彩飘过，云彩飘过又渐渐消失……”
——这是孩子们在唱了又唱，黑色的树枝沙沙作响，
歌声在树叶间，在朦胧的树干间飞扬，
在暮色苍茫中，这歌声不可捉摸，一去不返。

只见潮湿的树叶在风中飞舞，匆匆地离小树林而去，
飞走了，仿佛听到了远方秋风的呼唤。

"云彩飘过……"
——这是孩子们在夜间歌唱，夜间
从草地到树梢一切都在——颤动，一切都是——歌喉的震颤。

云彩飘过，这是生命在飘过、在消逝，
要适应，要适应，这是我们体内带有的死亡，
在黑色的树枝间，云彩带着歌声，带着爱……
"云彩飘过……"
——这是孩子们在用歌声讲述一切。

听见了，你听见了小树林里的儿歌吗，
闪亮的雨丝彼此交织，嗓音脆亮，
在新出现的暮色中细长的树枝旁，你蓦地
重又看见，重又看见了渐渐消隐的蓝天？

云彩飘过、飘过，在小树林的上空飘过，
某处流水潺潺，只是哭泣和歌唱，沿着秋天的围墙，
老是痛哭、号啕痛哭，也总是仰望，做秋夜中的一个孩子，
也总是仰望，只是哭泣和歌唱，却不了解重大的损失。

某处流水潺潺，沿着秋天的围墙，沿着隐隐约约的树木

在新出现的暮色中歌唱，只是哭泣和歌唱，收拢树叶

有个东西高于我们。有个东西在我们上方飘过，渐渐消隐，

只是哭泣和歌唱，只是哭泣和歌唱，只是活着。

云

〔美〕布罗茨基　刘文飞 / 译

哦，波罗的海
夏季的云，
在这世上我最好
从未见过你们。

或许，你们是在
那样的生活中翻滚，
或天马或骑士，
但较少是圣人。

从背后望你们的，
只有上帝，
像望着蓝布上
一个松软的肉体。

还有一个我，
因为恐惧而坚固，
我在你们身上

目睹复制的虚无。

和彼岸生活的模拟。
路伸展在岩石上，
伸展在由于细浪
而闻名的大海上，

沿着那路行走，
你们——似乎
无边际的存在，
之移动的雕塑。

山岗或庙宇，
托尔斯泰的侧影，
罗马，无人居住的
洞穴中的废墟，

溶化的蜡，
古老的维也纳，
与此同时的
冰山和大脑，

天堂的正门，——
在这世上，啊哈，
除了风，再没有
能计算你们的几何学家!

如羽毛般堆积的
你们流畅的身体。
含有定居者的欢乐
和游牧人的欣喜。

在你们身上，
我明白了语言和梦的
相互割裂和距离，
它们的总和和差异。

从你们那儿
我终于学会——
别相信数字，
而要完全拒绝

正确无误的
重量和质量，

以便有利于
幻想和辉煌！

你们建起
一座岛屿，
这岛的形状
大过地球仪。

你们的宫殿，
就是一块福地，
加上众多统治
心灵的造物主。

泡沫翻滚的瀑布，
是天使们的舞裙，
又像无数淀粉街垒
在刹那间塌倾，

螟蛾的婚礼，
巨人们的婚礼
欢庆已完毕，——
哦，云，

在这无归属的
对罪孽敏感的
波罗的海的天空，
在那儿，在那高处，

你们的庙宇
在倾听呼吁？
谁是你们的建造者？
谁是你们的西绪福斯？

是谁，在那儿，
给你们以体形，
却从宏伟中
取走了声音，

你们的奇迹
因而永远无声。
或整体或单个，
你们的群队

无声地移动，
像是在游戏，

在深山里
迷失的人们

被你们选中，
作为你们的边界。
你们，比肉体更轻盈，
比灵魂更优越。

云

穆旦

凝结在天边，在山顶，在草原，
幻想的船，西风爱你来自远方，
一团一团像我们的心绪，你移去
在无岸的海上，触没于柔和的太阳。

是暴风雨的种子，自由的家乡，
低视一切你就洒遍在泥土里，
然而常常向着更高处飞扬，
随着风，不留一点泪湿的痕迹。

“云”在诗词中的妙用（节选）

李如鸾

我国古代富有聪明才智的独创性的诗人和词家，由于他们的感情丰富，观察敏锐细微，善于形象思维，也善于准确地捕捉景物形象，状摹景物特征，因此为我们留下许多歌咏云的名句。

在文学作品中，特别是在诗词中，关于云的诗语，真是不胜枚举，诸如：怪云、兽云、顽云、密云、轻云、纤云、冻云、孤云、片云、流云、游云、赤云、彩云、锦云、碧云、彤云，等等，不一而足。至如形容云的语汇，也是五光十色，诸如：玉海、银城、因风、伴月、迷野径、罩山峰、岩间横陈、天末奇峰之类，令人眼花缭乱。

在诗词中，云的含义十分丰富，作用也是多方面的。

一、云可以用来点明节令和时间。由于季节不同，云也具有不同的特征。春云和夏云不同，秋云和冬云各异。“冉冉花朝午，阴阴谷雨辰”“摇曳风微度，依稀缕乍分”，写的是春云；“云翻一天墨”“乱云如兽出山前”“四周飞水黑，百尺拥峰青”，写的是夏云；“天高云淡”“纤云弄巧”“薄绉鳞千叠，轻衔月半弓”，写的是秋云；“雁声听处裂，雪意望中添”“寒光低大野，冷意压边城”，写的是冬云。这些都是用云点明节令的例句。云还可以用来揭示时间，如杜甫组诗《羌村》中的“峥嵘赤云西”，便是点明傍晚时分的。

二、云可以用来喻指战争和险恶的形势。“杀气三时作阵云，寒声一夜传刁斗”，表现的是古代官兵艰苦的军旅生活；“云开万里塞无烟”，是写边塞的安定、国势的强盛；“黑云压城城欲摧”“朔云边月满西山”“烟云万里埋弓刀”“不畏浮云遮望眼”“乱云飞渡仍从容”五句中的黑云、朔云、烟云、浮云、乱云，都有明显的喻指作用，指险恶的形势、黑暗的势力，而不是实指。至于李白“总为浮云能蔽日，长安不见使人愁”的诗句中的浮云，当指奸佞当道、群小弄权之类。

三、云可以用来渲染气氛。如“燕支山上暮云秋”，渲染的是凄凉的气氛；“白云生处有人家”，渲染的是恬静的气氛；“朝辞白帝彩云间”，渲染的是欢快的气氛；“白云山头云欲立”，渲染的是战前的紧张气氛。

四、云可以用来表示朋友的离别和深挚的友情。如“渭北春天树，江东日暮云”，是杜甫怀念李白的诗句；“星离成恨事，云散奈愁何”，是周恩来同志写给临别同学好友的诗句；“风起云飞怀战友，屋梁月落疑颜色”，是叶剑英同志悼念左权的诗句。云也可以表示情人远离和刻骨的相思，如“几日行云何处去，忘却归来，不道春将暮”“碧天云，无定处，空有梦魂来去”，都是表示情人的踪迹不定和对情人的相思之苦。

五、云可以用来表现诗人和诗中抒情主人公的复杂心情。如“流波恋旧浦，行云思故山”“我家襄水曲，遥隔楚云端”，表现的是诗人思乡之情和思归而不得之苦；“云霞出海曙，梅柳渡江春”，表现的是诗人宦游他乡辜负春光不能归去之意；“水流心不竞，云在意俱迟”“行到水穷处，坐看云起时”，都是以云的舒缓悠闲，表现诗人的闲适；“玉垒浮云变古今”“白云千载空悠悠”，都表现了诗人怀古的情调；“片云天共远，永夜月同孤”，是诗人以片云自比，揭示自己的孤独心境；“碧天如水夜云轻”，是衬托诗中女主人公的寂寞情怀。此外，云还可以用来比作游子和表现客子他乡的羁旅之情。如“浮云游子意，落日故人情”“浮云终日行，游子久不至”“浮云一别后，流水十年间”等诗句就是。

六、云可以用来形容事物的众多、纷繁。如“旌蔽日兮敌若云，矢交坠兮士争先”“缯帛如山积，丝絮似云屯”“夸赴军中宴，走马去如云”“尽教春思乱如云，莫管世情轻似絮”等诗句都是。

七、云可以用来形容妇女美丽的头发和服饰。如“云一緺（guā），玉一梭，淡淡衫儿薄薄罗”中的云、

“香雾云鬟湿，清辉玉臂寒”中的云鬟、“小山重叠金明灭，鬓云欲度香腮雪”中的鬓云、“越女淘金春水上，步摇云鬟珮鸣珰”中的云鬟、“楼上美人春睡。绿云倾，金枕腻，画屏深”中的绿云，都是用云形容妇女美丽的头发。用云形容妇女美丽的服饰，也不乏佳句，如屈原《九歌》中有“青云衣兮白霓裳”的句子，阮籍有“霏丹霞以为裳”的诗句，李白也写过“云想衣裳花想容”。……

我国历代有成就的诗人和词家，都很善于把客观的景物染上主观的感情色彩，所谓“移情以物”。上述各种例句，基本上运用的都是这种艺术表现手法。这种艺术表现手法，在外国文学作品中，也是屡见不鲜的；但是平心而论，像云有如此丰富的含义，如此众多的作用，却是举世罕见的。这或许可以说是我国诗词中所独具的吧！

…………

A Talk with Cloud
/
作

旁白

陈天悦（八年级）

在小孩的对白与诗人的独白之外，我是第三种“白”——旁白。

面对行云流水的笔墨，我在思想之中低唱；面对风暴之中的闪电，我在漂泊之中高歌。以旁白之名，我从孩子的眼里望见了人世间的故事。高声低声，深刻浅薄，稚嫩老成。从务实派到浪漫派，从多瑙河到《马赛曲》，从流浪者到畅想家，世界深陷于云之中。云深不知处。

我发现了一双寻找光明的眼睛，漆黑而稚嫩，为看云而看云。顾城说，我像一条文昌鱼浮游于少年的梦里。少年的云没有名字，它是一个天大的问号，悬挂在山岭之上。我是谁？是乡邻的炊烟，还是诗人的云鸟？我起自何方，落于何处？我沉醉于漂泊，抑或早已厌倦流浪？

我想点燃闪电，宣扬汉唐的野心。我想做一只云鸟，收藏少年泰戈尔与余光中的微笑。遥望哥伦比亚的天空，那里是否有一位云朵收藏家？伍尔夫收藏紫云，达·芬奇收藏百合花色的云，而我收藏云的旁白。

我想，云本是白的，是绯红日出与蔚蓝天空为它涂抹上纷呈的色彩。作为旁白，我没有什么话要说，我的世界只有漫无边际的叙述。我的故事太多了，从汉到唐，从抒情到戏剧，有少年宗白华画不完的云谱，有老人们絮叨了一辈子也说不清的奇妙。我只想做孩子们的旁白，听别人的话，做自己的梦。

告别了孩子们，我漂流于画的边界，做主角旁边不起眼的补白。画家调着红色颜料，也许今天是绯红的一天；调着墨绿颜料，也许今天夏云走过山间。我问弗里德里希，为何云端会有旅行者。他没有回答我，也许画家的世界里没有理由。一切事物都在画家眼里变得深刻而滑稽，云穿上了裤子，晒着衣裳。我忽然发现，他们喜欢颠倒黑白，化时间为空间，化空间为时间。我又飘向科学世界，那里的一切井然有序，他们告诉我云彩升腾的秘密，将层云、积云、卷云划分得明明白白。在荒谬与严谨共存的时代里，我依旧是旁白。

背着剧中人，面向观众，世界只留有我与自己的对白。

白

叶悠然（八年级）

一想到要写信给云，我的脑海里一片空白——“白云”的“白”。

当世界尚未着色时，天与云与山与水，上下一白，如一张白纸。千万年来，颜色被分配给天地万物，深蓝归大海，青翠归草原，黑归夜，百合花色归空气，唯有云依然是白的。千万年来，云日复一日地做着同一道填空题，要回答自己的颜色和形状——谁知道呢？云从不抄袭昨天的答案，雁荡山的云不会偷看庐山云的想法，正如夏天的云也不会模仿冬天的云。

为着这个问题，云层永无安宁，这躁动的白总会染上其他的颜色。不管在不在德令哈的上方，云都不关心人类，云只关心红色的《马赛曲》、唐朝关外的黄沙、遗落人间的一把紫色的割云刀，并随之变幻着颜色。抽刀断云云更流，难怪王之涣说黄河从白云端倾泻而下。白云顺历史之流而下，见过秦时月、汉时关，见过白帝城边的一叶扁舟，却不懂“人未还”与“一日还”有什么区别。云无心，对于情感，云一片空白。它用苏格拉底的目光，从一个形而上的高度将人间一眼望到底。但不论云如何变换自己的颜色，最终人间的五彩斑斓都会融合成白，用白逼视太阳的光芒。

此时，我仍不知这封信该如何下笔，除了孤独，人与云似乎也没有什么相似之处。想到小学时对着空白的日记本，我无数次用“天上飘着几朵白云”将白纸填满。不知道世界是不是也这样以白填白。看云人似云，把自己的日子留白，用白云的白去填补。云是实的，能把偶然的回忆填满。云的从前是白，未来和现在也是白，它不生不灭，在时间面前屹立如山。时间折叠成一架白色纸飞机，从它心口穿膛而过只要一瞬；而在山巅，我穿云而过也只要一瞬，云是空间的心灵，无关时间。

寄一封信给云，将信纸上每一个方方正正的格子都填满空白。我把白还给云，把流浪还给远方，不用署名不用地址，因为没有人知道云又在哪里积蓄宙斯的力量。我知道那道填空题，云最终交了白卷，而留白就是正确答案。

折云

袁子煊（八年级）

我爬上一座不知名的山岭，山上没有醉酒的采药师父，没有向行人问好的迎客僧，只有那一层层的白云。我伸出手，想要折断那些云彩。

“轰——”雷鸣般的声音掠过耳旁，一朵层积云被我折断。在两半云的间隙里，我看见了拉普达[1]的影子。那棵树仍然在寂寞中疯长，用自己的根系包裹住蓝色的飞行石和黑色的石碑。长满苔藓的石阶上走过一个机器人，它手里捧着一个飞行器。“它是好人！”小鸟说。“它是敌人！”人类说。在两重声音之间，我一时不知道它是敌是友，但我明白它一定很幸福，因为它住在云朵的门里。而我站在地上，睁着一双忧伤的眼睛。

我再次伸出手去，抓到了一朵嫩云，双手一用力，云就断开了。嫩云折断时发出奇异的芬芳，我凑近一闻，辨认出这是画家的颜料味道。这一缕味道很淡，淡得像清新的中国山水写意画；这一缕味道很浓，浓

[1] 拉普达是动画电影《天空之城》中飞行岛屿的名字。《天空之城》改编自英国作家乔纳森·斯威夫特的小说《格列佛游记》，拉普达岛的名字也来源于《格列佛游记》中的飞岛勒皮他。

得像厚重的西方古典油画。这朵嫩云飘得随意，像是梵高弯弯绕绕的笔触在纸上展开——人们永远也猜不到它会往哪个方向飘。它不会抄袭昨天的自己，甚至连上一秒的也不会，所以画家画的云也总不一样。有人画得像米开朗基罗的《昼》《夜》《晨》《暮》，画里的云朵如大卫般饱满；有人画得像托斯卡纳的阳光，让云朵能平分维特鲁威人的身体……

我走向山的东坡，发现山涧里有一条溪流。在流动的清水中，倒映着一溪云。我在溪边找了几块石头放进小溪，将小溪的水流拦住——我折断了溪云。“为什么我要这样做？”我问自己。“为了折云而折云。”我自问自答。

或许一切和云相关的事物都不为意义而存在，它们存在的唯一目的就是“漫无目的”。云从东方飘到西方，从文言飘到白话，从古代飘到当代。它们大胆，使时间变得短暂，使空间变得时而聚拢、时而分散。在一切的有形和无形之间，云处在一个没有意义的虚空里，自由自在。

我低头一看，水已绕过我摆的石头，又连了起来；抬头一望，层积云又出现了，嫩云也重新接起来，飘向远方。

伸手折云云更流。

云图

付润石（七年级）

这朝生暮死的云。

它的生活只是一个偶然。水近处的瀑布间，它在李白半醉的眼神中升起。它是被长流舍弃的那一部分，江水一去不复返，云和飞鸟与孤鹜一起，也一片片悠悠地去了。在庐山中、在壶口与黄果树的奔流不息中，它书写了一部人类的历史。

它是柔弱的，仿佛。既然它是水的化身，是江河的子女，它的力量便是自天上来的。上天的意旨被世界搬运，最终也将回归天上。它向万物展现造物的力量，从不正视月亮与星辰，即便是太阳，它也不放在眼里。这短暂而辉煌的生命，俯瞰着世间那场适者生存的马拉松，而它的赛道是从一座山峰到另一座山峰。云看着脚下为生计而奔波的众生，嘲笑他们，然后继续飘向远方。

白云一片去悠悠。白云到来，只是一张纸和一支笔，然后又在不经意间离去，带走了全部。而徐志摩带不走一片云，云仿佛是空空地来，也空空地去。它的存在，本身就是神迹。

云是捕捉光之幻影的船。无论这世界发生着怎样天翻地覆的变化，它总是不为所动，仿佛它不属于人间。确实，它来自天上。于是它便同日月星辰一样思考，同风霜与天雷、天穹与大地那样思考，同在地狱门前的但丁与沉思者那样思考。

牛顿发现白光是其他色彩的混合，那么不含一点杂质的白云，是否也蕴含着红橙黄绿蓝靛紫？是否也写满了思考，像一个天生的哲学家？白云这样来又这样去，拾起一滴透明的雨，也捕捉不到一丝灵感。

我笑云，笑它的短暂；云也笑我，笑我的渺小。这不只是我与云对话，也是云与人类对话。这没有国籍的云啊，肆无忌惮地越过一条条边界线，没有容忍也就没有自由，没有祖国也就没有那些色彩的意义。人仍是活着，一年又一年，一个世纪又一个世纪；云也是这样飘着，一千年又一千年，从一个物种消亡到另一个物种崛起，生生不息。

晚霞红得像《马赛曲》。云炼成了它的金身。夜将去，日将至，阳光第一次穿过地平线照耀万物时，今天的云，是否还是昨天的云？今天的云，又是否抄袭了昨天的云？

云在思考，就在我们的头顶，如水一般。云与水之间，还有我们。云是永恒的流浪者，对于它，一瞬间，也即永远。

我笑云，云笑我。我笑云短暂，云笑我渺小。我在这张云图上留下些许痕迹。

白云千载空悠悠。

云门大开

金恬欣（七年级）

云门开时，一束斜斜的阳光把天地照亮。

望云，仿佛永远也捉摸不透它。云，轻如薄纱，却无人能有一双足够犀利的眼来看透云层。它像一扇紧闭的门，将白云深处与外面隔绝。

云的门，从未有固定的形状，是方是圆、是正是斜，都难以掌控。童年时，手帕是白云，脚丫是白云，脚印是白云；长大后，火烧云仍没有长大，眨眼间便变化形状。这是一扇古怪的门，若不迅速描绘，便会瞬间变形。很难想象这样一扇门，它遮住了白日，也遮住了行人的眼睛。

这扇关上的门，怎会在不经意间流泻出色彩？“白云一片去悠悠”，那是干净的白；“黑云压城城欲摧”，那是纯粹的黑；“一朵金云夜间栖息”，那是璀璨的金；“踏天磨刀割紫云”，那是嚣张的紫。神秘的云门中，有用不尽的色彩。

而正是这扇门，被打开时带给了所有人一个天国。

这里有无数烂漫的云，每一朵云都那么松软，每一朵云都有千变万化的形状与五彩斑斓的色彩，每一朵云都是组成白云深处的一部分。云门里，有喝酒的老翁，有悬崖巨人，有想要变成云的鸟，有纯洁的小孩，也有穿裤子的云和演奏着《马赛曲》的男人。在云门后面的世界，什么都是朦胧的，像是蒙上了一层水汽，模糊却又清晰。

在那个下午，天国的大门被打开，逶迤的云旌应征南下。那个固守的世界被打开，白云深处的美好被揭晓。云自由了，不再守着云门，云的文化遍布山谷。云走向了世界，不再是白云深处的一个秘密。

云去到希腊，飘在湛蓝的爱琴海上，听着苏格拉底沉痛的独白；云去到法国，在巴黎圣母院的尖顶上徘徊，听雨果在《九三年》中的倾诉；云去到意大利，在梵蒂冈驻足，聆听教堂的歌声；云去到德国，来到尼采的家门口，而这一次，它沉默了……

云门既开，就应大开。打开白云深处的大门，让那成千上万的流云倾斜而下，去到比远方更远的地方。当云门大开的时候，一定有百鸟朝凤、百花盛开的盛景。

美丽的云门啊，愿你在漫长的岁月里常开。

云

冯彦臻（七年级）

云在天空飘过，没有人注意到它来过。

云是天空的旅行家，到处旅游，有时忙有时闲，有时停下来为大地下一场雨。旅行家也算个王者吧！恺撒说："我来，我见，我胜。"最后还是死去。云说："我来，我见，我走。"人再长寿也不及云，活得长才能成为真正的王者。

其实成为云很简单，只要像云一样思想。

云朵低声爬过天空，因为它抄袭了昨天的云。而昨天的云已不知飘到哪里去了。

在云的世界里，抄袭是一件平常的事，因为从来没有人会将每一朵云记住，就算见过也一定会忘记。云的形态瞬息万变，一会儿又不知飞到哪里去了。说不定现在我头上的几朵云正抄袭着唐朝或宋朝的某朵云呢！

云，是永恒的流浪者。对它们来说，到处都是家，飘到哪里，哪里就是家。云，同时也是被寄托了感情的流浪者。"浮云游子意""白云千载空悠悠"，古人一定认为，云那么闲，一定要做点什么吧，比如帮着将思念寄达远方。

连流浪者也不闲了，世界上还有闲的东西吗？或许有吧，昨天的云做不到，但是今天的云可以。这个世界不就是云的吗？

云，本身就是一张谱；一张云谱，无须别人将它做成一张谱。这张谱时时刻刻都在弹奏着，有时急，有时缓，有时“嘀嗒、嘀嗒”，有时“哗、哗”，有时又安静得没有一点声音。

像云一样思想，与云一起思考，你一定会想到苏格拉底，想到王者，想到抄袭，想到云。

云。云。云……

相看两不厌

陈奕名（七年级）

远看孤云，独去闲。

因为相看两不厌，所以有云心反而更闲了。白雪穿过我心中的筛子，既冷且热，预言未来的悲哀，这像文昌鱼一样的云朵，尾巴分叉，一成不变地相看两不厌，象征着我的心灵。

我是一个云端的旅行者，为看云而看云，也只为看云而看云。我登云而小天下，用童年的脚印写下云谱。我这个登云者，与云相看两不厌，与云一起思考。捉云为戏，我摘一朵云送给你，你却用他来垂钓倒影，垂钓千年之前李白那像云一样的思想。桃色连云，也连我，还是相看两不厌。云里有桃花，所以我们相望的天空红得像《桃花扇》，只为幸福的人们打开，只与幸福的人们相看两不厌。

孤云是海的女儿，像白帆咬住水平线，从天空之城滚滚而来的蓝色文字需要白色的标点。云写出自己的答案给自己看，也给我看。云是自由的元素，云有云的孤傲；我却没有海的深蓝，在云面前我一无所有，我只能单单与他相看两不厌。没有敬亭山，云比山简单，也比山伟大，只是太平常、太自然、太相宜，用云的思维织一张网，网里的我与他相看两不厌。

横云与竖云相看两不厌，互相咬住了尾，在群星间被点燃。云的根扎在瓶子里，我与这个瓶子相看两不厌。云放走了根，只愿做一个永恒的漂泊者、流浪者，云走的路本是迷途，何谈知返？云不会回来，自从他从窗子里出来，他就已经走了。而我呢？我要追随乌托邦一样的白净草原，哪怕只在理想之中。还是相看两不厌吧，毕竟我们也是一片云。

人去，台空，云自秋。

云本无题，何谈答案？还是相看两不厌吧。

红墨水

逯朴（七年级）

我用《马赛曲》一样的云，做成红墨水，把它灌进先贤们的笔中，让他们写下浮士德的独白、哈姆雷特的誓言，以及苏格拉底对太阳的逼视。

笔尖流畅，用剧本的形式将流云描绘，墨水在稿纸上绽开，字是红的，剧本是红的，人类的近代史也是红的。而莎士比亚的笔，是一条在威尼斯放浪形骸之后的贡多拉，船上没有穿着蓝白相间的短袖的渔夫，没有用木头削成的长篙，而是任由其向青草更青处漫溯，抬头看，是天空之城。我不曾像这支笔，可以如云一样自由地在纸上画出曲线，敢将威尼斯的每一条河流、每一条下水道描绘。

在错乱的外文字母中，雁荡山分汊的瀑布是大写的“H”，而小写的“h”则是古罗马斗兽场的坐骑，“s”是威尼斯这一条鱼的尾巴……不同的字母，拼接成了一叠莎士比亚的剧本。小孩子可以在舞台上把它们演出来，或者唱出来。唱云，从“白云千载空悠悠”到“水面初平云脚低”，一会儿是低声的云，一会儿是高声的云，仿佛一首《马赛曲》。

从宗白华到汪曾祺，他们都想做一朵母语的云，在母语的时空中射雕。

席勒有席勒的烂苹果，而我有我的烂云。有的人的云是嫩的，而我的云是烂的，烂得一塌糊涂——是时间把它泡烂的。

云的颜色是苹果的颜色，红的。用它写字，写出莎士比亚的角色，写出汪曾祺、宗白华的梦想……总之，红墨水写出了云的思想。

一个陌生人站在我面前，穿了一条红色的裤子，指着天上的云说：“你好，云。”

无题

赵馨悦（高一年级）

一支笔安静地栖落在一成不变的生活之上，夜夜思索海的无言、云的缄默。它有一颗百合花的心，比所罗门王更加高贵，因为它是一支笔，一支可以用来创作、想象、绘画的笔。它原先是一个小说家的御用钢笔，盛满了紫色的烟雾，但如今早已不再服从于他。它现在在写一部尚未完成的作品，内容是它自己尚未完成的生活。在笔的上空是云网，在云网的圆心盘踞着一只小小的蜘蛛。它安静地纺织着，织出漫空的云锦，铺在地平线上的天空，为生存而生存，以云证明自己的存在。笔和蜘蛛从来不是同类事物，但笔曾在若干年前写过一只饿死在自己网中的蜘蛛，而蜘蛛也是由于被写下而被人记住的。

“夜色如网，云彩如网，规整而又强大，井田制的重量穿过农夫捞鱼的筛子，什么都没有，只有一溪云溜走，在这个时候，即使历史的错误也是有情有义的。”笔在云图之中书写，蜘蛛则负责将其编织成网，记下“井田制”“历史”“错误”……它们被压缩生成一朵朵规整而强大的云，为生存而生存和为看云而看云两者兼备。笔写完一段就去散步了，脚印生成巨大的草书，“行到水穷处”，蜘蛛在天上看着，思索如何规划才能让其获得最大效益。但笔从来都是自由自在的，它今天是个幸福的乞丐，明天是个贫穷的绅士，今天吝啬，明天就祝福所有人，每天只写一段话，不能说好，但是尽是它未完成的生活。

“在星星间燃烧的今天的云，明天是万古如长夜的星星云在燃烧，仿佛数数天上的星便可知这世界已存在多少年，昨天的夜晚我已死了无数年，今天的云仍然周而复始地穿过我的筛子，成了一片片白雪。”白雪在笑，这是云的皮在蜕下，明天的云又要多一层皱纹，直到最终如一个老人静坐在天边，享受着近乎永恒的时光。横卧的银河成了一条星带，蜘蛛在纺纱机旁打下这几个词:“蜕皮”“皱纹”“星带”……纺纱机先是冒出几缕百合花色的蒸气，后来整个开始燃烧。不知是由于超负荷的生产，还是蜘蛛的错误，整片天空都着火了，天空红得像《马赛曲》。

这时，笔正倚在树根下，含着一根草或者说是一片云，躺着看火烧云；它说云在晒衣服，平时云的外衣是洁白的，里衬却五光十色，每到傍晚它便轻解云衣。云也喜欢穿裤子、裙子，在服饰的遮掩之下，也总有“金玉其外，败絮其中”的，但云仍是云，它那样爱美，却也懂得留白，从来不会为人而停留，只会为时代而流转。

蜘蛛虎视眈眈地盯着笔看，想要让它进行赔偿，它爬过天空的大网，栖落在与笔只有半米之差的上空。它高声呼唤，询问它的姓名以及作品，要登记上报，笔却好像什么都没听到。于是出于规矩，蜘蛛以“井田制”一样的方块记下《无题》与作者无名氏，但它没抓稳网，开始向地面掉落。

“反正也没事，”蜘蛛用它的八只腿飞速地想，“这样还能把它抓回天空。”但它最终还是错了，它的身子穿过了地面，地面仿佛由云朵组成，它继续落下，最终死在自己的网中。因为它从来没有想过，云的门只为幸福的人打开。

云羹

张若涵（六年级）

云闲桂花落。云懒懒地在天空中散步，桂花摇落，像云一样落入桂花栗子羹中，随云的倒影在羹中打转。云从这一头到那一头，桂花在羹中徘徊画圆，在无尽的圆环中，云反反复复地出现，好像云的闲情雅致从广阔的天空汇入了一碗羹中。我一勺一勺慢咽下肚的，叫作云羹。

天空是一个大碗，闲时就做点云羹。各式各样的云糅在一起，丝毫没有拥挤感。踩在青草地上，总觉得是盛放着云羹的碗倒扣了过来，云满满地溢出来，扑打着面颊。我懒洋洋地坐在地上，准备将自我的精神世界升腾，如云般无声地呐喊，却无心打翻了手中的桂花栗子羹，云跌落一地，倒也成全了一番坐看云起云落的滋味。

一个叫希达的小女孩捧着雪花般的云羹，去天空之城旅行。我看着手中的云羹，所思所想全连着云端的那一头。抬头望天，不知哪一朵云背后隐藏着自由升高的拉普达。也不知那个小女孩，是否从天空的水池中看见云羹的另一头连着一个像她一样向往云的女孩。她们的思想有一个共同点，叫作云思云想。通过云羹的过滤，我们自由的想法如云一般重合，她是我碗里的云，我是她碗里的桂花。

我欲踏云登天，去触摸云羹的底部，却怎么也碰不到头。云没有枯竭的那一天，所以我也找不到被云笼罩的另一个自己。云思云想满羹皆是，而且时时刻刻在变。云的世界中，从来没有“抄袭”二字，每一碗云羹都是不一样的。云是可以改变的，世界皆因云而变。

天空渐渐铺满《马赛曲》，洁白的云羹似乎被云端一头的希达喝完。低头看了看手中的碗，夜来云羹空。

灵感

马梓玹（六年级）

“行到水穷处，坐看云起时”，不知不觉走到流水的尽头，无路可走，索性坐下来观云，看那云卷云舒，在风起云涌中遇见新的灵感，开始新的旅程。

“云无心以出岫”，云对人间的事务漠不关心，无心的白云自然而然从山中飘出，带给陶渊明《归去来兮辞》的灵感。“当时明月在，曾照彩云归。”彩云的热情又牵起晏几道惆怅苦闷的灵感。云到底有心还是无心？它们绝不重复形状、阴影、姿态、布局，没有任何记忆的束缚。在云旁，一切都显得高远又亲切、平静又有深意，有心和无心都变得不再重要。“白云千载空悠悠”，重要的是我要变成云上的沉思者，创造自己的天空之城，做自己的驭手。

姿态千变万化的火烧云，让奇特的呼兰河变得诗意动人；穿裤子的云，使马雅可夫斯基变成无可指摘的温情的人；“大风起兮云飞扬”的悲怆与浪漫，源于云起云涌、高唱如云；“孤云飘泊复何依”，散步的云告诉我，自己是自然的一部分，温和坚定，自怡自悦，恰到好处。

云啊！你的变幻莫测，送给我们无穷的灵感；你影影绰绰、朦朦胧胧，让人产生无限遐想。我在思考中找寻自我，用绳子状的云串起世界。每当我迷惘、不知所措，便抬头看云，端详无处不在的白云、流云、彩云、黄云、浅云、横云、竖云、孤云、闲云……远在天边的云，飘着，飘着，被风扯成一丝丝一缕缕，变化出无数形态，缓慢地爬过天空，停在我的窗口，凝视我的眼眸。粗略看时云很远，仿佛没有尽头；仔细看时云很近，似乎伸手可触。

每一朵云都是一个灵感，预示未来的喜怒哀乐和无限可能。今天的云绝不抄袭昨天的云，它们塑造出新的形象，在一连串回环映衬、跌宕起伏中产生新灵感。我和少年泰戈尔、余光中一样，化身为云鸟，像云一样思考，在云端旅行，游弋于事实之上，放飞想象……

我从云的灵感出发，做一个畅想家。

云船

赵健钧（五年级）

云在水里漂。

天空是一条河流，带着云朵向一个方向流去。云是一艘船，船上的乘客是飞机，是鸟，是太阳，是月亮。群星在云上闪着光。

云与它的乘客们在这条时间之河上漂泊，没有终点，只有无尽的循环。早上的云把帆收了，把发动机关了，只随着水慢慢漂。上午的云把速度开到了一挡；中午的云困倦了，一动不动，太阳生起了云的气，催着云快点走；下午的云把帆拉了一半，把速度开到二挡，接下一批乘客；晚上的云全速前进，让繁星绽放在每一片天空中。

云从不感到厌倦，因为它没有时间感到厌倦。云——一艘船，在天河中荡来荡去。云船会沉没，化作一阵雨走了；云船会重生，水滴又凝聚起来了。船的一面是亮的，一面是暗的；一面是欢乐的，一面是悲伤的。它运送灵魂，是一位“摆渡人”。

当天河消失时，云船不会坠落，云是永恒的，它不会死，因为它会死而复生。黄鹤在哀鸣，不回头了，云也不能回头，它没有能力与时间抗衡。

云有一支笔，画出什么，它就变作什么。火烧云不是夜里的梦，一条划过长空的云线断了，变作了稀疏的雾。云远看是云，近看还是云，看得见，但摸不着。

云在天河中游。

云

胡沐晨（五年级）

一朵金云，卧在山谷巨人的怀抱里。第二天清晨，它又变成了一朵白云，如牛乳一般纯净，在山谷与天之间徘徊。云在山谷身上留下一片片潮湿的印迹，随后便离去了。

第二天黄昏，又有一朵云在山谷的怀抱里出现。它为什么与昨天的云一样？它们都一样卧在山谷的怀抱中，清晨又变成了牛乳色的云。哦！原来它们只是云，今天的云抄袭了昨天的云。唯一不一样的是：一朵是乌云，一朵是金云。

昨天下了一场雨，雷也来凑热闹，雷雨交加，城市与乡村的街道上都没有人了。云越来越伤心，把自己的脸都涨紫了。这一切刚好被坐在窗前写作的伍尔夫看到了，她便写下了长篇小说《友谊长廊》。伍尔夫最喜欢紫色的云了，但是她不得不让紫云不要再哭了。刚好那云哭累了，雷也疲了，便都悄悄地回去了。人行道上又出现了人群。地面上留下一片片潮湿的印迹——这也是云的泪痕。

云朵四处游荡，它是天空的流浪者，不会老去，也不会变脏。但它每天都换一个形象出现：白色的云、紫色的云，晾衣服的云、跳水的云、放羊的云，横的云、竖的云……

唐代李白看到的云，宋代苏轼看到的云，和我今天在窗前看到的云是同一朵云吗？

今天的云不抄袭昨天的云

应镕伊（五年级）

今天的云不抄袭昨天的云。笔尖淌过的是白色的墨水，白云。

今天的云不抄袭昨天的云。今天的云是文昌鱼，昨天的云是昌文鱼；今天的云从窗里进来，昨天的云从烟囱进来；今天的云是抒情的云，昨天的云是戏剧的云……

今天的城不抄袭昨天的城。今天的城上有白色的问号清扫黑色的问号，昨天的城上有黑色的问号清扫白色的问号。今天的城是白云流浪了两天的城，昨天的城是白云流浪了一天的城。

今天的看云方式不抄袭昨天的看云方式。今天，把云从树梢摘下来，卖云人试卖云声，把云又抬高了一尺；昨天，把云关在小盒子里，卖云人试卖云法，把云又抬高了一寸。

云最像空中的语言，今天有一句一句的白，昨天有一句一句的闲。云更像鸟儿，今天是大鹏展翅万里，明天是麻雀空中低飞。啊，云朵讲平等，不会让你抄袭，也不会让你有不足。世界，现已是看云朵看呆了的，聂鲁达呆了——“云彩是怎样生长出来的？”崔颢呆了——“白云千载空悠悠”。白云怎么如此之闲？痖弦呆了——“今天的云抄袭昨天的云”。

天上，白色墨水被打翻了，蓝色被棉花糖覆盖。墨水洒在了纸上，“今天的云不抄袭昨天的云”，云啊，我多羡慕你！

云啊，我多佩服你！你可以像海一样浩大，可以像棉花一样渺小，可以“一朵白云出墙来”，像牛奶一样溢出，关也关不住，可以不被抄袭，可以相约漂泊，你有你的，他有他的方向。

请不要画云，否则，2022年的云就抄袭1843年的云了。今天的云不抄袭昨天的云，云不能被抄袭。

云啊，我多羡慕你！

今天的云不抄袭昨天的云

林应乐（五年级）

云从汉代飘到唐代，从唐代飘到明代，从明代飘到现在，从现在飘向未来。

我爱云，爱它的多姿多态。在钱塘江，云和浪头一起涌来，发出轰轰烈烈的响声。它来得很快，去得也很快，飘走时却悄无声息。到了黄昏，天空红得像《马赛曲》，云一排排平躺在天空中，就像在天空中搭起一条条通往天堂的路。

第二天清早，云又飘来了。这可和昨天的不一样，那白色的“烟雾”在天空中炸开，它绝不会重复自己的形状、姿态和布局。

我爱云，爱它的颜色。人们在诗中写了多种颜色的云，有乌云、赤云、彤云等等。在有些地方，云的颜色像从奶牛身上挤出来的牛乳；有的云像是含着火焰，就如萧红所说的火烧云。如果在火烧云底下，老年人的胡子就会被染成金色，别家的小狗也成了金黄色的狗，那天上的狮子好似在逗地上的石狮子玩呢！一眨眼变成一个东西，一眨眼又变成另一个东西，变出的东西真是数也数不完。云的颜色一点点加深，不一会儿，那绯红色的云下山了，钢铁般的云上岗了。不一会儿，月亮出来了，那可真是仙月，月下飘过一层又一层薄雾般的云，直至天亮。

云是野云还是家云？是孤云还是群云？是闲云还是忙云？是满云还是浅云？这些问题都没人能回答。突然来了一阵暴风雨，把我的思绪打断。暴风雨过后，紫墨水一般的云彩出现在天空，彩虹从中蹿出身影。我们正在走进伍尔夫的云朵里——在同样的时间内，紫云正走向消亡，如墨水之于水中。

云朵的门呀，请为幸福的人打开！

展览品

吴玟慧（五年级）

它是空中纷乱的漂泊者，不知去何处，就来到了天空博物馆。

它每天做新的自己，永不重复。博物馆内有一位老管理员，他收藏着各种各样形状不同、大小不同的云。云管理员每天都把这些不同形状的展览品一一挂在天空博物馆。每次他的云看似都展览完了，可第二天总可以看到新的云。

有一天，天空博物馆来了一位年轻的管理员，她喜欢红色，所以她把博物馆的云刷成红色，展览在天空博物馆。凡间的人第一次见到红色的云，都很惊奇，有的人很喜欢，有的人不喜欢，而有的人说不上喜欢也说不上不喜欢，人们天天在讨论“红云”。

老管理员可不高兴了，命她把云洗干净，可新管理员不小心把墨汁滴了进去，那洗好的白云变成了乌云。

乌云布满了天空博物馆，凡间没了阳光，乱成了一团。

她赶快把乌云收起来，太阳照了下去，乌云竟变成了太阳的颜色——金色。

凡人把这叫成火烧云。

新管理员玩得很高兴，在老管理员成了凡人后，她玩得更兴奋了！

她把云变成钢铁色，变成绿色，变成蓝色，什么颜色的云都有，这让凡人都很惊讶。

后来，那个新管理员成了老管理员，不再把云刷成彩色的了。

云变得单调了。

云国

潘周惟（五年级）

一团团厚重的云，就像是刚打好的奶油，让人情不自禁地想跳进去。我想，如果奥林匹斯山上的众神要吃蛋糕，那上面的奶油一定是用云团做的，像白绸缎一样有光泽。

山上石崖间的云，像一条路。继续往前走，一群白云绕着你，那是云的王国。抬头望，有紫云、乌云、金云，那是云的地图。在云的巨大地图中，那些轰轰烈烈的飞机，不过是转眼的过去罢了。

人以群分，云以类聚。白云学李白，黑云学李贺。闲云，在云中看云；忙云，为生存而生存。云国有自己的文化，这些云物从天梯流传到人间，于是，人间也有了似云而非云的东西，比如：干冰、棉花糖、云朵吐司。而人间的一些东西也来到云国，结果呢，开明的云穿起了裤子，顽固的那些至今仍然光着屁股。

云和人一样充满了好奇心。它们会压低身子，让我们触手可及；而人类，却不会搬架梯子和云握手。

有一天，我们也能去云国，在云中看云卷云舒。

心中的云

周弋楚（五年级）

云分很多种，有白云、乌云、彩云、淡云、野云……

一片乌云飘在天空中，它越来越厚，似乎就要压下来了。远远望去，“黑云压城城欲摧”。人们指着这片云，问：“云端会有什么呢？”“也许是一片仙境，也许是……”突然，大雨如注。一个小孩指着窗外的大雨，问：“雨什么时候才会停下？”忽然，雨过天晴，一道彩虹挂在天边，乌云不见了，淡云飘在碧空中。云就是这样，它想下雨就下雨，想天晴就天晴。这种云是瞬息万变的。

有一种云，叫无心的云，它无拘无束、自由自在，喜欢低头观察世间万物。它会模仿人们走路，变成两只“大脚”，像个小孩一样蹒跚学步。偶然间，云看见一只小狗在啃骨头，于是它就变成了一张大嘴，在空中一张一合。美丽的云，那么顽皮，那么有趣。它像一位神奇的魔术师，能变出万物：有时变出一只威风凛凛的老虎，张牙舞爪；有时变出调皮的小松鼠，翘起大大的尾巴；有时变出可爱的猴子，抱着西瓜。

还有一种云，它一直想变成一只鸟。只见它努力地张开翅膀，展翅欲飞，像极了《逍遥游》里所描述的样子：“化而为鸟，其名为鹏。鹏之背，不知其几千里也；怒而飞，其翼若垂天之云。”天空是鸟儿飞翔的广阔天地，天高任鸟飞。

每一朵云都是不同的，正如每个人一样。我们怀着不同的心境来欣赏一朵云时，感受也是不同的。

望云人

文竹（五年级）

这世上有两种人：为生存而生存或为看云而看云。望云人为云而生，而不是为生而生。

望云人是云的收藏家，云朵的门始终为他打开。望云人见过草书——夏天走路的云，读过散文——淡淡的闲云，听过《马赛曲》——火烧云。云的传奇与秘密，他用眼睛看过，用耳朵听过，用嘴巴读过，那是天空的畅想者用想象的翅膀在赞美着云，与云对话。

云或许是猫，迈着雨滴般的步子轻声走过，留下紫墨水一样的脚印。或许，云明天又成了狮子，高声长吼，抓破天空。云的变化只有望云人知道。诗人说，“今天的云抄袭昨天的云”，可它一直在变，只有变化的云才是活云。

云是望云人的人生。它是红是白，是黑是彩？是蕴含着火焰，还是饱含黑色的泪水？是老是嫩，是浮是停？这都由望云人决定。

望云人甘愿为云付出一切，也常常享受云。他可以跟着云晒衣裳，和云对话，只因望云人是云的知己。他或许看不透你，或许离你很遥远，但他一定懂云，只因云与他的心灵相通。

做人太普通，要做望云人。那时，思想就会如挤出的牛乳般在天空蔓延，看世界的角度，也从抬头仰望变成了俯视。其他人大多只能变成冒出的烟，而望云人可以变成升腾的云。是的，云不就是望云人变的吗？

望云人的思想逐渐上升，成为一只云鸟。它啄着云朵的门，为幸福的望云人再次把门打开。

悠闲的云

吕屹林（五年级）

打开一扇门，云从门外飞来，飘在了晾衣杆上。看云时很近，看我时很远。

在门外，天空红得和红旗一般，却有用金色的云做成的乐谱，为大地唱出一首由云组成的赞歌。

无论是在天空中悠闲舞蹈，还是在大地上惬意散步，它们只关心天上的事，只有另一方的乌云能听见它们那由金色的乐谱唱成的歌。

云骑着天空中唯一一匹金黄色的马，在天空中留下了金黄色的印记。这是处于童年时代的人们眼里发出的金色的光芒。

晚上，当那个圆脸的姑娘出现在天空中时，云便成了天空中天使的伙伴。海上的无人岛，山中的荒村，却拥有凄凉而富有诗意的记忆。在这种无限的凄凉里，云便是悠闲的存在。

它们犹如空白的纸，犹如醇厚的纯白色的牛乳。仿佛只因一轮冷月和一片孤云的存在，让人拥有了一种孤独却不失悠闲的心态。

云

裘依萱（五年级）

有的人为生存而生存，有的人为看云而看云。云更愿意为后者开门，而不是前者。有云心更闲，所以看云的人就更闲了。

云和雾长得很像，但云可比雾好多了：云是一个散步的少年，而雾却是一个欺骗者，他常拎一袋黑眼泪，越黑他越开心。云也是一只对人间万事漠不关心的大鸟，悠悠地飞，找不到事做，就藏到诗句里去，换个名字换个颜色，或虎视眈眈，或流着泪，却也无心关注诗人为它写了什么。

院子里的竹竿上，云把心晾在了上面，自己的身体在天上飘，不小心把自己哭没了——在哥伦比亚的天空上，有人伸手取走了那颗心，他养着很多云，有金云、银云、火烧云……到时间了，他就把云放出去“遛遛”。他就是云的收集者，他的云都和人一样穿了裤子，变成了“家云”。

云，有时会变成一只鸟，红得像《马赛曲》，名叫“云鸟”。云鸟会横着飞，也会竖着飞，像孤云一样孤单。人们见了它，还以为是一团火星在飞舞，其实只是心怀记忆的云鸟。云从古活到今，看见了天空中发生的所有事，但由于它对人漠不关心，所以人们干了什么它也看不见。

今天的云碰到了昨天的云，它们悠悠地飘、悠悠地飘，只是没有抄袭对方。

永恒的漂泊者

奚浚哲（五年级）

云是宁静，是永恒。它变化，但是不死。

多少人曾经被云打败，他们想占有云，但是做不到。云平等地对待所有人。

为看云而看云的人，他们浪漫，因为爱云；他们高兴，因为了解云；他们懂得珍惜，因为他们知道，能与云对话是多么不容易。

但是有一位收藏家从来不觉得与云对话有什么不易，因为他收藏云朵。在他的屋子里，云到处飘飞：彩云、白云、火烧云、金云，农夫的云、作家的云、画家的云、孩子的云……早晨，他把云朵放出来，让画家描绘，让孩子想象。云中蕴含火焰，熊熊燃烧的火焰，声震人间，使人们向往不已。

但云为什么这么爱哭？每当两朵嫩云碰撞在一起，它们就总是哭个不停，泪水从东边流到西边，从高处流到低处，从作家的心里流到画家的心里。云越哭越大声，声音大得点燃了闪电，直到泪水流干，哭声才停息。

孩子们再次看到彩云，再次被点燃心灵，再次成就想象之云。

云被风吹散了，但我仍旧不知道今天的云为什么不抄袭昨天的云。

云

修英杰（五年级）

我是云。我是从山洞里出来的云。我在天上看着人间。

我是五颜六色的云：可以是最常见的白云，也可以是下雨天钢铁色的乌云，黄昏时绯红的彤云、黄云、紫云或金云，还有百合花色的云。

我是千变万化的云。我是状似雄伟群山的云山，也是可以开炮的战云。我是宗白华的云谱，也是月亮旁边灰暗的面孔。

今天的我就是昨天的我，谁说我抄袭了昨天的我？我不是烟，烟只是从屋顶“冒”出来，我可是“升腾”出来，是比“冒”要高出三级的“升腾”！

天上的鸟看我每天在天上飘，就想变成我；可我也想变成它们，因为它们能在天上飞。于是天上就有了一只云鸟，可以飘也可以飞。不过一阵风吹来，云鸟就不见了，只剩下小小的云。

我在哥伦比亚有很多兄弟。他们有老有嫩；有停在天上的，也有浮在天上的；有高声的，也有低声的；有不穿衣服的，也有穿裤子的。而我呢？我什么也不是。我只是一朵厚着脸皮占据地球一部分的云。

我对人间漠不关心，人间对我非常关心。人们说我是唐宋元明清的云、民国的云、现在的云。还有人把我和他们的心灵连在一起。

我只是一朵云，别的什么也不是。

童云

唐子媛（五年级）

我是一朵童云。我会穿裙子，也会跳舞。我还会唱歌，一般都唱低音，我不唱高音。

我是一片属于孩子的云。我会变色，在黄昏，我会把世间万物包括我自己变成金色，把大白狗变成大红狗，把小鸡变成小金鸡……我穿上红衣暖裳，唱起低音《马赛曲》。在那一刻，我属于孩子，属于一位射雕的少年。

我幼稚，我年轻，一心想玩。我曾被少年苏东坡关起来，但我是无形的，我便从缝隙中逃走，在天空上对着他微笑，看他无奈地垂头而走。

我很闲。有时我站立于空中，一动不动地看着大地。有个小孩对我说："你怎么没动？"我默然，又生气地说："你也没动！"说完我就走了。他气鼓鼓地看着我，一动不动。鸟从我的身体里穿过——我多想成为一只可爱的小鸟啊！

我不是一团团的。

我如绒，如羽。

我是桂花色的，一朵童云，又闲又嫩。

云飘在时间上

高允方（五年级）

云为时间命名。它一直在空中飘荡，把它那白色投在飞鸟和时间上。

作为天空的养子，你要与时间赛跑；不管你是战云，还是金云，都得追逐时间。你跑三百六十五天，你跑十二个月，你六分流浪，六分追赶，一直飘在时间上。

云走是时间的流逝，云来是时间的样子。云是白的，时间也是白的。云飘在时间上，平平仄仄，仄仄平平，用紫墨水书写世界。它没有一刻当过闲云，它没有一刻不在时间上面。

一条文昌云出生了，嫩嫩的，游走了，去觅食，去觅“时”。你想当鱼，还是当云？或许你可以成为一条云鱼，游在天空中，游在时间上，一路平平仄仄。游累了，画天空；游饿了，觅“时”。

太阳强了，一曲《马赛曲》挡不住了；天空红了，太红了，把《马赛曲》里的马也染红了。太阳小了，我杯中的牛奶溢了出来，云也溢了出来。云看我，觉得好远；我看云，觉得好近。不早了，云又在时间上飘，我又在云上写。

云在定义时间，时间亦在定义云图。在五千年的历史长河里，没有哪两首诗里的云是完全相同的。下一场时间的雷雨，一朵绵延五千米的云，覆盖了十个村庄。云飘在平平仄仄的天空之上，亦飘在仄仄平平的时间深处。

云飘进了房间，我在房里捉云为戏，想装成一朵云玩玩。走进云的世界，走进时间的世界。我忙，云也忙；我闲，云也闲。云永远和我一样，永远在时间上飘，永远一个样。

云飘在时间上，飘在《归去来兮辞》里，飘在我的笔下。

孩子云

陈语南（五年级）

我是一朵云。我只是一朵云，漫步在空中。

我和船赛跑，和鸟赛跑，和时间赛跑。

画家给我涂上了红色，孩子把我想象成白纸，天气变化给我披上了灰外套。

我对人间漠不关心，我只为自己而存在。我在海里散步，在湖边照镜子，和大山比高低。

孩子们喜欢看我，我喜欢看孩子们，我只对孩子们关心。

他们在水田中玩耍，在池塘里捉鱼，在快乐中放学。我无处不在，守护着他们，我化作一片嫩叶子，化作湖水，化作云鸟。不信，你瞧，水塘里有没有我的身影。

他们是多么天真，而我象征着他们纯洁的心灵。

我从不抄袭昨天的我，孩子们也就有兴趣和我玩耍。我是魔术师，一下变成小白兔，一下变成小羊羔，一下变成小老鼠。看，孩子们笑得多开心！我也跟着他们一起笑。

我和孩子们一样，有哭有笑。他们是多么天真，我也是一朵孩子云。

问云

严子轩（五年级）

清晨，我推开窗，看见一朵云在天上悠闲地散步，我打了一个哈欠，问道："你们是为起早而起早，还是为散步而散步？"

"那你是为生存而生存，还是为看云而看云呢？"云冷冷地反问我。

我说："我当然是为看云而看云喽！我要和少年汪曾祺一样叼着根草，闲散地躺在软软的草地上看你们，也要为你们设计一个云谱。云谱里面有闲云，有忙云；有浮云，有停云；有孤云，有群云；有微云，有巨云；有高声的云，有低声的云；有……"

"停！"云说，"我不知道你说的那些云，也不知道汪曾祺是谁，我只知道我是云，这就够了。没有人管我，我也不需要有人管。好了，现在我要走了。"

"等一等，"我说，"你有没有抄袭昨天的云？天上有没有一位云朵收藏家？"

云平静地说："我没有抄袭昨天的云，每天的云都是不一样的。至于天上有没有一位云朵收藏家——这就得靠你自己去想象、去探索了。"

“那你……”我走到屋外，想赶上云，可云早已成了一团雾，一团谁也看不透的雾。

流言

张心远（五年级）

我日出即坐，看云。

云在天空中飘过，如同一个个流言。

流言时而是用紫墨水写的，时而是用白墨水写的……但是今天的云不抄袭昨天的云，云的颜色从来都不一样。

百合花色的云如水般从天空流过，它的言又是什么？那是达·芬奇一生所追寻的，是天才的好奇心，更是达·芬奇一生所织的网。

一朵体内装着永恒火焰的云从我头顶燃烧而过。那上面的言是：在星星间燃烧。我相信，这绯红色的云会燃尽人们所有的烦恼。

漂泊的云在天上流浪过，那是自由女神与海浪的孩子。它必定会声震人间，也必将会点燃闪电。它将不断地徘徊于我们的心灵之中，在我们的脑海中留下它的言语。

无心的云啊，你对人间的事物是如此漠不关心。我挥了挥衣袖，你却依然用你自由的笔，在天空肆无忌惮地写下只属于你的留白，然后继续漫无目的地流淌。

我日落而息，而云依然如流言。

云想

阮泺熹（五年级）

一次在云下骑车的经历，给了我许多大胆的想象。云是彩色的。李白眺望远方，将彩云定格在白帝城上；贾岛在山中寻隐者不遇，得知“云深不知处”；李贺看着巧如神工的端州石砚，赞叹“踏天磨刀割紫云”。

从古至今，大家望到的都是相同的云。

伍尔夫用紫色的墨水，在纸上专注地“作画”。她望着天上那朵紫色的云，不知不觉地笑了。

一朵“云鸟”在天空中不断地腾跃，忽而低，忽而高，那是幻想的形象化，而且具有生命力。它低得好似用手就可以触摸到，高起来又使人看不见。

雾与云是一对双胞胎，一个朦胧，一个舒畅。我闭上双眼，用手划开了那道云，它被分成了两个，一个叫“雾云”，另一个叫“云雾”。

今天的云抄袭昨天的云，明天的云抄袭今天的云。云不变，不变的还有它那不断变幻着的颜色和云下不断变化着的人。

我与“云”的对话

图书在版编目（CIP）数据

与世界对话. 与云对话 / 傅阳编著. -- 昆明 : 晨光出版社, 2024. 7. -- ISBN 978-7-5715-2447-0

Ⅰ. C49

中国国家版本馆CIP数据核字第 2024YT2428 号

声明

本书在编写过程中，选用了部分散文、诗歌等作品，因条件所限未能与作者 / 译者一一取得联系，在此致以深深的歉意。敬请本书录选作品的作者 / 译者及时与我们联系，我们会第一时间与您沟通并妥善处理。

电话：010-88356860

邮箱：neverend@utoping.cn

与世界对话 **与云对话** 傅阳 编著

YU SHIJIE DUIHUA
YU YUN DUIHUA

出 版 人 杨旭恒

选题策划 千寻 Neverend
责任编辑 杨亚玲
封面插画 高畅 www.changgao.co
内文插画 马梓玹（11 岁）

出　　版 晨光出版社
地　　址 昆明市环城西路 609 号新闻出版大楼
邮　　编 650034
发行电话 （010）88356856 88356858
印　　刷 北京顶佳世纪印刷有限公司
经　　销 各地新华书店
版　　次 2024 年 7 月第 1 版
印　　次 2024 年 7 月第 1 次印刷
开　　本 130mm × 185mm 32 开
印　　张 5.5
字　　数 85 千
ISBN 978-7-5715-2447-0
定　　价 160.00 元（全 5 册）

千寻 与世界相遇

千寻 Neverend

选题策划　千寻 Neverend
项目编辑　云海燕
装帧设计　木
内文排版　史　明
责任印制　盛　杰
营销编辑　王雪雪

与世界对话

与雷电对话

傅阳 编著

晨光出版社

序

与世界对话，与美对话

傅国涌

在古希腊人心目中，世界就是“美”的意思。美国作家爱默生说，世界是为了美而得以创造。与世界对话，可以说就是与美对话。从 2017 年秋天以来，我和孩子们一起与世界对话，就是希望他们睁开心灵的眼睛，看见美，不仅在形式中。

“与世界对话”的支点是母语。不久前，我读了一篇文章《乡学》，其中有这样一句话：“课堂上响起来一片玻璃般的童音。”这玻璃般的童音源自小说家汪曾祺的《徙》，小孩子用玻璃一样脆亮的童音唱校歌。一句“玻璃般的童音”，平平常常，却很美，让人身临其境，久久难忘。诗人顾城说：“语言重要的不是它的形状……重要的是敲一敲变成了玻璃，再敲敲变成了铜，再敲变成了水——这样的语言质地的变化。”我少年时初读李贺的诗，总是忘不

了那一句“羲和敲日玻璃声”。这玻璃声只能用心灵才能听见，这个世界中无比丰富的色彩、线条、姿态和光影，也唯有心灵才能捕捉到。

国语书塾的“与世界对话”课堂用古今中外浸透着美和想象的文本滋养孩子的心灵，使他们的心灵力量不断壮大。他们在母语的江河上，不是随波逐流，而是可以从流漂荡、任意东西。

课堂的生命在于呼应：人与世界的呼应，人与人的呼应；不仅是老师与孩子的呼应，更重要的是老师、孩子和古今中外的作者之间的遥相呼应。这种呼应打破了一切空间的界限、时间的界限，在无边无际、无始无终的宇宙中，只有美是永恒的，抓住美，就抓住了整个宇宙。在这里，“羲和敲日玻璃声”和孩子们玻璃般脆亮的童音相互呼应、相互激荡。课堂就是在一个开放的审美空间里打开一种无限的可能性，每个孩子慢慢地在这个审美空间中成为自己的主人，不仅拥有审美力，而且还能获得想象力。

想象力，正是流水线教育中最为稀缺的。法国诗人波德莱尔说：“是想象力告诉人颜色、轮廓、声音、香味所具有的精神上的含义。它在世界之初创造了比喻和隐喻。它分解了这种创造，然后用积累和整理的材料，按照人只有在自己灵魂深处才能找到的规律，创造一个新世界，产生对于新鲜事物的感觉。……想象力是真实的王后，可能

的事也属于真实的领域。想象力确实和无限有关。”

“与世界对话”的课堂以启发孩子们的想象力为最高目标。每一堂课都是由低处入手，却是从高处着眼，这高处即如何使孩子们通过接触到的文本打开自己的心灵，在寻常所见事物之中思接千载、神游万里，同时又能找到准确而有声、有色、有味、有光的语言来表达自己的所见、所闻、所思、所想。老师，只能是一个引导者，而绝不可能代替孩子获得自身的领受、体悟和想象。许多时候，孩子们对课堂的回应，偶尔的神来之笔，也常常出乎老师的意料，这才是教育最具魅力的一面。

“与世界对话”系列第一辑《与墙对话》《与门对话》《与窗对话》和第二辑《与枣对话》《与橘对话》《与苹果对话》《与叫卖声对话》出版之后，我又整理出了第三辑《与风对话》《与云对话》《与雾对话》《与雨对话》《与雷电对话》。照着这个节奏，“与世界对话”系列的一百课差不多要二十年才能全部完成。想想很是遥远，但“得寸进寸”，进得一寸就有一寸的欢喜。

在国语书塾这个被我叫作“三百千万”的磨坊里，我看着孩子们看云看雾、听风听雨，在精神上一天天地成长起来，有的人最终将点燃闪电。所谓“三百千万”，就是三年、百课、千人、万里，在三年的时间上一百堂“与世界对话”课，认识一千个以上古今中外的作者，而且还要一起行万里路。“三百千万”强调的是生命的投入，是日

复一日的积累和体悟，是塑造一颗与世界对话的心灵。

我也曾是一个喜欢看云的少年，现在依然喜欢看云。“云在青天水在瓶”，有人说精神法则就是云在青天，生存法则就是水在瓶；而我的“与世界对话”课堂，就是想把云装在瓶子里的一种努力。在我的辞典里，精神法则和生存法则是合一的。为看云而看云和为生存而生存，也不过是一个巴掌的两面——

> 云最像空中的语言，今天有一句一句的白，昨天有一句一句的闲。（应镕伊）
>
> 我登云而小天下，用童年的脚印写下云谱。我这个登云者，与云相看两不厌，与云一起思考。（陈奕名）
>
> 或许一切和云相关的事物都不为意义而存在，它们存在的唯一目的就是“漫无目的”。……在一切的有形和无形之间，云处在一个没有意义的虚空里，自由自在。（袁子煊）
>
> 从务实派到浪漫派，从多瑙河到《马赛曲》，从流浪者到畅想家，世界深陷于云之中。云深不知处。（陈天悦）
>
> 当世界尚未着色时，天与云与山与水，上下一白，如一张白纸。……千万年来，云日复一日地做着同一道填空题，要回答自己的颜色

和形状——谁知道呢？（叶悠然）

孩子心中的云与天上的云相呼应，看得见颜色，听得见声音，那是有思想的云遇到了有思想的人，云被装进他们各自的瓶子里了吗？我不知道。每个聪明的读者自然都可以来回答这个问题。

感谢施美英老师整理了最初的课堂录音，感谢濮影瑛、黄支珑、赖建平、汪琼、许蓉蓉、陈小燕、马碧瑶、曹永健等参与校对的全体老师、家长。“与世界对话”还有更远的路要走。

2023 年 5 月 2 日于杭州国语书塾

Contents

目录

A Talk with Thunderbolt

/

说

1990年获得诺贝尔文学奖的墨西哥诗人奥克塔维奥·帕斯说，雷声是闪电的声明。

我们先来读一读中国诗人洛夫的诗《雷鸣在远方》：

雷鸣
在远方
隐隐传来
一阵莫名其妙的震怒

这跟我有啥关系

总得下点雨吧
我枯干，我萎缩，手脚冰冷
蠹（dù）鱼啃光了腹内的四书五经
我祈祷

别让那些烂在经典里的字
急于投胎
急于成为找不到家的
流言。或者乌鸦
我已一无所有
远方的雷鸣
即便轻柔
如月光的呼吸
跟我啥关系也没有

诗人说远方的雷鸣是“莫名其妙的震怒”，跟自己什么关系也没有，真的如此吗？

古神话中开天的盘古倒下后，呼出的气息，变成了风和云；发出的声音，化作了隆隆的雷声……

两千三百多年前，楚国诗人屈原在《天问》中就追问过：“薄暮雷电，归何忧？”

我想起郭沫若1942年完成的历史剧《屈原》中有一大段独白，名为《雷电颂》，那是剧中的屈原向着风和雷电发出的独白，非常有气势。大家一起来读：

啊，这宇宙中的伟大的诗！你们风，你们雷，你们电，你们在这黑暗中咆哮着的，

城市上空的雷电

闪耀着的一切的一切，你们都是诗，都是音乐，都是跳舞。你们宇宙中伟大的艺人们呀，尽量发挥你们的力量吧。发泄出无边无际的怒火，把这黑暗的宇宙，阴惨的宇宙，爆炸了吧！爆炸了吧！

雷！你那轰隆隆的，是你车轮子滚动的声音？你把我载着拖到洞庭湖的边上去，拖到长江的边上去，拖到东海的边上去呀！我要看那滚滚的波涛，我要听那镗（tāng）镗鞳（tà）鞳的咆哮，我要漂流到那没有阴谋、没有污秽、没有自私自利的没有人的小岛上去呀！我要和着你，和着你的声音，和着那茫茫的大海，一同跳进那没有边际的没有限制的自由里去！

啊，电！你这宇宙中最犀利的剑呀！我的长剑是被人拔去了，但是你，你能拔去我有形的长剑，你不能拔去我无形的长剑呀。电，你这宇宙中的剑，也正是，我心中的剑。你劈吧，劈吧，劈吧！把这比铁还坚固的黑暗，劈开，劈开，劈开！虽然你劈它如同劈水一样，你抽掉了，它又合拢了来，但至少你能使那光明得到暂时的一瞬的显现，哦，那多么灿烂的、多么炫目的光明呀！

最后一段也非常精彩，我们接着读：

> 但是我，我没有眼泪。宇宙，宇宙也没有眼泪呀！眼泪有什么用啊？我们只有雷霆，只有闪电，只有风暴，我们没有拖泥带水的雨！这是我的意志，宇宙的意志。鼓动吧，风！咆哮吧，雷！闪耀吧，电！把一切沉睡在黑暗怀里的东西，毁灭，毁灭，毁灭呀！

这个结尾就像雷电劈下来一样精彩！他说电是宇宙中最犀利的剑，能劈开比铁还坚固的黑暗。我少年时第一次读《雷电颂》，就特别喜欢这个句式："但是我，我没有眼泪。宇宙，宇宙也没有眼泪呀！眼泪有什么用啊？我们只有雷霆，只有闪电，只有风暴……"这是多么有力量的句式，典型的郭沫若句式。但在这里，郭沫若不是代表自己，他代表的是屈原，这是屈原的独白，是站在两千三百多年前的历史舞台上的独白。

郭沫若在《屈原》这部历史剧当中，为屈原创作了两段独白。第一段独白就是我们在"与橘对话"的课堂上读过的《橘颂》，那本是屈原的一首诗，郭沫若

屈原像

只是用白话将它重译了一遍，当然也有他自己的理解。《雷电颂》则是郭沫若自己的创作，却是模仿了英国剧作家莎士比亚的《李尔王》中的那段经典独白，或者说是从那段独白变化出来的。我们来读其中两段：

李尔：吹吧，风啊！胀破了你的脸颊，猛烈地吹吧！你，瀑布一样的倾盆大雨，尽管倒泻下来，浸没了我们的尖塔，淹没了屋顶上的风标吧！你，思想一样迅速的硫黄的电火，劈碎橡树的巨雷的先驱，烧焦了我的白发的头颅吧！你，震撼一切的霹雳啊，把这生殖繁密的、饱满的地球击平了吧！打碎造物的模型，不要让一颗忘恩负义的人类的种子遗留在世上！

…………

李尔：尽管轰着吧！尽管吐你的火舌，尽管喷你的雨水吧！雨、风、雷、电，都不是我的女儿，我不责怪你们的无情；我不曾给你们国土，不曾称你们为我的孩子，你们没有顺从我的义务。所以，随你们的高兴，降下你们可怕的威力来吧，我站在这儿，只是你们的奴隶，一个可怜的、衰弱的、无力的、遭人贱视的老头子。可是我仍然要骂你们是卑劣的帮凶，因为你们滥用上天的威力，帮同两个万恶的女儿来跟我这个白发的老翁作对。啊！啊！这太卑劣了！

当《屈原》在重庆——抗战大后方上演时，它曾给国人带来一种高亢的激动，而《雷电颂》就是其中的一个高潮。

古代也有一些诗人写过雷电，我们读一下宋代诗人王禹偁（chēng）的诗《雷》：

商山春夏旱，旱雷不降雨。
及秋又霖霪（yín），雷声时一举。
…………
君子容必变，所以敬天怒。
无乃丰隆鬼，恣意挝（zhuā）雷鼓。
此怒既非天，敬之亦奚取。

这诗写得其实很生硬，不好读，不能朗朗上口，又缺乏让读者眼睛一亮的形象。

苏轼写过一首诗，题目特别长，叫作《唐道人言天目山上俯视雷雨每大雷电但闻云中如婴儿声殊不闻雷震也》：

> 已外浮名更外身，区区雷电若为神。
> 山头只作婴儿看，无限人间失箸人。

“箸”就是筷子。读完这首诗，我们很自然会想起那个吓得把筷子掉在了地上的“失箸人”刘备。那是《三国演义》中《青梅煮酒论英雄》的故事，我们来读：

> 二人对坐，开怀畅饮。酒至半酣，忽阴云漠漠，骤雨将至。从人遥指天外龙挂，操与玄德凭栏观之。
>
> 操曰：“使君知龙之变化否？”玄德曰：“未知其详。”操曰：“龙能大能小，能升能隐；大则兴云吐雾，小则隐介藏形；升则飞腾于宇宙之间，隐则潜伏于波涛之内。方今春深，龙乘时变化，犹人得志而纵横四海。龙之为物，可比世之英雄。玄德久历四方，必知当世英雄。请试指言之。”玄德曰：“备肉眼安识英雄？”操曰：“休得过谦。”……

曹操与刘备（刘玄德）饮酒之时，天空出现闪电，曹操挑起话题论天下英雄，小心谨慎的刘备不肯点评。曹操一定要他说，他就列举了淮南袁术、河北袁绍、荆州刘表、江东孙策、益州刘璋，但一一被曹操否定。我们接着读：

操曰："夫英雄者，胸怀大志，腹有良谋，有包藏宇宙之机，吞吐天地之志者也。"玄德曰："谁能当之？"操以手指玄德，后自指，曰："今天下英雄，唯使君与操耳！"玄德闻言，吃了一惊，手中所执匙箸，不觉落于地下。时正值天雨将至，雷声大作。玄德乃从容俯首拾箸曰："一震之威，乃至于此。"操笑曰："丈夫亦畏雷乎？"玄德曰："圣人迅雷风烈必变，安得不畏？"将闻言失箸缘故，轻轻掩饰过了。操遂不疑玄德。

…………

……玄德以落箸事说与关、张。关、张问是何意。玄德曰："吾之学圃，正欲使操知我无大志；不意操竟指我为英雄，我故失惊落箸。又恐操生疑，故借惧雷以掩饰之耳。"关、张曰："兄真高见！"

曹操石像

这是《三国演义》中最有名的片段之一，我年少时第一次读《三国演义》就特别喜欢。我们看曹操和刘备的对话，刘备一个一个评点天下英雄，袁术、袁绍、刘表、孙策、刘璋、张绣、张鲁、韩遂，曹操一个都看不上。我读初一时，就将曹操的那句话抄在了笔记本上："夫英雄者，胸怀大志，腹有良谋，有包藏宇宙之机，吞吐天地之志者也。"曹操指着刘备和自己说："今天下英雄，唯使君与操耳！""使君"是他对刘备的称呼，这让每天在菜园里浇水灌粪、试图瞒过曹操的刘备吓了一跳，手中筷子、勺子都掉在了地上。就在这个时候雷声大作，帮刘备掩饰了过去。因闪电引起的论天下英雄的话题，因雷声而收场。

"无限人间失箸人。"苏轼写下这句诗时，不知是不是也想到了刘备，想到了《青梅煮酒论英雄》的故事。

唐代诗人李白写过一首诗《玉真仙人词》，其中有句："弄电不辍手，行云本无踪。"很多《李白诗选》一般都不会选这首诗，故而大多数人的童年、少年时代不太会碰到这首诗。可是偏偏有个人小时候碰到了，这个人是谁？他叫顾毓琇。他写了一篇回忆文章，我们一起来读读：

人生是一个旅行，倘若你没有旅行，你

就枉过了人生。从小读唐诗，读到“弄电不辍手，行云本无踪”，我对于电学固然发生了兴趣，而对于云游天下的名山大川，更觉得神往。……

顾毓琇从小读到了李白的“弄电不辍手”，长大后成为一代电学大家。他是无锡人，十三岁考入清华学堂，二十一岁到美国麻省理工学院专攻电机工程，五年后获得博士学位。他回国之后先后做过中央大学工学院院长、清华大学工学院院长，也做过教育部政务次长、中央大学校长，后来在麻省理工学院和宾夕法尼亚大学任教，是国际上的电机权威和现代自动控制理论的先驱。他的专业是电学，在《行云流水》这篇散文中，他回想自己从小读唐诗，读到李白的“弄电不辍手，行云本无踪”，前一句触发了他对“电”的兴趣，后一句让他明白旅行的重要，向往像云一样走遍名山大川。他活了一百岁，一生足迹遍及中国和世界多国，走过无数名山大川。

“弄电不辍手，行云本无踪。”李白的两句诗，竟然给一个无锡小孩顾毓琇带来如此深远的影响。

更让人吃惊的是，他是通才，他不仅在专业上有非凡表现，还写诗、小说、散文和剧本，他的剧本《岳飞》《荆轲》《西施》《项羽》等在抗战时都曾上演，口碑载道。他懂音乐，还研究佛学、教育学，是文理兼通的一代大师，一部《顾毓琇全集》，横跨多个不同领域。这样的人无论放在哪个时代恐怕都是很罕见的。

我们再来读一读南宋诗人陆游的《七月十九日大风雨雷电》的前几句：

雷车动地电火明，急雨遂作盆盎倾。
强弩夹射马陵道，屋瓦大震昆阳城。

陆游写过很多跟雨有关的好诗句，比如“小楼一夜听春雨”“细雨骑驴入剑门”“卧听萧萧雨打篷”，很容易让人记住。但这首写大风雨雷电的诗，显然就不容易被记住。第一句“雷车动地电火明”，写的是雷和电；第二句就开始写大雨了。

雷电在中国古人的眼中还是有几分神秘的，几乎没有写雷电的众口相传的好诗流传下来。即使是李白、苏轼、陆游的雷电诗，也没有那么精彩。

我们来读 1913 年获得诺贝尔文学奖的印度诗人泰戈尔的诗《动人心弦的雷电》：

我的心像在雨天里的一只孔雀，

张开它那染着狂喜色彩的思想的羽毛，
在它的狂欢中从天空找些幻象——
渴望着一个它所不认识的人。
我的心跳舞起来了。
云雷隆隆地走遍诸天——
骤雨卷过地平，
鸽子在巢里静默中颤抖，
青蛙在泛涨的田中噪鸣——
云雷隆隆。

呵，那在王宫塔上的，
那打开她浓黑的发辫，
把蓝纱挂到胸前的她是谁？
在电光的急闪中她倏然惊走，
让她的黑发飞舞在胸前。
呵，我的心像孔雀般舞蹈，
雨点在夏天的新叶上滴沥，
蟋蟀的颤鸣惊扰了树荫，
河水涨岸冲洗了乡村的草地。
我的心跳舞起来了。

“我的心像孔雀般舞蹈”，在他的诗里，雷电是动

泰戈尔雕像

人心弦的，没有让他感到一丝恐惧。我们再来看他的另一首诗《游子在风雨雷电中》：

不停的是使天空愁倦的淋漓的雨。
可怜的是无告的人！可怜的是无家的游子！
狂啸的风在呜咽与叹息中死去。
它在无路的田野中追逐着什么飞影呢？
黑夜像盲人眼睛一般地绝望。
可怜的是无告的人！可怜的是无家的游子！
波浪在消失在无涯的黑暗里的河中猖狂。
雷在咆哮，电光在闪动它的牙齿。
星光死去。
可怜的是无告的人！可怜的是无家的游子。

“雷在咆哮，电光在闪动它的牙齿。”电光的牙齿在黑夜里想要吞噬什么？与前一首诗不一样，在这里，“黑夜像盲人眼睛一般地绝望”。无家可归的游子是可怜的，尤其在雷电风雨中。

1958年获得诺贝尔文学奖的苏联作家、诗人帕斯捷尔纳克写过一首诗《雷雨，永恒的一刻》：

过了这一站，夏天

就挥手离去。它摘下帽子，
连夜拍下一百张炫目的照片，
为雷声留下回忆。

丁香花黯然失色。
此时，雷鸣采来了满怀的
电光，从田野抛开去，
为玉宇琼楼点灯。

当一阵阵的坏笑
在屋顶上滚动，
大雨也像炭笔画出的线条
隆重洒向所有的篱笆。

然后是一道道的意识空白：
就连理智最阴暗的角落
也照得灯火通明，
那里，此时正亮如白昼。

他的想象更为神奇，“当一阵阵的坏笑 / 在屋顶上滚动”写的是一阵阵雷声，“然后是一道道的意识空白”写的是一道道闪电。雷声被想象成“坏笑”，闪电被称为“意识空白”，也只有帕斯捷尔纳克才想得出来。有想象力的语言可以重塑这个世界，让我们耳目一新。与世界对话，就需要这样的语言。我们要站在这样的起点上。

当代中国诗人伊甸生活在嘉兴，他有一首《闪电之歌》，我们来读一读其中的第二小节和第四小节：

大地被遮蔽得严严实实
仿佛它再也伸不出一根手指
从容地评点风云
黑暗愈来愈硬，愈来愈锋利
像千万把寒光袭人的刀剑
连石头都学会了恭恭敬敬弯腰鞠躬
连太平洋都屏住了呼吸

那道光又闪了一下，更亮，更坦坦荡荡
更像一个婴儿天真无邪的微笑
鸟们依然在沉睡，或者
假装在沉睡，但一粒萤火虫的眼珠转了一下
它从密密的荆棘丛里钻出来
等待着那道光

再一次发出的启示

大家还记得苏轼写天目山的雷电时写过“山头只作婴儿看”吗？伊甸竟把闪电写成“婴儿天真无邪的微笑”，而“黑暗厚着脸皮，宣告自己是宇宙之王”（诗的开篇第一句）；谁能把厚脸皮的黑暗打破，把宇宙之王消灭？答案是闪电。这就是闪电之歌。他说，闪电像千万把寒光袭人的刀剑，连石头都学会了恭恭敬敬地弯腰鞠躬，太平洋也要屏住呼吸。闪电只要伸出一根手指，就可以在天地之间从容地评点风云。而大地呢？大地被黑暗遮得严严实实，连一根手指也伸不出来了。

我们再来读最后一小节：

现在它用它身上全部的血肉
和所有的器官，发出最后一道光
我们听见它的骨头砰然断裂的声响
我们看见它的血液满天空滴落下来
我们分不清哪些光是它发出来的
哪些光是大地上幸存的纯洁和梦幻
对它的呼应

“它的骨头砰然断裂的声响”，这“声响”就是雷声，“它的血液满天空滴落下来”，这“血液”就是雨。闪电总是和雷、雨在一起，它不是独自来的，它们相互呼应。这首诗里也有许多独特的想象。

但在墨西哥诗人奥克塔维奥·帕斯看来，所有的生命都是闪电。他写过一首诗《生命是闪电》：

在海洋的黑夜里
只有鱼儿或闪电。
在树林的黑夜里
只有鸟儿或闪电。

在躯体的黑夜里
骨骼是闪电。
世界啊，一切都是黑夜
而只有生命是闪电。

二十世纪初，英国传教士伯格理长期生活在贵州大山深处一个叫石门坎的地方，他留下了一部日记。他在 1912 年 7 月 22 日的日记中写道：

在石门坎，壮丽的云海难以用语言描述。

> 昨晚,这里雷声阵阵,天空中布满了色彩丰富、浓重、状似雄伟群山的云层。雷声在一朵朵云中回荡;有一声滚雷竟然持续响了四十五秒钟。

在石门坎这座重重大山之中，他看见壮丽的云海，听见在云朵中回荡的雷声，一声滚雷竟然持续响了四十五秒钟。他为此感到兴奋、激动，将这一切详细地写入了当天的日记中。

现在我们去美国看看环保运动先驱、作家约翰·缪尔记录的内华达山区的雷电，这也是一部日记。伯格理的石门坎日记记录的是 1912 年 7 月 22 日的所见所闻，约翰·缪尔记录的是 1969 年 7 月 19 日的见闻，而雷电就多出现在夏季。我们来读约翰·缪尔的《夏日漫步山间》[1] 中的这一段：

> 近午时分，巨大的、浮雕般的积雨云与往常一样又开始在森林上方生成，带来一场迄今为止最令人难忘的暴雨。闪电那银色的锯齿状长矛比寻常更长,雷声密集,震耳欲聋,极其惊人，所夹带的巨大能量令人感觉一次

[1] 又译作《夏日走过山间》。

> 轰鸣便能将整座大山劈碎，但大概只有几棵树被劈倒，我在这一带漫步时见到不少被雷电击中的树木散伏于地。终于，脆响的雷声为低沉的调子所代替，并渐渐滚入远山的深处，悠悠地回荡，逐渐微弱，似乎被迎回了家。突然又是紧紧相连的两声巨响，那是劈山碎石的一击，怕是将哪棵巨大的松树或杉树从头到脚劈成了细长的木条，四散溅开。……

他说，雷电有银色的锯齿状长矛，比寻常的更长，雷声所夹带的巨大能量仿佛一次轰鸣便能将整座大山劈碎。

在另一个中文译本中，对闪电有不同的译法，说这闪电是“之”字形的（不是锯齿状），“像银色的长矛一样划破天际，比平时更长”。说到雷声则像金属敲击一般，“低沉、震撼人心，而且特别集中，那聚集的力量，好像每一击都能让整座大山裂开”，最后清脆的雷声被低沉的隆隆声取代，随着它们滚向远处传出回音的大山，渐渐烟消云散，仿佛回到了山里的故乡。接着是一波又一波隆隆的雷声，那是撕裂天空般的震裂声，有些巨大的松树甚至被整个劈开，成为长木块甚至小碎片四散开来。我们可以细细体会一下不同的

山中的雷电

译本对雷电的描写。

在电闪雷鸣之中，终于——

> 雨下来了，同样异常壮观……雨水汇聚于峡谷内，倾注入溪流中，令它们应着雷声轰鸣咆哮。

此时，雷声还在继续。伯格理日记中有持续响了四十五秒钟的滚雷声，但约翰·缪尔将雷声写得更为细致。天降大雨，每一颗雨滴都在告别，“它们告别空中的雷声，没入湍降河水的轰鸣之中”。后面，他又继续说：

> 暴雨停了，天空放晴，最后一批雷声的波浪拍打在群峰间……

贵州石门坎四十五秒钟的滚雷，是不是也像波浪一样，一浪一浪滚滚而来？

刚才我们欣赏了两个外国作家写的雷声和闪电，接下来看看中国作家梁实秋的《雷》，一起来读：

> “风来喽，雨来喽，和尚背着鼓来喽。”

这是我们家乡常听到的一个童谣，平常是在风雨欲来的时候唱的。那个“鼓”就是雷的意思吧。我小的时候就很怕雷，对于这个童谣也就觉得颇有一点恐惧的意味。雨是我所欢迎的，我喜欢那狂暴的骤雨，雨后院里的积水，雨后吹胰子泡，雨后吃咸豌豆，但是雷就令我困恼。隐隐的远雷还无伤大雅，怕的是那霹雷，咔嚓一声，不由得不心跳。

梁实秋讲了自己小时候怕雷的两个原因：

首先，民间相传浪费饭粒也要遭雷劈。而吃饭时有无米粒落地，他一点把握也没有，每逢电火在头上盘旋，他心里就打鼓，心里就害怕。这是因为迷信。

其次，由于有了一点粗浅的常识，知道雷电是有危险的。这是因为科学。

他说原始民族以为打雷是天神发怒了。有一次报纸上登了一个消息，说一对夫妻睡在床上，双双被雷劈死，人们便议论纷纷，说这两个人总没干好事，要不然怎么会被雷劈死呢？

梁实秋从小生活在北京，后来留学美国。什么时候才真正见到大规模的雷电呢？那是抗日战争时期，他们都逃到了四川，对雷电才算真的开了眼。我们继续读：

> 可是我到了四川，可真开了眼，才见到大规模的雷电。这地方的雷比别处的响，也许是山谷回音的缘故，也许是住的地方太高太旷的缘故，打起雷来如连珠炮一般，接连地围着你的房子转，窗户玻璃（假如有的话）都震得响颤，再加上风狂雨骤，雷闪一阵阵的照如白昼，令人无法安心睡觉。有一位胆小的太太，吓得穿上了她的丈夫的两只胶鞋，立在屋中央，据说是因为胶鞋不传电。上床睡的时候，她给四只床腿穿上了四只胶鞋，两只手还要牵着两个女佣，这才稍宽放心。我虽觉得她太胆小一点，但是我很同情她，因为我自己也是很被那些响雷所困扰的。我现在想起四川的雷，还有余悸。

这才是厉害的雷，打起雷来，像连珠炮一样围着你的房子转。那位胆小的太太以为穿上胶鞋就安全了，给四个床腿都穿上了胶鞋，很有意思。梁实秋读到《读者文摘》杂志上一篇专门谈雷的文章，让他对雷的恐惧之情有所缓解：

> “你不用怕，一个人被雷打死的机会是极

少的，比中头彩还难，那机会大概是一百万分之一都还不到。”我觉得有理。我彩票买过多少回，从没有中过头彩，对于倒楣的事焉见得就那么好运气呢？他还有一个更有力的安慰，他说：“雷和电闪既是一件东西，那么在你看见电火一闪的时候，问题便已经完全解决，该中和的早已中和了，该劈的早已也就劈了，剩下来的雷声随后被你听见，并不能为害。如果你中头彩，雷电直落在你的脑瓜顶上，你根本就来不及看见那电闪，更来不及听那一声雷响，所以，你怕什么？”

原来如此。

陈适是夏承焘先生的弟子，抗战时期他曾在我的故乡雁荡山中教书，他的长篇散文《雁宕十月》中就写了山中的雷电：

　　最可怕的是在雷雨时，剪闪着的电光和隆隆的雷声，好像就在屋顶上旋转，而溪谷鸣应山鬼号泣；忽然霹雳一声，岩崩石裂，水涌山动，全屋舍都震荡起来，这时真使人心惊胆栗，只有屏息默坐而已。而风雷雨溪

> 草树合作洪涛声，喧耳欲聋，人在对面也听不到说话的声音。可是这些是不常有的，正如一个人，愤怒时少而和蔼的时候多。

陈适在雁荡山待的时间不过一年，他见到的雁荡山的雷电，当然没有我见到的多，毕竟我在雁荡山生活了十八年；但陈适的文章中有一句写得真好，他说雷电“好像就在屋顶上旋转”，这样的体验我从小就有。前面梁实秋说四川的雷电围着房子转，为什么雁荡山的雷电是在屋顶上旋转？因为周围的山很高，我们住在山脚，雷电就好像从天上很高的地方来的，所以都在屋顶转，而不是在房子周围转。

“忽然霹雳一声，岩崩石裂，水涌山动，全屋舍都震荡起来……”我小时候就经常遇见这样的雷电，幸好没有被雷劈到——被雷劈毕竟是一个小概率事件。雷也是天空的愤怒。我小时候在山中见过很多很厉害的雷，有一次，一个雷劈下来，好像要把整座房子都震倒似的，一棵大树下有一个坑，里面死了很多蛇、蝎、蜈蚣之类的东西。这是我见过的最可怕的雷。但我小时候没有听过这样的童谣：“风来喽，雨来喽，和尚背着鼓来喽。”

作家王统照写过一篇《烈风雷雨》，我们来读一段：

> 卷地的狂飙，爽利的冰雹，倾落的骤雨，震惊的疾雷，呵呵！千万铁甲中的金鼓的鸣声，无量数的健儿呐喊，看呵！葱绿的树木也不在慢舞纤腰了；坦平的道路也不能任人家自由踏践了，只有淋漓下的悲壮的高调曲音，从地狱的中心随了飞来的霹雳喝磕，喊动；——喊动这已死的地球上安睡着的婴孩！

“千万铁甲中的金鼓的鸣声，无量数的健儿呐喊”“从地狱的中心随了飞来的霹雳喝磕，喊动”，这是王统照笔下的雷声。我们再读一段：

> 不要安静的！不需安静的！我们要实现吐火的梦境，我们要撞碎血铸的洪钟，我们要用这金蛇般的电光遍射出红色的光亮，要用震破大地的雷霆来击散阴霾。这样情热的当中，岂容得踌躇，恐怖！……

“这金蛇般的电光遍射出红色的光亮”，这是王统照笔下的闪电。

这两段文字太过于文绉绉了，与梁实秋写那个四川女子怕雷电的样子完全不一样，穿上两只胶鞋和床腿上的四只胶鞋，是多真实、多生动的描写啊！而王统照用了一堆的形容词，太过抒情，缺少从日常生活中来的那种感觉。

王统照也写过好文章，但关于雷电，我们读过比他写得更好的，比如约翰·缪尔的、梁实秋的、泰戈尔的、帕斯捷尔纳克的。我们一比较就知道他写得不太好，就是伯格理日记里持续四十五秒钟的滚雷，那简单的记录，也比他这种抒情文字要好。抒情过度，形容词扎堆，是写作的大忌。

我们再来看看小说家茅盾是怎样写雷电的，他写过一篇散文叫作《雷雨前》。大清早起来，天就特别热，摸一摸桥上，竟然还带着热，人们多么渴望来一场雨。到午后三点，人都快要干死了，这个时候：

> 忽然天空那灰色的幔裂了一条缝！不折不扣一条缝！像明晃晃的刀口在这幔上划过。然而划过了，幔又合拢，跟没有划过的时候一样，透不进一丝儿风。一会儿，长空一闪，又是那灰色的幔裂了一次缝。然而中什么用？

是闪电在天空划出了一条缝。我们接着读：

像有一只巨人的手拿着明晃晃的大刀在外边想挑破那灰色的幔，像是这巨人已在咆哮发怒越来越紧了，一闪一闪满天空瞥过那大刀的光亮，隆隆隆，幔外边来了巨人的愤怒的吼声！

猛可地闪光和吼声都没有了，还是一张密不通风的灰色的幔！

在这里，闪电就是“明晃晃的大刀”划破天空的光亮，雷声则是“巨人的愤怒的吼声”。

雨还是没有来，什么时候才会来呢？人们都在等，等着闪电和隆隆隆的怒吼声带来雨。但是雨还没有等来，只是等来了苍蝇，等来了蚊子，蝉还在那里高叫：“要死哟！要死哟！”

然而猛可地电光一闪，照得屋角里都雪亮。幔外边的巨人一下子把那灰色的幔扯得粉碎了！轰隆隆，轰隆隆，他胜利地叫着。呼——呼——挡在幔外边整整两天的风开足了超高速度扑来了！蝉儿噤声，苍蝇逃走，蚊子躲起来，人身上像剥落了一层壳那么一爽。

霍！霍！霍！巨人的刀光在长空飞舞。

轰隆隆，轰隆隆，再急些，再响些吧！

让大雷雨冲洗出个干净清凉的世界！

“让大雷雨冲洗出个干净清凉的世界！”这个结尾很像是高尔基《海燕》的结尾。这篇比王统照的要好一些，但还是不够好，想象力不足。

我们再来看看诗人、散文家何其芳的《雨前》：

我怀想着故乡的雷声和雨声。那隆隆的有力的搏击，从山谷返响到山谷，仿佛春之芽就从冻土里震动，惊醒，而怒茁出来。细草样柔的雨声又以温存之手抚摩它，使它簇生油绿的枝叶而开出红色的花。这些怀想如乡愁一样萦绕得使我忧郁了。我心里的气候也和这北方大陆一样缺少雨量，一滴温柔的泪在我枯涩的眼里，如迟疑在这阴沉的天空里的雨点，久不落下。

何其芳有些散文写得不错，这篇文章也很有他的一贯风格，就是有一点文艺青年的味道，可惜太文绉绉了。好文章有两种：一种和雷霆霹雳一样厉害，一种就是和汪曾祺、琦君、梁实秋这些人的一样，娓娓道来，如和风细雨。雷霆霹雳是好的，和风细雨也是好的，我觉得最不好的就是文绉绉，有点做作。

法国小说家莫泊桑来了，他在小说《苡威荻》中这样写沉闷的雷电：

> 夜色到了，天气闷得教人难于呼吸。陡然一下，天空被一条莫测短长的火蛇划破了，这火蛇用一阵使人目眩的惨白的光，照着这四个人已经隐没在黑暗里的脸。随后，一阵远来的响声，一阵隐约微弱像是一辆车子过桥的响声，在大地上经过，末了，天气的温度仿佛增加了，空气陡然更使人气闷了，晚上的沉寂现象更见深邃了。

莫泊桑说天空被“莫测短长的火蛇”划破了，“火蛇”说的就是闪电。说闪电是蛇的还有前面我们提到的中国作家王统照，他说的是“金蛇般的电光”。

法国作家大仲马在长篇小说《基督山伯爵》中这样写闪电：

> 大风暴已脱了缰，正以雷霆万钧之势奔驰，闪电一次接着一次，像一条浑身带火的

赤链蛇，飞过天空，照亮了那浑沌汹涌的浪潮卷滚着的云层。

大仲马和莫泊桑对闪电的描写有何相同之处？大仲马说闪电像赤链蛇，浑身带火的赤链蛇；莫泊桑说闪电是莫测短长的火蛇。似乎法国作家都喜欢把闪电比作蛇。

我们来读读苏联作家高尔基的散文诗《海燕》：

在苍茫的大海上，狂风卷集着乌云。在乌云和大海之间，海燕像黑色的闪电，在高傲地飞翔。

…………

这个敏感的精灵，——它从雷声的震怒里，早就听出了困乏，它深信，乌云遮不住太阳，——是的，遮不住的！

狂风吼叫……雷声轰响……

一堆堆乌云，像青色的火焰，在无底的大海上燃烧。大海抓住闪电的箭光，把它们熄灭在自己的深渊里。这些闪电的影子，活像一条条火蛇，在大海里蜿蜒游动，一晃就消失了。

海面上的闪电

高尔基也说闪电“活像一条条火蛇”，这和法国作家莫泊桑、大仲马的描述是一致的。我们继续读最后的部分：

> ——暴风雨！暴风雨就要来啦！
>
> 这是勇敢的海燕，在怒吼的大海上，在闪电中间，高傲地飞翔；这是胜利的预言家在叫喊：
>
> ——让暴风雨来得更猛烈些吧！

勇敢的海燕在闪电间高傲地飞翔，它自身也像黑色的闪电。

现在我们来听一听俄国小说家契诃夫的《草原》里的那一声霹雳：

> 忽然，正好在头顶的上方，发出一声可怕的、震耷耳朵的霹雳，天空碎裂了；他蜷起身子，屏住呼吸，等着碎片落在他的后脑勺和背上。他偶然睁开眼睛，这就看见一道亮得刺眼的光，在他的手指上、湿袖子上、从篷布流到羊毛捆以后再淌到地上的细细水流上，照亮了五回。又传来同样猛烈可怕的

捶打声。天空现在不是发出隆隆声或者霹雳声了，却发出像干木头爆裂一样的破碎声。

“特拉拉！达！达！达！”雷声清楚地响着，滚过天空，好像跌跌绊绊，摔在前面货车附近或者后面远处什么地方，发出一声恶毒而断续的“特拉拉！”

契诃夫的雷声一出来就气势夺人，这个译本接连用了几个“碎”字？碎裂、碎片、破碎声。碎裂的是天空，落在他后脑勺和背上的是碎片，接着天空又发出了“干木头爆裂一样的破碎声”。最后他还用了“恶毒而断续”的拟声词“特拉拉”。契诃夫写得好，比莫泊桑和大仲马写得更精彩。

再看看列夫·托尔斯泰是怎样写雷电的。他在长篇小说《安娜·卡列尼娜》中这样写：

突然间火光一闪，整个大地似乎都燃烧起来，他的头顶上的穹苍似乎裂开了。睁开他的眩晕的眼睛，列文透过把他和科拉克树林隔开的浓密的雨帘，心惊胆战地首先看到的就是树林中间那棵熟悉的橡树的葱绿的树顶已经不可思议地改变了姿势。“难道是被雷

> 劈了？”列文还没有来得及想，那棵橡树就愈来愈快地消失在其他的树木后面去了，他听见一棵大树倒在别的树木上的轰隆声。

他的雷电是跟人物的心情和整个场景高度融合在一起的，不是为写雷电而写，雷电是贴着人物写的。火光一闪，头顶上的穹苍似乎就裂开了，小说中的人物列文听见一棵大树被雷劈了倒地的声音。

雷电总是和乌云连在一起的，在叙利亚诗人阿多尼斯的诗中，晴日问：“什么是雷电？”雨回答：“乌云家中的骚乱。”

我们来读中国当代作家峻青在小说《黎明的河边》里写的雷电：

> 沉雷似乎已经冲破了乌云的重重包围，喀啦喀啦像爆炸似的响着，从西北方向滚动过来。
>
> ……雷在低低的云层中间轰响着，震得人耳朵嗡嗡地响。闪电，时而用它那耀眼的蓝光，划破黑沉沉的夜空，照出了在暴风雨中狂乱地摇摆着的庄稼，照出了一条条金线似的鞭打着大地的雨点，照出了在大雨中屹

力地迈动着脚步的行人。一刹那间，电光消失了，天地又合成了一体，一切又被无边无际的黑暗吞没了。对面不见人影，四周听不到别的声响，只有震耳的雷声和大雨滂沱的噪音。

“喀啦喀啦”像爆炸似的响声，会让我们想起前面契诃夫写的雷声：“特拉拉！达！达！达！”

峻青说闪电是耀眼的蓝光，我们在另一位作家一文的散文《雷》中也看到过蓝色的闪电：

屋外起风了。天是黑压压的。要扯闪了吧？天亮了一下呢。当蓝森森的闪电亮过纸窗以后，接着便是一个响雷劈下来了。

屋外滚着渐小、渐乱、渐远的雷声。

天扯着闪，雷暴怒地击着地面，那是我在沉闷中渴望着的一个响雷！

雷在响着，雷作着有力的搏击。该不会把屋瓦击碎吧，雷在满山满谷地滚着呢。

这里的闪电是“蓝森森的”，而雷则是“在满山满谷地滚着”。

我们再来看另一位当代作家柳青在小说《种谷记》中是怎么写闪电的：

> 天空的云彩，还在调兵遣将，似乎总觉得还没有布置妥当。云彩翻滚着，互相汇合着，分散时，又与另一块汇合起来。一切云块的方向都朝着村子北边，电光像有光的带子在山顶上迅速地闪灼，其迅速的程度使人的眼睛来不及看出这带子的形状。山头，村子和树木在闪电中忽而明朗地恍如白昼，忽而又归入无边无际的黑夜中去了。

柳青说“天空的云彩，还在调兵遣将”，这个说法真好。说闪电像“有光的带子”不稀奇，说眼睛都“来不及看出这带子的形状”，这倒是写出了闪电之快。

1948 年，诗人杜运燮（xiè）写了一首《闪电》，我们一起来读：

> 有乌云蔽天，你就出来发言；
> 有暴风雨将来临，你先知道；
> 有海燕飞翔，你指点怒潮狂飙。

你的满腔愤慨太激烈，
被压抑的语言太苦太多，
却想在一秒钟唱出所有战歌。

为此你就焦急，显得痛苦，
更令我们常常感到羞惭：
不能完全领会你的诗行。

你给我们揭示半壁天空，
我们所得的只是一阵惊愕，
虽然我们也常以为懂得很多。

雷霆暴风雨终将随之而来，
但我们常常都来不及思索，
在事后才对你的预言讴歌。

因此你感到责任更重，更急迫，
想在刹那间把千载的黑暗点破，
雨季到了，你必须讲得更多。

他笔下的闪电是天空的发言人、预言家，但它的速度太快，“想在一秒钟唱出所有战歌”。人们常常来不及思索，它预告的雷霆暴雨就来了。

也是 1948 年，杜运燮还写过两首《雷》，我们一起来读其中一首的第一节：

> 随着陆陆续续的闪电警告：他们来了！
> 阵阵风都传播着到来的确讯：他们来了！
> 每一叶片每一枝条都遥指着：他们来了！
> 每双眼睛在渴望，每张嘴在颤动：他们来了！

这是时代剧变之际，他的诗别有所指，但毕竟写的是闪电，是雷。

苏联诗人马雅可夫斯基在《穿裤子的云》中这样写：

> 突然
> 白云
> 和其他的云
> 在天空中掀起难以想象的簸动，
> 好像四处都是白色的工人
> 向上天宣布了愤怒的罢工。
> 雷声变成了野兽，从云朵后边爬出，
> 巨大的鼻孔把鼻涕暴怒地擤了一擤，

老天的脸上即刻显出一副怪相，

活像铁血宰相俾斯麦狰狞的面孔。

我想起德国革命家罗莎·卢森堡的《狱中书简》中的一段话：

雨点轻柔而均匀地洒落在树叶上，紫红色的闪电一次又一次地划破铅灰色的天空，远处的隆隆雷声像汹涌澎湃的海涛余波，不断滚滚传来。在这一切阴森森的氛围中，蓦然间一只夜莺在我窗前的一株枫树上鸣啭起来！在雨中，在闪电中，在隆隆的雷声中，夜莺啼叫得像是一只清脆的银铃，它歌唱得如醉如痴，它要压倒雷声，唱亮昏暗……

我喜欢闪电雷鸣中的夜莺的叫声，多美啊！

我们就停在这里吧。

A Talk with Thunderbolt

/

读

雷电颂

郭沫若

屈原手足已戴刑具，颈上并系有长链，仍着其白日所着之玄衣，披发，在殿中徘徊。因有脚镣，行步甚有限制，时而伫立睥睨，目中含有怒火。手有举动时，必两手同时举出。如无举动时，则拳曲于胸前。

屈原　（向风及雷电）风！你咆哮吧！咆哮吧！尽力地咆哮吧！在这暗无天日的时候，一切都睡着了，都沉在梦里，都死了的时候，正是应该你咆哮的时候，应该你尽力咆哮的时候！

尽管你是怎样的咆哮，你也不能把他们从梦中叫醒，不能把死了的吹活转来，不能吹掉这比铁还沉重的眼前的黑暗，但你至少可以吹走一些灰尘，吹走一些沙石，至少可以吹动一些花草树木。你可以使那洞庭湖，使那长江，使那东海，为你翻波涌浪，和你一同地大声咆哮啊！

啊，我思念那洞庭湖，我思念那长江，我思念那东海，那浩浩荡荡的无边无际的波澜呀！那浩浩荡荡的无边无际的伟大的力呀！那是自由，是跳舞，是音乐，是诗！

啊，这宇宙中的伟大的诗！你们风，你们雷，你们电，你们在这黑暗中咆哮着的，闪耀着的一切的一切，你们都是诗，都是音乐，都是跳舞。你们宇宙中伟大的艺人们呀，尽量发挥你们的力量吧。发泄出无边无际的怒火，把这黑暗的宇宙，阴惨的宇宙，爆炸了吧！爆炸了吧！

雷！你那轰隆隆的，是你车轮子滚动的声音？你把我载着拖到洞庭湖的边上去，拖到长江的边上去，拖到东海的边上去呀！我要看那滚滚的波涛，我要听那镗镗鞳鞳的咆哮，我要漂流到那没有阴谋、没有污秽、没有自私自利的没有人的小岛上去呀！我要和着你，和着你的声音，和着那茫茫的大海，一同跳进那没有边际的没有限制的自由里去！

啊，电！你这宇宙中最犀利的剑呀！我的长剑是被人拔去了，但是你，你能拔去我有形的长剑，你不能拔去我无形的长剑呀。电，你这宇宙中的剑，也正是，我心中的剑。你劈吧，劈吧，劈吧！把这比铁还坚固的黑暗，劈开，劈开，劈开！虽然你劈它如同劈水一样，你抽掉了，它又合拢了来，但至少你能使那光明得到暂时间的一瞬的显现，哦，那多么灿烂的、多么炫目的光明呀！

光明呀，我景仰你，我景仰你，我要向你拜手，我要向你稽首。我知道，你的本身就是火，你，你这宇宙中的最伟大者呀，火！你在天边，你在眼前，你在我的四面，我知道你就是宇宙的生命，你就是我的生命，你就是我呀！我这熊熊地燃烧着的生命，我这快要使我全身炸裂的怒火，难道就不能迸射出光明了吗？

炸裂呀，我的身体！炸裂呀，宇宙！让那赤条条的火滚动起来，像这风一样，像那海一样，滚动起来，把一切的有形，一切的污秽，烧毁了吧，烧毁了吧！把这包含着一切罪恶的黑暗烧毁了吧！

把你这东皇太一烧毁了吧！把你这云中君烧毁了吧！你们这些土偶木梗，你们高坐在神位上有什么德能？你们只是产生黑暗的父亲和母亲！

你，你东君，你是什么个东君？别人说你是太阳神，你，你坐在那马上丝毫也不能驰骋。你，你红着一个面孔，你也害羞吗？啊，你，你完全是一片假！你，你这土偶木梗，你这没心肝的，没灵魂的，我要把你烧毁，烧毁，烧毁你的一切，特别要烧毁你那匹马！你假如是有本领，就下来走走吧！什么个大司命，什么个少司命，你们的天大的本领就只有晓得播弄人！什么个湘君，什么个湘夫人，你们的天大的本领也就只晓得痛哭几声！哭，哭有什么用？眼泪，眼泪有什么用？顶多让你们哭出几笼湘妃竹吧！但那湘妃竹不是主人们用来打奴隶的刑具吗？你们滚下船来，你们滚下云头来，我都要把你们烧毁！烧毁！烧毁！

哼，还有你这河伯……哦，你河伯！你，你是我最初的一个安慰者！我是看得很清楚的呀！当我被人们押着，押上了一个高坡，卫士们要息脚，我也就站立在高坡上，回头望着龙门。我是看得很清楚，很清楚的呀！我看见婵娟被人虐待，我看见你挺身而出，指天画地有所争论。结果，你是被人押进了龙门，婵娟她也被人押进了龙门。

但是我，我没有眼泪。宇宙，宇宙也没有眼泪呀！眼泪有什么用啊？我们只有雷霆，只有闪电，只有风暴，我们没有拖泥带水的雨！这是我的意志，宇宙的意志。鼓动吧，风！咆哮吧，雷！闪耀吧，电！把一切沉睡在黑暗怀里的东西，毁灭，毁灭，毁灭呀！

青梅煮酒论英雄

〔明〕罗贯中

玄德也防曹操谋害，就下处后园种菜，亲自浇灌，以为韬晦之计。……

……操曰："适见枝头梅子青青，忽感去年征张绣时，道上缺水，将士皆渴；吾心生一计，以鞭虚指曰：'前面有梅林。'军士闻之，口皆生唾，由是不渴。今见此梅，不可不赏。又值煮酒正熟，故邀使君小亭一会。"玄德心神方定。随至小亭，已设樽俎：盘置青梅，一樽煮酒。二人对坐，开怀畅饮。

酒至半酣，忽阴云漠漠，骤雨将至。从人遥指天外龙挂，操与玄德凭栏观之。

操曰："使君知龙之变化否？"玄德曰："未知其详。"操曰："龙能大能小，能升能隐；大则兴云吐雾，小则隐介藏形；升则飞腾于宇宙之间，隐则潜伏于波涛之内。方今春深，龙乘时变化，犹人得志而纵横四海。龙之为物，可比世之英雄。玄德久历四方，必知当世英雄。请试指言之。"玄德曰："备肉眼安识英雄？"操曰："休得过谦。"玄德曰："备叨恩庇，得仕于朝。天下英雄，实有未知。"操曰："既不识其面，亦闻其名。"

玄德曰："淮南袁术，兵粮足备，可为英雄？"操笑曰："冢中枯骨，吾早晚必擒之！"

玄德曰："河北袁绍，四世三公，门多故吏；今虎踞冀州之地，部下能事者极多，可为英雄？"操笑曰："袁绍色厉胆薄，好谋无断；干大事而惜身，见小利而忘命：非英雄也。"

玄德曰："有一人名称八俊，威镇九州——刘景升可为英雄？"操曰："刘表虚名无实，非英雄也。"

玄德曰："有一人血气方刚，江东领袖——孙伯符乃英雄也？"操曰："孙策藉父之名，非英雄也。"

玄德曰："益州刘季玉，可为英雄乎？"操曰："刘璋虽系宗室，乃守户之犬耳，何足为英雄！"

玄德曰："如张绣、张鲁、韩遂等辈皆何如？"操鼓掌大笑曰："此等碌碌小人，何足挂齿！"

玄德曰："舍此之外，备实不知。"操曰："夫英雄者，胸怀大志，腹有良谋，有包藏宇宙之机，吞吐天地之志者也。"玄德曰："谁能当之？"操以手指玄德，后自指，曰："今天下英雄，唯使君与操耳！"玄德闻言，吃了一惊，手中所执匙箸，不觉落于地下。时正值天雨将至，雷声大作。玄德乃从容俯首拾箸曰："一震之威，乃至于此。"操笑曰："丈夫亦畏雷乎？"玄德曰："圣人迅雷风烈必变，安得不畏？"将闻言失箸缘故，轻轻掩饰过了。操遂不疑玄德。

…………

……玄德以落箸事说与关、张。关、张问是何意。玄德曰：“吾之学圃，正欲使操知我无大志；不意操竟指我为英雄，我故失惊落箸。又恐操生疑，故借惧雷以掩饰之耳。”关、张曰：“兄真高见！”

（节选自《三国演义》）

玉真仙人词

〔唐〕李白

玉真之仙人，时往太华峰。
清晨鸣天鼓，飙欻（xū）腾双龙。
弄电不辍手，行云本无踪。
几时入少室，王母应相逢。

弄电不辍手，行云本无踪

顾毓琇

人生是一个旅行，倘若你没有旅行，你就枉过了人生。从小读唐诗，读到“弄电不辍手，行云本无踪”，我对于电学固然发生了兴趣，而对于云游天下的名山大川，更觉得神往。但是旅行亦大不容易，要看机会，有了机会要能把握，不好轻易放过，旅行的机会错过了，虽不至于“一失足成千古恨”，但亦可能有“再回头已百年身”之感。所以有机会旅行不要放过，但勉强求得亦大可不必。旅行原为求身心愉快，倘若旅行反被旅行累，旅行反受旅行苦，则亦徒增烦恼，离“行云无踪”的本旨实远。

（节选自《行云流水》）

七月十九日大风雨雷电

〔宋〕陆游

雷车动地电火明，急雨遂作盆盎倾。
强弩夹射马陵道，屋瓦大震昆阳城。
岂独鱼虾空际落，真成盖屦舍中行。
明朝雨止寻幽梦，尚听飞涛溅瀑声。

闪电之歌

伊甸

黑暗厚着脸皮，宣告自己是宇宙之王
它张开鳄鱼和狮子般的大嘴
吞噬所有的山峰、森林、庙宇……
灯光和声音惊惶失措地寻找
避难的洞穴。星星都在颤抖和流泪
“放过我们吧，我们愿意
做您踏实的奴仆，可靠的卧底”

大地被遮蔽得严严实实
仿佛它再也伸不出一根手指
从容地评点风云
黑暗愈来愈硬，愈来愈锋利
像千万把寒光袭人的刀剑
连石头都学会了恭恭敬敬弯腰鞠躬
连太平洋都屏住了呼吸

隐隐约约，有道光在天边闪了一下
趴在地上的青草悚然一惊

它们争先恐后地提醒黑暗
“那道光，是企图颠覆你的伟大统治啊！”
在光的刺激下稍稍露了一下脸的白云
后悔得捶胸顿足
拼命用黑油漆来涂抹自己

那道光又闪了一下，更亮，更坦坦荡荡
更像一个婴儿天真无邪的微笑
鸟们依然在沉睡，或者
假装在沉睡，但一粒萤火虫的眼珠转了一下
它从密密的荆棘丛里钻出来
等待着那道光
再一次发出的启示

其实那道光已经精疲力竭
它用眼睛，用声音，用心脏发出的光
如此微弱，它本来只是一缕不甘心被黑暗吞噬的
烛火，在所有的光都不再挣扎的时候
它挣扎了一下，两下。它挣扎了一下
两下……钢铁般的黑暗
就被撕开了一道裂缝！

现在它用它身上全部的血肉
和所有的器官，发出最后一道光
我们听见它的骨头砰然断裂的声响
我们看见它的血液满天空滴落下来
我们分不清哪些光是它发出来的
哪些光是大地上幸存的纯洁和梦幻
对它的呼应

夏日漫步山间（节选）

〔美〕约翰·缪尔　周莉 / 译

今日目睹了破晓和日出。天空先为淡淡的紫色和玫瑰色，继而柔柔地转为水仙般的黄和白，阳光越过约塞米蒂的穹顶，从群峰的空隙间倾洒而入，令山峰的边缘仿佛着了火。中央空地上的冷杉的尖顶捕住了那光辉，营地也因披上夺目的光芒而兴奋起来。万物蓦然欢快地醒来：小鸟和无数昆虫开始活动；鹿群静静地撤回灌木丛中枝叶繁茂的藏身之所；露珠消失了，花儿展开花瓣，所有生命勃然律动，每个细胞欢欣鼓舞，连岩石也似乎因生命而悸动。大地宛如一张因热情洋溢而神采焕发的脸，地平线处略显苍白的蓝天宛如一朵巨大的花，平和地笼罩其上。

近午时分，巨大的、浮雕般的积雨云与往常一样又开始在森林上方生成，带来一场迄今为止最令人难忘的暴雨。闪电那银色的锯齿状长矛比寻常更长，雷声密集，震耳欲聋，极其惊人，所夹带的巨大能量令人感觉一次轰鸣便能将整座大山劈碎，但大概只有几棵树被劈倒，我在这一带漫步时见到不少被雷电击中的树木散伏于地。终于，脆响的雷声为低沉的调子所代替，并渐渐滚入远山的深处，悠悠地回荡，逐渐微弱，似乎被迎回了家。突然又是紧紧相连的两声巨响，那是劈山碎石的一击，怕是将哪棵巨大的松树或杉树从头到脚劈成了细长的木条，四散溅开。雨下来了，同样异常壮观，飞泻的雨水为高地和低谷盖上了雨幕，透明的雨幕宛如起伏的大地骨骼的肌肤，令岩石闪闪发亮。雨水汇聚于峡谷内，倾注入溪流中，令它们应着雷声轰鸣咆哮。

追溯每一颗雨滴的历史多么有趣！正如我们所见，第一滴雨降在新生的内华达荒芜的大地时，地质年代并不久远。但现在雨滴的境遇已发生了多么大的变化！阵雨快乐地落在如此迷人的自然中，几乎没有一颗雨滴找不到美丽的着陆地点：晶莹的雨滴或嘈嘈冲刷着峰顶和闪亮的冰川岩面，以及壮观而光滑的穹顶，或切切浸润着森林、花园和灌木丛生的冰碛土壤。一些没入高山的雪泉，充实着它们妥善储藏的贮备；一些洒入湖泊，拍打着湖水光滑的镜面，激起涟漪、水泡和水花，清洗着这些山岭的窗口；另一些注入大大小小的瀑布，似乎急着与它们一同歌唱舞蹈，令它们溅起的水花更加精美。每一颗雨滴自身便是一挂飞流而下的瀑布，它们来自云朵的峭壁和峡谷，降落在岩石的峭壁上和峡谷中，它们告别空中的雷声，没入湍降河水的轰鸣之中。快乐的高山雨滴们，你们干得好，祝你们幸运。还有一些雨滴坠入草地和沼泽，它们如同躲入温柔的巢穴般，悄然渗入草根，默默浸润各处，寻找自己指定的工作；一些降落在森林的尖顶上，从闪亮的针叶间筛流而过，为每根针叶轻声送去平静和快乐；一些雨滴快乐地落于矿石的表面——石英、角闪石、石榴石、锆石、电气石、长石——轻拍着金沙和旅途劳顿的沉甸甸的金块；一些跌坠于藜芦、虎耳草和兜兰宽阔的叶面上，发出啪啪的钝响和低低的颤动声；一些幸福地径直落入花盏中，亲吻着百合的唇瓣。它们需要做多少工作，装满多少杯盏啊，从小得无法看见的细胞，到仅能容下半滴雨水的花盏，再到山间的湖泊，每一只大大小小的杯盏都被同样细心地斟满。这些幸福的雨滴每一颗都是银色的新星，河流湖泊、花园丛林、峡谷群山，大地拥有的一切都折射在它们晶莹的水滴里，它们是天主的信使，是带来壮丽和庄严之美的爱的天使，它们所显示的力量令人类最伟大的景观也显得可笑。

暴雨停了，天空放晴，最后一批雷声的波浪拍打在群峰间，现在雨滴到哪里去了？这闪亮的一群命运如何？它们中的一些借着水汽的翅膀，已急着升回了天空；一些进入植物体内，悄悄穿过看不见的门，进入细胞的环形小屋；一些被封在晶莹的冰中，或矿石的晶体内；一些渗入多孔的冰碛，令其间微小的泉水不至断流；一些开始了河上的旅程，前去与大海这更大的雨滴会合。各种形式的雨滴同样美丽，它们不停地变幻，永不休息，怀着爱的激情忙碌，与群星同声歌唱着永恒的创造之歌。

雷

梁实秋

“风来喽，雨来喽，和尚背着鼓来喽。”这是我们家乡常听到的一个童谣，平常是在风雨欲来的时候唱的。那个“鼓”就是雷的意思吧。我小的时候就很怕雷，对于这个童谣也就觉得颇有一点恐惧的意味。雨是我所欢迎的，我喜欢那狂暴的骤雨，雨后院里的积水，雨后吹胰子泡，雨后吃咸豌豆，但是雷就令我困恼。隐隐的远雷还无伤大雅，怕的是那霹雷，咔嚓一声，不由得不心跳。

我小时候怕雷的缘故有二。一个是老早就灌输进来的迷信。有人告诉我说，雷有两种，看那雷声之前的电闪就可以知道，如是红的，那便是殛[1]妖精的，如是白的，那便是殛人的。因此，每逢看见电火是白色的时候，心里就害怕。殛妖精与我无关，我知道我不是妖精，但是殛人则我亦可能有份。而且据说有许多项罪过都是要天打雷劈的，不孝父母固不必说，琐细的事如遗落米粒在地上也可能难逃天诛的。被雷打的人，据说是被雷公（尖嘴猴腮的模样）一把揪到庭

[1] 杀死之意，读音为 jí。

院里，双膝跪落，背上还要烧出一行黑字，写明罪状。我吃饭时有无米粒落地，我是一点把握也没有的。所以每逢电火在头上盘旋，心里就打鼓，极力反省吾身，希望未曾有干天怒。第二个怕雷的缘故是由一点粗浅的科学常识。从小学课本里知道雷与电闪是一件东西，是阴阳电在天空中两朵云里吸引而中和，如果笔直地从天空戳到地面便要打死触着它的人或畜。不要立在大树下。这比迷信的说法还可怕。因为雷公究竟不是瞎眼的，而电火则并无选择，谁碰上谁倒霉。因此一遇雷雨，便觉得坐立不安，无所逃于天地之间。后院就有一棵大榆树，说不定我就许受连累。我头痒都不敢抓，怕摩擦生电而与雷电接连！

年事稍长，对于雷电也就司空见惯，而且心想这么多次打雷都没有打死我，以后也许不会打死我了。所以胆就渐壮起来，听到霹雳，顶多打个冷战，看见电闪来得急猛，顶多用手掌按住耳朵，为保护耳膜起见张开大嘴而已。像小时候想在脑袋顶上装置避雷针的幼稚念头，是不再有的了。

可是我到了四川，可真开了眼，才见到大规模的雷电。这地方的雷比别处的响，也许是山谷回音的缘故，也许是住的地方太高太旷的缘故，打起雷来如连珠炮一般，接连地围着你的房子转，窗户玻璃（假如有的话）都震得响颤，再加上风狂雨骤，雷闪一阵阵的照如白昼，令人无法安心睡觉。有一位胆小的太太，吓得穿上了她的丈夫的两只胶鞋，立在屋中央，据说是因为胶鞋不传电。上床睡的时候，她给四只床腿穿上了四只胶鞋，两只手还要牵着两个女佣，这才稍宽放心。我虽觉得她太胆小一点，但是我很同情她，因为我自己也是很被那些响雷所困扰的。我现在想起四川的雷，还有余悸。

我读到《读者文摘》上一篇专谈雷的文章，恐怖的心情为之减却不少。他说："你不用怕，一个人被雷打死的机会是极少的，比中头彩还难，那机会大概是一百万分之一都还不到。"我觉得有理。我彩票买过多少回，从没有中过头彩，对于倒楣的事焉见得就那么好运气呢？他还有一个更有力的安慰，他说："雷和电闪既是一件东西，那么在你看见电火一闪的时候，问题便已经完全解决，该中和的早已中和了，该劈的早已也就劈了，剩下来的雷声随后被你听见，并不能为害。如果你中头彩，雷电直落在你的脑瓜顶上，你根本就来不及看见那电闪，更来不及听那一声雷响，所以，你怕什么？"这话说得很有理。电光一闪，一切完事，那声音响就让它响去好了。如果电闪和雷声之间的距离有一两秒钟，那足可证明危险地区离你还有百八十里地，大可安心。万一，万一，一个雷霆正好打在头上，那也只好由它了。

话虽如此，有两点我仍未能释然。第一，那咔嚓的一声我还是怵。过年的时候顽皮的小孩子燃起一个小爆仗往我脚下一丢，我也要吓一跳。我自己放烟火，“太平花”还可以放着玩玩，“大麻雷子”我可不敢点，那一声响我受不了。我是觉得，凡是大声音都可怕，如果来得急猛则更可怕。原始的民族看见雷电总以为是天神发怒，虽说是迷信，其实那心情不难了解。猛不丁的天地间发生那样的巨响，如何能不惊怪？第二，被雷殛是最倒楣的死法。有一次报上登着，夫妻睡在床上，双双被雷劈了。于是人们纷纷议论，都说这两个人没干好事。假使一个人走在街上被汽车撞死，一般人总会寄予同情，认为这是意外横祸，对于死者之所以致死必不再多作捉摸，唯独对于一个被雷殛的人，大家总怀疑他生前的行为必定有点暧昧。死是小事，身死而为天下笑，这未免太冤了。

烈风雷雨（节选）

王统照

黯阴的空中只有层叠与驰逐的灰云；那深墨的，那如铅笔画幅上烘染的，如打输了交手战的武士的面色的，如晶亮的薄刃上着了一层血锈的部分，如美人失眠后的眼角的青晕，低沉下多少惨恻的哀意，都由那灰色层云中弥满了我们的心头！

卷地的狂飙，爽利的冰雹，倾落的骤雨，震惊的疾雷，呵呵！千万铁甲中的金鼓的鸣声，无量数的健儿呐喊，看呵！葱绿的树木也不在慢舞纤腰了；坦平的道路也不能任人家自由踏践了，只有淋漓下的悲壮的高调曲音，从地狱的中心随了飞来的霹雳喝磕，喊动；——喊动这已死的地球上安睡着的婴孩！

不要安静的！不需安静的！我们要实现吐火的梦境，我们要撞碎血铸的洪钟，我们要用这金蛇般的电光遍射出红色的光亮，要用震破大地的雷霆来击散阴霾。这样情热的当中，岂容得踌躇，恐怖！这疾风暴雨的日子，正是狂歌起舞的时间！为要求精如日星的生活，为要求灿如朝花的将来，我们便情愿狂醉，情愿在水火中相搏战，情愿将此混沌的世界来重行踏反，重行熔化，重行陶铸。

好剧烈的一场烈风雷雨！……

好快活的人生的活剧！……

好一曲悲壮的歌声，那余音哀厉是永远长存在人人的心中！

雷雨前

茅盾

清早起来，就走到那座小石桥上。摸一摸桥石，竟像还带点热。昨天整天里没有一丝儿风。晚快边响了一阵子干雷，也没有风，这一夜就闷得比白天还厉害。天快亮的时候，这桥上还有两三个人躺着，也许就是他们把这些石头又困得热烘烘。

满天里张着个灰色的幔。看不见太阳。然而太阳的威力好像透过了那灰色的幔，直逼着你头顶。

河里连一滴水也没有了，河中心的泥土也裂成乌龟壳似的。田里呢，早就像开了无数的小沟——有两尺多阔的，你能说不像沟么？那些苍白色的泥土，干硬得就跟水门汀差不多。好像它们过了一夜工夫还不曾把白天吸下去的热气吐完，这时它们那些扁长的嘴巴里似乎有白烟一样的东西往上冒。

站在桥上的人就同浑身的毛孔全都闭住，心口泛淘淘，像要呕出什么来。

这一天上午，天空老张着那灰色的幔，没有一点点漏洞，也没有动一动。也许幔外边有的是风，但我们罩在这幔里的，把鸡毛从桥头抛下去，也没见它飘飘扬扬踱方步。就跟住在抽出了空气的大筒里似的，人张开两臂用力行一次深呼吸，可是吸进来只是热辣辣的一股闷。

汗呢，只管钻出来，钻出来，可是胶水一样，胶得你浑身不爽快，像结了一层壳。

午后三点钟光景，人像快要干死的鱼，张开了一张嘴。忽然天空那灰色的幔裂了一条缝！不折不扣一条缝！像明晃晃的刀口在这幔上划过。然而划过了，幔又合拢，跟没有划过的时候一样，透不进一丝儿风。一会儿，长空一闪，又是那灰色的幔裂了一次缝。然而中什么用？

像有一只巨人的手拿着明晃晃的大刀在外边想挑破那灰色的幔，像是这巨人已在咆哮发怒越来越紧了，一闪一闪满天空瞥过那大刀的光亮，隆隆隆，幔外边来了巨人的愤怒的吼声！

猛可地闪光和吼声都没有了，还是一张密不通风的灰色的幔！

空气比以前加倍闷！那幔比以前加倍厚！天加倍黑！

你会猜想这时那幔外边的巨人在揩着汗，歇一口气；你断得定他还要进攻。你焦躁地等着，等着那挑破灰色幔的大刀的一闪电光，那隆隆隆的怒吼声。

可是你等着，等着，却等来了苍蝇。它们从龌龊的地方飞出来，嗡嗡嗡的，绕住你，叮你的涂一层胶似的皮肤。戴红顶子像个大员模样的金苍蝇刚从粪坑里吃饱了来，专拣你的鼻子尖上蹲。

也等来了蚊子，哼哼哼的，像老和尚念经，或者老秀才读古文。苍蝇给你传染病，蚊子却老实要喝你的血呢！

你跳起来拿着蒲扇乱扑，可是赶走了这一边的，那一边又是一大群乘隙进攻。你大声叫喊，它们只回答你个哼哼哼，嗡嗡嗡！

外边树梢头的蝉儿却在那里唱高调：“要死哟！要死哟！”

你汗也流尽了，嘴里干得像烧，你手里也软了，你会觉得世界末日也不会比这再坏！

然而猛可地电光一闪，照得屋角里都雪亮。幔外边的巨人一下子把那灰色的幔扯得粉碎了！轰隆隆，轰隆隆，他胜利地叫着。呼——呼——挡在幔外边整整两天的风开足了超高速度扑来了！蝉儿噤声，苍蝇逃走，蚊子躲起来，人身上像剥落了一层壳那么一爽。

霍！霍！霍！巨人的刀光在长空飞舞。

轰隆隆，轰隆隆，再急些，再响些吧！

让大雷雨冲洗出个干净清凉的世界！

雨前（节选）

何其芳

最后的鸽群带着低弱的笛声在微风里划一个圈子后，也消失了。也许是误认这灰暗的凄冷的天空为夜色的来袭，或是也预感到风雨的将至，遂过早地飞回它们温暖的木舍。

几天的阳光在柳条上撒下的一抹嫩绿，被尘土埋掩得有憔悴色了，是需要一次洗涤。还有干裂的大地和树根也早已期待着雨。雨却迟疑着。

我怀想着故乡的雷声和雨声。那隆隆的有力的搏击，从山谷返响到山谷，仿佛春之芽就从冻土里震动，惊醒，而怒茁出来。细草样柔的雨声又以温存之手抚摩它，使它簇生油绿的枝叶而开出红色的花。这些怀想如乡愁一样萦绕得使我忧郁了。我心里的气候也和这北方大陆一样缺少雨量，一滴温柔的泪在我枯涩的眼里，如迟疑在这阴沉的天空里的雨点，久不落下。

…………

雷

一文

假如我在无人的旷野，我将作出呼喊，我不怕陌生的人笑我是失去理性的疯子。我没有疯，我还是如此清醒；我怕这闷，这会把我活活闷死。

我盼望着一个响亮的霹雳，击走这一屋子的沉闷。

为什么我不能发散我的热情和我的青春的活力？屋外，不是有无边的蓝天和无际的土地吗？

我要是去到无人的旷野，我会发出吼叫，如同出穴的狮子。

屋外起风了。天是黑压压的。要扯闪了吧？天亮了一下呢。当蓝森森的闪电亮过纸窗以后，接着便是一个响雷劈下来了。

屋外滚着渐小、渐乱、渐远的雷声。

天扯着闪，雷暴怒地击着地面，那是我在沉闷中渴望着的一个响雷！

雷在响着，雷作着有力的搏击。该不会把屋瓦击碎吧，雷在满山满谷地滚着呢。

我在隆隆的雷声中作出回忆，那回忆是非常醉人的。

记得那是一个春天，有你，有我，还有她们；有那样一些好心的朋友，在春雷的震动中红着脸争论。在汉口一家报馆的三层楼上，我们围着一张方桌，怀着一颗年轻的心，说着一个美丽的理想。心与心连在一起，我们听得出心的跳动。暴雨止不住我们的话语，春雷掩不住我们的声音，我们大声地说话，就是那宽敞的楼房也关不住我们的热情。

我们没有喝酒。然而我们在沉醉里面。我们却兴奋得红了脸，然而我们的唇齿却未沾过酒杯。我们爱这样的沉醉。像这样，我们不止醉过一次。

那时，你是孩子，我是孩子，她们也是孩子；我们有纯白的心，单纯的信仰。我们将一个崇高的名字做了我们后来一个小团体的名字。

我在隆隆的雷声中作出回忆，我要写一个雷的故事。

雷

杜运燮

随着陆陆续续的闪电警告：他们来了！
阵阵风都传播着到来的确讯：他们来了！
每一叶片每一枝条都遥指着：他们来了！
每双眼睛在渴望，每张嘴在颤动：他们来了！

越过一张又一张被撕掉的树叶标语，他们来了！
越过一个又一个监狱的铁窗，他们来了！
越过一条又一条报纸上的捏造消息，他们来了！
越过一堆又一堆难忘的血泊，他们来了！

为着撕人心肺的被窒息的呻吟声，他们来了！
为着惨绝人寰的最底层的挣扎声，他们来了！
为着回响在无数街道和炕头的怒吼声，他们来了！
那就是冲破冰冻严寒的春雷欢呼声：他们来了！

1948 年于新加坡

雨夜

冯至

树林里聚集着
无数的幽灵，
它们又歌又舞，
踏着风声雨声。

蟋蟀在草里鸣叫，
它们永不停息；
可有个行路的人
在林里迷失？

闪电闪在林里
照给他一条小道——
蝉在树上骤然鸣，
鸟在谷中应声叫。

雷声击在林里，
幽灵们四方散去，
散到隐秘的地方，

唱着凄凉的歌曲：

“憔悴的马缨花须，
愁遍山崖的薜荔，
随着冷雨凄风
吹入人间的美梦里。”

等着吧

〔德〕海涅　冯至 / 译

因为我的闪电是这样出色，
你们就以为，我不能雷鸣！
你们搞错了，因为我同样
有一种打雷的本领。

一旦那正当的日子来到，
这本领就恐怖地得到证明；
你们将要听到我的声音，
是长空霹雳，风雨雷霆。

暴风雨将要在那一天
甚至把一些槲树吹倒，
一些教堂的高塔要倒塌，
一些宫殿也将要动摇！

A Talk with Thunderbolt

/

作

神曲

陈天悦（八年级）

雨前，我望见了那些银白色的身影，如一部黑夜的断想。

“弄电不辍手”，红色的火蛇是至高无上的神明，一行行白色的诗成了民间经典。翻开诗篇，我默读着雷电的独白与给它的颂歌，我忽然望见了人类的黎明时期那些光芒四射的灵魂。那是一个美与爱唤醒灵魂的时代，是一个能在天堂与地狱间穿行的时代。雷电劈开黑与白，劈开了一部黑白相间的《神曲》，有着包藏宇宙之机、吞吐天地之志。

我想听雷，听妇女们低声交谈。“你看那个人，他自愿下地狱，又重新回来，他带来了下界人们的消息。”目光掉转，她们将床脚套上胶鞋，女用人围成了近乎无懈可击的圆。刹那间，银色的闪电映在空中如流亡诗人的脸，有着包藏宇宙之机、吞吐天地之志。一切显得科学又迷信，虚幻又真实。此时，善良的人惧怕死亡；此时，罪恶的人永获新生。而后，妇女们在角落退场，留下雷声隆隆的有力声明，分明是《雷电颂》的短句，分明是《神曲》的长句，长长短短，重重叠叠。

我忽然发现，雷声之中有语言重叠的神秘张力。

我要写一部雷的狂想曲，让所有人喧耳欲聋。雨季到了，一切似乎变得疯狂。孩子们接连点燃鞭炮，却幻想着自己是点燃了闪电。太平洋波动不安，石门坎日记的字里行间如有闪电闪过，雁荡山的虫蛇依旧在孩子的梦里活跃。一千多年前失箸的人早已成了叱咤风云的英雄。大人们依旧讲着关于红雷殛妖、白雷殛人的秘密。但丁是一个疯子，闪电所到之处近乎疯狂，千里之外的风景出现，千年之前的剧本重演。我想，我们所拥有的只是这一度的雷鸣，我们只好在几秒内作一次短促的意识空白。在深不可测的黑夜之中，雷电是一首深不可测的神秘之歌。

“千年亡国泪，一曲太平歌。文字英雄少，风云感慨多。”雷电问我，眼泪有什么用呢？我不知道，但丁也不知道。胆小的孩子只知道一点点，点点滴滴是故乡雷电的怀想，点点滴滴播放着《青梅煮酒论英雄》的故事。然后天空安静了，然后时间变慢了，只有云依旧在漂泊。

神曲好长，拖着雷电之后绵长的雨季。

昨天的雷

陈天悦（六年级）

昨天的雷有四十五秒的生命。这个可怕的生命对人类来说，要用六只胶鞋才能抵挡。对雷自己来说，这四十五秒的生命是它的全部。雷爱惜自己的生命，为了让自己在人们心中更“长寿”，只能牺牲人类的生命。

“昨天的雷劈死人喽！”雷的生命从此在人类的心中得到了延伸。这雷，是有害的，是吃黑锈钢铁长大的，它最终会用自己血红的生命做利剑，靠吃太阳而衰老。雷电在钢铁般的天空划开属于自己的时间，这个时间内，它将不再是现在的雷。它变成了昨天的雷。

昨天的雷也只不过是阿 Q 的伤痕，是他惨遭持鞭的男人痛打而留下的伤痕。雷电没有同情心，它拿鞭子时打得很随便，跟它会轻易发怒的理由一样。雷的出现，让太平洋屏住了呼吸。

昨天，太平洋的波浪停止向沙滩拍打的欲望。雷电却推动着时间的波浪，这波浪使屈原的心跳加速，使梁实秋的思考涌到纸页上。雷电推动了一切，推动树木死亡的速度，推动行人的脚步。

天空可以坚硬如钢铁，也可以柔软如幔布。幔的脸上呈现出惊恐的表情，并把自己藏起来，变成与大地一样的黑灰色。幔布的内心有一个类似安慰的声音："这可怕的雷电马上就变成昨天的雷了！马上了！"可闪电一劈，它的面孔却瞬间划出几道苍白的伤疤，喝牛奶时绊倒的。没事，就要变成昨天的雷了。

闪电划开世界，划开各个民族对自己的见解，雷会为自己的团队调兵遣将，把吃火焰长大的婴儿送给法国，再把将幔布划破的利剑送给俄国……最后，把带着天真微笑的孩子送给中国。昨天，天空中呈现出一个正在把玩宝剑的、天真的、红着脸的婴儿。

这婴儿很调皮，不过他有一双农家妇女的巧手，它会缝补天空，使昨天的惊吓变成今天的微笑。它补得快，人类来不及看清这天上的美妙工艺。妇女用一生也缝不完的天空，竟被这出生四十五秒的婴儿一下子缝补完了。谁知，它只想让今天的天空抄袭昨天的天空。

"昨天晚上有一阵雷，足足响了四十五秒啊！足足吓死太平洋啦！"

"那你那个地方的雷厉害啊！划天空的宝剑有多长？"

"四十五千米呢！"

开幕

叶悠然（八年级）

无数个夏日的晚上都是这样阴暗，空气像粗笨的大白熊的脚步，蝉赶忙抓紧时间叫上几声，然后一切都被空气死死压住，压入死寂中。

早在千万年前的远古时代——据说那个特别的晚上也是这样——黑暗在极短的时间内征服了全世界，于是神怒吼道："要有光！"只听见天幕之外传来巨响，大概是哪位巨人用黑暗摩擦黑暗，碰撞出火花，火花劈开了天幕，劈开了产生它的黑暗，劈开了干燥的森林中的一棵树——听说火有可能就是这样来的。有人说，没有火就没有人类的文明，那么这火花——闪电——便为文明拉开了巨幕。

电闪雷鸣，这四个字的表面是黑暗与光明的抗争，而背面是火与水的相遇。雷电不知拉开了多少场大戏的序幕，又成为多少故事的背景。不知情的观众问："雷电和这故事有啥关系？"雷电以自己的怒吼、开天辟地的力量来回应："我是全宇宙的王！"雷电的长鞭不是黑色的，而是银白色的，用力一甩，无论出于迷信还是对科学的执着，都会使所有的阿 Q 吓得瑟瑟发抖。

普罗米修斯在悬崖峭壁上冷眼看着宙斯施展他的神威，雷声在地底下作响，从四面八方涌来，彼此冲突，互相打斗，天和海混淆在短暂的光明和长久的黑暗中。

在雷电里，混淆的不只是天与海，是与非也模糊了边界。戏被闪电拉开大幕，在雷声中，周朴园分辨出侍萍的无锡口音，闪电照亮了三十年前的真相；李尔王向雨、风、雷、电咆哮，雷雨冲洗出的清凉世界不过少了一位风光的王，多了一位思念女儿的白发老人。雷电总是残忍地拉下遮在悲哀上的幕布，让黑暗更加无光，电火无力地包裹着中心的黑暗，天空流出黑色的眼泪。

眼泪中，闪电模糊的白光中仍能看出长矛的样子，雷电一直做着与西西弗斯推石头一样的事情，周而复始，循环往复——劈开！劈开！劈开！屈原在天幕下大喊他自己没有眼泪。他也是闪电，一次次设法劈开楚国的黑暗。雷电没有眼泪，雷电大笑着，震耳欲聋，拉开新时代的幕。白色的闪电是一句开场白，后面紧跟着雷四十五秒的独白。

这一次开幕后，主角是雷电。

雷电颂

叶悠然（六年级）

“轰——”你以为是雷霆乍惊，怎知它是不是奢华的宫车经过？雷电掀开繁华盛世的一角，又在战火似的雷声中快速拉上黑暗的帷幕。

雷声与失箸声一并响起，曹公只听到了后者，玄德也只想掩饰自己吞吐天地的志向。天空是另一块三分石，无形的剑将它劈开，又收回这则神谕。

天地之间的空气仍有些不够用，死寂的黑暗，厚脸皮地让光明自己降生。光明露出一个婴儿的笑后，立刻被黑暗扼杀在摇篮中。天空的怒吼好像波浪一样，一开始势头大，等荡到我这里，已没有了威力，就只有一声闷哼，像丧气的丢了王位的诸侯似的。云在这气闷之中，终于放弃了排兵布阵，忍不住哭了出来。

但是宇宙，宇宙也没有眼泪呀！它让风鼓动，让雷咆哮，让电闪耀，让大雨冲洗出个干净清凉的世界。我只听到各种各样的嚎叫，却总看不到吐着火的长鞭。

外头树梢的蝉儿却在那里唱高调：“要死哟！要死哟！”海燕划破黑暗，它向我指明闪电的光和大地上梦幻的回音，而我不想去看这些无力的东西。

我只看到风筝仰着头，在铜钥匙的束缚下起飞。它已做好了被雷电击中的准备，如同鱼做好了成为鸟的准备。与黑暗一起撕裂，会是它成为一根避雷针最好的宿命。

雷，不管你怎样咆哮，也不能这样唤醒黑暗；闪电，不管你怎样劈，也不能把黑暗的帷幕整个掀起。于是，让开吧，云！黑暗将被烧毁。

屈原的长矛

张若涵（六年级）

像车轮子滚过一样，镗镗鞳鞳声响彻天空。碧蓝的天，一个轰隆间变为深紫色，战场的深紫色，雄伟又壮观。雷电举着写有“屈”字的旗帜，开向曾是楚国土地的天空。那里是战场，是一个弥漫着紫云的地方，一个像蛇一样阴险的地方。

楚国的邻居阴险如蛇，在楚与秦的交界处，“之”字形的长矛在等待中和。屈原在战场外，呼唤雷与闪电的苏醒，赠予他们一把淬过火的银色长矛，将其铸成黑暗下拥有光明和希望的钥匙。雷轰隆隆地回应屈原的每一寸灵魂，闪电执着钥匙，在战场上寻找四叶草的气息。

雷电出现在战场上之前，每一样事物都甘心将自己的一半交给黑暗。直到雷电之父——屈原唤醒雷电，光明才能划破黑夜。不要把战场上的他们看作挥舞大刀的恶人，是躲在没有四叶草的黑暗幔子中的人类太无知。他们是手持钥匙的开门人！

深紫战场上，雷用银色“之”字形鼓棒，敲着锣鼓。这是他为屈原的怒吼喊冤，正气回荡天空！闪电手持钥匙，尝试插入每一片四叶草，渴望找到一个合适的门锁。战场上，他们为光明的门而战，与无形的敌人战斗。只有一个信念——这是雷电的信念——开门，打开光明的门！

啊！雷电！无形的剑，有形的战士！我们渴望光明，即使只有短暂的一刹那！每一株心田上的四叶草，点燃一盏希望的灯，守候雷电的归来。

钥匙掉落，化作雨水冲洗城市，洗去黑暗的束缚。雷电用“之”字形的笑意驱散深紫色的战场。雷电化作最后的一道意识空白，落入四叶草丛中。

画闪电

袁子煊（八年级）

我和我那坠毁的飞机孤独地坐在沙漠里，一个戴着红围巾的金发少年走了过来，问我："你能帮我画闪电吗？"

我愣了一下，发现对方只是个小孩子后，便接过笔和纸。我思考了一会儿，但并没有什么灵感。我扭头看向飞机，发现它的引擎盖上有个"小心触电"的标志。我就照着它上面的符号画了一道"之"字形波浪。

我画完后，把它交给了那个孩子。但我没想到的是，他对着我的画皱起了眉，一脸的不高兴。

"这是闪电吗？"他问我。

"这不是闪电吗？"

"这分明就是道黑色的波浪！"

"闪电的形状不就是道波浪吗？它在云层里翻滚，从远方卷到近处，不正是云海里的一道波浪吗？你就……"

"我不管，这不是我想要的闪电。"他双手叉腰，背过身去，像一声闷雷似的开始生孩子气。

我见他如此执拗，只好再次拿起纸笔。我放下自己的大人思维，重新拾起早已被抛弃的小孩思维。我忆起自己小时候看过的《三国演义》，忆起一座小亭里的青梅酒，忆起掉在地上的一双筷子……

突然，我灵感乍现，在纸上画了一双掉在桌下的筷子，然后递给了他。

“这是闪电吗？”他又一次问我。

“这不是闪电吗？东汉之末，刘备借雷声掩心中大志，后来如一阵响雷在世人面前出现，分得三分之一的天下，这不是象征闪电的筷子吗？”

“不，这不是我想要的闪电。”

我的画又一次被否定。

我想到雷电的形状，又画了蛇、长刀等图案；我记起因排字错误而出现的“梅花如雷”，画了一株梅花，自以为是神来之笔，没想到再次被那个孩子否定。

最后，我交了张白纸。

“这是闪电吗？”他问我。

“这是闪电的意识空白。”我随口说道。

但令我惊讶的是，他竟然笑着说：“这正是我想要的。”

他满意地转身离去，消失在沙丘尽头。

“轰……”一阵雷声传来。

我的意识一片空白。

雷点

赵馨悦（高一年级）

阔别了远方的朋友，站在永恒的码头，脚有节奏地拍击地面,发出一阵阵雷点。“特”“拉”“拉”“喀”“啦”，象形文字碎成一地。今夜不为其他，只为撑一只小船离开大雾弥漫的港口，脚步声轰轰响，不知天国的地板可会被这脚步踏破。

记下一个时间，四十五秒，折下四分之一的零头，远离现代工业的码头，留下四分之三的遐想，漂向意识空白的古典时代。对于历史中的每个人，雷声一闪，便是拍了一张留在闪光灯阴影中的黑白照片。人们在一片片白云中探求自己存在的价值，时代轰隆隆地滚过。

雷声的碎片碎落一地，沾在身上便发霉生锈，留下历史锈迹斑斑的外套。屈原手执长矛刺破金缕玉衣，历史的谎言四散而逃，刘备手中的筷子落下，没有碰地，便化作了一声惊雷。鼓点响起，战争即将打响，历史的前后仅留一地的雷点、鼓点，一地的遗憾。踩在碎片上，嘎吱作响，如在哭泣，但没有眼泪，骨头碎裂，骨架崩塌，一世之雄倒下，只有回响。回响会传回山谷，浸湿绿色的露水，在寒林中滚动的雷点，都不是泪水，而是月亮的绵延呼吸。

在船中，所见的远不止这些，还有无边无际的空白。在船中搭建一根避雷针，用船将天与地无形地缝合，即便换来的是沉船的代价。动人心弦的雷声从茫茫大海漂来，如海妖的惊叫，在黑夜中看得见她们发光的白色牙齿。敲响船鼓，发出阵阵古典之声，《奥德赛》的远方回音，阵阵雷点，声明作为人的愚蠢的意识。

驾舟而行，溯流而上，回到了现代工业的城池。这里有一条条金线鞭打着大地，时代背后的钟声在喀啦作响，它张开怀抱，张开狂喜色彩的羽毛，拥抱那阔别已久的朋友，听见心的跳动如阵阵雷点，打着节拍，留下记忆与故事。我们大步而行，穿过现代工业的城市，来到一条条意识空白的道路。朋友又要分别，他的身后只留下一串鞋印，失去了象形意义。

我大踏步而行，身后仍是阵阵雷点在地上喀啦作响，如贴地的火蛇。从来没有人能教我如何行走，从来没有人能教会我何为正确，我选择了阵阵雷电，将来也会化作雷电中的一个雷点，在时代的闪光灯下总会被遗忘。但如果能看见，在黑夜的时光中，我会羞怯地声明作为雷电的存在。

黑与白

马梓玹（六年级）

乌云翻滚，狂风怒吼，浓黑的天空没有一丝光亮。

闷雷惊天动地，大地的每一寸细胞都为之震颤。中间的白色闪电一刀划破了无边无际的黑色，一道道空白意识，流星雨般密集，从容地笑看风云，微笑如天真无邪的婴儿。

黑色的和谐瞬间被破坏，白色闪电开始调兵遣将，密集的“之”字形与细细长长的平行线形，满山满谷地滚着、扩张着，不知不觉划过黑色天幕。雷声拍打着云层，调皮地探出脑袋，观察一触即发的黑白大战。

天空开始下一盘棋，黑与白在风起云涌中交战，银色的锯齿状长矛反射出白光，裂开一座乌云堆叠而成的大山。白色在一秒钟内唱出所有战歌，抢占黑色的山头。爆裂的雷声在远方，那是巨人捏紧拳头，发出愤怒的吼声。不知过了多久，心像雨天的孔雀来不及思索，白色已经在半壁天空回荡，每一片乌云都摇着头带来新讯息。

忽然，黑色的天空碎裂了，白色的闪电伴着轰隆隆的雷声在屋顶徘徊，恰似一张黑白色的老照片。淅淅沥沥的雨声悄然而至，黑与白依旧各展雄风，变化莫测，以雷霆万钧之势奔驰，犹如狂野的画家用炭笔画出粗糙、硬朗的线条，以风卷残云之势涂满了画布，白色的线条悄无声息地扩张着，不断给它勾勒出清晰的轮廓。就那么三秒钟，黑与白又再次混合在一起。

此时，天空播放着黑白默片，“吱吱吱”的电流泄漏声响彻云霄，急于讲话的闪电动人心弦，像一柄明晃晃的大刀劈开天空，发出一道炫目、灿烂的白光。雷声隆隆发出警告，狂风笑得夸张，一步步啃食着闪电的战果。雨水显得微不足道。

霎时间，暴雨如注，席卷天地，一颗颗豆大的雨滴扎实地砸在大地上，天地之间雾雨蒙蒙。万物都躲了起来，雷声密集，震耳欲聋，让人无法与天空对望，唯有闪电战士潇潇洒洒地在天空游走，巨大的、浮雕般的云层像花岗岩一样坚硬，充满对闪电的渴望。黑色天幕缓慢地挪动着庞大的身躯。

疾风骤雨过后，天空慢慢放晴，黑与白化为蓝与白。

独饮

陈奕名（七年级）

他们来了。

我独饮上天的眼泪。

独饮一小口，啃光了腹内的四书五经，我不是月下独饮，只是与雷电对影成三人，三人行，才能“弄电不辍手”，而一个人就是“行云本无踪”。我独饮的是什么？从雾到云，从云到雷电，我想要知道我饮下的是什么，我究竟是不是独饮。

雷有故事。雷的故事叫好的故事。在和尚的鼓声里，我独饮雷电不掺杂回忆的故事，是从哪里开始的独饮，让一个为雷电醉了千年的人醒过来，连失箸人的自嘲也是有情有义、动人心弦的，日复一日让我的心跳起舞来了。我不知道雷电是不是英雄，但是每次独饮后，我都在雷电中醒来。我不知道自己为了什么而独饮，但这是雷电的规则，或许雷电的规则就是没有规则。雷电貌似离我越来越远，我远远地独品雷电的独白，有力量，有宇宙的意识！而我的意志就是宇宙的意志，我是全宇宙的王。

雷电像浮雕似的，变幻莫测，银色的锯齿状长矛分开迷信与科学。四十五秒，我独饮的四十五秒，被雷声拉得很长、很长，像盲人的眼睛一般绝望，闪电的声明与挚言都是毫无意义的，一阵阵的坏笑深埋在真诚之后。我愈发不清楚我独饮的是什么，是未来吗？还是雷在满山满谷地滚时对上天的惊鸿一瞥，平静得让我无法在他的眼中看见倒影？我独饮的是在雷电里消失的倒影，还是通往倒影的那条路？这是花路，也是迷途的不归路吗？独饮的来客是我，决定权也在我手上。

我要回到起源，回到一切的开始，我要再品出一条路，一条只有雷电才懂的、通往未来的路，一条我从来没有走过的路。我独饮只为活在当下，却自私地要求雷电下所有曾与我同行的人走向未来。

但是我没有眼泪，我笑了，我只是独饮。

他们走了吗？

弦

逯朴（七年级）

雷恰似病患的青年彻夜不眠，土地发着高烧，泰戈尔的星光病得很厉害。面对这些，我手足无措，大概只得向白居易借一根弦，用它锋利的边去划破时间，也许这样会对那些得了病的人好些。

闪电如弦，弥漫着生了一层锈的钢铁色，划破了土地的手指。生在其中，我好似弦上的一点，弹拨着歌德的诗、佚名的文章。每一个音符都费尽全力想要将大地劈开，以为像切橘子一样容易。“它们患上了什么病？”我问云，云不知道；问石头，石头不以为意；问风，风飘飘乎如轻烟；唯有雷电告诉我，它们患上了季节病，感冒，流鼻涕，这是一个冻柿子解决不了的。

闪电的弦像温度计的液柱一样缓缓上升，越来越长，像从杨万里的四行小诗，到白居易的一百多行长诗，最后成了但丁一万四千二百三十三行的《神曲》。我不知道这是否可以弹出一段义无反顾的自然法则，也许弦知道一点点。

发生了什么？用一窗的云做成的早餐，让土地也患上了季节病。人们发着烧，无精打采，像死了一样；

屈原跳下汨罗江，泰戈尔的星光终会死去，海的女儿化成了水中的泡沫，在琴弦之下，一切不复存在。我欲用锋利的弦割开时间与空间，可是抴刀断水水更流，水在《琵琶行》中滚动，我弹不出《琵琶行》，最多弹一支威尼斯的小夜曲草草了事。

四十多秒的雷声，四十多场的戏剧，每一场戏都有着像鲁迅一样的“呐喊”，与病患青年相逢在黑夜的晚上。弦恰似在坐天观井，看着患了季节病的人们像字一样有规律地排成一篇文章。连夏天的蝉也厌恶的季节，有病比没有更好，它是弦的开篇，而我害怕它，就像害怕在光滑的冰面滑冰，一不小心就会跌进水洞消失不见。

答案

傅晨悦（五年级）

电光一闪，李尔王的怒吼变成了虚无。真的是什么都没有吗？这是属于雷电的选择题。那道使人目眩的白光向我揭示了天空最阴暗的角落，那里似乎藏着问题的答案。

星星死了，烈风、月亮留下遗嘱，邪恶的亡灵燃烧着雷电之火，这是来自宇宙主宰者的愤怒。那黑暗，黑暗里的挣扎，挣扎中的呻吟，都在刹那间被点破，然后便是一阵意识的空白。这是来自雷电的洗礼，雷电似乎正在回应光明。

雷声是闪电的声明，闪电是雷声的前缀，而对于光明与黑暗，则是闪电先审判，雷随后做出裁决。电闪雷鸣，就是对世界的一次审判。

雷声起，战车的车轮在滚动，铁甲之间的碰撞，刀光与剑影，都带着神的旨意。一秒钟的战歌，就是一场恶战的开端，在游子渴望的无主之城，我有了海燕般的欲望与骄傲。在玉宇琼楼的灯火中，我看见了一切美好的代价。没有眼泪的战争，真的存在吗？不，这只是弱者无用的发言罢了。

一声霹雳，是生命的结束，也是新的开始。人有悲欢离合，月有阴晴圆缺，但在雷电的时间里，一切都释然了。古与今，不过隔了一声惊雷，一道闪电，虽然它们如两条平行线永不相交，但我们听到的都是同一声雷，看到的也是同一道闪电。

大雨滂沱，每一滴雨都有自己的故事。此时的雨，像一个将死之人的梦，冰冷，却又真实。

在这一刻，我敢说，我是最理智的疯子。

鞭子

文竹（五年级）

黑暗正在降临。

轰隆隆，一条鞭子不知被谁抽起，在黑夜中书写着狂草，那是一首属于闪电的进行曲，没人知道写的是什么。片刻过后，只听见雷完美地将它演奏。

鞭子抽打天空，想在刹那间戳破横亘千载的黑暗。它抽打白云，就算白云再怎么哭，再怎么闹，它依然毫不留情地将白云撕裂。在天空的食物链里，雷电永远是最顶端的，在它们的眼中，没有“好”与“坏”，只有“强”与“弱”。

鞭子越伸越长，碰到了那个英雄的手，刹那间，筷子掉落，英雄的恐惧如同雷电那么清晰、强烈，又偶然。那时，鞭子不再无情，它救下了一个人——刘备。那时，青梅煮酒论英雄中又多了一个英雄——雷电的那条鞭子。

轰隆隆，鞭子开始对黑夜发起进攻。一条白色的线，如同一个没带尺子的小孩在做连线题，连住了天与地，可又消失不见。是呀，天空是刀枪不入的，可鞭子还在抽，想打败天空，打破如啃着四书五经的蠹鱼的生活，巨大的光照亮所有黑暗的天、地、人与思想，虽然时间很短。

鞭子被巨人收回，留下一个桃花源般的世界。

雷电

吴玟慧（五年级）

要下大雨了，黑暗成了整个宇宙的霸主，光想反抗，可黑暗手下的雷和闪电太厉害了。

就在雷快要敲起它那震天响的大鼓时，隐隐约约传来了儿童稚嫩的歌声："风来喽，雨来喽，和尚背着鼓来喽。"

它又投下几声滚雷，其中有一声竟有四十五秒之长！许多人被吓得不轻，各种奇怪的想法随之萌生：有给床穿上胶鞋的，因为胶鞋不导电；还有的小孩想给自己的头上装一根避雷针！

那一声雷到了刘备与曹操青梅煮酒论英雄的地方，救了刘备一条命。

闪电到此还没施展过身手，突然，它把巨大的黑暗划出了一道口子，是用它那银色的、含有锯齿的长矛划开的。但如同划开了一摊水一样，它刚刚划开的口子马上就不见了。

闪电又拿出宇宙中最犀利的剑——它自己，刺向黑暗；雷也把大鼓敲得如同大货车行驶过桥面一样："轰隆隆，轰隆隆！"动物都被这雷电吓得不轻。

它们从没被自己吓哭过，它们没有眼泪，宇宙也没有眼泪。

它们不认为眼泪有什么用处，它们一生下来就没有眼泪。

神话

潘周惟（五年级）

索尔是雷神。在挪威文中，“雷”字意指索尔的怒吼；在瑞典文中，雷指神在天上游走。雷其实是索尔在天上出游，本来神来看望人，人是很高兴的，但神在出游中发怒了，那后果就不堪设想了。

闪电是雷的声明，那一道闪电是会发光的长鞭，索尔拿着它抽打不听话的巨人树。雷声轰轰，是索尔的咆哮和巨人树的挣扎混杂而成的天空战斗曲。

雷鸣电闪，人们慌乱无措，以为世界末日来了，即使把床腿套上胶鞋也无济于事。只有知了还清醒着，渴望着大雨的到来。如果下雨了，说明索尔赢了；如果闪电跑了，那就是巨人树偷走了长鞭，但树，终究是会被雷劈死的。不一会儿，雨过天晴，天空中出现了大片奇幻的云彩，那是侍童洛奇前来拜访。

风平浪静了，巨人树要过很久才能恢复体力，索尔悠闲地出游，没有怒吼，没有雷电。

如果有一天，人能夺取长鞭，那这个故事便不再是神话了。

海燕

裘依萱（五年级）

那天的雷很响，持续了四十五秒。当银刀渐渐消失，从雷中飞出了一只高傲的海燕，它在苍茫的天空中高傲地飞行。

它是雷电的骄子，它告别空中的雷声，投入湍急的河流。它看到它的父亲雷用银刀与它招手告别，祝它成为雷的使者。它成为一束光，向人间飞去。天空被它划破了，水从缝隙中滴下——滴答，滴答，滴答，下雨了。

它去了人间，不去闲逛，甚至不像它的父亲用银刀抛头露面，它声明：我是天之骄子。它在海上盘旋，用翅膀搅动那咸苦的海水；它不像其他的海燕一样，愚蠢地把头塞到悬崖下，它要兀立在悬崖之上，在黑暗中点亮自己。每当它在悬崖之上，它就知道它的银矛比它父亲的银刀更长。

也许，它压根就不是海燕，它是从雷声中降临的，它和海燕那么像，和它的父亲更像。没有人知道它是一只高傲的海燕，还是一场懦弱的雷鸣，没有人分得清哪些光是它放出的，哪些光是大地放出的，就连它自己也不清楚。

乌云来修补破了的天空，同时带来了另一支雷电曲，高傲的海燕消失在云间，而把银矛留在了人间……

雷鸣交响曲

周弋楚（五年级）

天空突然乌云密布，仿佛整个世界都陷入了黑暗。

一阵狂风吹过，似乎在预警：雷要来了！陆陆续续的闪电劈出一道道光，就像在提醒人们：雷来了！霎时间，大雨如注，豆大般的雨珠从天而降，如同一大盆水倾泻而下，仿佛也在警告人们：雷来了！

“轰隆隆，轰隆隆。”震耳欲聋的雷声终于来了！同时还伴着几道长矛般的闪电，令人丧魂落魄。

此时，一位妇人已经吓得睡不着觉了。她听见雷声，吓出一身冷汗。她连忙爬起来，踉跄着下床，穿上那双不导电的胶鞋，又爬到床上，用被子把自己裹得严严实实，又拿起枕头捂住头。或许她还觉得床不太安全，又将四只胶鞋全套在床腿上，这才稍觉安心。

雷并没有对那位妇人产生一丝同情，反而发出了一阵坏笑，打得更响了。

一个小孩也很怕雷声。他躲在墙角，捂住耳朵。他担心雷公公发现他吃饭时掉落了一粒米饭，会把自己揪到后院去，在他背上灼出一行黑字——“浪费粮食”，那该多疼啊。所以，每一次雷鸣响起，他心里就打起鼓，心都提到了嗓子眼。见雷并没有劈在自己头上，他才稍稍舒了一口气。

雷雨并没有持续太久。很快，雷不再于空中打鼓，风不再呼啸，也不再拍打屋顶。乌云散去了，天边出现了一道美丽的彩虹，路边的水坑里也倒映着天空的一角。人们陆陆续续地走到大街上，享受风雨过后晴朗的天空。

雷电

张浩轩（五年级）

雷与闪电总是结伴而行，从没分开过。这一次他们决定再大干一场。

闪电先登场了。它甩出长鞭，不停地抽打天空，留下了一道道银色的伤痕。人们看着天空的惨状，慌忙跑回房内，不敢出来，怕被鞭子抽到。

在闪电休息时，雷开始发作。它放声呐喊，声音可比炸弹。雨滴被它震落，树叶被它震得在天空打滚，人们急忙用手捂着耳朵，保护自己的听力不受损。雷兴奋极了。

它俯下身子，想听听人们对自己的议论。它听见了不想听到的事："今天的闪电真厉害！"一个人说。"感觉能劈死人。"另一个补充道。

暴雨从天而降，雷气炸了。它加大了怒吼，瞬间，被它震落的水滴淹没了城市，可它还是不能改变人们的想法。

它永远不会明白，自己只是一个被闪电抢走声誉的可怜人。我希望我是桨，能被风偷走，与风并排，随风旅行，直至变成风。

雷电

楼胜（五年级）

“鼓动吧，风！咆哮吧，雷！闪耀吧，电！把沉睡在黑暗怀里的一切都毁灭，毁灭，毁灭呀！”

我站在山坡上，这时乌云来了，天空打起了雷，我跑进房子慢慢地思考着。雷电，别人都觉得你们非常坏，但我不一样，我觉得你们是大好人，你们帮了刘备一个大忙。当刘备和曹操青梅煮酒论英雄的时候，刘备被曹操的一句话吓到了，就在这时，你们出现了，这件事就被掩饰过去了。

有人会说雷电很吓人。其实，雷是一个鼓手，闪电是雷的兄弟，他们就像在表演一样，一个主唱，一个伴奏。

雷电有时候像淘气又不懂事的孩子，下雨的时候，他们故意加快了打鼓的节奏，吓人一大跳。四川是雷电的老家，那里的雷电更猛，更吓人，“九州生气恃风雷”。

当雷生气的时候，闪电就变成了一把无形的剑，劈开一片又一片的黑暗。雨停了，乌云马上走了，太阳又出来了，远远地望过去，彩虹出现了。

咆哮

吕屹林（五年级）

雷在咆哮，在一片死寂的天空中，努力发出长矛似的光芒。圆脸姑娘躲在云的身后，被两块撕开的幕布盖住了。

天空中忽然出现了一个巨人，他手持银白色的四十米长的大刀，把天空劈成两半，为那快要烧毁的人间最后一次流下眼泪。火的颜色染红了几道霹雳的闪电，却遗忘了雷的咆哮和怒吼。

尽管闪电在苍茫的大海上劈了又劈，可海水还是合拢了。但只要雷声一响，空中的鸟就会胡乱飞舞，蝉也怕得直叫“要死啦，要死啦”，海鸥在空中呻吟着，想躲进大海。

仿佛一切都出乎意料。雷开着越野车，载着闪电，手持长剑，向着东海，向着长江，向着洞庭湖出征。雷大吼一声，像一只愤怒的孔雀站了起来。

这么说，《青梅煮酒论英雄》中真正的英雄应该是雷电啊！

雷、闪电与黑暗

赵健钧（五年级）

狂风呼啸着，伴随着的是明亮刺眼的闪电与响彻云霄的雷声。雷咆哮着，闪电打着手电筒，让黑夜变得更加可怕。一闪一闪的，雷鬼魂般地尖叫与低吼着："轰隆隆！"雷写了一封请战书，向黑暗宣战。

人都吓坏了。拿着东西的，手中的东西掉到了地上；走在街道上的，急忙跑回屋里；吃饭的人，手中的筷子也掉在地上了。不管是谁，没有不怕雷声与闪电的。街道上空无一人，动物也都跑回窝里或圈里了。鸡在窝里叫个不停；狗站在房前，对着不可见的雷声狂吠；羊轻轻地喊着；鸭子则声嘶力竭地疯叫，想让所有人都听到它们的叫声。夜晚，只剩下了雷、闪电与黑暗。

雷和闪电一起放出声音与光芒。雷在大吼，闪电在发光，刺眼焦灼的光线直逼黑暗，一瞬间，黑夜如白昼一般，让人睁不开眼睛。雷敲着鼓，声音在黑暗中回荡。

争了一晚，天亮了。雷、闪电与黑暗都消失不见了。

雷电

胡子茹（五年级）

“风来喽，雨来喽，和尚背着鼓来喽。”闪电像一条火蛇，以极快的速度划过天空，“轰隆隆——”一声巨响打破了空气中的寂静。霹雷像是要折断万物一样，无情地咆哮着；闪电也像发疯了似的，拼命地在天空中划出一道道白色的弧线。

就在这时，曹操和刘备正在欢乐地谈论着怎样的人才称得上英雄，听到曹操说他们二人才是真的英雄时，刘备大吃一惊，掉了筷子。还好这时雷声大作，乌云密布，刘备称自己是被雷声吓到的，才化解了危机。“山头只作婴儿看，无限人间失箸人。”苏轼这两句诗写的就是这件事。

雷，你那轰隆隆的声音是车轮子滚动的声音吧！闪电，你是这宇宙中最犀利的剑呀！你们劈吧！劈吧！把这比铁还坚固的黑暗劈开！劈开！让那灿烂的阳光，让那光明，回来吧！咆哮吧，雷！闪耀吧，电！把一切沉寂在黑暗世界里的东西毁灭！毁灭！

我盼望着一个响亮、勇敢的雷，击走这世界的沉闷！

旁白

张心远（五年级）

一场戏要开始了，全世界的生物都是观众。戏票是一阵轻轻的微风，这场戏只有一个角色——旁白。旁白是雷，也是闪电，她们在不同时刻做出不同的解说。

戏一直在等待。咆哮的野马想要踢开那灰色的幕布，野狼也开始撕咬幕布，巨人用木棍敲打幕布，可幕布密不透风。当所有人都累了的时候，幕布自己拉开了。

无数道光如箭一般射了出来，几乎刺瞎了所有观众的眼睛，闪电旁白以光的速度出场了，一句犀利的旁白刺穿了整个剧场。闪电开始了她的解说。

闪电的解说是一句句意识的空白。观众看到闪电的旁白如一条条奇形怪状的树枝朝四面八方伸展，将整个剧院的天花板分割得支离破碎。闪电的旁白是一句句危险的警告，如果有生物敢触碰她，她绝不宽恕。旁白的解说是一片空白，却深入“台”心，深入人心。

闪电把自己燃烧成了灰烬，雷从灰烬中重生。雷这个旁白的解说是一个个可以笑裂山石的玩笑，她的笑在剧场里滚来滚去，观众们被笑声感染，在观众席里疯狂地、不知轻重地跳着假面舞。雷看到观众们这样的表现，发出了一阵阵坏笑，露出她雪亮的牙齿。笑声如一支支利箭，扎进了观众的内心深处，观众先是害怕，继而愤怒……

一场雨浇灭了一切怒与火。

戏结束了，一切都未改变：生物还是生物，旁白仍是旁白。但剧场开始裂成碎片，扎进每个人的梦里。

闪电

冯彦臻（七年级）

这个世界的一切都只是黑暗，无穷无尽的黑暗，没有半点亮光，也没有一点声响。黑暗厚着脸皮称自己为宇宙之王，可没有人回应它。

突然间，一道亮光出现在黑暗中，将天空分割开，也照出了黑暗中一切本该有的样貌，它想将那包含着一切罪恶的黑暗劈开，可就在它划开天空的那一刹那，黑暗又将那道光吞没。光开始呻吟，它没有眼泪，也流不出眼泪，只能在呻吟的同时落入黑暗的深渊中。

它在深渊之中等待，等待着下一道光的到来，即便它已认不出自己；没法让吞没它的黑暗记起自己的样貌，也绝不会将它的意识拱手送给黑暗。它的心中还剩着一点微弱的火光，等待着那道能让它脱离黑暗的光的到来。

那一道光还是消失了，连呻吟声也都消失了。那之后是短暂的寂静，没有声音，也没有亮光，就像一切都没有发生过那样。

寂静之后又是一道亮光，像流星一样划过长空，带着一把剑，刺向黑暗的深处。在那一刻，它仿佛看见了上一道光留下的残影，它在空中挥舞着剑，将天空分成了几块。它听见了黑暗破碎的声音，看到天空以最快的速度瓦解，又在一瞬间重新缝合，不留下一点痕迹。在黑暗之中，它继续将光的一部分延伸开去，想再一次分割天地。它听见了黑暗的呻吟，可下一瞬间又消失得无影无踪，它等待着黑暗的碎片落在地上。在黑暗的呻吟中，它只能看到自己的光破碎在黑暗中，看到黑暗以盲人眼睛一般的绝望看着自己。

于是，黑暗还是黑暗，与从前相比没什么改变，有一瞬间它确曾裂开，可如今它又似水一般融成黑色的一片。又是一声呻吟，来自刚被它吞没的那道光——不，那不是呻吟，是光的破碎声落了一地。于是一切都开始呻吟，在黑暗中分不清是什么在呻吟。地上的碎片呻吟着，等待着黑暗的吞没，或许谁能有幸看见光消失的那一刹那，但光却回不来了，黑暗中一切都在等待下一道光的到来。

下一道光来得很快，快到连黑暗都感到惊讶。闪电已经看清了这没有眼泪的世界、没有眼泪的黑暗，留给它的，最多也就四五秒。

于是，它要燃烧黑暗，燃烧这个世界，烧尽世间的一切呻吟，烧尽大地上一切黑暗的角落。

它将所有的光带到这个世界，霹雳一闪，落到了树上，树开始燃烧，大地开始震动。燃烧吧，燃尽黑暗!

它继续大喊:“把这包含着一切罪恶的黑暗烧毁了吧!”

断雷

黄若瑜（六年级）

雷，是乌云和黑暗的诀别，此时雷声与电光自天空的裂缝分离，唱着毁灭的诗歌，以郭沫若的句式俯冲而下。这是一个个愤怒的感叹号，激烈而沉闷地喊出："毁灭！毁灭！毁灭！"漆黑夜晚的独白被雷音搅扰，比铁还坚固的黑暗不攻自破。一列雷车拖着长长的怒吼，诉说着天空的愤怒。

声音在追赶着光——这是千古的余音，既属于俄国人，也属于法国人——天空的诗人占领了这片天空。它们是黑色的精灵，是海燕。它们没有熄灭在夜的深渊里，而是以电光为载体，奔向天空。雷是海燕的呐喊，是它们翅膀扇动的声音；雷电没有去向，它们只是重重地、沉闷地落在地上而已。闪电的落脚点是雷声。雷声以千钧一怒促使闪电抓紧时间向下俯冲——它已不堪夜的重负，想尽快打破这片寂静。

一个天问——一个屈原的天问——能夹住这天问的，或许是刘备的筷子。来得真是时候——这一道恰到好处的雷电。映在清澈的雷电中的，是刘玄德失色的面孔，这短暂的瞬间与雷霆万钧同时发声，闪电的语言从此留在罗贯中的笔下。雷声在《三国演义》中隆隆作响，此时《三国演义》变为“雷的演义”。一道噼啪作响的闪电，成为一枚带火的书签，燃烧在三国的历史中。响了千年的滚雷仍在其中论当世英雄，以其灼人的语言。

雷如昙花，有着比其他任何一种花都更短暂的花期——仅仅一瞬，长也不过四十五秒钟，却足以表达夏的全部愤怒、悲伤、忧郁。它限制了黑夜的边界，使黑暗不再无边无际。天空碎裂了，从中飞出了清凉的雨；掺杂着秋意的雨，淋漓地浇灭了全部的黑暗和一条条火蛇。碎裂吧！——一阵轰鸣过后，只留下水的遗迹。

雷之所以任性，是因为它的生命极其短暂，它也因此保留了孩童天真无邪的微笑。“毁灭！毁灭！毁灭！”任性的雷电呐喊着！

闪电的声明

奚浚哲（五年级）

“特拉拉，特拉拉！”雷开始发表演讲。

小时候，我是很害怕雷电的。每当听到那滚滚波涛般的雷声，我便害怕地躲进妈妈的怀里寻求保护。

我常听爸爸讲故事，有一次他讲到了雷，说他们村的人以前很迷信，大家认为，只要人犯一点小错，雷公就会降下神雷，把人劈死。他们村真的有个人被雷劈死了呢！一个年轻的叔叔在砍树时，雷把树劈得四散溅开，他就被树给砸死了。

但恐惧还是敌不过好奇心。当雷劈过以后，地上会有一个大坑，我便会约上小伙伴一起去看。大坑里布满了老鼠、蛇、蜘蛛的尸体……我们都说它们是千年老妖精，因为出来害人，雷公一生气，就把它们劈死在洞里了。

我来到四川后才见识到真正的雷电。当时，我正在吃牛肉串，一道道火蛇般的金线从天空劈下，一声声震天动地的雷鸣在群山间回荡，一串串的连珠炮劈开了比铁还坚固的黑暗，使光明得到了暂时一瞬的显现，那力道是多么强啊！能使岩崩石裂，能使水涌山动，能使洞庭湖、长江、东海一齐大声咆哮，这强劲的雷电啊。

雷电使灰蒙蒙的天裂开了，把包含一切罪恶的黑暗烧毁啦！它继承了屈原的声音，继承了世界的思想，继承了万物的悲伤！

闪电再次发出了声明，但这一次，它发出的是结束的声明，银色的长矛被收回去了。

微笑

高允方（五年级）

闪电似一个婴儿天真无邪的微笑，可怜的是无告的人，可怜的是无家的游子。

“行云本无踪”，雷会带来新的生机。雨季来了，雷必须微笑着讲述更多，讲那银色锯齿式的长矛，讲包藏宇宙之机、吞吐天地之志者……讲完了，雷便微笑着走了，雨季也就过了。

其实，雷是一阵阵坏笑，闪电是一阵阵微笑，可人们却以为它俩是一件东西，但这也不为过呀。雷将带来的是贵州群山上的云层，以及跌跌撞撞的坏笑。一切的壮丽，一切的努力，都是雷带来的。

海燕从雷声的震怒里听出了困乏，它相信乌云遮不住太阳。它当时是那么勇敢，它冲出“特拉拉”，它穿过殛人的银剑，它的意识一片空白。虽然它心中那有形的长剑被人拔去了，但它心中无形的长剑依然存在。这是它的意志，宇宙的意志，我的意志。它凭着意志冲破了黑暗。此后的海燕，只是微笑，微笑。

雷电在山中如刀光般飞舞，雷电在满山满谷中滚动。一个令人惧怕的声音响彻大地，好似骨头砰然断裂，雨像血液般落满大地。一个能持续四十五秒的炸雷是雷声中的代表，我要写一个雷的故事。

我要微笑着面对黑暗，微笑着和闪电一起在黑暗中前进。我心中的长剑比长矛还长，我和闪电劈开黑暗，不像抽刀断水，而是不折不扣地劈开，劈开，劈开！

鼓动吧，风！咆哮吧，雷！闪耀吧，电！我要用微笑把黑暗毁灭，毁灭，毁灭！

特拉拉

唐子媛（五年级）

“特拉拉，特拉拉！”一阵雷声在耳旁响起，十二个“特拉拉”后，它真的来了。

“特拉拉”的第一阵雷声在惊蛰这天响起来了。有了雷声，有了闪电的声明，那猫那蛇都被惊起。张飞踏着沉重的脚步，举起丈八蛇矛往天上一刺，天空就被划开了一个口子，霎时狂风暴雨席卷而来。远处亭子里的曹操与刘备正在讨论天下英雄，一阵响雷之下，刘备手中的筷子掉落了。他们在讨论谁才是天下真正的英雄。

狂风卷地狂飙，夹着爽利的冰雹，倾落的骤雨，震惊的疾雷，“特拉拉”一声响，一旦被劈中，你就挂了彩。你如在天空俯瞰山间与地面的婴孩，为了灿如朝花的未来。我们要唤醒那些沉睡的婴孩：“特拉拉，特拉拉！”

“风来喽，雨来喽，和尚背着鼓来喽！”一阵雷响后，梁山伯的坟墓被劈开，从里面飞出了一对雷电色的蝴蝶。

“特拉拉，特拉拉！”又一阵雷响，蝴蝶飞走了。

雷霆，闪电

严子轩（五年级）

夏夜，花草树木睡着了，蛇也困倦了。霎时间，苍穹中传来一声坏笑，紧接着，天空裂了，大地燃烧起来，金蛇般的电光划破黑夜，响亮的雷声震破大地。天空的骨头断了，流出灰蒙蒙的血液。它伴着潮湿的空气缓缓落下，惊醒了一个个人。

“轰隆隆！”“特拉拉！”——雷与闪电不停地讲话，讲来讲去最后竟成了吵架。轰隆隆的雷声配上特拉拉的闪电声，吵得每一个人都心烦意乱，除了两个人——苏轼和李白。

“弄电不辍手，行云本无踪。”李白曾写过这两句诗。高，高，高！这两句诗触动了懵懂小孩顾毓琇的心灵，后来的他，终与电学结缘。苏轼的想法也很新奇，他把山头看成了婴儿，这岂是一个平常人的思维呢？！

突然，雷鸣又采来了满怀的闪电，继续轮番地“轰炸”。一道道银色的闪电再次割破天空，带来一次次的意识空白。

“轰隆隆，轰隆隆！”最后一批雷声的波浪拍打在群峰之上，给人以遐想的空间。

坏笑

修英杰（五年级）

天空像灰色的幔，阳光已经不再强烈，空气也蒙上了一层水雾。

远处的天暗了下来，天空坏笑着，雷声来了。

雷声满山满谷地滚着，那声音丰富、浓重，状似雄伟群山。雷声把羊群赶回了羊圈，把松鼠抱上了树，把乌龟丢进了水池，还把我的书合上了。

雷声是闪电的声明，所以雷声响了一会儿后，闪电就来了。

“弄电不辍手，行云本无踪。”一条火蛇从天而降，在马上就要碰到地面的时候微笑了一下，然后我就听见一声“特拉拉”，一树的叶子都落了。

又一条锯齿状的赤链蛇降下，“砰”的一声。过了一会儿，一把大刀飞了下来，我的意识突然一片空白，山头变成了婴儿，闪电没了。

雷声又响了起来，过了四十五秒才停下。天空这回不笑了。

雷电

许一诺（五年级）

“轰隆隆！”在屋顶上方，雷与闪电正在合奏一首进行曲。

在这无边无际的黑暗之中，万物俱静。狂风、暴雨、闪电与炸雷咆哮着，怒吼着，卷集着世间的一切。

起初，状似雄伟山峰的乌云层堆积在天空之中，它们越堆越厚，越堆越厚。起初还明朗的天空瞬间变黑了，黑压压的乌云压在人的头顶上，给人一种泰山压顶般的压迫感。

不久，一条耀眼的带子以“之”字形在空中蜿蜒。那光仿佛一把明晃晃的刀，在人们的意识中，在宇宙的意识中，留下了一句句空白。

突然一声炸雷，惊醒了人们的意识。雷声在剧场外团团转着，在山谷间回荡，在田野中滚来滚去，在空中狂叫。一阵又一阵的雷声像一阵又一阵的海浪拍打在树梢，也拍打在人们心头。

一道道惊心动魄的电光，一声声动人心弦的吼声，一阵阵席卷万物的吠叫，这便是宇宙的所有。但，这宇宙肯定没有雨。雨，有什么用？只是拖泥带水罢了。

雷，还在咆哮；电，还在闪耀。

雷电已至

蔡欣颖（六年级）

雷电已至，一道白色的闪电划开天空，将天空劈成两半。伴随着“轰”的一声巨响，风雨交加，电闪雷鸣。

这一声雷响有劈山碎石之力，闪电把树木由上到下劈成一条一条的。白色的闪电乍现，似火蛇一般闪亮，在那一瞬间将原本黑暗的天空点亮。雷满山满谷地滚着，响彻天际的雷声在山谷中不断回荡。

雷电已至，梁实秋小的时候听到这样的雷声，心里怕得不行，甚至想往自己的脑袋顶上装一根避雷针。每每看见白色的闪电，他都会不断地反思自己的行为，怕自己被雷劈死。

一个人被雷劈死的可能性是极小的，甚至比中头彩还难，那概率大概是百万分之一还不到。如果你看见了白色的闪电，听到了轰隆隆的雷声，那你就是安全的；要知道在被劈死的时候，你可看不到这样的闪电，听不到这样的雷声。

雷电已至，各种各样的雷声响彻天空：“轰隆隆”“咔啦咔啦”“特拉拉”……不管是怎样的雷声，都是那么令人害怕。毕竟天空中突然出现这样一声巨响，是令人猝不及防的。

雷电已至，划开这黑暗的天空……

雷电

应镕伊（五年级）

雷，你来了，是吗？你被闪电拖拽来了，打着鼓。你以你那无穷的力量，把这天空炸开了！

或许你可以持续四十五秒钟，但你的坏笑是一阵阵的。坏笑，笑孩子害怕你的鼓声，他们害怕你那鼓槌会砸到他们身上，把他们锤得四分五裂。分裂吧！冲破乌云的重重包围。炸裂呀！不要再等待闪电了。雷，你要在属于你的时间里好好表现，闪电很快就会追上你，这只是对你的一种警告。雷啊，你难道还想不通吗？为何只有闪电警告人们你来了呢？

闪电，只有“闪”，没有“电”。你只是一闪而过，还来不及看清这长矛的尺寸。反复五次写出“之”字，在黑色的背影上写白色的字！你，只是一个无形的“之”字，一个惨白的瞬间，一个黑色的大洞！你什么也不会，这个白色的大字只是一个惨白的瞬间。

闪电，用你那干枯的、惨白的双手撕碎一切吧，把这白色的天空画成黑色。为何只有你到来的前一秒，黑暗会与光明对峙？你的黑暗会让那蝉祈祷。

让大雨把这已被毁灭的世界重新冲刷一遍，洗净那罪恶，用眼泪——眼泪还是有些用处。让那雷电继续咆哮吧，把黑暗积起来！

声

鲁子烁（五年级）

“轰隆隆，轰隆隆！”

雷声在发表声明，它为闪电声明，这有力的声明是巨人的怒吼、天神的震怒。天神本无声，可巨人帮他呐喊助威，就像雷声在为闪电声明。

我的心里荡着一声声回声，在色彩丰富浓重的雄伟群山的云层中回响，使那雨里的雀跳舞，让我的心震动。电光，有雪白的牙齿，使路上的人以及刘玄德黯然失色，让海鸭呻吟，让溪谷号泣。雷，满山满谷地滚动着，让乌云变成青色火焰。燃烧吧，乌云！使那雷电把黑夜照成白昼，把最理智、最阴暗的角落也照亮，让黑暗厚着脸皮，去当所谓的王。

一道道箭光，是婴儿天真无邪的笑。“咔嚓！”又一根骨头断了，雨像血一样滴下来，巨人发出一阵阵笑声，挥舞着银色的锯齿状长矛，把闪电如波浪一样翻滚过来。重叠吧，一条条蛇重叠在一起涌过来，在有光的带子中间，黑夜里的闪电像盲人一般绝望，它先蓝再金。

“轰——轰——”大刀般的电光射出红色的光。

光与暗

刘青岚（五年级）

“特拉拉，达，达，达！”雷开始咆哮，像是光明与黑暗的交战，打破了天空的宁静，也响进了许多人的心里。

每年七月左右，都是光明与黑暗交战的时候。约翰·缪尔的雷电会带上银色锯齿状的长矛，而茅盾的雷电则带上了一把明晃晃的大刀在高空挥舞，发出“霍！霍！霍！”的声响，王统照、莫泊桑、大仲马的雷电会携带几条金蛇，泰戈尔的雷电则别具一格，牙齿极长，而牙齿就是它的武器。每位作家都带着自己的雷电，为光明而奋斗——哪怕光明只有短暂的一瞬。可雷是如此炫目，更何况有四十五秒之长呢？

天空本就黏稠、闷热，又来几阵滚雷，雷滚着滚着就滚进人们的心里去了。梁实秋被白色的雷打怕了，生怕自己被打到，雷闪的那一瞬间，梁实秋的意识变成了一片空白；海鸭与老太太也被雷给打怕了，生怕被来得太突然的光给击中。雷，令人震撼，无论是雷鸣还是那满怀的电光——黑暗中唯一的光明。

现在如波涛的雷声少了，黑暗与光明相处融洽了，但随之降下的是冷热交融的雨，它在地面上跳动着……

我与“雷电”的对话

图书在版编目（CIP）数据

与世界对话. 与雷电对话 / 傅阳编著. -- 昆明 : 晨光出版社，2024. 7. -- ISBN 978-7-5715-2447-0

Ⅰ. C49

中国国家版本馆CIP数据核字第 2024W5D663 号

声明

本书在编写过程中，选用了部分散文、诗歌等作品，因条件所限未能与作者 / 译者一一取得联系，在此致以深深的歉意。敬请本书录选作品的作者 / 译者及时与我们联系，我们会第一时间与您沟通并妥善处理。

电话：010-88356860

邮箱：neverend@utoping.cn

与世界对话 **与雷电对话** **傅阳 编著**

YU SHIJIE DUIHUA
YU LEIDIAN DUIHUA

出 版 人 杨旭恒

选题策划 千寻 Neverend
责任编辑 杨亚玲
封面插画 高畅 www.changgao.co
内文插画 马梓玹（11 岁）

出　　版 晨光出版社
地　　址 昆明市环城西路 609 号新闻出版大楼
邮　　编 650034
发行电话 （010）88356856　88356858
印　　刷 北京顶佳世纪印刷有限公司
经　　销 各地新华书店
版　　次 2024 年 7 月第 1 版
印　　次 2024 年 7 月第 1 次印刷
开　　本 130mm × 185mm　32 开
印　　张 5
字　　数 78 千
I S B N 978-7-5715-2447-0
定　　价 160.00 元（全 5 册）

退换声明：若有印刷质量问题，请及时和销售部门（010-88356856）联系退换。